Die Geschichte des ganzheitlichen Denkens

Karen Gloy

Die Geschichte des ganzheitlichen Denkens

Verständnis der Natur

KOMET

Lizenzausgabe für KOMET Verlag GmbH, Köln
www.komet-verlag.de
Gesamtherstellung: KOMET Verlag GmbH, Köln
ISBN 3-89836-512-3

Inhalt

Einleitung
Organizistische Naturauffassung. 7

Erster Teil
Die naturmagische Auffassung der Renaissance 11
1. Stilphysiognomie der Renaissancephilosophie 11
2. Die Naturauffassung der Renaissance: Organische Einheit 19
3. Strukturmerkmale des Organismus 24
4. Wissen und magische Praxis 35

Zweiter Teil
Rationale Konzeption der organizistischen Naturauffassung: Leibniz' Monadologie 39
1. Allgemeine Charakteristik der Leibnizschen Philosophie 39
2. Monadologie 44
a) Die Annahme monadischen Seins. 44
b) Die Pluralitätsthese 56
c) Prästabilierte Harmonie 63
d) Synthese von Natur und Monadensystem. 68

Dritter Teil
Spekulativer, emotionaler, ästhetischer Organizismus: Naturphilosophie im Idealismus und in der Romantik 75
1. Spekulative Variante: Schellings Naturphilosophie. 78
a) Schellings Wirkung 78
b) Die Grundstruktur der Schellingschen Naturphilosophie 85
c) Realitätsproblem 95
d) Schellings Gesamtsystem 102
e) Konsequenz 109
2. Emotionale Variante: Novalis' romantische Naturauffassung 110
a) Der Begriff Romantik. 110
b) Der metaphysische Aspekt der Natur. 113
c) Der erkenntnistheoretische Aspekt der Natur 119
d) Der sittliche Aspekt der Natur: die Erlösung der Natur durch Kunst 132
e) Beurteilung. 138
3. Ästhetische Variante: Hölderlins Naturbegriff. 139
a) Hölderlin als Dichter und Philosoph. 139
b) Hölderlins Philosophie 142
c) Hölderlins Dichtung 150

Vierter Teil
Vitalismus, Holismus, New Age, Ökologie 164
1. Die Weisen ganzheitlichen Denkens im 20. Jahrhundert 164
2. Theoretischer Aspekt 175
3. Ethischer Aspekt 180
4. Ästhetischer Aspekt 199

Fünfter Teil
Dynamischer Holismus 211
1. Biologische Revolution 211
2 Ethische Diskussion um die Gentechnologie: der fundamentalistische Standpunkt 219
3. Der freiheitlich subjektivistische Standpunkt 226

Anhang
Anmerkungen 233
Literaturverzeichnis 265
Sachregister 280
Personenregister 284

Einleitung Organizistische Naturauffassung

Im ersten Band war, ausgehend vom magisch-mythischen Naturverständnis, das noch nicht differenziert und auseinandergetreten ist in die später auseinanderklaffenden Momente der Einheit und Vielheit, der Identität und Differenz, des Ganzen und Teils, der Ursache und Wirkung u. ä., der Ursprung und die Genese der mathematisch-wissenschaftlich-technischen Naturauffassung von ihrem Ursprung bei den Griechen bis hin zu ihrer Ausgestaltung in der Moderne verfolgt worden. Dabei zeichneten sich im wesentlichen drei Stadien ab: die Antike mit ihrer nur *intellektuellen* Produktion und Rekonstruktion des Kosmos (der Natur), das christliche Mittelalter mit seiner *realen* Produktion der Welt durch *Gott*, welche der Mensch aufgrund seiner Ebenbildlichkeit mit Gott nachzudenken vermag, und die Neuzeit und Moderne mit ihrer Tendenz zur *realen* Produktion der Natur durch den *Menschen* – wenn nicht der Welt im Ganzen, so doch ihrer Teile. Im zweiten Band soll die Geschichte des organizistisch-holistischen Naturverständnisses seit seiner Ablösung von der naturwissenschaftlichen Konzeption in der Renaissance bis zur Gegenwart aufgerollt werden.

Für die wissenschaftlich-technische bzw. technologische Richtung sind zum wenigsten folgende Merkmale charakteristisch: *erstens* die Auflösung der ursprünglichen Einheit und Ganzheit mit der Konsequenz der Subjekt-Objekt-Spaltung und der zunehmenden Entfremdung des Objekts, *zweitens* die Konzentration auf die kognitiven, intellektuellen Vermögen des Subjekts bei gleichzeitiger Degradierung und Subordination der sensitiven, emotionalen, stimmungsmäßigen Erlebnisweisen, *drittens* die Akzentuierung der quantitativen Erkenntnisweise wie überhaupt der mathematischen, *viertens* die entsprechende Ausrichtung des Objekts auf diese, was mit einer Präparierung desselben zum physikalischen Konstrukt oder »Gestell« einhergeht – Symbol dieser Auffassung ist die Maschine –, *fünftens* die anthropozentrische Einstellung, die dem Menschen eine Herrschaftsrolle gegenüber der Natur zuweist. In allen diesen Punkten ist für das organizistisch-holistische Naturverständnis das Oppositum zu erwarten. Wiewohl das mechanistische Modell von seinem Ursprung her nicht prinzipiell verschieden ist von der Vorstellung des lebendigen, organischen Kosmos – man denke an Platons Beschreibung des Universums als großes Tier (zṓon) oder an Chalcidius' Übersetzung dieses Terminus durch den Ausdruck *machina*, der bis in die frühe Neuzeit hinein »Lebewesen« bedeutete, noch nicht starres, ratterndes, klapperndes, manipulierbares Gestell – und wiewohl das mechanistische Weltbild nicht gänzlich auf die teleologische Vorstellung eines vorgängigen apriorischen Plans vom Ganzen und vom Arrangement der Teile in Bezug auf dieses Ganze verzichten kann, so weicht doch die organizistische Vorstellungsweise zunehmend einer rein kausal-mechanistischen, die von isolierten Teilen ausgeht und diese nachträglich in Verbindung und Bewegung setzt. Erst die gegenwärtige Krise des mechanistischen Weltbildes und seiner technisch-technologischen Naturauffassung hat die Gefahren dieser Einstellung aufgedeckt und das ganze Ausmaß der Zerstörungspotenz einschließlich der Zerstörungspotenz unserer eigenen Existenzbedingungen sichtbar gemacht, zugleich aber auch die Erinnerung an die organizistische Vorstellung reaktiviert und Alternativprogramme auf den Plan gerufen.

Das die heutige Diskussion beherrschende ökologische Denken geht von dem Ideal einer intakten, unzerstörten lebendigen Umwelt aus, die es zu schützen und zu erhalten oder gegebenenfalls wiederherzustellen gilt. Diese stellt einen Interaktionszusammenhang aller Teile mit allen anderen dar, in dem jeder um des anderen und um des Ganzen und dieses um der Teile willen da ist. Das Ökosystem setzt die Priorität des Ganzen vor den Teilen voraus, weil nur im Rahmen eines funktionierenden Ganzen auch jeder einzelne Teil überleben kann. Zur historischen Rückversicherung und zur sachlichen Abstützung sucht das heutige ökologische Denken nach verdrängten und verloren gegangenen Traditionen organizistischer Naturphilosophie, in denen es seine Wurzeln hat. Bei diesen Vorstadien handelt es sich insbesondere *erstens* um die Naturmagie der Renaissance, *zweitens* um die Leibnizsche Monadologie, *drittens* um die Naturphilosophie des deutschen Idealismus und der Romantik, die drei Varianten aufweist: a) die spekulative, b) die emotionale und c) die ästhetische, sowie *viertens* um die vitalistischen und holistischen Konzepte des beginnenden 20. Jahrhunderts. Diesem historischen Gang soll gefolgt werden, wobei vor allem zwei Fragen interessieren, eine das Objekt, die andere das Subjekt betreffend. Zum einen interessiert die genaue Ausdeutung des Verhältnisses von Teil und Ganzem, zum anderen die Zugangsweise des Subjekts zum Organismus »Welt«. Es versteht sich, dass der Erkenntnistypus, der sich auf ein organisches Ganzes bezieht, von anderer Art sein muss als der konstruktive, analytisch-synthetische, der sich auf das mechanistische Konzept bezieht. Es steht zu vermuten, dass für den ersteren, den holistischen Typus, jene diskreditierten und verdrängten Vermögen wie Anschauung, Phantasie, Gefühl, Stimmung, Befindlichkeit, sogar Leiblichkeit und Praxis in Betracht kommen und eine Aufwertung erfahren.

Sucht man nach den Anfängen der Auseinanderentwicklung des mathematisch-wissenschaftlichen und des holistisch-organizistischen Naturverständnisses, so sieht man sich auf die Renaissance verwiesen.

Bestimmt wird diese Epoche noch durch das Konzept Platons, wie es im *Timaios* entwickelt wird und den Versuch einer Vermittlung darstellt, derart dass das mathematische Denken dem organizistischen subordiniert wird. Nicht zufällig erlebt der Platonismus und mit ihm der *Timaios* in der Renaissance eine Wiedergeburt. Während Wissenschaft und Magie, Astronomie und Astrologie, Chemie und Alchimie, Medizin und Naturheilkunde, Technik und magische Praktiken sich in Zukunft mehr und mehr auseinander entwickeln und getrennte Wege gehen werden, gehören sie hier am Anfang noch zusammen. Kurt Hübner hat Naturwissenschaften und Magie »Töchter desselben Stammes«[1] genannt. Beide existierten lange Zeit ununterscheidbar nebeneinander, bevor sie sich trennten.

Von hier lässt sich übrigens auch verstehen, dass der Naturmagier als Prototyp des wissenschaftlichen Forschers und Experimentators gilt und dass sich in ihm der Optimismus konkretisiert, die Natur im Interesse des Menschen verändern zu können. Magier und Wissenschaftler versuchen beide, in die Natur einzudringen und ihr ihre Geheimnisse zu entlocken. In Anknüpfung an Platons Höhlengleichnis aus der *Politeia* hat Leonardo die Natur mit einer großen Höhle verglichen, die den Menschen mit »begieriger Lust« antreibt, »die große Fülle der verschiedenen und fremdartigen Formen zu sehen, die die künstlerische Natur hervorbringt«.[2] Die Natur ist voll unendlicher Formen, offenkundiger wie verborgener, deren letztere es an den Tag zu bringen gilt, und zwar mittels wissenschaftlicher Technik oder magischer Praktik. Dies ist die Aufgabe gleicherweise des Experimentators wie des Magiers; beide verstehen sich als Künstler, als Demiurg, der die Formen, welche Gegenstand der Erfahrung sind, ans Licht holt und im Kunstwerk, sei es im wissenschaftlichen Experiment, sei es in der magischen Praxis, nacherschafft. Ungeahnte Impulse erhielt diese Auffassung durch die rasante Entwicklung der Werkzeuge und technischen Mittel sowie durch die Vielfalt der Entdeckungen, die während der Renaissance gemacht wurden. Der Alchimist, der Metallurg, der Chirurg, der Architekt wurden immer mehr zu Symbolen dafür, dass handwerkliche und künstlerische Fähigkeiten und Tätigkeiten des Menschen imstande sind, die Welt zu rekonstruieren und zu reproduzieren und damit zu einer zweiten Schöpfung zu gelangen.

Obwohl die Differenz zwischen dem magischen Praktiker und dem wissenschaftlichen Experimentator anfangs fließend ist, lässt sie sich dahingehend bestimmen, dass der Erstere sich als Diener der Natur versteht, als Helfer und Vervollkommner derselben, der die Unregelmäßigkeiten und Unvollkommenheiten der Natur ausgleicht und perfektioniert, ihre Prozesse beschleunigt und verstärkt, aber immer so, dass die Natur der Akteur bleibt und der Magier nur ihren Spuren folgt und in Konformität mit den Zyklen der Natur handelt, während der wissenschaftliche Experimentator sich mehr und mehr zum Herrn über die Natur aufschwingt, der, »der Natur gehorchend, ihr gebietet«,[3] wozu ihm Mathematik, Analysis und Konstruktion dienen. Der eine bleibt an die Natur gebunden, der andere löst sich von ihr, der eine manipuliert sie, der andere deformiert sie, um zu Resultaten zu gelangen. Während der erste im Interesse und zum Nutzen einzelner Menschen und Gruppen die Natur erforscht, beutet der zweite sie im Interesse einer Profitgier und Produktionsanhäufung, eines Kommerzkapitalismus, aus.

Erster Teil

Die naturmagische Auffassung der Renaissance

1. *Stilphysiognomie der Renaissancephilosophie*

Als Renaissance im allgemeinen oder als Humanismus speziell im literaturwissenschaftlichen Sinne gilt jene Epoche vom Ende des 14. Jahrhunderts bis zum ausgehenden 16. Jahrhundert, in der sich das neuzeitliche Weltbild und Lebensgefühl ausbildete, zu dem auch das Naturverständnis gehört. Dies geschah einmal, wie der Name »Renaissance« schon andeutet, durch eine Wiedergeburt und Wiederbelebung der antiken Wissenschaften, Künste und Literatur, zum anderen durch eine kritische Absetzung von der mittelalterlichen Scholastik, obwohl diese als Hintergrund der Bildung und als Boden der geistigen Auseinandersetzung weiterhin einflussreich blieb. Die Renaissancephilosophie insbesondere unter dem hier interessierenden Aspekt der Naturauffassung stellt sich geistes- und ideengeschichtlich als ein Synkretismus dar. In ihr verbinden sich gleicherweise der authentische Platon und Aristoteles wie der neuplatonisch beeinflusste Platonismus, der averroistische und thomistische Aristotelismus, darüber hinaus stoisches Gedankengut, christliche Vorstellungen, gnostische, hermetische, kabbalistische Ideen und Praktiken. Dieses Gemisch macht es oft schwer, wenn nicht gar unmöglich, die Herkunft einzelner Theorien genauer zu identifizieren. Nichtsdestoweniger muss eine Stilphysiognomie der Renaissance von den verschiedenen Richtungen her versucht werden, die in sie eingehen.

1. Obwohl es während des Frühmittelalters einen Platonismus gegeben hatte, waren Platons Werke während des Mittelalters bis auf den *Timaios*, der die Grundlage der mittelalterlichen Physik bildete, den *Menon* und den *Phaidon* so gut wie unbekannt. Dies galt bis in die beginnende Renaissance hinein: Petrarca z. B., der Platon verehrte und 16 Werke von ihm besaß, konnte gleichwohl mangels Griechischkenntnis nichts damit anfangen. Ähnlich erging es seinen Zeitgenossen. Die Übersetzungen des Palla Strozzi (1373–1462) und Manuel Chrysoloras (1350–1415) sowie des Leonardo Bruni (1370–1444) blieben unbeachtet, da der Boden für eine Platon-Rezeption noch nicht bereitet war. Das änderte sich, als der Grieche Georgios Gemistos Plethon (1355–1450) in Begleitung des Kaisers Johannes Palaiologos zum Konzil nach Ferrara und, nach dessen Verlegung, nach Florenz kam und dort nach dem Vorbild der von ihm in Mistra, dem antiken Sparta, gegründeten platonischen Akademie ein ähnliches Vorhaben

realisieren wollte. Obwohl durch den frühen Weggang Plethons die Sache ins Stocken geriet, wurde die Idee aufgegriffen und weitergeführt unter der Herrschaft der Medici, besonders Cosimos des Älteren († 1464) und Lorenzo Magnificos († 1492). Als offizielles Gründungsjahr der platonischen Akademie in Florenz gilt das Jahr 1462, als Cosimo dem späteren langjährigen Haupt der Schule, Marsilio Ficino (1433–1499), eine Villa in Careggi bei Florenz als Akademiegebäude schenkte und ihm mehrere griechische Manuskripte zur Verfügung stellte.

Die Akademie war ein lockerer, elitärer Zusammenschluss von Gelehrten und Gebildeten auf der Basis persönlicher Freundschaft. Man hielt Zusammenkünfte ab, organisierte Vorträge, Lesungen, Diskussionen, feierte mehrmals Platons Geburtstag, wobei stets die Antike und vor allem Platon im Mittelpunkt standen. Ficino besorgte die erste vollständige Übersetzung Platons ins Lateinische, die um 1468 abgeschlossen war, und sorgte über seine Kontakte im Rahmen der Akademie und seine weitreichende Korrespondenz für deren Verbreitung. Er selbst schrieb einen *Parmenides*-Kommentar sowie einen Kommentar zum *Symposion*, in den er aber auch Aristoteles' und Ciceros Theorie der Freundschaft sowie die christliche Idee der *agápē* (*caritas*) und nicht zuletzt Elemente der mittelalterlichen höfischen Liebeslyrik einarbeitete, wie er sie durch Cavalcanti, Dante und andere frühe toskanische Dichter kennen gelernt hatte. Sein zwischen 1469 und 1474 entstandenes philosophisches Hauptwerk *Theologia Platonica* erhielt einen Platon gewidmeten Namen. Zur platonischen Akademie in Florenz zählte auch Giovanni Pico della Mirandola (1463–1494), eine der schillerndsten und faszinierendsten Gestalten der Renaissance, der schon mit 31 Jahren verstarb und längere Zeit als Gast an der Akademie weilte. Er verfasste einen Kommentar zum Platonischen *Philebos* sowie einen Kommentar zu Benivienis Liebesgedicht, mit dem er das durch Ficinos Symposion-Kommentar eingeleitete Genre des Liebes- und Freundschaftstraktats fortsetzte. Diese Tradition erwies sich von großem Einfluss auf die Literatur des 16. Jahrhunderts.[1]

2. Außer den authentischen Werken Platons, die der Renaissance erstmals in größerem Umfange bekannt wurden, gab es den durch verschiedene Strömungen und Richtungen vermittelten Platonismus, den sogenannten Neuplatonismus. Hierbei handelt es sich um Systematisierungen platonischen Gedankengutes durch Plotin und seine Schüler, Porphyrios, Iamblichos, Proklos, Damaskios und andere. Plotin hatte in seinen *Enneaden* ein neunfaches, hierarchisch gegliedertes Hypostasensystem entworfen, mit dem Ureinen an der Spitze, gefolgt vom Intellekt (*nous*) als Ort der Verbindung der Ideen sowie der Seele (*psychē*), welche ihrerseits als Vermittlerin der intelligiblen und sinnli-

chen Sphäre auftrat und von welcher der sinnlich wahrnehmbare Kosmos mit Planeten, Menschen, Tieren, Pflanzen, Elementen und schließlich der Materie abhing. Gedacht wurde das Zustandekommen des Stufensystems durch Emanation, d. h. durch das Überfließen der göttlichen Fülle und deren Eintritt in niedere Sphären. Bezugsgrundlage und Vorbild bildeten die mehrfach in Platons Werk vorkommenden hierarchischen Gliederungen, so die im Liniengleichnis der *Politeia* ausgedrückte quaternäre Einteilung und Stufung des Seins mit der Überordnung der Idee des Guten oder die achtfache Hypothesenfolge im *Parmenides*-Dialog oder die Einteilungen und Stufungen des *Timaios* mit dem Intellekt (*nous*), der Seele (*psychê*) und der Welt (*kósmos*) sowie deren weiterer Unterteilung in die ewigen Planeten, die teils sterblichen, teils – hinsichtlich ihrer Seele – unsterblichen Menschen, die Tiere, Pflanzen und Elemente.[2] Eine wissenschaftliche Übersetzung und Kommentierung fast des gesamten neuplatonischen Corpus gab es durch Ficino seit 1492. Größer hingegen war der Einfluss der verallgemeinerten und vergröberten und mit anderen, insbesondere Hermetischen Elementen angereicherten neuplatonischen Lehre. Dies macht es schwer, nicht nur echt und unecht Platonisches, sondern auch echt und unecht Neuplatonisches streng zu trennen.

3. Hinzu kam das christliche Erbe, das mit dem griechischen Gedankengut bereits bei Plotin eine Synthese eingegangen war. Den Ansatzpunkt für die Vermittlung bildeten das Hierarchiedenken der Antike und der Schöpfungsmythos des *Timaios*, in denen sich die christliche Lehre von der triadischen Seinsteilung in Gott, Mensch (Seele) und übrige Natur, desgleichen in Erschaffendes und Erschaffenes wiederfinden konnte: Platons Handwerkergott aus dem *Timaios* sowie seine Idee des Guten aus der *Politeia* avancierten bei Plotin zum Ureinen und in christlicher Ausdeutung zu Gott. Die allgemeine Weltseele, die mit der Teilhabe der individuellen Seelen stets als Zwischen- und Mittelglied zwischen intelligibler, göttlicher und irdischer, sinnlicher Sphäre fungiert hatte, fand eine Fortsetzung in den Engel- und Menschenseelen, der sichtbare Kosmos mit seinen Gestalten in der geschöpflichen, hierarchisch gegliederten Natur.

4. Neben dem Platonismus beherrschte der Aristotelismus die mittelalterliche Philosophie und trieb im 13. Jahrhundert seine höchste Blüte. Aristoteles' Originalwerke waren zu Beginn des 13. Jahrhunderts übersetzt worden und hatten eine Aristoteles-Renaissance ausgelöst, die eine Vielzahl von Sentenzenkommentaren hervorbrachte. Es bildeten sich zwei Aristoteles-Richtungen heraus, eine theologische und eine säkulare. Zentrum der ersteren waren die Universität Paris und die nördlichen Universitäten, wo die aristotelische Philosophie zusammen mit der Theologie doziert wurde und häufig die Aufgabe einer Propä-

deutik und Vorbereitung auf das Theologiestudium hatte, mithin als *ancilla theologiae* verstanden wurde. Dies war die sogenannte thomistische Richtung. Sie hielt an der Transzendenz des aristotelischen unbewegten Bewegers gegenüber der bewegten Welt fest, desgleichen an der individuellen Unsterblichkeit der Seele und an der korruptiblen Beschaffenheit der Materie.

Zentrum der zweiten Richtung waren die oberitalienischen Universitäten, allen voran Bologna und Padua, an denen im Unterschied zu Paris das Schwergewicht auf Medizin und Jurisprudenz lag und folglich andere aristotelische Schriften, vor allem die biologischen, im Mittelpunkt standen und ebenso eine andere Aristoteles-Auslegung, die sogenannte averroistische, Fuß fasste. Sie hatte sich im arabischen Kulturkreis ausgebildet. Im Osten des hellenistischen Reiches, in Syrien, Persien, nach der Eroberung auch in Arabien, wohin zunächst das griechische Gedankengut gewandert war, dann aber auch im arabisch besetzten und beinflussten Spanien (Cordoba, Toledo) hatte sich bei den Arabern Alfarabi, Avicenna, Averroes, Algazel, Avicebron und anderen ein Aristotelismus herausgebildet, der eine Kreuzung mit neuplatonischen Ideen darstellte. Herausragend waren die Lehren von Averroes und Avicebron, die das unbewegt Bewegende in die Natur selbst verlagerten und die Natur zur *natura naturans*, zum sich selbst bewegenden und gestaltenden Prinzip machten (Hylemorphismus oder hylozoistischer Monismus). Neben der Annahme, dass die Natur eine Fülle von Formen und Prinzipien enthält, die den Natur- und Weltprozess steuern, wurde die These von der allgemeinen, nichtindividuellen Unsterblichkeit (Monopsychismus) und von der Ewigkeit der Materie vertreten. Diese averroistische Lehre fand Eingang in die oberitalienischen Bildungsstätten, nach denen sie auch als paduanischer oder, allgemeiner, als italienischer Averroismus bezeichnet wird. Der averroistische Aristotelismus erlebte im 15. und 16. Jahrhundert seine Blüte und wurde noch bis ins 17. Jahrhundert hinein in Oberitalien vertreten. Prominente Vertreter waren Pietro Pomponazzi (1462–1524), der noch in scholastischem Stil schrieb, und Bernardino Telesio (1508–1588).

5. Großen Einfluss auf die Renaissance übte okkultes, esoterisches Schrifttum aus. Hierzu gehören u. a. die Hermetischen Schriften, die aus den frühen nachchristlichen Jahrhunderten stammen und Hermes Trismegistos zugeschrieben werden.[3] Ihre Übersetzung erfolgte 1463 durch Ficino. Mit den Hermetischen Schriften drang ein Gemisch aus platonischen, aristotelischen, plotinischen und astrologischen Elementen in die Renaissancephilosophie ein. Die Grundideen, hinter denen Platons *Timaios*, Aristoteles' Substanztheorie und Plotins Emanationstheorie stehen, lassen sich wie folgt charakterisieren:

a) Das Ureine, Gott, entfaltet sich in die Vielheit und Besonderheit der Welt, indem es in Form einer substantiellen Emanation buchstäblich in die Dinge einfließt. Über die Fixsternsphäre dringt die Bewegung mit zunehmender Variation in die Planeten- und Sternsphäre und schließlich in die sublunare Welt ein. Aufgrund dieses Einfließens der göttlichen Substanz und Kraft in die Dinge stellt sich das Ureine als eine Einheit dar, die alle Dinge mit Leben durchdringt und in der alle Dinge miteinander zusammenhängen.

b) Da jeder Stern eine Facette des Ureinen ist und zu jedem Stern ein Ding in der sublunaren Welt gehört, das etwas von der Kraft des Sternes und damit letztlich von der Kraft des Ureinen besitzt, resultiert eine Makro-Mikrokosmos-Analogie, welche in der Renaissancephilosophie eine eminente Rolle spielt.

c) Mit dem Herabsteigen und Eindringen der zunächst intelligibel gedachten Weltseele in die niederen Sphären erlangt sie die mit diesen verbundenen niederen Seelenkräfte, wie Phantasie und Gedächtnis, sodann Empfindung, Begierden und vegetatives Leben. Konkret wird dies so beschrieben, dass die Seele, indem sie aus der Milchstraße und dem Tierkreis in die weiter unten befindlichen Planetensphären herabsinkt, deren Vermögen und Kräfte erlangt: im Saturn das Vermögen zu schließen, im Jupiter das Vermögen, außer sich zu wirken, im Mars die Begierden und Affekte, in der Sonne die Empfindung, Meinung und Einbildung, in der Venus den Sexualtrieb, im Merkur das Vermögen zu reden und Rede zu verstehen, im Mond endlich die Zeugungskraft.[4] Da ferner den einzelnen Gestirnen Metalle zugeordnet sind, dem Saturn Blei, dem Jupiter Zinn usw., ergibt sich zudem eine Analogie zwischen Saturn, Blei und dem Vermögen zu schließen, zwischen Jupiter, Zinn und dem Willensvermögen usw. Auch diese Analogien sind für die Renaissancephilosophie von ungeheurer Bedeutung.

6. Zum okkulten Schrifttum gehören des Weiteren die kabbalistischen Schriften, jüdische Geheimlehren, die seit dem 12. Jahrhundert von gläubigen Juden, denen die überlieferte Weisheit (*Kabbala* = Überlieferung) mehr galt als Wissen und Philosophie, gegen die Rationalisierungstendenzen der jüdischen Religion eingesetzt wurden. Inhaltlich weisen diese Schriften emanatistisch-magische Tendenzen auf, methodisch spielt in ihnen die Schriftinterpretation eine Rolle, mit der sie gerade auf die Renaissance wirkten. Zur Enträtselung von Texten wurden den Buchstaben – zumeist hebräischen – numerische Werte zugeordnet, die als qualitative Symbolträger betrachtet wurden, oder es wurden die Worte durch andere mit vergleichbaren nummerischen Werten und Qualitäten ersetzt. Eine besondere Bedeutung kam dabei dem Tetragramm יהוה (Jahwe) zu, den Buchstaben des göttlichen Namens und der an ihn gebundenen Kraft. Das Spielen mit Buchstaben,

Worten, Zahlsymbolen überwog nicht selten die Logik der Sache, die ursprünglich auf der These basierte, dass die Dinghaftigkeit der Sprache und die Sprache der Dinge aufeinander zu beziehen seien. Mit den okkulten Schriften drang Geheimwissen von unsichtbaren Kräften, Mächten und Einflüssen, drangen Vorstellungen von Engeln, Teufeln, Dämonen, Geistern, nicht weniger Geheimrituale und Zauberformeln in die Philosophie ein, die insbesondere beim Volk und in der Popularphilosophie reichen Nährboden fanden. Mit den Praktiken zur Beherrschung dieser Mächte hielt die Magie ihren Einzug, was dazu führte, dass die Renaissancephilosophie Hand in Hand mit der Magie ging.

Die Offenheit der Renaissancephilosophie für magische, okkulte Vorstellungen und Praktiken dürfte ursprünglich nicht aus reiner Lust am Okkulten zu erklären sein, sondern aus dem rationalen Wunsch, durch die Oberfläche der Dinge hindurch in die Tiefe zu dringen und zu erkennen, was die Welt im Innersten zusammenhält.[5] Und dazu bedurfte es außer den sichtbaren Qualitäten, die seit der Antike auf die vier Elemente Erde, Wasser, Luft und Feuer als ihre Ursachen zurückgeführt wurden, des Ansatzes unsichtbarer, nur an ihren Wirkungen feststellbarer Eigenschaften, die aber gleichwohl das Universum beherrschen, eben jener astralen und elementarischen Kräfte. Selbst die mechanistische Naturwissenschaft hat nicht gänzlich auf unsichtbare Kräfte verzichten können, so z. B. Newton nicht auf die Gravitationskraft, freilich ohne ihr Wesen zu verstehen. Zur Erklärung bestimmter Phänomene blieb der Ansatz solcher Kräfte aber erforderlich.

7. Stoische Elemente sind ebenfalls in Einzelfällen in der Renaissancephilosophie nachweisbar, auch wenn sie eine geringere Rolle spielten als die bisherigen Einflüsse.

Aus diesen vielfältigen und verschiedenartigen Quellen speist sich die Renaissancephilosophie, die es nicht eigentlich zu einem neuen, einheitlichen Stilphänomen gebracht hat, sondern die als Misch- und Übergangsphänomen nur Tendenzen zu einem solchen aufweist. Innerhalb ihrer lassen sich zwei Richtungen ausmachen, zum einen der Renaissance-Platonismus, der mit den Namen Ficino und Pico della Mirandola verbunden ist, zum anderen der Renaissance-Aristotelismus, der insbesondere durch Pomponazzi und Telesio vertreten wurde. Gelegentlich hat die Forschung noch eine dritte Richtung unterschieden, den Vitalismus, der durch den Arzt und Philosophen Paracelsus (1493–1541), durch den Naturforscher Jean Baptiste van Helmont (1577–1644), seinen Sohn Franciscus Mercurius van Helmont, den Engländer Robert Fludd (1574–1637) und den Deutschen Heinrich Cornelius Agrippa von Nettesheim (1486–1535) vertreten wurde. Dass es sich bei den beiden ersten Richtungen um »Ismen« handelt, nicht um die authentische platonische und aristotelische Philosophie, ist klar.

Die Frage, ob der ursprüngliche Platon und Aristoteles zusammen- oder auseinandergehen, beschäftigte schon Pico della Mirandola. Seine These einer grundsätzlichen Übereinstimmung trotz des äußeren Anscheins einer Verschiedenheit lässt sich bereits auf Cicero zurückführen, der sie seinerseits vermutlich von seinem Lehrer Antiochus von Askalon, dem Begründer des Eklektizismus, übernahm, oder auch auf Boethius und, weiter zurückgehend, auf Ammonios Sakkas. Diese These wird auch in der modernen Forschung präferiert.[6] Ungeachtet des ursprünglichen Verhältnisses zeigen der spätere Platonismus und Aristotelismus Differenzen bezüglich folgender Fragen, wenngleich sich diese nicht immer scharf herauskristallisieren lassen. *Erstens*: In welchem Verhältnis steht der Intellekt zur Seele? Sind sie verschieden oder identisch; ist der Intellekt ein Teil der Seele? *Zweitens*: In welchem Verhältnis stehen die Einzelseelen zur Weltseele, in dem der Partizipation oder der Inklusion? *Drittens*: In welchem Verhältnis steht die Seele zum Körper bzw. zur Materie: Ist sie dieser transzendent oder immanent? Während für den Renaissance-Platonismus der Hierarchiegedanke bestimmend ist, kennzeichnet den Renaissance-Aristotelismus die Nivellierung der Stufen und Differenzen und die Bestimmung der Natur durch das Bewegungsprinzip, das dialektisch durch das Widerspiel der Gegensätze gefasst wird. Die genannten Richtungen lassen sich grob durch ein je verschiedenes Verhältnis von Form und Materie zueinander charakterisieren. Während im Renaissance-Platonismus das formgebende Prinzip der Materie übergeordnet ist, die Materie hingegen als passiv, träge und bewegungslos angenommen wird, sind im Aristotelismus Form und Materie gleichrangige, aufeinander angewiesene ewige Prinzipien. Im Vitalismus gehen sie darüber hinaus eine Verbindung derart ein, dass Form und Materie zusammenfallen, so dass die materielle Natur zur lebendigen, gestaltenden, formgebenden Kraft selbst wird.

Gegenüber der mittelalterlichen Philosophie, die auf Transzendenz hin angelegt war und in der Natur lediglich das Abbild, die Manifestation, den Spiegel Gottes sah, so dass das Studium der Natur im Grunde nichts anderes als Gotteserkenntnis war, herrscht in der Renaissancephilosophie die Tendenz vor, die Natur zu verselbständigen. Mit dem Abbau des Transzendenzgedankens geht die Immanentisierung der Transzendenz einher, wodurch das Göttliche und seine aktive, bewegende und gestaltende Kraft zur Bewegung und Formgebung der Natur wird. Die Natur erbt die Qualitäten der Gottheit, wird selbst zum allmächtigen, allgegenwärtigen, alles befassenden Gott, zum sich selbst erhaltenden, regenerierenden und reorganisierenden Lebewesen.

Dieser Pantheismus ist am weitesten vorangetrieben bei Giordano Bruno (1548–1600).

Es war Friedrich Heinrich Jacobi, der Bruno zumindest für das Bewusstsein der modernen Öffentlichkeit als Pantheisten kennzeichnete, und, da Jacobi als Anti-Aufklärer Pantheismus mit Atheismus zusammenwarf, ihn gleichzeitig der Gottlosigkeit beschuldigte. Jacobi hatte 1789 Teile von Brunos Hauptwerk *De la causa, principio ed uno* (*Von der Ursache, dem Prinzip und dem Einen*) übersetzt[7] und damit einerseits zwar Bruno, dessen Schriften durch seinen Häresieprozess und seine Verbrennung von der katholischen Kirche verboten und unterdrückt worden waren, aus der Vergessenheit gerissen, andererseits aber ihn als Vorläufer des Spinozismus und dessen *Hen-kai-pān-Lehre* hingestellt und damit zum Repräsentanten des modernen Atheismus erklärt. Bedingt durch die neue öffentliche Wirkung Brunos, hat Hegel in seinen *Vorlesungen über die Geschichte der Philosophie*[8] eine geniale und einfühlsame Interpretation von Brunos Philosophie vorgelegt, nach der Bruno eine einzige materielle Substanz angenommen habe, die mit der Form identisch sei und die Formunterschiede in sich realisiere. Auch wenn die gegenwärtige Forschung aufgrund widersprüchlicher Äußerungen geltend macht, dass Bruno außer der These von der Göttlichkeit der Welt die These eines transzendenten Gottes vertreten habe und den letzten Schritt zur Identifikation Gottes mit der Welt noch nicht getan habe,[9] so deutet doch alles in die Richtung einer ewigen selbständigen, sich selbst belebenden und bewegenden Natur, eines lebendigen Organismus. Demgegenüber hat die mechanistische Naturwissenschaft den umgekehrten Weg eingeschlagen und der Natur die ihr zugeschriebenen Funktionen der Bewegung und Formgebung genommen.

Das traditionelle Verhältnis von Form und Materie beginnt sich in der Renaissance umzukehren und vom Primat der Form und ihrer aktiven Bestimmung, der Abhängigkeit und Bestimmbarkeit der passiven Materie in eine Gleichrangigkeit oder sogar in eine Selbstbestimmung der Materie überzugehen. Die Natur selbst wird zur Künstlerin; nicht mehr von außen empfängt sie die Formen, sondern sie bringt diese von innen »aus ihrem Schoße« hervor.[10] Entweder benutzt sie dabei die Materie als Instrument,[11] oder der Stoff allein strebt zur Gestaltung ohne Verursachung durch ein ihm jenseitiges Form- und Zweckprinzip; in einer vollends hylemorphistischen Interpretation ist die Materie die einzige Quelle der Formwirkung.[12] Eine solche Natur hat Ernst Bloch[13] als »organische Weltgöttin« beschrieben.

Mit dem Abbau der Form-Materie-Hierarchie und der Nivellierung des Schemas von Aktivität und Passivität, Bestimmung und Bestimmbarkeit, die kultursoziologisch an eine patriarchalische Ordnung gebunden waren, sowie mit der Aufwertung der lebendigen Materie ging eine Aufwertung der matriarchalischen Ordnung einher, die die gegenwärtige feministische Bewegung, welche im Kontext der Ökologiebewegung auftritt, wiederentdeckt hat und für sich selbst nutzbar macht. Brunos matrilineare Genealogie des Schöpfungsprozesses[14] wird kulturhistorisch als Kritik am christlichen Patriarchalismus und an der traditionellen Geschlechterordnung und Rollenverteilung gelesen. Insbesondere der vierte Dialog der Schrift *Von der Ursache, dem Prinzip und dem Einen*, in dem am traditionellen Materiebegriff die philosophische Denkfigur der Subordination und Bestimmbarkeit der Materie dekuvriert wird, spielt eine entscheidende Rolle. Bruno sagt hier, dass die Materie kein externes formgebendes Prinzip benötige, weil sie selbst schon in sich das Lebendige sei. Ebenso heißt es im *Aschermittwochsmahl*: Die Materie ist »unsere Mutter …, die uns auf ihrem Rücken erhält und ernährt, nachdem sie uns aus ihrem Schoße hervorgebracht hat, in den sie uns immer von neuem zurücknimmt«.[15]

2. Die Naturauffassung der Renaissance: Organische Einheit

Trotz der vielfältigen und verschiedenartigen Strömungen, die in den Synkretismus der Renaissancephilosophie einfließen, und trotz der diversen internen Richtungen gibt es eine Reihe von Gemeinsamkeiten, aufgrund deren sich die Renaissancephilosophie von anderen philosophischen Epochen in spezifischer Weise unterscheidet. Dies gilt auch für die Naturauffassung.

Die gemeinsame Grundüberzeugung der Renaissancephilosophie bezüglich des Kosmos – gleich, ob er als endlich und geschlossen gemäß traditioneller Denkweise oder als unendlich und offen gemäß moderner wie bei Thomas Digges,[16] Nikolaus Cusanus und Giordano Bruno vorgestellt wird – ist die Annahme, dass der Kosmos ein großes lebendes Tier sei, ein lebendiger Organismus, wobei deutlich die platonische Vorstellung vom zōon aus dem *Timaios* anklingt. So heißt es bei Tommaso Campanella in *De sensu rerum et magia*, dass die Welt ein »alles empfindendes Lebewesen« sei (»mundum esse animal, totum sentiens«) und dass »alle ihre Teile sich des gemeinsamen Lebens erfreuten« (»omnesque portiones eius communi gaudere vita«)[17] oder dass die Welt »Sinnesorgan, Leben, Seele, Körper, Statue des höchsten Gottes« sei (»sensus, vita, anima, corpus, statua Dei altissimi«),[18] und in der *Metaphysik*, dass alle Teile dieses lebendigen Körpers sich einem einzigen Plan fügten, indem sie sich nach »unzähligen Graden der Teilhabe« (»innumeri gradus participabilitatis«) ordneten.[19] Konkreter noch wird Johann Baptista Porta in seiner Schrift *Magia Naturalis*:

> »Plotinus und Synesios sagen: ... Die Welt sey gleichsam ein Thier / welches überall zugleich männliches und weibliches Geschlechtes sey / und durch die gegen einander tragende Liebe ihrer Glieder aller Orten mit sich selbst gleichsam einen Beyschlaff halte; und dadurch bestehe sie: Anbey aber sey in ihr ein Band / das diese Glieder verbinde /nemlich die Gemüths=Art (oder Seele der Welt/) welche durch die Glieder überall herum fliesse / und ... / diese Last bewege / und sich in dem grossen Leib allenthalben tieff / durchmische.«[20]

Das Universum stellt eine lebendige organische Einheit dar, in der jeder Teil mit jedem anderen zusammenhängt und in interaktiven Prozessen steht, um die gemeinsame Aufgabe der Aufrechterhaltung des Lebens zu erfüllen. Lebensprinzip ist die Weltseele (*anima mundi*), die ebenfalls in Aufnahme eines platonischen Gedankens alles durchdringt und beherrscht und sich in den individuellen Einzelseelen manifestiert. Je nach platonischer oder aristotelischer Variante wird entweder eine davon verschiedene, passive, bestimmbare Materie angenommen, die ihre Bewegung, Veränderung, Formung usw. durch die Weltseele erfährt, oder eine aktive Materie, die mit der Weltseele und ihrer Aktivität und Formgebung identisch ist und sich selbst organisiert und von sich aus lebt. Da die generelle Weltseele über die Vermittlung der Einzelseelen alles Stoffliche durchdringt, muss das, was für das Ganze gilt, auch für jeden Teil einschließlich der von uns heute als anorganisch bezeichneten Stoffe gelten: Wie das Ganze des Universums belebt ist, so ist auch jeder Teil desselben belebt, selbst die Metalle.[21] Auch Steine zeigen in ihrer Entstehung und in ihrem Verhalten Lebensäußerungen, so wie man auch heute noch von Gletschern im zoomorphen Sinne sagt, dass sie »kalben«, wenn sie im Frühjahr bei der Schmelze auseinanderbrechen und sich spalten.

Je nach Art der Lebensäußerung der Weltseele, sei es als bewegendes, vegetatives, sensitives oder intelligibles Prinzip, müssen ebensolche Arten und Funktionen auch der von der Seele durchdrungenen Materie zukommen. So schreibt Campanella jedem Ding Empfindung zu, sofern es durch Instinkt das wahrnimmt, was es erhält oder zerstört, was in ihm liegt oder um es ist und was daher zu lieben oder zu hassen ist. Er begründet dies damit, dass Lebewesen wie Tiere, die zugegebenermaßen empfinden, aus den vier Elementen Erde, Wasser, Luft und Feuer bestehen, welche daher ihrerseits empfinden müssen.[22] Das erste Buch seiner Schrift *De sensu rerum et magia* lässt sich dahingehend resümieren: Wenn die Tiere das besitzen, was man Sinn oder Gefühl nennt, und wenn es wahr ist, dass Sinn und Gefühl nicht von nichts kommen, dann muss zugegeben werden, dass Sinn und Gefühl auch allen Elementen zukommen, die deren Ursache sind, zumal man zeigen kann, dass das, was der Wirkung zukommt, auch der Ursache zukommt.[23] Im Epilog heißt es:

> »So wie sich Würmer im Bauch des Lebewesens befinden, befinden sich alle Lebewesen im Bauch der Welt, ohne zu vermuten, dass die Welt fühlt, ähnlich wie die Würmer in unserem Bauch am wenigsten wissen, dass wir fühlen.«[24]

Aufbau und Gliederung des organischen Ganzen werden je nach der vertretenen Richtung unterschiedlich gedacht, wobei im Renaissance-Platonismus naturgemäß das hierarchische Modell überwiegt, das grundsätzlich an der Dreiteilung in Intellekt, Seele und Körper festhält, bei weiterer Ausdifferenzierung, wie etwa bei Ficino in der *Theologia Platonica*, an einer fünffachen Seinsstufung in Gott, Engelgeist, Vernunftseele, Qualität und Körper oder, wie aus astrologischen Darstellungen hervorgeht, etwa der des Andreas Cellarius,[25] an einer konzentrischen Sphärengliederung, in der die Erde nach dem alten ptolemäischen Weltbild im Mittelpunkt des Universums steht, gefolgt von Mond, Sonne und den übrigen Planeten, Venus, Mars, Jupiter, Saturn sowie der Fixsternsphäre, den Tierkreiszeichen und schließlich dem empyreischen Himmel.

Nach platonischem Vorbild ist jeder Planet durch eine Intelligenz bestimmt. Denn da Planeten vernünftigen, regelmäßigen Bahnen folgen, müssen sie selbst vernünftig sein, und zwar vernünftiger als der wechselhafte, hin- und hergerissene Mensch. Darüber hinaus kommt jedem Stern des Tierkreiszeichens eine Seele zu; in christlicher und hermetischer Vorstellung werden daraus Engel, Dämonen, Geister, welche die himmlischen Sphären bevölkern. Da ihnen in der sublunaren Welt Menschen, Tiere, Pflanzen, Metalle usw. entsprechen, kurzum, da jedes Lebewesen in der sublunaren Welt einem Stern und einer Sternseele zugeordnet ist, spiegelt sich der Makrokosmos im Mikrokosmos wider. Die Gesetze des Mikrokosmos gehorchen denen des Makrokosmos, sie sind astrologisch vorgegeben. Goethe hat später in Anlehnung an die Renaissancephilosophie diese makrokosmische Bestimmung und Präformation des Menschen in der ersten Strophe der *Urworte. Orphisch* ausgedrückt:

> »Wie an dem Tag, der dich der Welt verliehen,
> Die Sonne stand zum Gruße der Planeten,
> Bist alsobald und fort und fort gediehen

> Nach dem Gesetz, wonach du angetreten.
> So mußt du sein, dir kannst du nicht entfliehen,
> So sagten schon Sibyllen, so Propheten;
> Und keine Zeit und keine Macht zerstückelt
> Geprägte Form, die lebend sich entwickelt.«[26]

Die makrokosmische Ordnung bestimmt auch die menschliche Gesellschaft und ihre Ständehierarchie, angefangen von König und Papst an der Spitze über die Adligen, die Bürger bis hin zu den Bauern und Handwerkern. Die soziale hierarchische Ordnung gilt als Manifestation des göttlichen kosmischen Gesetzes.

Aus der Konzeption der Über- und Unterordnung, der Bestimmung und Einflussnahme der oberen Sphären auf die unteren geht hervor, dass die Stufen oder konzentrischen Kreise nicht isoliert und independent voneinander vorkommen, sondern miteinander in Verbindung stehen. Der Zusammenhang von Oben und Unten wird durch verschiedene Bilder ausgedrückt, z. B. das einer Himmelsleiter, die von den höheren Regionen zur Erde herunterreicht, oder das einer goldenen Kette, die die Sphären miteinander verknüpft und als Kausalkette der Beeinflussung (*influxus*) fungiert. Bei Porta heißt es:

> »Weil denn nun von *Gott* selbst die Gemüths-Art erschaffen / von dieser aber … die Seelen-Art; und aber diese alle Dinge / so auf sie folgen mit Leben begabet / darunter denn die Erd=gewächse mit den Thieren / in dem Wachsen; die Thiere mit dem Menschen / in dem Empfinden; und dieser mit den Höhern in dem Verstande übereinkommet: So sehen wir / daß von der ersten Ursach an gleichsam ein großes Seil gezogen ist vom Himmel herunter biß in diese Tieffe / durch welche alles zusammen geknüpffet / und gleichsam zu einem Stricke wird / also daß /wann die höchste Krafft ihre Stralen scheinen läßt / dieselben auch biß herunter reichen: Gleich wie / wann ein ausgespannter Strick an einem Ort gerühret wird / derselbe gantz durch erzittert / und auch das Ubrige sich beweget. Und dieses Band nun kan man wol mit an einander hangenden Ringen / und einer Kette vergleichen / und hieher die Ringe des Platonis und die güldene Kette des Homeri ziehen …«[27]

Auch Agrippa von Nettesheim benutzt das Bild einer alles verbindenden Kette:

> »Beim Monde beginnt auch im Himmlischen die Reihenfolge der Dinge, welche *Plato* die goldene Kette

nennt, durch welche ein jedes Ding, eine jede mit einer anderen verbundene Ursache von einer höheren abhängt, bis man zu der höchsten Ursache von Allem gelangt, von der alle Dinge abhängen.«[28]

Eine Nachwirkung dieses Bildes begegnet in Goethes *Faust*, als Faust beim Anblick des Tetragramms aus dem Buch des Magiers Nostradamus in die Worte ausbricht:

»Wie alles sich zum Ganzen webt,
Eins in dem andern wirkt und lebt!
Wie Himmelskräfte auf und nieder steigen
und sich die goldnen Eimer reichen!
Mit segenduftenden Schwingen
Vom Himmel durch die Erde dringen,
Harmonisch all das All durchklingen!
Welch Schauspiel! Aber ach! Ein Schauspiel nur!
Wo fass' ich dich, unendliche Natur?«[29]

Da das Universum nicht statisch, sondern dynamisch aufgefasst wird als ein Kräftesystem mit realer Emanation und Influenz, wird verständlich, dass die substantielle Kraft, die das höchste Prinzip repräsentiert, graduell abgeschattet, in die subordinierten Stufen einfließt, so dass jede derselben eine besondere Modifikation und Abschattung des höchsten Prinzips verkörpert. Jede Sphäre ist Emanat der höchsten dadurch, dass sich die Kraft des Ureinen als Quelle von allem erweist. Demnach stellt das Universum eine Einheit dar, in der alles mit allem dank des Einflusses der substantiellen Kraft verbunden ist.

In der aristotelisch geprägten Richtung spielt der Hierarchie-Gedanke eine weniger gewichtige Rolle. Entscheidend ist hier vielmehr die innere Dynamik der Materie, die durch das Eintauchen des ersten Bewegers in die Materie und durch die Übertragung seiner Funktionen auf diese zustande kommt. Das Eintauchen des bewegenden und belebenden ersten Prinzips kann so gedacht werden, dass seine Differenz gegenüber der Materie gewahrt bleibt, oder auch so, dass es mit der Materie identisch wird. Entscheidend ist, dass die innere Dynamik der Materie dualistisch durch gegensätzliche Prinzipien wie Sonne und Erde, Wärme und Kälte usw. bestimmt wird. Wie Telesio im ersten Buch seiner Schrift *De rerum natura* zeigt, entstehen alle Dinge aus dem Zusammenwirken dieser beiden Prinzipien, indem die Wärme bewegt, verdünnt, trennt, die Kälte kontrahiert, verdichtet, vereint und zur Ruhe bringt.[30] Unter der Wirkung der Wärme, der »Urheberin aller Dinge« (»opifex omnium«), deren Aktivität von der Sonne herrührt, wird die körperliche Form aus der bloßen Disposition der Materie zur realen Existenz gedrängt.[31] Unter der Einwirkung der Kälte erstirbt die Form. Als wechselnde Disposition der Materie ist die Form nicht mehr selbständiges, getrenntes Wesen oder Modell, das der Materie eingeprägt wird oder zum Vorbild ihrer Verwirklichung dient, sondern eine Art und Weise der Materie selbst, in der die in sich suffiziente Natur ihr eigenes Wesen ausspricht.

3. Strukturmerkmale des Organismus

Wichtiger noch als der äußere Aufbau und die Organisation des Kosmos sind die inneren Zusammenhänge, die Art und Weise der Interaktion der Teile zum Ganzen. Dass die Renaissanceauffassung in dieser Frage eine Reihe von Eigentümlichkeiten aufweist, die sie in spezifischer Weise von anderen Naturkonzeptionen unterscheidet, ist stets erkannt, wenn auch nur selten systematisch erörtert worden. Michel Foucault hat vier Strukturmerkmale als charakteristisch für den europäischen Wissenstyp bis zum Ende des 16. Jahrhunderts angeführt, die sich ohne große Schwierigkeit auf den Seinstyp übertragen lassen, da erkennendes Subjekt und erkanntes Objekt zusammenhängen. Sie sollen daher hier zur Beschreibung der Organisationsform des Weltganzen (der Natur) dienen. Es sind dies *erstens sympathia* und *antipathia*, *zweitens analogia*, *drittens convenientia* und *viertens aemulatio*.[32]

1. Eines der Grundgesetze, das die organische Natur durchwaltet, ist das antithetische Prinzip von Sympathie und Antipathie. Danach steht jeder Teil des Ganzen mit jedem anderen entweder im Verhältnis der Anziehung oder Abstoßung je nach Ähnlichkeit oder Unähnlichkeit. Denkbar ist sowohl die Anziehung ähnlicher oder gleichgearteter Teile, wie wir dies aus dem Sprichwort kennen »Gleich zu gleich gesellt sich gern« oder aus Goethes *Wahlverwandtschaften*, wie auch die Anziehung ungleicher, sogar entgegengesetzter Teile gemäß dem Sprichwort »Gegensätze ziehen sich an«. Nicht weniger können sich unähnliche Teile abstoßen, so dass ein Ding das ihm entgegengesetzte flieht oder von sich treibt, genauso wie es auch möglich ist, dass ähnliche Teile sich gegenseitig abstoßen. Anziehung vereint und kontrahiert die Teile, Abstoßung trennt sie und lässt sie fliehen. Was die Sympathie einer Gemeinsamkeit oder gar Identität zuführt, hält die Antipathie als Gegenkraft auseinander und in Differenz. Ebenso hat jeder Körper aufgrund der Attraktionskraft seinen Ort intensivster Attraktion, dem er zustrebt, wenn er durch Repulsion aus ihm entfernt worden ist. Hat er diesen Ort erreicht, so verharrt er in ihm oder kreist harmonisch und ruhig um das attrahierende Objekt.[33] Dieses Prinzip der wechselseitigen Anziehung und Abstoßung gleicher oder ungleicher Teile ma-

chen sich Homöopathie und Allopathie zunutze, von denen die erste Gifte durch gleiche Gifte, die zweite Gifte durch Gegengifte zu vertreiben versucht oder von denen die erste bestimmte krankhafte Eigenschaften und Zustände durch ähnliche, die zweite durch unähnliche abzubauen versucht.

Hinter den universellen Verhaltensweisen von Sympathie und Antipathie steht das Kräftesystem. Indem die substantielle Urkraft des Ureinen, graduell abgestuft, die subordinierten Teile durchdringt und sich in diese differenziert und auseinanderlegt, löst sie sich von sich selbst ab, und indem sie die diversen Teile an sich zurückbindet, vereint und sammelt sie die Vielheit auf die Einheit hin. Expansion und Kontraktion, Vervielfältigung und Vereinheitlichung sind die Formen, in denen das natürliche Prinzip von Diastole und Systole zum Ausdruck kommt. Ebenso wie das Verhältnis des Ganzen zu den Teilen eines der Abstoßung und Anziehung ist, so gilt Entsprechendes auch für die Teile untereinander, die sich aufgrund der zusammenhaltenden Kraft des einen Ganzen anziehen und aufgrund der auseinandertreibenden Kraft wechselseitig abstoßen.

Das universelle Sympathie und Antipathie ermöglichende Kräftesystem hat in der Physik in den dualistischen Kräftesystemen eine Fortsetzung gefunden. Sympathie und Antipathie bzw. Anziehung und Abstoßung sind Vorformen dessen, was im mechanistischen Weltbild und Naturverständnis als Attraktions- und Repulsionskraft auftritt. Sie begegnen bei Newton als Gravitationskraft und Trägheitsbewegung, als Zentripetal- und Zentrifugalkraft, bei Kant in den *Metaphysischen Anfangsgründen der Naturwissenschaft* als Attraktion und Repulsion, welche die Materie konstituieren. Ein Unterschied in der Behandlung besteht allenfalls darin, dass das mechanistische Verständnis von dem abstrahiert, was für das organologische das Eigentliche ist, die Bestimmung des Wesens, des Inneren der Dinge. Während das letztere sich allein für dieses interessiert, hält das erstere sich ausschließlich an die sichtbaren Wirkungen und versucht, diese auf eine rein quantifizierbare Weise zu erfassen. Diese beiden Aspekte – metaphysische Wesenserfassung und rein funktionale, mathematisch beschreibende Naturerkenntnis – treten immer mehr auseinander, indem die eine sich um eine philosophisch-spekulative Ursachenerforschung bemüht, die andere, die Ursachen nur noch hypothetisch unterstellend, die Begriffe und mathematischen Gesetze in nominalistischem Sinne als zusammenfassende, generalisierende Funktionen verwendet.

Das universelle sympathetische und antipathetische Verhalten stellt die großartige Projektion der natürlichen menschlichen Erfahrung von Liebe und Hass, Freundschaft und Feindschaft auf den Kosmos dar.

Der Eros wird zum alles durchwaltenden Prinzip, sein Gegenprinzip, die Macht des Streites, ist nicht weniger universell. Der ihnen entnommene Wirkungszusammenhang avanciert zur Grundstruktur von Verbindung und Trennung schlechthin. Das Spiel von Sympathie und Antipathie ist der global erweiterte Spiegel menschlicher Verhältnisse.

2. Ein weiteres wichtiges Gesetz ist das der Analogie, demzufolge alle Teile des Kosmos, seien sie einander gleich oder ungleich, in bestimmten Zuordnungs- und Verwandtschaftsverhältnissen zueinander stehen, entweder aufgrund von Ähnlichkeiten oder aufgrund ihres ständigen gemeinsamen Auftretens. Im letzteren Falle können einander zugeordnete Teile des Kosmos ganz verschiedener Art sein; es kann sich um Körper, Qualitäten, Fähigkeiten, Habitualitäten usw. handeln, sofern sie nur gewissen Assoziationsgesetzen gehorchen. Um einige Beispiele zu nennen: Der Sonne ist *per analogiam* zugeordnet das Metall des Goldes, die gelbe Farbe, das Feuer und die Wärme, das Glück usw., dem Mond das Metall Silber, die silberweiße Farbe, die Kälte, die Ruhe, dem Mars das Metall Eisen, die rotbraune Farbe, der Krieg und Raub, das Bittere und Scharfe, die Stärke usw. Die Zusammengehörigkeit dieser Heterogenitäten kann man sich aus der natürlichen Erfahrung erklären, erlebt man doch die Sonne als rotgelben, Wärme spendenden, Wachstum und Gedeihen fördernden und damit zu Glück und Wohlbefinden verhelfenden Feuerball, den Mond als weißlich-silberne Sichel oder Scheibe, die am nächtlichen Himmel erscheint, wenn die Geräusche der Welt verstummt sind und Stille eingetreten ist und nächtliche Kühle gegenüber der Hitze des Tages herrscht.

In der Renaissance hat sich eine umfangreiche Analogie-Lehre ausgebildet, die in der Emblematik und Heraldik ihren Niederschlag gefunden hat und noch heute in Wappen mit bestimmten Tieren und deren Attributen beredtes Zeugnis ablegt. Jedem Metall und Stein, insbesondere Edel- und Halbedelsteinen, werden Farben, Kräfte, Vermögen, Zustände, auch Pflanzen und Tiere zugeordnet wie umgekehrt. So steht der blaue Aquamarin, der mit Wasser verbunden ist, für Treue, der rote Rubin, der mit Feuer und Glut einhergeht, für Leidenschaft; der Löwe ist mit Kraft gepaart, der Falke mit Kühnheit, der Adler mit Macht und Schnelligkeit, die Lilie steht für Reinheit, Rosen und Myrten für Liebe und Verbindung usw.

Eine der umfangreichsten Analogiensammlungen findet sich bei Agrippa von Nettesheim in der Schrift *De occulta philosophia* (*Magische Werke*):

»Es ist sehr schwierig, zu erkennen, welche Dinge diesem oder jenem Gestirne oder Himmelszeichen zugehören. Man erkennt sie jedoch daran, dass sie die Strahlen oder die Bewegung, oder die Figur der Himmelskörper nachahmen. Einige entsprechen auch gewissen Sternen durch ihre Farbe und ihren Geruch, andere durch ihre Wirkungen. Unter den Elementen sind solarisch das Feuer und die lichte Flamme; unter den Säften das reine Blut und der Lebensgeist; unter den Geschmäcken der scharfe mit Süßigkeit vermischte; unter den Metallen wegen seines Glanzes das Gold, dem die Sonne eine herzstärkende Eigenschaft verleiht; unter den Steinen solche, welche durch goldene Punkte die Sonnenstrahlen nachahmen, wie der Adlerstein, der solche Punkte hat und eine Kraft gegen die fallende Sucht und gegen Gifte besitzt. Der Stein, welcher Sonnenauge heißt und die Figur einer Augenpupille hat, aus deren Mitte ein Strahl hervorschimmert, stärkt das Gehirn und Gesicht. Der bei Nacht leuchtende Karfunkel vertreibt jedes dunstige und in der Luft schwebende Gift. Der Chrysolith, von zarter und lichter, grüner Farbe, worin, wenn man ihn gegen die Sonne hält, ein goldener Stern schimmert, stärkt die Respirationsorgane und ist den an Engbrüstigkeit Leidenden von Nutzen ...«[34]

»Dem Monde zugehörig (lunarisch) sind unter den Elementen die Erde, sodann das Wasser, sowohl das Meer- als das Flusswasser, und alles Feuchte, die Säfte der Bäume und der Thiere, hauptsächlich die weißen, als Eiweiß, Fett, Schweiß, Schleim und andere Flüssigkeiten der Körper. Von den Geschmäcken gehören dem Monde an der salzige und unschmackhafte. Unter den Metallen ist lunarisch das Silber, unter den Steinen der Krystall, der silberfarbene Markasit und alle weißen und grünen Steine, deßgleichen der Selenit oder Mondstein, welcher von honiggelbem Glanze, weißlich durchscheinend ist und nicht nur die Gestalt des Mondes, sondern auch sein tägliches Zu- oder Abnehmen darstellt. Dem Monde gehören auch die Perlen an, die aus Wassertropfen in den Muscheln erzeugt werden, ebenso der Krystall und Beryll. Unter den Pflanzen und Bäumen sind lunarisch das Selenotro-pium, das sich nach dem Monde wendet, wie die Sonnenwende nach der Sonne; die Palme, welche alle Monate neue Zweige ansetzt; ... ferner das Keuschlamm oder der Keuschbaum oder Oelbaum, deßgleichen das Kraut Chinostares, welches mit dem Monde wächst und abnimmt, nemlich an Substanz und Zahl der Blätter ... Lunarisch ist auch das Chamäleon, das nach der Verschiedenheit der Farbe eines Gegenstandes immer eine ähnliche annimmt, wie der Mond nach der Verschiedenheit des Zeichens, in welchem er sich befindet, seine Natur wechselt. Lunarisch sind ferner die Mutterschweine, die Hirschkühe, die Ziegen und alle Thiere, welche den Lauf des Mondes beachten und nachahmen ...«[35]

Analogien gibt es aber nicht nur zwischen einzelnen Entitäten, sondern auch zwischen deren Verhältnissen. In diesem Sinne analog sind das Verhältnis z. B. der Sterne zum Himmel, der Lebenden zu der von ihnen bewohnten Welt, der Mineralien zu dem sie verbergenden Felsgestein, der Sinnesorgane zum Gesicht usw. Ebenso besteht eine Analogie zwischen Makro- und Mikrokosmos dergestalt, dass die astralen Gesetzmäßigkeiten die Verhältnisse auf der Erde bestimmen.

Auch die Analogie ist nur vor dem Hintergrund des Kräftemodells verständlich. In den einander zugeordneten Dingen herrschen dieselben verwandten Kräfte vor, die sich folglich von dem einen auf das andere übertragen und in einzelnen Dingen ballen lassen. So werden beispielsweise mit der Zuordnung der Sonne zu einem Referenzgegenstand auch deren Attribute und Accessoirs übertragen: Wärme, Wachstum, Gedeihen, Glück usw. Bestimmte außergewöhnliche Gegenstände, seltene Steine, Figuren, Pflanzen, Tiere, die die Kräfte in besonderer Weise konzentrieren, werden als Talismane und Amulette benutzt, teils um positive Kräfte zu intensivieren, etwa Heilungsprozesse zu beschleunigen, Fähigkeiten zu verstärken, teils um böse Kräfte abzuwehren oder auch bei anderen schädigende Wirkungen hervorzubringen. So können Pflanzen und Tiere oder deren Teile, desgleichen gewisse andere Gegenstände, denen starke Kräfte zugesprochen werden, auf solche mit weniger starken Kräften übertragen werden und in diesen die gewünschten oder verhassten Eigenschaften erzeugen. Agrippa gibt Beispiele:

> »Man sagt deßhalb, daß derjenige, welcher das Kleid oder Hemd einer Hure anzieht oder den Spiegel, in dem sie sich täglich beschaute, bei sich hat, frech, furchtlos, unverschämt und unzüchtig werde. Ein Leichentuch soll die saturnalische Eigenschaft der Trauer besitzen, und der Strick eines Gehenkten soll gleichfalls einige wunderbare Eigenschaften haben.«[36]

Auf diesen Kräftemanipulationen basieren auch die magischen Praktiken. Verständlich machen lassen sich die Kräfteübertragungen und Einflussnahmen nur unter der Prämisse einer bestimmten ontologischen Konzeption, nämlich der, dass die Dinge nicht als Substanzen mit Akzidenzien auftreten, sondern als Dingkomplexe, als Konglomerate oder Aggregate realer substanzieller Eigenschaften, die übertragbar sind. Eindrucksvollstes Beispiel hierfür ist der Sündenbock, der konkret die Sünden anderer Menschen auf sich lädt. Eigenschaften, Fähigkeiten, Kräfte, Mächte werden real von einem Ding auf das andere transferiert.

Analogie begegnet in einer schwächeren und in einer stärkeren Variante. Die erstere verlangt nur, dass die Zuordnung durch gewisse Gemeinsamkeiten erfolgt (partiale Analogie), wie es Goethe in dem Vers ausdrückt:

»Wär nicht das Auge sonnenhaft,
Die Sonne könnt' es nie erblicken;
Lag' nicht in uns des Gottes eigne Kraft,
Wie könnt' uns Göttliches entzücken?«[37]

Die zweite Version geht weiter und verlangt, dass die Zuordnung durch eine völlige Gemeinsamkeit zustande kommt (totale Analogie), dergestalt dass in jedem Einzelnen alles vorhanden ist und jedes Einzelne in allem anderen. Richard Coppin, Anhänger der pantheistischen englischen Sekte der *Ranters* (= Lärmer), hat dies in seinen *Divine Teachings*[38] auf die Formel gebracht: Gott ist alles in einem und daher alles in einem jeden. Mit dieser These wird der Leibnizschen Monadologie der Weg bereitet. Ansatzweise begegnet diese Vorstellung auch in einigen lateinischen Schriften Brunos, wobei selbst der Terminus »Monade« fällt. Das Verhältnis zwischen Gott und Natur bestimmt Bruno als erste und zweite Monade, wobei er den Mythos von Aktäon und Diana verwendet, der berichtet, wie Aktäon auf der Jagd Diana – Symbol der Natur – in ihrer unverhüllten und unverdorbenen Schönheit und Reinheit erblickt. Erste und zweite Monade verhalten sich zueinander wie das absolute Licht in seiner höchsten und erhabensten Gestalt (symbolisiert durch den Gott Apollo) zu seinem Schatten (Diana). Jene ist der Ursprung aller Zahlen, aller Arten und aller Begriffe, diese ihr Erzeugnis, ihr Spiegel und Abbild und folglich ihr ähnlich. Hierauf basiert Bruno seine These von der spekulativen Identität von Maximum und Minimum und von der Erkenntnis des einen im anderen.

> »So schaut er [Aktäon] ganz als Einer und sieht nicht mehr durch Distinktionen und Zahlen, die nach Verschiedenheit der Sinne, wie durch verschiedene Ritzen alles nur teilweise und verwirrt sehen lassen. Er schaut die Amphitrite, den Urquell aller Zahlen, aller Arten, aller Begriffe, welche die Monade, die wahre Wesenheit des Seins aller Dinge ist, und wenn er sie nicht in ihrer Wesenheit, im absoluten Lichte sieht, so sieht er doch in seiner Entstehung selbst das Bild, das ihr ähnlich ist. Denn von der Monade, welche die Gottheit ist, geht diese Monade aus, welche die Natur, das Universum, die Welt ist, worin, wie im Monde die Sonne, jene sich betrachtet und spiegelt, durch welche sie uns erleuchtet, da sie in der Hemisphäre der intellektuellen Substanzen sich befindet. Dies ist die Diana, jenes Eine, welches das Seiende selber ist, jenes Seiende, welches die begreifbare Natur ist, auf die die Sonne und der Glanz der höheren

> Natur einwirkt, als Einheit, die sich scheidet in erzeugte und zeugende oder schaffende und geschaffene.«[39]

Auch Paracelsus vertritt eine Alleinheitslehre, wenn er die Makro-Mikrokosmos-Analogie bis hinab in das Einzelne und Kleinste durchführt und damit ein omnipotentes Entsprechungs- und Signaturensystem schafft.[40] So entspricht der Mensch dem Universum, indem er »sonn, mon, saturnus, mars, mercurius, venus und all zeichen, ... polus arcticus und antarcticus, ... wagen und alle quart in zodiaco«[41] in sich enthält; denn da der Mensch nach Himmel und Erde geschaffen ist, ja eigentlich aus ihnen gemacht ist, »so muß er seinen eltern gleich sein, als wol als ein kind das seines vaters alle gliedmaß hat«.[42] Näherhin bestimmt sich diese Gleichheit so, dass der Mensch die Quintessenz des Weltstoffes, des sogenannten *limbus*, des biblischen Lehms ist, aus dem Adam gemacht wurde, der sich zusammensetzt aus dem stofflichen, elementarischen Leib, welcher die unteren Elemente: Erde und Wasser enthält, und dem geistigen Leib, der aus den oberen Elementen: Luft und Feuer, Odem und Geist besteht und auch »gestirnter«, »firmamentischer« oder »astraler« Leib genannt wird. Beiden Leibern entspricht ein jeweiliger Geist, der elementarische und der astrale. Indem so der Mensch die Elemente der Welt in sich trägt, ist er auch ihrem Lauf und ihren Rhythmen unterworfen, so dass sich innerer und äußerer Gang der Dinge entsprechen.

Die Entsprechung begründet auch die Erkenntnis. Indem der Mensch den Kosmos spiegelt, selbst ein dem himmlischen Firmament mit seinen Planeten und Sternen gleichartiges körperliches Firmament ist, entdeckt er, dass er denselben Vorgängen, Veränderungen, Einflüssen untersteht wie jenes.[43] Es ist diese Makro-Mikrokosmos-Analogie, die es ermöglicht, im Kleinsten das Größte zu erkennen, in einer einzelnen Blume bereits den ganzen Plan der Schöpfung zu entdecken. Im Minimum hat man schon das Maximum.

Die Makro-Mikrokosmos-Entsprechung ist bei Paracelsus in der Elemententheorie fundiert, wie sie u. a. aus den Schriften *Philosophia de generationibus et fructibus quatuor elementorum* und *De meteoris* sowie aus der pseudoparacelsischen Schrift *Philosophia ad Athenienses* hervorgeht. Entsprechend den klassischen vier Elementen: Erde, Wasser, Luft und Feuer haben sich aus einem ersten Anfang (*mysterium magnum*), der als »muter ... aller elementen«[44] bezeichnet wird, vier selbständige Welten gebildet, deren jede von einem besonderen Element dominiert wird, die die vier Mütter der Dinge sind.[45] Ein »Element« ist das, was eine Mutter der Dinge ist, aus der die Dinge hervorgehen; sie selbst aber erhält sich in allem Wandel. Die Elemente werden nur dann richtig erfasst, wenn sie nicht als passive, sondern als aktive, treibende und gestaltende Kräfte verstanden werden. Aufgrund dieser Aktivität nennt Paracelsus sie auch »Vulcanus«, »Archeus« oder »Macher«. Im Grunde sind die Elemente körperliche Manifestationen geistiger Kräfte, zu Stofflichem gewordene Geister oder Seelen. Bei den in den Elementen wirkenden aktiven Prinzipien handelt es sich zum einen um Sal, das, was an einem Ding zur Asche wird (festes Prinzip), zum anderen um Sulphur, das, was brennt (feuriges Prinzip), zum dritten um Merkur, das, was verraucht (flüchtiges Prinzip). Chemisch entsprechen diesen Kräften Salz, Schwefel und Quecksilber.

Auf dieser Grundlage entwickelt die *Philosophia ad Athenienses*, dass das *Wasser* Brunnen, Bäche, Meere aus sich entlässt, ebenso Fische aller Art und Steine wie Bernstein, Beryll, Kristall, Amethyst, desgleichen Gewächse wie Korallen, aber auch Flusswesen wie Nymphen und Sirenen. Ebenso bringt die *Erde* nicht nur Metalle, Mineralien, Edelsteine, Pflanzen und Kräuter, Tiere und Menschen hervor, sondern auch Erdgeister, wie Gnome, Nachttraute und Riesen, die *Luft* ihrerseits das Unsichtbare und Unbegreifliche, wie Schicksale (*fata*), Eindrücke (*impressiones*), Träume (*somnia*), Gesichte (*visiones*), ebenso die »luftischen reden, gedanken und taten«,[46] und schließlich das *Feuer* das ihm Gleichartige wie den Himmel mit den Sternen und Planeten, Blitz und Donner, außerdem gewisse körperliche Wesen, bestimmte Steine wie Kalkstein und Farben.[47] Feuer ist Lebens- und Wachstumselement. Wie es im grünen Holz als Elementarseele für das Wachstum sorgt, so zeigt es sich im brennenden Feuer als lebendige Seele.

Trotz der Heterogenität und Selbständigkeit haben die vier Welten Einheit zum einen durch ihren Ausgang von der Urmutter, dem ungeschaffenen *mysterium magnum*, aus dem alles hervorgegangen ist und in das am Ende der geschaffenen Zeit alles wieder eingehen wird, zum anderen durch die harmonische Existenz aller Dinge. Während aus dem gemeinsamen Urgrund und aus dem wechselseitigen Zusammenspiel alle Kraft und Nahrung beziehen, werden sie durch Fehler und Disharmonie geschwächt.

Der Mensch ist wie alle anderen Lebewesen Teil der Natur; er steht *in* ihr, nicht *über* ihr; er hat an ihrem Zusammen- und Wechselspiel teil.

Die Alleinheitslehre ist bei Paracelsus insoweit realisiert, als sie sich auf einen gemeinsamen Ursprung aller Dinge und damit auf eine durchgängige Einheit derselben wie auf ein harmonisches Zusammenwirken aller Teile zum Ganzen beruft. Die interne Ausgestaltung dieses Systems freilich, sowohl was die Abkunft wie die Rückführung des Abgeleiteten in den Ursprung betrifft, desgleichen die Konstitution der einzelnen Stufen und Teile, erforderte eine detailliertere und exaktere Analyse, als sie sich bei Paracelsus findet; sie weist vor auf Leibniz' Monadologie.

Geistesgeschichtlich gesehen geht die These vom Enthaltensein von allem in allem auf die Antike zurück. Sie findet sich erstmals in der Homöomerienlehre des Anaxagoras, wonach im Anfang jedes mit jedem vermischt war in Form eines undifferenzierten Chaos. »Beisammen waren alle Dinge« (*Homoú pánta chrēmata ēn*), heißt es bei Anaxagoras,[48] bis der Nous sie schied und daraus die unterschiedlichen Gebilde gestaltete. Auch nach der Entstehung der heterogenen Dinge durch Scheidung des Undifferenzierten und Zusammentreten des Gleichartigen bilden die einzelnen Teile Gemische mit dem Überwiegen eines Faktors, und zwar unendliche Mischungen aus unendlich kleinen Teilchen, welche wegen ihrer Kleinheit von uns nicht wahrgenommen werden können. »In allem ist von allem ein Teil enthalten«,[49] »wovon am meisten von einem Dinge enthalten ist, dies [ist] und war als das deutlichst Erkennbare ... das eine Einzelding.«[50] Aus der Scheidung der Teile und dem Zusammentreten des Gleichen mit dem Gleichen gehen wiederum neue Dinge hervor. Diese Theorie hatte einen plausiblen Grund. Da die Beobachtung zeigt, dass der Körper und seine Teile infolge von Nahrungsaufnahme, also durch Aufnahme und Ansammlung von Wasser, Fleisch, Knochen usw., wachsen, lag der Schluss nahe, dass alle Körperteile wie Haut, Knochen, Skelett, Speichel bereits in der Nahrung enthalten seien. Wachsen wurde als ein großer Assimilierungsprozess verstanden, bei dem Entsprechendes zu Entsprechendem kommt: kleine Fleischteilchen zu Fleisch, kleine Knochenteilchen zu Knochen usw.

Die anaxagoreische Homöomerienlehre wurde von Platon im *Timaios*[51] aufgegriffen und fortgeführt. Dort heißt es, dass das Weltganze aus den vier Elementen: Erde, Wasser, Luft und Feuer bestehe, und zwar aus jedem einzelnen ganz,[52] und weiter, dass es so ein vollkommenes Lebendes aus vollkommenen Teilen sei[53] oder ein vollkommenes, nie alterndes noch erkrankendes Ganzes aus lauter Ganzen.[54] Diese Aussage lässt nicht nur eine quantitative Interpretation zu, dergestalt dass das Weltganze aus den vier Elementen in ihrer jeweiligen Gesamtmenge besteht, sondern auch eine qualitative, dergestalt dass sich die Elemente in vollkommener Weise vermischen, so dass jeder Teil die Struktur des ganzen Gemisches wiederholt, wenngleich unter anderem Aspekt. Insofern jedes der vier Elemente in seiner Totalität im Ganzen und proportional in den Teilen des Ganzen enthalten ist, stellen auch die Teile spezifische Ganzheiten dar; sie sind gleichsam der Spiegel des Ganzen, und dies in unendlicher Vielfalt. *In nuce* ist hier die Monadenlehre vorgebildet.

Auch Cusanus' Lehre vom *quodlibet in quolibet* (= jedes ist in jedem vertreten) weist in dieselbe Richtung. Alles ist letztlich eine Auswirkung der göttlichen Kraft.

3. Ein weiteres Strukturmerkmal der Renaissancephilosophie ist die *convenientia*, die den äußerlichen universellen Zusammenhang, das nachbarschaftliche Zusammenbestehen aller Dinge meint. Ihre Voraussetzung ist das räumliche Miteinandersein, das unmittelbare Aneinanderstoßen, so dass die aneinandergrenzenden Dinge an ihren Rändern sich vermischen und assimilieren und durch diese Berührung und Vernetzung Ähnlichkeiten hervorbringen, zugleich auch den wechselseitigen Einfluss aufeinander garantieren. Die *convenientia* hat ihren Grund in einem gemeinsamen Substrat, das sich als Ursprung der Dinge erweist und ihr Miteinandersein ermöglicht. Bei Bruno begegnet die *convenientia* in zwei verschiedenen Bereichen, im terrestrischen und im ätherischen. Im ersteren schafft die Erde, die »göttliche Mutter«, den Zusammenhang der erdgeborenen Dinge und Lebewesen kraft der gemeinsamen Abkunft von ihr.[55] Die Erde wird leibmetaphorisch beschrieben, ebenso wie ihre Prozesse biologisch interpretiert werden als Zeugung, Geburt, Lebenserhalt, Tod usw. Im ätherischen Bereich fungiert der Äther als »universeller Schoß«, als »ätherisches Meer« aller dort existierenden Weltkörper. Kosmische Nachbarschaft ist ein Effekt und Reflex des Äthers, der als universell sich ausbreitendes Medium über unendliche Räume hinweg die Einheit in der Verschiedenheit garantiert und das Zusammenkommen der Körper gestattet.

In der *convenientia*-Sprechweise bekundet sich eine finalistische Denkweise, die die universelle Verträglichkeit und Eintracht aller Dinge aufgrund ihrer gemeinsamen Herkunft zum Ziel hat. Sie benutzt dazu die Ursache-Wirkungs-Relation in ihrer finalistischen Ausprägung. Die eine gemeinsame Ursache fungiert als Grund des Zusammenhalts auch noch so heterogener Dinge, die ihr entstammen und von ihr getragen werden.

4. Die *aemulatio* schließlich ist Ausdruck dafür, dass das Verhältnis der einen Ursache zu den unendlich vielen heterogenen Wirkungen auch über die Grenzen eines vermittelnden Mediums hinweg, wie des sichtbaren Raumes und der Zeit, wirksam ist aufgrund einer Spiegelung oder Reflektierung aller Dinge ineinander, was eine Ähnlichkeit und Zwillingshaftigkeit der Dinge voraussetzt. Räumliche und zeitliche Nachbarschaft sind hier nicht erforderlich; die Vermittlung geschieht über räumliche und zeitliche Distanzen hinweg, ja die Distanzen werden durch die Spiegelungen aufgehoben und ignoriert. Die alle Räume und Zeiten überspringende und überbrückende *aemulatio* ist eine Art Fernwirkung. Physikalisch hat sie eine gewisse Fortsetzung in Newtons Gravitationskraft gefunden, die ebenfalls auf einer Fern-, nicht Nahwirkung beruht. So wie der unvollkommene menschliche Intellekt den unendlichen Geist Gottes reflektiert, so reflektieren die

Augen mit ihrer begrenzten Helligkeit das große Licht am Himmel, die Sonne.[56] Von Paracelsus stammt das Bild von den Zwillingen, die sich vollkommen ähneln, ohne dass man sagen könnte, welcher von beiden dem anderen die Ähnlichkeit verdankt.[57] Das Bild ist Ausdruck einer Reduplikation des Seins aufgrund einer Falzung, die unabhängig vom Ort ist.

Die erkenntnistheoretische Leistung der *aemulatio* ist die Vermittlung alles mit allem, wonach nicht nur vom Mittelpunkt des Alls aus eine Beziehung zu allem anderen herzustellen ist, sondern auch von der Peripherie aus. Sie lässt das Ephemere unserer Welt, das sich in der Renaissance anbahnt, mit dem ubiquitären Mittelpunkt des Alls zusammenfallen. »Die *aemulatio*«, sagt Hartmut Böhme, »ist als Sprachform die Mimesis des Einen, das sich in unendlich vielen Körpern, simultan im Raum und diachron in der Zeit, ausdifferenziert – doch immer am Band einer Ähnlichkeit, die nie und nirgends die Körper in absolute Fremdheit auseinandertreiben lässt.«[58]

Fasst man die verschiedenen Strukturierungsprinzipien des Kosmos zusammen: *erstens* Sympathie und Antipathie als gegenseitige Anziehung und Abstoßung der Teile, wie sie aus dem Affekt- und Triebleben bekannt sind und sich in Liebe und Hass äußern, *zweitens* Analogie als Zusammengehörigkeit ansonsten heterogener Teile aufgrund gewisser Ähnlichkeiten, die als Qualitäten übertragbar sind, wie dies die Abstammungslehre lehrt, *drittens convenientia* als Zusammenbestehen der Teile aufgrund gleicher Herkunft und gleichen Getragenseins durch den Ursprung, *viertens aemulatio* als Ähnlichkeit heterogener Teile und Zusammengehörigkeit auch über Raum und Zeit hinweg aufgrund gleicher Abstammung und Reduplikation des Seins, wie es für die Eltern-Kind-Beziehung typisch ist – zusammengefasst sind dies insgesamt Beschreibungsweisen und Sprachformen, denen biologische Vorgänge zugrunde liegen, wie Liebe, Geburt, Vererbung, Lebenserhalt, Tod usw. Die Beschreibungsweise stützt sich auf genealogische Vorgänge. Nicht zufällig spielen in der Sprache der Renaissance-Naturphilosophie Ausdrücke wie Vermählung oder Paarung von Himmel und Erde, Fortpflanzung, Wachstum, Gebären, Mutter, Schoß, Samen, *logos spermatikos* usw. eine entscheidende Rolle.[59] Die geschilderten Vorgänge sind nicht nur metaphorisch gemeint, derart dass die kosmischen Prozesse nach Analogie biologischer beschrieben werden, sie sind vielmehr mit ihnen identisch. Der Hervorgang der Vielheit aus der ursprünglichen Einheit ist Geburt, der Prozess der Differenzierung und Spezifikation ist Abstammung, die Auflösung der Formen ist Untergang und Tod.

Diese organologische Beschreibungsweise entspricht einer organisch aufgefassten Natur. Hier herrscht nicht, wie später im mechanistischen Weltbild, die mathematisch-konstruktive Beschreibungsweise vor, sondern die biologische. Statt einseitig rationaler Konstruktionen werden gesamtheitliche Lebensvollzüge präferiert, anstelle des statisch-rationalen Denkens wird das dynamisch-lebendige benutzt. Da die natürlichen Vorgänge in der organologischen Sprech- und Denkweise ihren adäquaten Ausdruck finden, kann man auch sagen, dass sich die Natur in der organologischen Reflexionsform spiegle.

Wie das mechanistische Weltbild und Naturverständnis wegen der Dominanz des formgebenden Logos gegenüber der angeblich passiven Materie häufig als patriarchalisch etikettiert wird, so das organizistische Naturverständnis wegen der Avancierung der Materie zum selber aktiven Prinzip als matriarchalisch. Nicht wenige Renaissancephilosophen, wie Telesio und Bruno, werden heute gerade von der Frauenbewegung wegen ihrer Aufwertung der Materie, sei es in Form einer Gleichstellung, sei es in Form einer Überordnung über die Form, und ihrer These von der Natur als großer Künstlerin[60] als Vorläufer einer antipatriarchalischen, profeministischen Natur- und Gesellschaftsordnung angesehen. Ihre Konzeption impliziert zugleich eine Kritik am christlichen Patriarchat und an der traditionellen Geschlechter- und Rollenverteilung. Hinter dieser sozialkritischen Bewertung wird das ursprüngliche und eigentliche Anliegen sichtbar: die Betonung der Natürlichkeit der Welt, ihres heilen Zustands, der sich von dem durch rationalistisch-analytische Behandlung deformierten und destruierten unterscheidet. Anstelle einer erstarrten Statik erlangen dynamische Prozesse Bedeutung.

4. Wissen und magische Praxis

Angesichts des universellen Organismus, als der der Kosmos auftritt, stellt sich die Frage, welchen Zugang sich der Mensch zu ihm verschafft, welcher Art seine Erkenntnis von ihm ist. Dass der Erkenntnistyp von anderer Verfassung sein muss als in der mechanistischen Naturauffassung, versteht sich von selbst. Auch wenn in beiden Wissenschaft und Technik eine entscheidende Rolle spielen, so ist doch ihre Verortung im Gesamtkonzept eine je verschiedene. Sie hat nicht zufällig zwei diametral entgegengesetzten ethischen Einstellungen zur Natur den Weg geebnet.

Bei der Analyse der organologischen Naturauffassung soll von Paracelsus' Erkenntnistheorie ausgegangen werden.

Im Zentrum dieser stehen die Begriffe »erfarenheit und wissen«.[61] Ihr Verständnis erschließt sich nur, wenn man sie von verschiedenen Seiten her eingrenzt. Die erste Komponente insistiert auf der Sach-

und Empiriebezogenheit, auf der empirischen Forschung und Beobachtung. Sie richtet sich damit entschieden gegen ein bloßes Bücherwissen und einen blinden Autoritätsglauben. An die Stelle der tradierten, oft nicht erfahrungsmäßig abgesicherten Lehren, etwa der von Aristoteles, Avicenna oder Galenus, ist das Studium der Natur selbst zu setzen. Die Formel »Zurück zu den Sachen!« ist das Motto der Renaissance; mit ihr folgt Paracelsus der generellen Tendenz der Neuzeit. Speziell in Bezug auf den Mediziner sagt er: »Die erfarenheit des liechts der natur macht den arzt und sein experienz ...«[62]

In diesem generellen Rahmen der Sach- und Empiriebezogenheit weist die zweite Komponente der obigen Formel, für die oft auch *scientia, prudentia, sapientia* (Wissenschaft, Klugheit, Weisheit) steht, darauf, dass weder bloßer Augenschein noch reine Phantasie und Spekulation genügen. »Listikeit unserer gemachten sinnen, die wir uns selbs schöpfen«,[63] ist ebenso abzulehnen wie spintisierende Spekulation, die zu nichts als Gutdünken und Meinen führt statt zu Wissen. An deren Stelle hat das »liecht der natur« (*lumen naturale*) oder »liecht der Vernunft«[64] zu treten.

> »Aus dem liecht der wachsenden dingen müßt ir sehen der wachsenden dingen eigenschaft, nicht durch euer fantasei oder speculation sonder aus dem liecht das euch aus den wachsenden dingen entspringt.«[65]

Oder es heißt: »... das wir nit alein uns die augen sollen lassen ersettigen sonder uns verwundern und nachforschen den natürlichen dingen, so der augen gesicht nicht begreift und doch so deutlich vor inen stehet als ein seulen die vor dem blinden stehet.«[66]

Immer wieder ist vom Licht der Natur die Rede, das die Natur und uns erhellt und uns die »unsichtbar ding sichtbar zu sehen«[67] gibt. Das Licht der Natur zeigt uns die zunächst nicht offenbaren, sondern verborgenen Dinge; es entschlüsselt uns die Rätsel. Zu beachten ist, dass im Horizonte des Wissensbegriffs, der mit dem Licht der Natur eingeführt wird, nicht die analytisch gewonnenen Einzeltatsachen interessieren, sondern ihr Zusammenstimmen zum Ganzen: Das Ganze hat Vorrang vor den Teilen, die nur durch es existieren und ihre richtige Einordnung und Zuordnung erfahren. Paracelsus sagt einmal: »die experimenten machen kein arzt; das liecht der natur macht ein arzt.«[68]

Im einzelnen unterscheidet Paracelsus drei Stufen der Erkenntnis: *erstens* die gewöhnliche Erkenntnis, *zweitens* die *philosophia adepta* (Philosophie des Eingeweihten) und *drittens* die *philosophia coelestis* (himmlische Philosophie). Jede ist einem spezifischen Geist zugeordnet, die erste dem elementarischen, die zweite dem firmamentischen bzw. siderischen bzw. gestirnten, die dritte dem göttlichen. Während die gewöhnliche Erkenntnis der Oberfläche der Dinge verhaftet bleibt, auf das äußerlich Materielle bezogen und beschränkt und damit ungebildet und unphilosophisch ist, lebt die letztere vom übernatürlichen göttlichen Licht der Offenbarung und Gnade. In ihr drückt sich die Einsicht aus, dass wir nicht von den irdischen Dingen allein abhängen, sondern dass sich Wesen und Wirkung der irdischen Dinge nur erschließen durch die Gnade der göttlichen Sinngebung. Wenn nicht der Segen Gottes im Brote wäre, könnten wir nicht gedeihen; wenn nicht der Segen Gottes in der Arznei wirkte, würden wir keine Heilung erfahren; Kraut und Flüssigkeit wären nur dies, nicht aber Heilmittel und Segensbringer. Zwischen diesen beiden Erkenntnissen steht die zweite, die durch die Oberfläche der Dinge hindurch in die Tiefe dringt. Sie versucht, das Innere der Dinge zu erfassen, das in Kräften, Mächten und Geistern besteht, um so der Natur ihre Geheimnisse zu entlocken. Philosophie ist Erkenntnis der natürlichen Geheimnisse, Magie ihr Gebrauch, ihre Anwendung. Mit schwarzer Magie hat dies nichts zu tun, da es sich um die natürliche Ordnung der Dinge handelt.

Typisch für die Renaissance überhaupt ist die zweite Erkenntnisart, die mittels Philosophie – hinzu kommt Magie – ins Innere der Natur zu dringen versucht, ein Vorhaben, das Kant später mit den berühmten Worten kritisiert hat: »*Wir sehen das Innere der Dinge gar nicht ein*«,[69] was soviel bedeutet wie: »Wir begreifen nicht durch den reinen Verstand, was die Dinge, die uns erscheinen, an sich sein mögen.«[70] Die Erkenntnis folgt dabei, wie es bei verschiedenen Renaissancephilosophen heißt, den Zeichen und Figuren, die ins Verborgene führen.

Was diesen Punkt betrifft, stimmen organizistische und mechanistische Naturauffassung überein. Beide versuchen, durch Praxis – im einen Fall durch magische Praktiken, im anderen durch Experimente – hinter die Geheimnisse der Natur zu kommen und die verborgenen Kräfte und Qualitäten (*qualitates occultae*) zu enthüllen. Trotz des gemeinsamen Ziels unterscheiden sie sich gravierend in Methode und ethischer Einstellung. Während die mechanistische Auffassung und mit ihr das technische Experiment auf Quantifizierbares, Zählbares, Messbares abhebt, geht die organizistische Auffassung einschließlich der magischen Praktik auf das qualitative Wesen; zumindest ist sie auf Quantifizierbares nicht festgelegt. Was die ethische Haltung gegenüber der Natur anbelangt, so manipulieren und variieren zwar sowohl magischer Naturphilosoph wie mechanistischer Experimentator die Natur, doch versteht sich der eine als Diener und Gehilfe der Natur, der andere als ihr Meister und Beherrscher. Angesichts der Auffassung, dass die Schöpfung nicht vollendet ist und es dem Menschen obliegt, sie zu vollenden, greifen beide in die Natur ein, allerdings in verschiedener Einstellung. Während der eine den Spuren der Natur folgt – oft wird der Magier mit einer Laterne dargestellt, die den Weg erleuchtet[71] – schreibt der andere der Natur die Wege und Gesetze vor und untersucht sie daraufhin, ob sie ihnen folgt. Der eine bleibt der Natur Untertan, der andere wirft sich zum Herrn über sie auf. Freilich ist die Trennung anfangs keineswegs so klar und deutlich, wie sie sich später entwickelt hat, zumal Astrologie und Astronomie, Alchimie und Chemie, alternative Naturheilkunde und klassische Medizin gleichen Ursprung haben. Ihr Unterschied liegt zunächst nur in der Intention. Deutlich zeigt sich dies bei einem Vergleich von Portas *Magia naturalis* (1558) und Bacons *Nova Atlantis* (1624). Wenngleich Portas Eingriffe in die Natur, die Umwandlung von Metallen, die Erzeugung von Pflanzen, die Züchtung von Tieren, die Hervorbringung neuer Arten von Lebewesen, Bacon zur Vorlage dienten, erscheinen sie hier in einem ganz anderen Licht als dort. Porta bleibt demütiger Diener der Natur, der im Einklang mit ihren Jahreszeiten und -rhythmen, mit ihren Wachstumszyklen steht und die organischen Vorgänge nur imitiert, um sie zu vollenden oder zu beschleunigen, nicht um sie utilitaristischen Zwecken zu unterwerfen. Das organizistische Weltbild bleibt gebunden durch ethische Handlungshemmungen, die das mechanistische Weltbild beseitigt zugunsten ungehemmter, sschrankenloser Eingriffe, Umweltausbeutung und kommerzieller Interessen. Der Standpunkt des Organizismus überschreitet nie gewisse Grenzen; für ihn bleibt ein lebendiges Band zwischen Natur und Mensch bestehen, das der Experimentator des mechanistischen Standpunktes gerade zerreißt, indem für ihn die Natur zum Anderen, Fremden, zum manipulierbaren Objekt wird.

Zweiter Teil

Rationale Konzeption der organizistischen Naturauffassung: Leibniz' Monadologie

1. Allgemeine Charakteristik der leibnizschen Philosophie

Eine intellektualisierte, rationalistische Form des organizistischen Modells begegnet in Leibniz' Monadologie. Während die organizistischen Vorstellungen der Renaissancephilosophen mit ihrer Analogie zwischen Makro- und Mikrokosmos, ihrer Sympathie und Antipathie, ihrer *convenientia* und *aemulatio* noch weitgehend an lebensweltlichen Erfahrungen, insbesondere an biologischen, genetischen Vorgängen orientiert waren und bei Übertragung dieser auf die Gesamtnatur entsprechend unscharf ausfielen, treffen wir bei Leibniz auf eine begrifflich scharfe Fassung dieser Vorstellungsweise. Leibniz' Philosophie gehört dem Rationalismus an. Gemäß rationalistischer Grundüberzeugung gibt es kein Seiendes, das sich prinzipiell rationaler Erkenntnis entzieht. Das Postulat des Rationalismus ist die universelle Denkbarkeit alles Seienden, für die es grundsätzlich nichts Unverstehbares und Unerklärbares gibt. Das aktual Seiende, das Individuum, ist deckungsgleich mit dem vollständigen Begriff (*notio completa*), der die Gesamtheit der Wesensmerkmale des Dinges (*entitas tota*) enthält, so dass im Falle einer vollständigen Analyse der Prädikate die Essenz mit der Existenz koinzidiert und damit Tatsachenerkenntnis mit Vernunfterkenntnis konvergiert. Das aktual Seiende ist daher virtuell erfassbar. Allerdings bleibt die faktische durchgängige Bestimmung desselben der absoluten göttlichen Erkenntnis vorbehalten, von der sich die endliche menschliche angesichts der Unendlichkeit der Merkmale eines bestimmten Begriffs durch die Undurchführbarkeit unterscheidet. Gleichwohl bleibt die absolute göttliche Erkenntnis das Ideal und die Orientierungsgrundlage dieser Epistemologie.

Leibniz versucht in seiner Philosophie, Altes und Neues, darüber hinaus die heterogensten Strömungen und Denkrichtungen aus der Tradition wie aus der zeitgenössischen Philosophie miteinander zu verbinden und Ergebnisse und Einsichten der verschiedensten Gebiete zu integrieren. Dabei zeigt er sich ebenso vertraut mit der antiken Philosophie, dem Pythagoreismus, Platonismus, Aristotelismus, der Stoa, aus denen er Vorstellungen wie Begriffe übernimmt, deren bekanntester der aristotelische Entelechie-Begriff ist, wie mit der scholastischen Philosophie, insbesondere der nominalistischen, aus der der Begriff der substantiellen Form, der *vis primitiva* und *vis derivativa* (der ursprünglichen und der abgeleiteten Kraft) stammt, wie mit den neuesten Denkrichtungen seiner eigenen Zeit, etwa dem Mechanismus.

Bekanntlich gehört Leibniz zu den Promotoren des neuzeitlichen mathematisch-naturwissenschaftlich-mechanistischen Denkens. Nicht nur gilt er als Erfinder der Rechenmaschine, des »lebendigen Bankgehilfen«, wie er sagte, auch auf anderen Gebieten bewies er seine Ingenieursfähigkeiten, so, wenn er eine Pumpe konstruierte, um die Bergwerke im Harz zu bewässern, oder wenn er sogenannte katoptrische Röhren aus Spiegeln und perspektivischen Linsen erfand, mit denen er die Optik verbesserte, oder wenn er ein Unterwasserfahrzeug erdachte, um die Navigation in Stürmen und Seekriegen zu erleichtern. Mit Newton geriet er in einen Prioritätenstreit über die Entdeckung der Infinitesimalrechnung, die bei Newton unter dem Namen »Fluxionsrechnung«, bei Leibniz unter dem der »Infinitesimalrechnung« auftritt. Die neuesten Erkenntnisse auf dem Gebiet der Biologie, so die zu seiner Zeit von Antoni van Leeuwenhoek (1632–1723) unter dem Mikroskop im Wassertropfen gemachte Entdeckung von Mikroben, dienten ihm zum Beleg seines organologischen Modells, wenn auch nicht zum Anlass und Motiv für dessen Einführung. So treffen in Leibniz' Philosophie metaphysisches und naturwissenschaftliches, organologisches und mechanistisches Denken, kausale und finale Erklärungsweise zusammen.

Ob ihre Vermittlung immer gelungen ist und zu einem konsistenten und kohärenten einheitlichen System geführt hat oder ob Inkonzinnitäten, Widersprüche und Paradoxien bleiben und Leibniz' System eine »prästabilierte Harmonie von Inkonsistenzen«[1] ist, bleibt eine strittige Frage in der Forschung. Während die älteren Kommentatoren und Interpreten in Leibniz eher den Eklektiker als den originellen, selbstständigen Philosophen sehen,[2] herrscht in der neueren Forschung Einmütigkeit über die Genialität, schöpferische Kraft und kreative Versöhnung heterogener Systeme bei allen Vorbehalten gegenüber den Widersprüchen, die sich aus der Verbindung heterogener Wirklichkeitskonzepte ergeben.

Typisch für den vermeintlichen Eklektizismus ist eine Stelle aus einer Schrift gegen Pierre Bayle, in der Leibniz selbst auf die heterogenen philosophischen Positionen zu sprechen kommt, die sich in seinem System unter einem gemeinsamen Aspekt, der prästabilierten Harmonie, vereint fänden.[3]

Ebenso sagt er in einem Brief an Nicolas Remond vom 10. Januar 1714 in Bezug auf die Monaden:

> »Hiervon haben Platon und selbst die späteren Akademiker und noch die Skeptiker etwas geahnt …

Ich habe gefunden, dass der größte Teil der Sekten zu einem gut Teil recht hat in dem, was sie positiv behaupten, weniger aber in dem, was sie leugnen. Die Formalisten wie die Platoniker und Aristoteliker haben recht darin, die Quelle der Dinge in finalen und formalen Ursachen zu suchen. Unrecht aber haben sie darin, die Wirkursachen und die materiellen Ursachen zu vernachlässigen und daraus den Schluss zu ziehen, wie M. Henri Morus in England und einige andere Platoniker es tun, dass es Phänomene gibt, die nicht auf mechanische Weise erklärt werden können. Andererseits aber haben die Materialisten oder die, welche sich einzig und allein der mechanischen Philosophie hingeben, Unrecht, die metaphysischen Erwägungen zurückzuweisen und alles aus dem erklären zu wollen, was von der Anschauung abhängt.

Ich schmeichle mir, in die Harmonie der verschiedenen Reiche eingedrungen zu sein und erkannt zu haben, dass die beiden Parteien recht haben, vorausgesetzt, dass sie sich gegenseitig nicht stören, dass also alles gleichzeitig auf mechanische und auf metaphysische Weise in den Naturerscheinungen geschieht, dass aber die Quelle der Mechanik in der Metaphysik liegt.«[4]

Die Erfassung und Beurteilung des kompendiösen leibnizschen Œuvres wird durch zwei Umstände erschwert:

Zu nennen ist einmal ein äußerer Umstand, nämlich die Publikationslage. Leibniz hat zu Lebzeiten als einziges umfangreicheres Werk nur die populärwissenschaftliche, für Königin Sophie Charlotte von Preußen verfasste *Theodizee* (*Essais de Theodicée sur la bonté de Dieu, la liberté de l'homme et l'origine du mal*, Amsterdam 1710) herausgegeben. Die 1714 verfasste *Monadologie*, eine ursprünglich überschriftslose Abhandlung, und die im gleichen Jahr entstandene Schrift *Principes de la Nature et de la Grace, fondés en raison*, welche letztere für den Prinzen Eugen von Savoyen geschrieben wurde, erschienen erst nach seinem Tod. Leibniz' umfangreichste Schrift *Nouveaux essais sur l'entendement humain*, eine Auseinandersetzung mit Locke und dem Empirismus, blieb bei seinem Tod unveröffentlicht und wurde erst 1765 publiziert. Der größte Teil von Leibniz' Philosophie findet sich nicht in geschlossenen Abhandlungen niedergelegt, sondern in unzähligen kleinen Erörterungen, Traktaten und insbesondere in einer ausgedehnten Korrespondenz mit Gelehrten ganz Europas. Da der Nachlass nach seinem Tod unter dem Vorwand, er könne Staatsgeheimnisse enthalten, konfisziert wurde, blieb er lange Zeit unter Verschluss. Erst im 19. Jahrhundert begann die Sichtung der in der Herzoglichen Bibliothek in Hannover verwahrten Manuskripte. Nach der ersten umfangreicheren Ausgabe von Ludovici Dutens *Gothofredi Guillelmi Leibnitii Opera Omnia* (6 Bände, 1768) gab Carl Immanuel Gerhardt ab 1849 die mathematischen Schriften in sieben Bänden und ab 1875 die philosophischen Schriften ebenfalls in sieben Bänden heraus. Die 1901 von der Preußischen Akademie der Wissenschaften zu Berlin ins Auge gefasste Ausgabe sämtlicher Schriften und Briefe, von der der erste Band allerdings erst 1923 erschien, soll einmal 40 Quartbände umfassen, gegliedert nach *erstens* dem allgemeinen, politischen und historischen Briefwechsel, *zweitens* dem philosophischen, *drittens* dem mathematischen, naturwissenschaftlichen und technischen Briefwechsel, *viertens* den politischen, *fünftens* den historischen, *sechstens* den philosophischen und *siebentens* den mathematischen, naturwissenschaftlichen und technischen Schriften. Da bislang 27 Bände herausgegeben sind, ist mit ihrem Abschluss nicht mehr in diesem Jahrtausend zu rechnen. So bleibt ein großer Teil der Leibnizschen Schriften noch immer der Öffentlichkeit entzogen.

Der zweite Grund ist ein innerer. Er hängt mit Leibniz' Arbeitsweise zusammen. Getrieben einerseits von einer rastlosen Schaffenskraft, andererseits von dem Streben nach immer größerer Genauigkeit in der Formulierung, hat Leibniz nirgends ein geschlossenes System hinterlassen, vielmehr einen Entwurf nach dem anderen verfasst, deren Formulierungen oft in Wiederholungen erstarren, dann aber plötzlich in etwas anderen Kontexten überraschende Wendungen zeigen und etwas anderes aussagen. Zudem hat Leibniz das von ihm Anvisierte mit verschiedenen Diskussions- und Korrespondenzpartnern unter wechselnden Aspekten und in wechselnder Terminologie diskutiert, indem er sich seinen Partnern anpasst und quasi in allen Sprachen spricht. So entsteht oft der Eindruck, als behandle er mehr das von anderen Vorgetragene als das Eigene. Unter Aufnahme eines Zitats von Johann Gottlieb Gerhard Buhle klassifiziert Hegel Leibnizens Philosophie als eine »desultorische Bearbeitung der Philosophie in Briefen«.[5]

Die Forschung hat sich darauf verständigt, Leibniz' Philosophie als Individualitätsphilosophie zu klassifizieren. Niemals vor ihm habe die Individualitätsthematik derart im Zentrum des Denkens gestanden wie bei ihm. Es ist im übrigen diese Thematik, die die Faszination von Leibniz' Philosophie in der Gegenwart begründet. Aufgrund ihrer Aversion gegenüber den großen idealistischen Einheitskonzeptionen sowie allem monistischen und henologischen Denken und aufgrund ihrer Akzentuierung des Vielfältigen, Divergenten, Heterogenen und Individuellen fühlt sich die postmodernistische Gegenwartsphilosophie gerade dem individualistischen Zug an Leibniz' Philosophie verwandt. Tatsächlich jedoch ist die Individualitätsproblematik nur die Kehrseite der All-Einheitsproblematik, dergestalt dass sich diese in jener in unendlichfacher Facettierung spiegelt. Gäbe es nicht einen einheitlichen Bezugsrahmen, innerhalb dessen sich die unendlich verschiedenartigen Individuen in signifikanter, unverwechselbarer Weise voneinander abhöben, so gäbe es überhaupt keine Individualität. Von einer Pluralität unvergleichlicher Individuen lässt sich nur sprechen, wenn man einen vergleichenden Horizont unterstellt. So wenig sich Einheit ohne Vielheit, Ganzheit ohne Teile denken lässt, so wenig lässt sich Vielheit und Individualität ohne Einheit und Allgemeinheit denken. So sehr Leibniz' Philosophie einerseits als Individualitätsphilosophie auftritt, so sehr stellt sie andererseits eine Variante der All-Einheitsphilosophie und des damit verbundenen holistischen, systematischen Denkens dar. Sie repräsentiert eine bestimmte Ausformung des Verhältnisses von Einheit und Vielheit.

Mit diesem spezifisch systematischen Denken reiht sich Leibniz in die großen Systemkonzeptionen von Bruno, Spinoza bis zu Hegel und Schelling ein. Obwohl es eine Reihe von Gemeinsamkeiten zwischen diesen Systemen gibt, sind ihre Unterschiede nicht weniger bedeutsam. So hat sich Leibniz selbst stets in Opposition zu Spinoza gesehen. Und Hegels Urteil über Leibniz fällt trotz der Verwandtschaft beider Systeme aufgrund ihres rationalistischen, intellektualistischen und idealistischen Ansatzes nicht weniger distanziert aus. Das Urteil resultiert aus einer methodologischen Kritik, nicht so sehr aus einer sachlichen; denn es besteht Konsensus, was den Gesamtentwurf, das Totalitätskonzept bzw. den Universalismus, betrifft oder die Funktion des Selbstbewusstseins und mit ihm der Selbstbezüglichkeit, die zum Paradigma von Substantialität dient, oder auch die epistemologische rationalistische Grundeinstellung, nach der alles rational begreifbar ist. Wenn Hegel Leibniz' Philosophie einen »metaphysischen Roman«[6] nennt oder die Exposition seines Gedankengebäudes für narrativ statt für argumentativ hält,[7] so zielt dies eindeutig auf die methodische Unzulänglichkeit, die Hegel am eigenen Methodenideal misst, nach dem die Form der Darstellung dem Inhalt nicht äußerlich, sondern immanenter Bestandteil des Inhalts ist. In der Tat klafft bei Leibniz wie in aller vorkantischen und vorkritischen Philosophie ein eklatanter Widerspruch zwischen Inhalt und Methode, nämlich einerseits den Aussagen über die Totalität, andererseits dem methodischen Zugang zur Totalität, der immer nur von einer endlichen Stelle des Universums aus geleistet werden kann. Die Kritik hieran hat Hegel zu dem bekannten Ausspruch veranlasst, dass »das *Prius* für das Denken … auch das *Erste* im *Gange* des Denkens«[8] sein müsse. Hegel moniert an Leibniz zweierlei: zum einen, dass er »das Herausgehen des Vielen aus dieser Einheit ... nicht aufgezeigt«[9] habe, also den Übergang des Letztbegründungsprinzips in die Vielheit und Differenz nicht nachgewiesen habe, etwa in Form einer Selbstdifferenzierung des Einen; und zum anderen, dass seine Gedankenexplikation ohne Notwendigkeit und Stringenz erfolge, in Hegels Terminologie: »ohne Konsequenz des Begriffs«.[10] Gleichwohl muss Leibniz' Philosophie problemgeschichtlich als Vorläufer der Hegeischen Philosophie betrachtet werden.[11]

Da Leibniz' systematisch-organologisches Denken am besten in der *Monadologie* fassbar ist, soll sie im Mittelpunkt der Explikation stehen.

2. *Monadologie*

Die Monadenlehre beruht auf drei Voraussetzungen: *erstens* auf der Annahme monadischen Seins, *zweitens* auf der Annahme einer Pluralität von Monaden und *drittens* auf der Annahme einer Einheit und Ganzheit der vielen Monaden (All-Einheit), »prästabilierte Harmonie« genannt. Die Monadenlehre selbst könnte man als Fundamentalhypothese bezeichnen, in der diese drei Voraussetzungen vereinigt sind, wie Leibniz selbst dies gelegentlich getan hat.[12] Diese Hypothesentheorie entspricht einem zu Leibniz' Zeit beliebten Methodenideal, dem wir auch schon bei Zabarella und Galilei begegneten, der resolutiven-kompositiven Methode: Das Gegebene soll auf seine Grundbestandteile, seine Seins- und Erklärungsgründe, zurückgeführt werden und nach Auffinden derselben aus diesen abgeleitet werden. Was die Bewertung dieser Welterklärungshypothese betrifft, so kann man in ihr je nach Einstellung entweder ein sinnvolles oder ein phantastisches Konstrukt sehen, wie letzteres Hegel getan hat, für den diese Hypothese allerdings dann schätzenswert wird, wenn die noch phantastischeren Hypothesen bedacht werden, die sie hat vermeiden wollen.[13]

a) Die Annahme monadischen Seins

»Monade« ist der Terminus, mit dem Leibniz eine »einfache Substanz« bezeichnet, wobei zunächst unausgemacht bleibt, ob es eine solche überhaupt gibt und was zu ihrer Legitimation angeführt werden kann.

Der Ausdruck begegnet bei Leibniz erstmals in einem Brief an Michel Angelo Fardella vom 3./13. September 1696[14] und sodann in der Schrift *De ipsa natura sive de vi insita actionibusque Creaturarum, pro Dynamicis suis confirmandis illustrandisque* (Über die Natur selbst oder über das inwendige Leben und die Tätigkeiten der Kreaturen, um seine Kräftelehre zu stützen und zu illustrieren).[15] In der *Monadologie* und in den *Principes de la Nature et de la Grâce* ist er bereits geläufig.

Nach einhelliger Meinung hat Leibniz den Begriff von Franciscus Mercurius van Helmont, der zu den Vitalisten und Vertretern des organologischen Denkens zählt. Bei ihm wird der Begriff zur Bezeichnung eines einheitlichen Funktionszusammenhangs verwendet, wie er Organismen auszeichnet. Auch Brunos Einfluss auf Leibniz mit seiner in den letzten Lebensjahren entwickelten Monadenlehre darf nicht übersehen werden, zumal Leibniz in seiner Bibliothek Brunos Werke besaß.

Der Ausdruck *mónas* weist zurück auf die griechische Philosophie, wo er in Konkurrenz zu *hén* (Eins) und *hénas* (Einheit) und *átomon* (Unteilbares) auftritt. Leibniz sieht sich selbst im historischen Kontext stehend, wenn er in den *Principes de la Nature et de la Grâce* sagt: »*Monade* ist ein griechisches Wort, welches Einheit bedeutet oder das, was Eines ist.«[16] Während *átomon* (das Unteilbare, Unzerschneidbare, lateinisch *individuum*) in der griechischen Philosophie auf den physikalischen Atomismus beschränkt bleibt und *mónas* auf die pythagoreische Zahlenspekulation, avanciert *hén* zum Begriff, der nicht nur das numerisch Eine und Unteilbare (*adiaíreton*), die Eins als Prinzip der Zahlen, also der Vielen (*polú*) bezeichnet, sondern auch die qualitative Vereinigung einer differenten Vielheit, die übergreifende Einheit. So fungiert *hén* bei Platon im *Parmenides*-Dialog gleicherweise als nummerisch Eines wie aufgrund seiner Verbindung und Vernetzung mit anderen generischen Begriffen, z. B. dem Sein, der Identität, der Differenz, der Ruhe und Bewegung usw. (der sogenannten *symploké tōn genōn*), als Einheit des Vielen und Differenten. Darüber hinaus steht *hén* schon seit dem historischen Parmenides in Zusammenhang mit den Begriffen *pān* (Alles), *synechés* (Kontinuierliches) und *homogenés* (Homogenes).[17] Bei Aristoteles differenziert es sich dann in die vier Bedeutungen von *synechés* (Kontinuum), *hólon* (Ganzes), *hén hékaston* (Einzelnes) und *kath' hólou* (Allgemeines), wobei mit dem ersten das schrankenlose, unbegrenzte Kontinuum gemeint ist, mit dem zweiten das begrenzte und gestaltete Kontinuum, *das* Ganze oder *ein* Ganzes, und mit den letzteren beiden das sinnlich Einzelne oder Individuelle wie das begrifflich Eine oder Allgemeine.

Dass Leibniz nicht das näherliegende *hén*, sondern die *mónas* wählt, hat begriffsgeschichtliche Gründe.[18] Nicht zu übersehen ist aber auch der mathematische, speziell arithmetische Charakter der Monadologie, wie Leibniz ja auch nicht zufällig eine *ars combinatoria* und *mathesis universalis* geschrieben hat.

Die Monade lässt sich in mehrfacher Hinsicht charakterisieren:

1. durch Substantialität,
2. durch Simplizität (Einfachheit),
3. als Einheit einer Vielheit,
4. durch Individualität,

5. durch Kraft und Streben (*appetitus*),
6. durch Perzeptivität (Intellektualität), des näheren Selbstbewusstsein und Selbstbeziehung,
7. als Repräsentation oder Spiegelung des Alls.

Während die ersteren Charaktere das monadische Sein als solches definieren, kann Individualität, ebenfalls eine konstitutive Eigenschaft monadischen Seins, nicht anders als über die Pluralitätshypothese und Selbstbewusstsein bzw. Selbstbeziehung, ebenso Repräsentation des Alls nur über die Hypothese der prästabilierten Harmonie verständlich gemacht werden. Monadisches Sein ist letztlich ideologisch begründet und nur vom Ganzen her zu begreifen.

Monade als Substanz

Leibniz eröffnet seine *Monadologie* in §1 mit der Definition:

> »Die *Monade*, von der wir hier sprechen wollen, ist nichts anderes als eine einfache Substanz, die in dem Zusammengesetzten enthalten ist; einfach sein heißt soviel wie: ohne Teile sein.«[19]

Diese Definition macht auf den ersten Blick den Eindruck einer reinen Nominal-, nicht Realdefinition: Per Dekret oder Konvention, ohne sachliche bzw. phänomenologische Analyse wird festgesetzt, dass »Monade« der Name für eine »einfache Substanz« sei, dass »einfach« soviel wie »teillos« bedeute und dass Zusammengesetztes die Aggregation aus Einfachem sei; denn aus was anderem sollte Zusammengesetztes zusammengesetzt sein, wenn nicht aus einfachen, unzusammengesetzten Bestandteilen. Ob es allerdings einfache wie zusammengesetzte Substanzen gibt, bleibt unausgemacht. Und so ist es nicht verwunderlich, wenn Hegel in seiner Leibniz-Darstellung diese Definition als »Tautologie«[20] abqualifiziert.

Dass es sich im Leibnizischen Verständnis nicht nur um eine logische Definition, sondern um eine Sachdefinition handelt, freilich um eine, bei der die Sache in einer ganz bestimmten Weise ausgelegt wird, nämlich als metaphysische, ideale, nicht als empirische, reale, geht aus Folgendem hervor: Den Ausgangspunkt von Leibniz' Überlegung bildet das Zusammengesetzte; gefragt wird nach den Elementen desselben. Dahinter verbirgt sich die Letztbegründungsfrage, die den letzten, irreduziblen Bausteinen der Welt, den Seins- und Erklärungsgründen (*ratio essendi und ratio cognoscendi*), nachgeht. Zusammengesetztes begegnet jedoch auf verschiedenen Ebenen:

Die erste und unmittelbare Begegnung geschieht in der Welt als dem sinnlich Wahrnehmbaren, räumlich-zeitlich Materiellen. Die

Frage zielt in diesem Kontext auf die letzten Bausteine dieser Welt. Bekanntlich lässt sich das Räumlich-Zeitliche in Teile zerlegen, die selbst wieder ausgedehnt und zusammengesetzt und damit teilbar sind in Teile, bezüglich deren dasselbe gilt und so *in infinitum*. Das Ganze besteht aus Teilen, die selbst wieder in teilbare Teile teilbar sind usw. Gäbe man den Gesamtzusammenhang auf, so dass nichts Zusammengesetztes mehr übrigbliebe, so bliebe überhaupt nichts Existierendes mehr übrig. Um dieser Konsequenz zu entgehen, nimmt Leibniz Einfaches, Unzusammengesetztes als letzte Bausteine des Zusammengesetzten an, wobei klar ist, dass diese nicht dem räumlichzeitlichen Bereich angehören können.

Die Möglichkeit einer Annahme geometrischer Punkte scheidet aus, da entsprechend der Leibnizischen Infinitesimalrechnung Punkte Limiten unendlicher Approximationsprozesse und als solche Abstraktionen sind, die nur vom Verstand gedacht werden können und keine Selbstständigkeit haben. Aus abstrakten, unausgedehnten Punkten lässt sich kein ausgedehntes Kontinuum zusammensetzen, wie Leibniz in seiner Diskussion um das Labyrinth des Kontinuums zeigt. »Man darf sich nicht vorstellen, dass die Monaden wie Punkte in einem realen Raume sich bewegen, sich stoßen und sich berühren«, schreibt er.[21]

Für die Lokalisation des Einfachen, Unzusammengesetzten kommt nur der metaphysische Bereich in Betracht, womit sich eine ontologische Differenz zwischen der metaphysischen Sphäre und der als phänomenal bestimmten, räumlich-zeitlichen, materiellen auftut. Die zusammengesetzten weltlichen Phänomene werden als *bene fundata*, als wohlbegründete, in der metaphysischen Sphäre gedacht.

Der zweite Vorkommensbereich von Zusammengesetztem ist mithin der eben genannte. Dass das im metaphysischen Bereich vorkommende Zusammengesetzte eine Aggregation aus Einfachem ist, die zusammengesetzten subsistenten Träger der Welt somit aus einfachen bestehen, versteht sich von selbst.

Kant hat später in der *Kritik der reinen Vernunft* die Frage aufgegriffen, ob die Welt aus einfachen Elementen oder aus immer wieder zusammengesetzten Teilen bestehe, und in der kosmologischen Antinomie behandelt. Die Aufstellung der Antithesen erfolgt bei ihm apagogisch, d. h. über die jeweilige Widerlegung der Gegenbehauptung. So spricht *für* die Annahme einfacher Bestandteile als Aufbauelemente des Zusammengesetzten die Unmöglichkeit einer Zusammensetzung aus immer wieder Zusammengesetztem, weil sich auf diese Weise nicht angeben lässt, woraus das Zusammengesetzte letztlich besteht. Umgekehrt ist die Annahme immer wieder zusammengesetzter Teile dadurch zu rechtfertigen, dass sich in der räumlich-zeitlichen phänomenalen Welt allemal nichts Einfaches findet, sondern immer nur

Teilbares, das weiter teilbar ist – Punkte und Augenblicke sind keine Konstituentien des Raumes und der Zeit, sondern lediglich Grenzen zwischen ihren Teilen. Die Kantische Argumentation verdeutlicht retrospektiv noch einmal, dass eine sinnvolle Annahme einfacher Bestandteile, wie sie Leibniz macht, nur für den nicht-phänomenalen, metaphysischen Bereich in Betracht kommt.

Mit der Erörterung einfacher und zusammengesetzter Substanzen greift Leibniz einen Diskussionszusammenhang auf, der in der Neuzeit von Descartes in Gang gesetzt worden ist. Wurde Descartes' dualistische Substanztheorie mit der Annahme einer *res extensa* und *res cogitans* bereits von Spinoza kritisiert, und zwar im Hinblick auf den eigenen Substanzmonismus, so setzt Leibniz diese Kritik fort, indem er nicht nur Descartes, sondern auch Spinoza einbezieht und einen Substanzenpluralismus anstrebt. Es geht dabei um die Frage nach einem Definiens und Kriterium von Substantialität sowie die Auffindung von Applikationsbereichen für diese.

Unter Substanz versteht Descartes das Selbstständige, Beharrliche, das sich in aller Veränderung durchhält. Gemäß dieser Definition meint er, zwei Substanzarten aufweisen zu können, das Ausgedehnte und das Denkende, genauer, das sich selbst erfassende Denken. Verdeutlichen wir uns dies an einem Beispiel, einem Stückchen Wachs mit einer bestimmten Form, Härte, Farbe, Duft usw.: In die Wärme gehalten, schmilzt es, ändert seine Gestalt, verliert seine Festigkeit, seinen Duft, wird rußig, schwarz, kurzum, ändert sämtliche seiner Eigenschaften mit Ausnahme des Ausgedehntseins. Ähnlich verhält es sich im Bereich des Bewusstseins. Während Gedanken, Wahrnehmungen, Empfindungen, Wünsche, Willensentscheidungen usw. wechseln, bleibt als einzig Unveränderliches das Bewusstsein selbst, als dessen Modifikationen sich die verschiedenen Vorstellungen erweisen. In die Form des cartesischen methodischen Zweifels gekleidet, besagt die Argumentation: Ich mag an allem zweifeln, an allen Inhalten des Bewusstsein, selbst an dessen Modi, etwa am Wach- oder Traumzustand, nicht jedoch daran, dass, sofern und solange ich zweifle, ich als Zweifelnder bin. *Cogito ergo sum* – denkend existiere ich.

Aus Descartes' dualistischem Ansatz resultieren eine Reihe von Problemen, die der Erörterung und Lösung bedürfen. Zum einen taucht das Problem der Vermittlung zweier independenter, ineinander nicht konvertierbarer Substanzarten auf, das Descartes selbst nur durch die Hypothese einer übergeordneten göttlichen Substanz lösen zu können glaubte, welche als unendlich die beiden endlichen Substanzen vermittelt. Zum anderen ist der Cartesische Substanzendualismus mit einem logischen Gefälle zwischen *res cogitans* und *res extensa* verbunden. Denn da nach der Methode absoluten Zweifels als letztes, unbezweifelbares, absolut gewisses Residuum nur das Selbstbewusstsein übrigbleibt, während die räumlich-materielle Welt als prinzipiell bezweifelbar vorher ausgeschaltet worden ist, lässt sich diese nur aus jener erschließen.

Das erstgenannte Problem wird von Spinoza durch den Ansatz einer einzigen Substanz, der unendlichen göttlichen, gelöst, als deren bloße Attribute *res extensa* und *res cogitans* zu betrachten sind und als deren weitere Modifikationen die einzelnen räumlich-zeitlichen und geistigen Bestimmungen gelten. Gemäß der zu Beginn seiner *Ethik* (1677) aufgestellten Definition, wonach Substanz das ist, was für sich bestehen *und* durch sich begriffen werden kann,[22] erfüllen *res extensa* und *res cogitans* als mögliche Kandidaten noch nicht die Bedingungen für Substantialität, die erstere deswegen nicht, weil sie nicht durch sich selbst begreifbar ist, die letztere deswegen nicht, weil sie als Oppositum des für sich Bestehenden das Kriterium des Selbstbestandes nicht erfüllt. Nur die absolute göttliche Substanz, die als Totalität allumfassend und auf nichts außer sich bezogen ist, vermag aufgrund ihrer Selbstbezüglichkeit beide Kriterien, Selbstbestand (Für-Sich-Bestehen) und Selbstbewusstsein, zu erfüllen.

Von Descartes wie von Spinoza setzt sich Leibniz gleicherweise ab, indem er den Substanzendualismus aufzuheben, zugleich aber die monistische Konsequenz des letzteren zu vermeiden sucht. Die Cartesische *res extensa* scheidet schon deshalb als Substanz aus, weil sie als Ausgedehntes zusammengesetzt und folglich in ihrer Zusammensetzung prinzipiell aufhebbar ist. Und was die Spinozistische Konsequenz betrifft, so sieht Leibniz in der Möglichkeit einen Ausweg, nicht nur eine einzige göttliche Substanz, sondern eine Vielzahl von Modifikationen derselben und damit gleichsam kleine Götter[23] anzunehmen, die insgesamt das Kriterium der Totalität und insofern des Selbstbestandes (Fürsichsein) und des Sich-selbst-Begreifens (Selbstbewusstsein) erfüllen.

Die in der Literatur so heftig umstrittene Frage, ob Leibniz die monadische Substantialität vom Selbstbewusstsein her denke, also in Analogie zum Ich, und damit die Hegelsche These aus der *Phänomenologie des Geistes* antizipiere, wonach die Substanz als Subjekt zu bestimmen sei,[24] oder von der Selbstständigkeit, dem Selbstbestand her,[25] erledigt sich von selbst, da in der Substanzdefinition beide Kriterien zusammenkommen müssen. Vom rationalistischen, idealistischen Ansatz Leibnizens her legt sich methodisch der Ausgang vom Selbstbewusstsein als *definiens* von Substantialität nahe, wobei allerdings das zweite Kriterium ebenso unabdingbar ist.

In gewissem Sinne ist nicht nur die unendliche göttliche Substanz ein *singulare tantum* (einziges Ganzes) bzw. *totum universale* (umfassendes Ganzes), auch die endlichen Substanzen sind dies.

In Leibniz' Substanzdefinition treffen verschiedene Traditionsströme zusammen: *erstens* die alte, ursprünglich auf Aristoteles zurückgehende These vom »Sein, das durch sich existiert« (»ens per se subsistens«).[26] In der Kategorienschrift definiert Aristoteles »Substanz im eigentlichsten, ursprünglichsten und vorzüglichsten Sinne« als dasjenige, »was weder von irgendeinem Substrat prädizierbar noch in irgendeinem Substrat anwesend ist«,[27] also als das, was selbst nicht mehr von anderem ausgesagt werden kann, von dem vielmehr alles andere aussagbar ist und was somit das letzte Aussagesubjekt bildet. Bei Leibniz begegnet diese Definition ebenfalls:

> »... und das letzte Subjekt ist immer die Substanz. Und jedes Akzidenz ist ein gewisses Abstraktum, nur die Substanz ist wahrhaft ein Konkretum ...«[28]

Zweitens findet eine Substanzkritik Berücksichtigung, die später *expressis verbis* von Hume formuliert wurde, wonach das Aussagesubjekt nicht lediglich metaphorisch Träger und Besitzer der Prädikate sein darf, da es dann bei deren Aufhebung mit aufgehoben würde, mithin eine bloße Fiktion wäre. Zur Vermeidung dieser Konsequenz muss Leibniz Substanz als Gesamtmenge der Prädikate denken, wobei die Prädikate selbst die substantiellen Bestandteile ausmachen.

Drittens: Aus der neueren, cartesianischen Tradition stammt die Substanzdefinition als Selbstbewusstsein und Selbstbeziehung.

Monade als einfache Substanz

Die Monade wurde in § 1 der *Monadologie* als einfache Substanz charakterisiert und damit durch das Merkmal der Einfachheit (Simplizität) beschrieben. Über die von Leibniz selbst gegebene Definition der Teillosigkeit hinaus bedarf gerade dieser Begriff einer Erläuterung, da er mit dieser Definition noch keineswegs hinreichend bestimmt ist. Welche Teillosigkeit ist hier gemeint, begegnen wir doch Teilen nicht nur im extensionalen, räumlich-materiellen, quantitativen Bereich, wo von Teilen des Raumes und der Zeit die Rede ist, sondern auch im metaphysischen, der vergleichbar ist mit dem intensionalen, qualitativen Bereich: Auch bezüglich des letzteren sprechen wir von Teilen, und zwar im Sinne von Graden, Stufen usw. Wir sagen von einer Qualität, dass sie eine bestimmte Stärke habe, von der Kraft, dass sie einen Grad aufweise, von der Intensität, dass sie eine Stufe habe.

Man denke an Kants Widerlegung von Moses Mendelssohns Unsterblichkeitsbeweis der Seele, der, auf der Annahme der Einfachheit der Seelensubstanz basierend, deren Unzerlegbarkeit und somit Unzerstörbarkeit, also Ewigkeit annahm. Kant wies darauf hin, dass auch eine einfache Substanz Teile haben könne, nämlich Grade, die von Unendlich bis Null reichen und damit ein Verschwinden der Seele zulassen. Allerdings würde Leibniz in Anbetracht seiner Infinitesimalrechnung einen Nullgrad ausschließen und vielmehr von einer Skala von + ∞ bis - ∞ sprechen, zumal die Monade aufgrund ihres substantiellen, beharrlichen Seins so wenig vergehen wie entstehen kann. Eine der Konsequenzen des autarken, suisuffizienten Fürsichbestandes der Monade ist ihre Unvergänglichkeit.

Vor diesem Hintergrund ist Leibniz' Theorie der Einfachheit und Unteilbarkeit der Monade zu beurteilen. Negiert wird ausschließlich die extensive, quantitative Auffassung der Teile, nicht ebenso die intensive. Intensive Teile, Grade, können der Substanz zukommen, und zwar, wie sich erst später verständlich machen lässt, in zweierlei Sinne: *erstens* in einem horizontalen, dergestalt dass sich eine Abfolge von Zuständen der Monade denken lässt, beispielsweise innerhalb der Entwicklung einer Monade verschiedene Explikationsgrade, und *zweitens* in einem vertikalen Sinne, dergestalt dass bei Supposition einer Vielheit von Monaden jede derselben einen bestimmten Grad aufweisen kann.

Substanz als Einheit einer Vielheit

Sosehr Leibniz einerseits eine extensive Vielheit von der Monade abhält, um ihre Atomizität nicht zu gefährden, sosehr sieht er sich andererseits genötigt, eine interne Vielheit zu konzedieren, da die Monade ein Wesen (*être*) ist und dieses ohne irgendwelche Qualitäten (*quelques qualités*) nicht auskommen kann.[29] So definiert er die Monade als Einheit einer Vielheit, genauer, als »einfache Substanz« (*substance simple*), in der es »eine Vielzahl von Beschaffenheiten und Beziehungen« (*une pluralité d'affections et de rapports*) gibt.[30] Dem liegt das Modell einer Substanz mit Akzidenzien zugrunde, freilich solchen, die der Substanz nicht extern adhärieren, sondern intern inhärieren, gleichsam in sie hineinverlegt sind. In dem Maße, in dem Leibniz die Vielheit der äußeren Welt ausschließt, implantiert er eine Welt in die Monade. Die Monade ist so wenig ein absolutes Minimum, dass sie vielmehr umgekehrt ein absolutes Maximum an interner Fülle darstellt.

Dies kann prinzipiell auf zweierlei Weise gedacht werden: *erstens* als numerische synthetische Einheit einer Vielheit, *zweitens* als identische Einheit über eine Sequenz hinweg. Mit Termini, die allerdings nicht von Leibniz stammen, könnte man die beiden Möglichkeiten als synchrone und diachrone Einheit bezeichnen. Die erste Version lässt sich durch den von Leibniz in § 57 der *Monadologie* gebrauchten Ausdruck eines »point de vue« verdeutlichen. Wie ein Betrachter eine Stadt von einem bestimmten Standpunkt aus perspektivisch überschaut, so bezieht auch die Monade eine Vielheit auf sich und vereinigt sie in sich. Obwohl das Bild in gewisser Weise hinkt, da es mit räumlichen Vorstellungen operiert, die für den metaphysischen Bereich nicht in Betracht kommen, macht es doch soviel deutlich, dass die Monade momentan eine Vielheit – im Vergleich mit der Stadt sogar eine Allheit – impliziert. – Zur Verdeutlichung der zweiten Version wählt Leibniz in der *Monadologie*, §§ 10, 12, 13, das Modell der Veränderung, demzufolge sich die eine Substanz im Wechsel ihrer vielfältigen Zustände durchhält, gleichsam über die Abfolge ihrer Zustände hinweg als identische kontinuiert und somit einen einheitlichen (dynamischen) Funktionszusammenhang bildet. Die Monade ist *eine* über die zeitliche Sequenz ihrer Zustände hinweg, anders gesagt, die Zustände sind ihre internen wechselnden Bestimmungen.

Da die Substanz mit ihren simultanen wie sukzessiven Akzidenzien eine geschlossene Einheit bildet, die nach internen Gesetzen geregelt ist, tritt sie als organische Einheit auf, deren Struktur allerdings erst später bei der Erörterung des Verhältnisses von Einheit und Vielheit durchsichtig wird. Der Organizitätsgedanke wird hier interpoliert.

Substanz als Individuum

Eines der signifikantesten Merkmale der Monade ist ihre Individualität, obwohl merkwürdigerweise dieser Terminus weder in der *Monadologie* noch in den etwa zur gleichen Zeit verfassten *Principes de la Nature et de la Grâce* vorkommt, wohl aber schon im *Discours de métaphysique* von 1686 sowie in dem dadurch angeregten Briefwechsel Leibnizens mit Anton Arnauld.[31] Der Begriff bezeichnet die Einmaligkeit (Singularität), Unverwechselbarkeit und Unvergleichlichkeit, obwohl diese Bestimmungen erst im Vergleich mit anderen Monaden – also unter Voraussetzung einer Vielheit derselben – und in Absetzung von ihnen verständlich werden. Gleichwohl sind diese Kriterien für eine jede von ihnen konstitutiv. Ihr Sinn erschließt sich vor dem Hintergrund der beiden eben explizierten Formen von Einheit einer Vielheit, der synchronen und diachronen. Im ersteren Falle erklärt sich die Individualität aus dem jeweiligen, einmaligen metaphysischen Standpunkt, dem sogenannten *point de vue* in Bezug auf das Universum, im zweiten Falle durch die unterschiedliche, wiederum je einmalige Abfolge der Zustände bei gleichem Inhalt. Denkt man sich den Inhalt durch a, b, c, d usw. charakterisiert, so lässt er sich sowohl in dieser Reihenfolge wie auch in der von b, a, c, d oder c, a, b, d oder d, c, b, a usw. denken.

Diese beiden Grundmöglichkeiten erlauben innerhalb eines imaginativen Koordinatensystems eine eindeutige und unverwechselbare Indizierung jeder Monade; denn wären irgendwelche Substanzen gleich, so würden sie nach Leibniz' Prinzip der Identität Ununterscheidbarer (*principium identitatis indiscernibilium*) zusammenfallen. Individualität stützt sich somit auf die interne Differenz im einen wie anderen Sinne.

Hinzugefügt werden mag noch, dass diese Bedeutung von Individualität, nämlich als Singularität, Einmaligkeit und Unverwechselbarkeit, erst aus der Neuzeit bekannt ist. Die griechischen Begriffe *hén, mónas, átomon* kennen diese Bedeutung noch nicht. Das *adiaíreton* oder *átomon* oder das lateinische Synonym *individuum* bezeichnen das Gleichartige oder Indifferente, das wegen der Teillosigkeit nicht mehr zu differenzieren ist. Und auch die Begriffe *hén* und *hénas*, die die Vereinigung einer Vielheit ausdrücken, bezeichnen je nach dem Ausgang der darin enthaltenen Begriffe nur Aspekte ein und derselben Sache, nicht aber selbständige Individualitäten. Erst die Subjektivitätstheorie mit ihrer Fokussierung auf das Ich-Subjekt und die Vorstellung vom Menschen als einem zweiten Gott (*alter deus*) haben in die Richtung des Einzelnen als Einmaligen gewiesen.

Substanz als Kraft und appetitus

Charakteristisch für das monadische Sein ist ferner die Aktivität. Die Monade ist nichts Totes, Starres, Erstarrtes, sondern im Gegenteil etwas zuhöchst Lebendiges, Tätiges, Wirkendes. Diesem Dynamismus entsprechend ist sie durch Tätigkeit (*action*) – es versteht sich durch innere –, durch Kraft bestimmt;[32] sie tritt als Kraftzentrum auf. Es zeichnet die Leibnizische Substanz aus, dass sie nicht nur Kraft hat, d. h. das bloße Vermögen zu wirken, das gegebenenfalls aktualisiert werden kann, sondern, dass sie Kraft ist und somit als unentwegte Aktivität auftritt.[33]

Es bedarf kaum der Erwähnung, dass die metaphysische Kraft unterschieden ist von der physikalischen, die im räumlich-materiellen Bereich als Druck und Stoß begegnet. Zur abhebenden Distinktion führt Leibniz die Begriffe *vis primitiva* und *vis derivativa* (ursprüngliche und abgeleitete Kraft) oder *lebendige* und *tote* Kraft ein.

Da der Kraftbegriff ein Relationsbegriff ist, der in der Beziehung zwischen Ursache und Wirkung besteht und das Streben von einem Anfangs- zu einem Endpunkt bezeichnet, lässt er sich durch Intentionalität, durch Gerichtetsein auf ein Ziel hin charakterisieren. Er qualifiziert sich damit in besonderer Weise zur Kennzeichnung jener Struktur an der Monade, durch die die Einheit einer Vielheit, und zwar der zeitliche Vielheit überbrückende Funktionszusammenhang, ausgedrückt wird. Von hier erklärt sich übrigens auch die Übernahme des aristotelischen Entelechie-Begriffs zur Kennzeichnung der Monade. Der Übergang von einem Zustand zum anderen ist dadurch bedingt, dass die vollendete Zuständlichkeit zwar angestrebt, aber nie erreicht wird. So bleibt stets ein »*Streben*« (*appetition*),[34] womit Leibniz die transitorische Verfassung der Monade, den gerichteten Übergang von einem Zustand zum anderen, den Fortschritt, beschreibt.

Substanz als Perzeption

Die im Vorangehenden genannten formalen Kriterien der Einfachheit, der Einheit einer Vielheit in ihren beiden Varianten: der synthetischen Einheit wie der Identität über eine Sequenz hinweg, lassen sich nur im geistigen Bereich auffinden. Nur eine Vorstellung vermag sie widerspruchslos zu realisieren, so dass die Monadologie auf eine Perzeptivität der Monade hinausläuft. »Perzeption« ist der Fundamentalbegriff, mittels dessen Leibniz die Monade charakterisiert. Seine Bedeutung umfasst zwei Momente: zum einen das Wissen von etwas und zum anderen das Wissen von sich, also ein intentionales Bewusstsein vom Inhalt, verbunden mit einem reflexiven Bewusstsein von sich selbst, was nicht verwunderlich ist, da alle Inhalte intramonadisch sind, zum Selbst der Monade gehören. Der Prototyp für die Perzeptivität der Monade ist die Apperzeption, die Vorstellung der Vorstellung, das, was wir Selbstbewusstsein nennen.

Bezüglich der Perzeption und Apperzeption lassen sich verschiedene Grade der Klarheit, Deutlichkeit und Adäquatheit denken, die von einer höchsten, vollendeten Stufe über alle Zwischenstufen gemäß dem Kontinuitätsgesetz bis zu den niedersten reichen, bis zur Verworrenheit, Undeutlichkeit und Inadäquatheit. Ein absolutes Minimum freilich, eine schlechthin unbewusste Perzeption ist nicht möglich; sie wäre eine *contra-dictio in adiecto*. Auch die von Leibniz angenommenen sogenannten »kleinen Perzeptionen« (*petites perceptions*),[35] die das Universum nur unmerklich vorstellen, bzw. die sogenannten schlafenden Monaden, in die wir während des Tiefschlafes, des Komas, der Zustände scheinbarer Bewusstlosigkeit absinken oder die mit dem Tod gegeben sind, können nicht als schlechthin unbewusst betrachtet werden, sondern nur als verworren, verschwommen und ununterscheidbar.

Die *petites perceptions* vergleicht Leibniz mit dem Bild jener unzähligen kleinen und kleinsten Wellen am Meeresstrand, deren jede für sich einen infinitesimalen Ton erzeugt und die erst in ihrer Gesamtheit, d. h. als Integral, ein hörbares Rauschen ergeben.[36] Aus totaler Bewusstlosigkeit könnte auch durch Ansammlung von Monaden niemals Bewusstsein entstehen, sowenig wie beim Übergang aus dem Schlaf- zum Wachzustand. Mit diesen Ausführungen hat Leibniz nicht so sehr eine Theorie des Unbewussten als vielmehr eine des Unterbewussten geliefert. Die Konsequenz dieser Theorie ist ein universaler Perzeptionalismus oder Panpsychismus, der keine prinzipiellen, sondern nur graduelle Unterschiede zwischen Bewusstem und Unbewusstem einschließlich Organischem und Anorganischem kennt.

Auf der kontinuierlichen Skala von Bewusstseinsgraden lassen sich ausschnittweise folgende Stufen unterscheiden: *erstens* das apperzeptive Bewusstsein in seiner höchsten, vollendeten Form mit absoluter Klarheit, Distinktion und Adäquatheit als göttliches Selbstbewusstsein, *zweitens* die übrigen apperzeptiven Bewusstseine, seien sie himmlischer oder menschlicher Natur – wir sprechen hier von Geistmonaden –, *drittens* die subhumanen perzeptiven Monaden, die nur Empfindungen haben wie die Tier- und Pflanzenmonaden, *viertens* die übrigen perzeptiven Monaden bis hinab zu den niedersten, nackten und schlafenden Monaden, die das anorganisch Materielle ausmachen.

Nur um eine terminologische Distinktion, nicht um einen gänzlich anderen Sachverhalt handelt es sich, wenn Leibniz Perzeption und Seele in zweierlei Sinne gebraucht, während Geist eindeutig für die höheren Bewusstseinsstufen reserviert ist. Im weitesten Sinne bezeichnet Perzeption jeden monadischen Zustand;[37] Wahrnehmung (*sensio*) und Denken (*pensée, science*) sind nur Modifikationen des allgemeinen Grundsachverhalts »Perzeption«.[38] Im engeren Sinne wird die Perzeption gleichsam als bloße Perzeption vom Bewusstsein (*apperception, conscience*) oder dem Denken (*pensée*) unterschieden.[39]

Dieser Ambiguität entspricht ein ebensolcher Gebrauch des Wortes »Seele«. Einmal versteht Leibniz darunter jede Monade ohne weitere Differenzierung,[40] zum anderen entspricht das Wort unserem gewöhnlichen Gebrauch, wonach wir Seele (*âme*) für Geist- und Tiermonaden reservieren, kurzum für solche Monaden, »deren Perzeption distinkter und von Erinnerung begleitet ist«.[41]

Hält man die wesentlichen Charaktere monadischen Seins zusammen, so stellt sich die Monade als eine einfache, selbstständige und selbstgenügsame (substante) Entität dar, die in sich eine Fülle, ja das All involviert, die zudem ein aktives, spontanes Prinzip, eine lebendige Seele ist.

Monade als Spiegel des Universums

Die wohl bekannteste und populärste Kennzeichnung der Monade ist die als ewiger, lebendiger Spiegel des Universums.[42] Die Grundlage für diese Beschreibung bildet die These, dass die Monade die Einheit einer Vielheit, strenggenommen der Allheit, ist; denn wenn die Kriterien der Substantialität, des Für-sich-Bestehens (Selbstständigkeit) und Sich-Begreifens (Selbstbewusstsein), erfüllt sein sollen, dann kann dies nur über den Ansatz der Totalität geschehen, die nichts außer sich lässt, zu welchem noch eine Beziehung herzustellen wäre, die somit selbstbezüglich, selbstständig und selbstbewusst ist. In § 18 der *Monadologie* schreibt Leibniz der Monade eine bestimmte Vollkommenheit in sich zu (*échousi to entelés*), eine Art Selbstgenügsamkeit (*autárkeia*). Die Monade ist das Universum und perzipiert es.[43]

Unterstellt man eine Vielheit und Verschiedenheit von Monaden, so lässt sich die göttliche Monade dahingehend bestimmen, dass sie aktualiter ist und erkennt, während die endlichen Monaden zwar ebenfalls jede für sich virtualiter das All sind, es aber nur sukzessiv in einem Entwicklungsprozess der Erkenntnis zu aktualisieren vermögen. So kommt neben der ersten Auslegung der Formel »Einheit einer Vielheit« im Sinne einer simultanen Omnipräsenz, einer synchronen Einheit, auch die zweite Auslegung einer diachronen Einheit, nämlich einer sukzessiven Abfolge (dynamischer Funktionszusammenhang), ins Spiel.

b) Die Pluralitätsthese

Die bisherigen Überlegungen wiesen bereits mehrfach über den Ansatz einer Einzelmonade hinaus auf eine Pluralität von Monaden, so die Erörterung von Graden der Monade, die sich als Charakteristika der Einzelmonaden denken ließen, so die Erörterung der Einheit einer Vielheit, deren interne Teile sich bei synchroner Auffassung als externe Einzelmonaden auffassen ließen, die unterschiedliche metaphysische Standpunkte (*points de vue*) begründeten, oder bei diachroner Auffassung als verschiedene interne Zustandsabfolgen selbstständiger Einzelmonaden, so die Erörterung der Spiegelung des Universums, die eine unendlichfache Facettierung in Einzelmonaden unterstellte. In all diesen Fällen legte es sich nahe, die interne Vielheit, sei sie intensiver, simultaner oder sukzessiver Art, zu extrapolieren und als externe Vielheit zu denken. Die zweite Grundannahme der Monadologie ist daher die Supposition einer Pluralität autarker, suisuffizienter Monaden, die allesamt die Kriterien monadischen Seins: Substantialität, Simplizität, Individualität, Lebendigkeit, Geistigkeit (Perzeptivität) und Organizität u. ä. erfüllen, deren jede für sich das All ist und perzipiert. Das All besteht demnach aus lauter Allen.

Diese Annahme ist nun alles andere als selbstverständlich, im Gegenteil, sie ist eine der fragwürdigsten der Monadologie. Denn sie ergibt sich nicht im Ausgang von der Einzelmonade und ihrer Introspektion, sondern setzt einen Transzensus über diese zu einem externen, absoluten Standpunkt voraus und stellt somit eine metaphysische Hypothese dar. Die Einzelmonade ist absolut autark und suisuffizient. Indem sie nur für sich besteht und nur mit sich beschäftigt ist und sich selbst erkennt, repräsentiert sie eine Welt für sich. Ihre Vorstellungen sind nach innen gerichtet, auf eine interne Welt; ihr Streben ist ebenfalls ein inneres, das ihrer Selbstentfaltung dient. Daher hat sie weder eine theoretische Vorstellung von einer anderen monadischen Welt noch irgendeinen praktischen Kontakt zu einer solchen. Weder epistemologisch noch existentiell gibt es irgendeinen Bezug zu etwas außer ihr. Leibniz drückt diesen Zustand metaphorisch durch die Fensterlosigkeit der Monade aus.[44] Hegel spricht von einem »Gleichgültigseyn gegen Anderes«,[45] um die absolute Beziehungslosigkeit gegenüber Fremden auszudrücken; sie ist die andere Seite der Selbstbeziehung. Aufgrund dieser Situation hat die Monade weder eine Möglichkeit noch einen Anlass, über sich hinauszugehen.

Hierin liegt das Grundproblem nicht nur der leibnizschen, sondern aller vorkantischen und vorhegelschen Philosophie, dass sie an einem absoluten Standpunkt festhält, von dem aus sie Aussagen über die Welt im Ganzen macht, ohne sich des methodischen Zugangs zu versichern. Diesen Zwiespalt zwischen absolutem Standpunkt und endlichem Zugang hat Klaus Erich Kaehler dadurch begründet, dass der substantielle, unreflektierte Standpunkt »festhält an einer Selbstständigkeit der Wirklichkeit des Wahren gegenüber der ihrerseits *methodischen* Genesis und Begründung der Wahrheit ... dieser Substanz-Wirklichkeit«.[46] Von hier aus erklärt sich auch Hegels Kritik und Postulat, dass in Anbetracht des perspektivischen Standpunktes das Prius für das Denken das Erste im Gange des Denkens sein müsse, wenn methodische Sprünge vermieden werden sollen.[47]

Wählt man methodengerecht den Ausgang von der Einzelmonade, dann resultieren zwei Schwierigkeiten. Zum einen ist die monadische Vorstellung von Welt – der intramonadischen Welt – mit einem Solipsismus verbunden. Der von der Monade vorgestellte Inhalt ist ein Vorstellungsinhalt und als solcher ideell, nicht aber *eo ipso* reell. Zum anderen ist ein Regress unvermeidlich. Die Monade ist eine Vorstellung, die Welt vorstellt, zu der neben räumlich-zeitlichen Phänomenen auch geistige Subjekte gehören, also andere bewusste Monaden, die ihrerseits Vorstellungen von Welt haben, darunter auch solche von anderen Subjekten mit Weltvorstellungen usw. Auf diese Weise resultiert ein interner Regress in Form einer Vorstellung der Vorstellung der Vorstellung von Welt usw. Ob das intramonadisch Vorgestellte aber auch eine extramonadische Realität besitzt, ist damit nicht geklärt. Beweisen ließe sich eine solche nur über einen Realitätsbeweis von der Art des ontologischen Gottesbeweises. Nicht zufällig nimmt derselbe innerhalb Leibnizens Systems eine Schlüsselstellung ein. Da von der Monade das All, die Gesamtheit der Seinsprädikate (*omnitudo realitatis*) – traditionell Gott genannt –, vorgestellt wird, zu den Seinsprädikaten aber auch das Prädikat »Existenz« gehört, folgt daraus die Existenz des Vorgestellten. Nach rationalistischer Auffassung fällt die durchgängige formale Bestimmung eines Dinges mit dessen Existenz zusammen. Der ontologische Gottesbeweis schließt zugleich die Existenz jeder individuellen Totalität von Seinsprädikaten ein, wie sie in der individuellen monadischen Substanz gedacht wird und durch einen individuellen vollständigen Begriff (*notio completa*) bestimmt wird. So wie das *universale tantum* (universelles Ganzes) ein existentes *singulare tantum* (einzelnes Ganzes) ist, so sind es auch die einzelnen Totalitäten. Diese Konsequenz könnte nur von einer philosophischen Position bestritten werden, die die Existenz nicht als Seins-, sondern als Prädikatenprädikat auffasst, d. h. als zusätzlich zu der Gesamtheit der Prädikate noch hinzukommende Instanz, wie dies Kant getan hat, für den Existenz die Position eines bereits vollständigen Begriffes ist. Im Sinne Leibnizens und des gesamten Rationalismus gilt es allerdings zu bedenken, dass Existenz begrifflich-intellektuell ist, dass auch die materiellen, räumlich-zeitlichen Phänomene, die der Wahrnehmung als Existenzerweis gelten, monadisch fundiert sind und nichts anderes als verschwommene, indistinkte Vorstellungen sind.

Die Pluralisierung der Monaden hat weitreichende Konsequenzen; nicht geringer sind aber auch ihre Schwierigkeiten. Erst mit dem Ansatz einer Vielheit von Monaden werden wesentliche Grundcharaktere monadischen Seins, wie Einfachheit, Einheit einer Vielheit, Individualität usw., voll verständlich. Alle Bestimmungen, die Vielheit entweder involvieren (Einheit einer Vielheit) oder exkludieren (Einfachheit), mithin auf Teile rekurrieren, müssen zur genaueren Verständigung über die Innerlichkeit der unräumlichen und unzeitlichen Monade hinausgehen und bei einem externen Gesamtsystem Anleihe machen, auch wenn dessen Räumlichkeit und Zeitlichkeit im metaphysischen Bereich nur eine fiktive ist. Und was Individualität, Jeweiligkeit, Einmaligkeit bedeutet, so lassen sich auch diese Begriffe nur in Bezug auf ein umfassendes Koordinatensystem und mit Bezug auf anderes, nicht mit Bezug auf sich selbst, plausibel machen. Im Kontext einer einzigen Monade bleiben diese Bestimmungen im Grunde leer. Hegel hat in seiner *Phänomenologie des Geistes* plastisch demonstriert, dass auch der Individualitätsbegriff ein Allgemeinbegriff ist, der wie andere Indexwörter wie »dieses«, »hier« und »jetzt« auf alles und jedes, auf Beliebiges, applikabel ist. Die vom Begriff entgegen seiner Allgemeinheit intendierte Bedeutung der Einmaligkeit, Unverwechselbarkeit und Unwiederbringlichkeit lässt sich nur im Vergleich mit anderem und folglich unter der Voraussetzung dieses Anderen einsehen.

Andererseits sind die Probleme nicht zu leugnen, die die Pluralisierung der Monaden mit sich bringt, bedeutet diese doch nichts anderes als eine Vervielfältigung der Welt, da jede Monade Welt ist und perzipiert. Eine bloß nummerische Vielzahl von Welten verfiele nicht nur dem Ockhamschen Ökonomieprinzip, dem sogenannten Ockhamschen Rasiermesser (»nach Möglichkeit sind die Prinzipien nicht zu multiplizieren«), sondern widerspräche auch dem Leibnizischen Prinzip der Identität Ununterscheidbarer, wonach es keine zwei absolut gleichen Dinge gibt, da diese wegen mangelnder Unterscheidbarkeit in einem einzigen zusammenfallen würden. Zur Plausibilisierung dieses Satzes erzählt Leibniz die Anekdote, dass er im Schlosspark zu Herrenhausen die Hofgesellschaft aufgefordert habe, zwei gleiche Blätter zu suchen, was natürlich misslang.[48] Selbst bloße räumliche und zeitliche Stellenverschiedenheit, also unterschiedliche Lokalisation im Raum oder in der Zeit bei sonstiger Gleichheit, würde nach Leibniz bereits ein Differenzkriterium ausmachen, da Relationalität auf eine innere monadische Eigenschaft reduziert wird und somit zu den wirklichen Qualitäten zählt.

Einen Ausweg aus dieser Schwierigkeit eröffnet die monadische Eigenschaft von Graden. Diese können nicht nur intramonadisch zur Bezeichnung unterschiedlicher Bewusstseinszustände einer und derselben Monade, etwa bei Höherentwicklung oder beim Absinken in Schlaf, Ohnmacht, sogar Tod, in Anspruch genommen werden, sondern auch extramonadisch zur Abhebung von Monaden unterschiedlicher Stufen. In diesem Falle begründen sie die Differenzen zwischen den einzelnen Monaden. Da die Perzeption alle Grade vom hellwachen, absolut klaren, distinkten und adäquaten Bewusstsein bis zum schlafenden, dunklen, verschwommenen einnehmen kann, resultiert ein hierarchisches Monadensystem, angefangen von Gott als absolutem Bewusstsein über die Geistmonaden der Engel und Menschen über die Seelen der Tiere und Pflanzen bis hinab zu den nackten Monaden des anorganischen Materiellen. Die Stufenordnung genügt dem Kontinuitätsgesetz; die Unterschiede zwischen den einzelnen Stufen sind infinitesimal zu denken. Die Monaden repräsentieren so in unendlichfacher Differenzierung das All. Jede Monade ist kraft ihres spezifischen Bewusstseinsgrades Spiegel des Universums, welches umgekehrt sich in ihnen in unendlichfacher Facettierung darstellt.

Eine zweite Möglichkeit zur Differenzierung des Alls bietet der metaphysische *point de vue*, von dem Leibniz im Kontext des schon erwähnten Bildes der Stadt spricht, die aus je anderer Perspektive betrachtet werden kann. Auch der metaphysische Perspektivismus eröffnet die Möglichkeit unendlichfacher Differenzierung.[49] Mit seiner Lösung des All-Einheitsproblems, sofern damit die Bestimmung des Verhältnisses zwischen dem Einen, Identischen, Allumfassenden und dem Einzelnen, je Verschiedenen, Individuellen gemeint ist, hat Leibniz die Geschichte dieses Problems um einen gewichtigen Beitrag bereichert. Das Problem beunruhigte schon Platon, nur dass es bei ihm nicht wie bei Leibniz als Problem zwischen absoluter Monade und endlichen Monaden auftritt, sondern im Kontext des Methexis-Problems, d. h. der Art und Weise der Teilhabe der vielen verschiedenen konkreten Dinge an der einen identischen allgemeinen Idee bzw. umgekehrt der Präsenz der einen allgemeinen Idee in den vielen Einzeldingen. Obwohl Platon im *Parmenides* eine Reihe von Lösungsalternativen anbietet, bleiben sie insgesamt unbefriedigend.

Zum einen vergleicht er die Teilhabe mit einer quantitativen, räumlichphysischen Teilung. Die vielen Einzeldinge haben hiernach an der einen ganzen Idee so teil wie die vielen Zuschauer einer Veranstaltung an dem einen sie gemeinsam überspannenden Zeltdach, nämlich ausschnittweise, indem sich über jedem Zuschauerkopf ein Stück – ein Teil – des ganzen Zeltdaches befindet. Unmöglich aber kann die bedeutungsmäßig einheitliche Idee stückweise in den teilhabenden Dingen sein, da jedes so nur einen Ausschnitt derselben repräsentierte und erst ihre Zusammensetzung die ganze Idee ergäbe.

Zum anderen wird die Möglichkeit ins Auge gefasst, unter Festhalten an der Einheit und Ganzheit der Idee diese als eine und ganze, mit sich identische in den vielen verschiedenen Dingen auftreten zu lassen. Hier aber wäre die Idee von sich selbst verschieden. Es wäre nicht wie im ersten Falle eine quantitative Teilung angesprochen, sondern eine qualitative Selbstdifferenzierung.

Die dritte Lösungsmöglichkeit deutet die Teilhabe nach dem Modell von Allgemeinbegriff und Einzelfall. Die Idee wird als zusammenfassende, übergreifende Struktur der Einzeldinge interpretiert, als Gestalt, Form oder Ansicht (*eídos*). Am Beispiel der Größe demonstriert, besagt dies, dass die Idee der Größe im Verhältnis zu den großen Dingen deren überschaubare Gemeinsamkeit ist, nämlich das Große selbst. Wird die ontologische Differenz jedoch nivelliert und der Allgemeinbegriff nach Art der Einzeldinge gedacht, so muss nach einer neuen zusammenfassenden Struktur gesucht werden usf., woraus ein unendlicher Regress resultiert.

Wenn schon nicht nach dem Modell der Verallgemeinerung, so könnte das fragliche Problem doch nach dem Modell der Ähnlichkeit erklärt werden. Auch diese Annahme scheitert, da nicht nur die Abbilder in Gestalt der vielen verschiedenen Einzeldinge dem einen Urbild ähnlich sind, sondern auch das Urbild den Abbildern, so dass nach einer neuen Ähnlichkeit gesucht werden müsste, woraus sich auch hier ein *regressus ad infinitum* ergäbe.

Leibniz' Lösungsvorschlag und Systementwurf geht nicht in die Richtung einer zunehmenden Generalisation und Abstraktion, d. h. einer zunehmenden Reduktion der individuellen Vielfalt auf immer allgemeinere, umfassendere und inhaltsärmere Bestimmungen, letztlich auf eine allgemeinste, abstrakteste und inhaltsleerste Vorstellung, sondern in Richtung auf eine interne Selbstdifferenzierung und Selbstspezifikation bei gleichbleibendem Inhalt, nämlich des konkreten All-Einen (Gott), so dass die Monaden Variationen der einen Totalität sind. Trotz aller Spezifikation bleiben die Monaden Totalitäten und machen zusammen eine Totalität aus Totalitäten aus. Die Basis hierfür liefert die interne Differenz der Vorstellung in Vorstellungsinhalt und Vorstellungsgrad. Wo Leibniz bezüglich des Bewusstseinsgrades (eventuell des *point de vue*, der Perspektive und der damit verbundenen Perspektivenabfolge) das Spezifikations- und Klassifikationssystem kennt, hält er inhaltlich an der konkreten Totalität fest, so dass sich im Grunde zwei Systeme überlagern: konkretes All und Hierarchie. Als Konsequenz ergibt sich, dass jede Monade inhaltlich *die* Welt (*die* Totalität) ist und epistemologisch *eine* Welt (*eine* Totalität) erkennt.

Gleichwohl bleibt das Vorstellungsmodell mit seiner internen Differenz unzureichend. Eine Selbstdifferenzierung und -spezifikation durch Selbstdiremption der Monade sowie eine Wiedervereinigung der Entzweiten mit sich hat Leibniz nirgends gezeigt. Hierin gründet auch der Vorwurf Hegels, und genau diese Aufgabe hat Hegel später in Angriff genommen und durchgeführt, insbesondere im dritten Teil seiner *Wissenschaft der Logik*, der Begriffslogik. Insofern kann Hegel als Vollender der Leibnizischen Philosophie betrachtet werden.

Dass Leibniz' Konzeption mit erheblichen Schwierigkeiten verbunden ist, versteht sich.

1. Wie verhält sich die Gesamttotalität zu den Einzeltotalitäten? Sind ihre Eigenschaften dieselben wie die der Einzelmonaden? Das Problem lässt sich vergleichen mit der Menge aller Mengen, die sich selbst enthalten. Die gemeinte Menge kann, wenn sie allumfassend sein soll, sich selbst nicht enthalten. Die hier sich auftuende Differenz weist auf eine Unterschiedenheit zwischen unendlicher Monade und endlichen Monaden. Leibniz mag sich dieses Problems bewusst gewesen sein, da er immer wieder auf den absoluten Unterschied zwischen der göttlichen und den kreatürlichen, geschaffenen Monaden hinweist.

2. Eine weitere Schwierigkeit ist der infinite Regress, der nicht nur die vorgestellten Subjekte, die bewussten Monaden, betrifft, sondern im Grunde alle einschließlich der schlafenden Monaden. Denn auch die räumlich-materiellen Phänomene sind monadisch fundiert. Da jede Monade eine Vorstellung ist, die Welt vorstellt, die Welt ihrerseits aus Monaden besteht, die Vorstellungen von Welt haben, für die dasselbe gilt usf., resultiert ein unendlicher interner Regress, bestehend aus der Vorstellung der Vorstellung der Vorstellung usw., ohne dass gesagt werden kann, was diese eigentlich inhaltlich vorstellt.

Formalisieren lässt sich dies auf folgende Weise:[50]

(1.) Die Monade (M_n) ist Vorstellung (Perzeption) (VM_n), genauer, eine Folge solcher.

(2.) Die Vorstellung bzw. Vorstellungen einer Monade sind die Expression aller anderen Monaden der Welt.

(3.) Da diese Monaden ebenfalls epistemische Zustände, also Vorstellungen, sind, ist die Vorstellung der ersten Monade $V(M_1)$ die Expression der Vorstellungen aller anderen Monaden der Welt $V(M_2)$, $V(M_3)$, $V(M_4)$ ...

(4.) Die Monade M_1 besteht demnach aus den Vorstellungen aller monadischen Vorstellungen aller anderen Monaden M_2, M_3, M_4 usw. der Welt: $M_I = (V(M_2), V(M_3), V(M_4) \ldots)$

(5.) Ebenso gilt für Monade M_2, dass sie aus den Vorstellungen aller anderen Monaden außer ihr, z. B. M_3, M_4, M_5 einschließlich M_1 besteht: $M_2 = (V(M_1), V(M_3), V(M_4) \ldots)$

(6.) Durch Substitution von 5 in 4 erhält man: $M_1 = (V(VM_1), V(M_3), V(M_4) \ldots), V(M_3), V(M_4) \ldots)$

(7.) Dies lässt sich seinerseits in 5 substituieren: $M_2 = (V(V(V(M_1), V(M_3), V(M_4) \ldots), V(M_3), V(M_4) \ldots), V(M_3), V(M_4) \ldots)$ und so *in infinitum*.

Wenn die Monaden wechselseitig die Vorstellungen aller anderen Monaden vorstellen können, so gibt es keinen realen Inhalt in diesem System. »Die ganze Welt der Substanzen löst sich damit auf in ein System von Entsprechungen, in dem keine sich entsprechenden Inhalte mehr bleiben.«[51]

3. Ist Gott eine Einzelmonade wie alle anderen Monaden, nur von höchster Klarheit, Deutlichkeit und Adäquatheit im Unterschied zu jenen, die mindere Grade der Klarheit und Deutlichkeit aufweisen, oder ist er die alle Einzelmonaden umfassende Gesamtmonade (*singulare tantum*), womit er in seiner Erkenntnis auch die subordinierten, dunkel und verschwommen vorstellenden Monaden enthielte, also keineswegs mehr von höchster Klarheit und Distinktion wäre.

4. Legte die bisherige Ausdeutung aufgrund der These von der Selbigkeit des Inhalts und der differenzierenden Perzeptionsgrade ein statisches Systemmodell nahe, so kollidiert damit eine Reihe temporaler Beschreibungsweisen der Monade, wie die von der Perzeptionsabfolge, der Kraft, Entelechie, der Entwicklung auf ein Ziel hin, das zwar potentiell gegeben ist, aber nur sukzessiv realisiert werden kann. Auch wenn im metaphysischen System räumliche und zeitliche Relationen als der Phänomenalität angehörig ausgeschlossen sind, lassen sie sich nicht gänzlich leugnen. Wie sollte sonst der Unterschied zwischen göttlicher Monade und endlichen Monaden vorgestellt werden, wenn nicht dadurch, dass Gott simultan in seiner Erkenntnis das aktualisiert, was die endlichen Monaden nur sukzessiv zu realisieren vermögen. Weisen nicht gerade Formulierungen wie die, dass die Substanz auch

ihre künftigen Zustände involviere[52] oder dass die Gegenwart die Zukunft in ihrem Schoße trage,[53] auf ein dynamisches System?

c) Prästabilierte Harmonie

Angesichts der beiden Grundhypothesen: der monadischen Einheit und der monadischen Vielheit wird die Frage nach der Vermittlung von Einheit und Vielheit monadischen Seins virulent. Wie lässt sich verständlich machen, dass es eine Pluralität absolut unabhängiger, autarker, fensterloser Monaden gibt, die dennoch in einer geordneten Beziehung zueinander stehen und allesamt Modifikationen der einen Totalität, der Alleinheit, sind? Ist dies nicht ein Widerspruch, ein Paradox? Absolute Fensterlosigkeit schließt ontologisch wie epistemologisch jede Bezugnahme auf eine andere Monade und Wechselwirkung mit ihr aus, gleichwohl wird eine durchgängige Bezugnahme aller Monaden aufeinander behauptet. Soll dies nicht eine rein willkürliche These sein, so bedarf sie einer Begründung. Leibniz löst das Problem durch das Gesetz der prästabilierten Harmonie. Auch diese dritte Grundannahme der Monadologie stellt eine metaphysische Hypothese dar, da ihr Aussagegehalt über ein einzelnes monadisches Sein hinausgeht und von einem externen, transmonadischen oder absoluten Standpunkt aus gefällt wird, der anders als der unsrige, welcher an eine spezifische Monade gebunden ist, die Gesamtheit der Monaden überblickt.

Das Gesetz der prästabilierten Harmonie, das eine Zusammenstimmung, ein Miteinander-Bestehen (Kompossibilität) und Zusammenwirken von Entitäten bedeutet, die absolut nichts miteinander zu tun haben, wird von Leibniz in verschiedenen Bereichen verwendet. Entwickelt wurde es zunächst von ihm im Kontext des Leib-Seele-Problems, das ein Erbe des cartesianischen Dualismus zweier selbstständiger, heterogener Substanzen, der *res extensa* und der *res cogitans*, ist. Hier war gleichwohl die Frage nach dem Zusammenhang von *res extensa* und *res cogitans* aufgetaucht. Descartes hatte zur Lösung des Problems den Vorschlag einer psycho-physischen Interaktion eingebracht, demzufolge der eine Bereich auf den anderen einwirken können sollte, was über die Vermittlung der Hypophyse geschehen sollte. Diese Lösung blieb aus mehreren Gründen schon für Descartes selbst unbefriedigend, zum einen wegen der Verletzung des Bewegungserhaltungssatzes – modern würden wir vom Energieerhaltungssatz sprechen –, indem mit der Affektion des einen Bereichs durch den anderen ein Bewegungsaustausch, ein Verlust auf der einen Seite, ein Zugewinn auf der anderen, einhergeht, zum anderen wegen der Unverständlichkeit des *influxus physicus* und *psychicus*, indem hier ein Erklärungsmuster aus einem uns bekannten Sachbereich, dem physikalischen, auf einen uns unbekannten, den psycho-physischen, übertragen wird. Der zweite Lösungsvorschlag stammte von den Descartes-Nachfolgern, den Okkasionalisten Geulincx und Malebranche, und unterstellte in Anbetracht der absoluten Independenz beider Bereiche das Eingreifen einer übergeordneten Instanz, Gottes. Gott sollte jedes Mal anlässlich einer Gelegenheit (*occasio*) regulierend eingreifen und die einander entsprechenden Zustände herstellen, beispielsweise anlässlich eines Erkenntnisvorgangs den entsprechenden physikalischen Zustand oder Prozess und anlässlich eines Ereignisses im physikalischen Bereich die entsprechende Erkenntnis. Auch diese Annahme litt darunter, eine unbeweisbare, ja phantastische Hypothese zu sein. Leibniz' Antwort – der dritte Lösungsvorschlag – besteht in der Annahme einer prästabilierten Harmonie.[54] Danach hat Gott im Anfang bei der Erschaffung der Welt ein für allemal die Übereinstimmung von *res extensa und res cogitans* festgelegt, so dass diese wie zwei synchrone Uhren ablaufen. Leibniz rekurriert hier auf den schon von Geulincx stammenden Uhrenvergleich, wonach Gott, einem perfekten Uhrmacher gleich, zwei einander korrespondierende Bereiche geschaffen hat, die aus eigenem Antrieb und nach eigenen Gesetzen parallel laufen, so dass, wenn ich z. B. einen Arm hebe, sich das Wissen davon einstellt, und wenn ich ein Wissen vom Armheben habe, sich der reale Vorgang dazu einfindet. In einem *Extait d'une Lettre de M. D. L. sur son Hypothese de philosophie* ... ist Leibniz ausführlich auf dieses Beispiel eingegangen:

> »Man denke sich zwei Uhren, die mit einander vollkommen übereinstimmen. Das kann nun auf *drei Weisen* geschehen: denn erstens kann es auf einem wechselseitigen Einfluß beruhen, den sie auf einander ausüben, zweitens darauf, daß beständig jemand auf sie achtgibt, drittens aber auf ihrer eignen Genauigkeit. *Die erste Weise*, d. h. die des Einflusses, hat der verst. H. Huyghens zu seiner großen Verwunderung kennen gelernt. Er hatte nämlich zwei große Pendeluhren an ein und demselben Stück Holz befestigt; die unaufhörlichen Schläge dieser beiden Uhren hatten nun den Holzteilchen ähnliche Schwingungen mitgeteilt; da jedoch diese verschiedenartigen Schwingungen nicht so recht in ihrer Ordnung und ohne wechselseitige Hemmung fortbestehen konnten, wofern die Uhren sich nicht einander anpaßten, so kam es durch eine Art Wunder dahin, daß, wenn man selbst ihre Schläge mit Willen störte, sie doch bald wieder von neuem zusammenschlugen, ungefähr wie zwei Saiten, die auf denselben Ton gestimmt sind.

Die zweite Art, zwei, wenngleich schlechte, Uhren mit einander in Übereinstimmung zu bringen, wird die sein, stets einen tüchtigen Handwerker anzustellen, der sie alle Augenblicke in Übereinstimmung setzt. Dies nenne ich den Weg des *äußeren Beistandes* (assistance).

Die dritte Art schließlich wird die sein, die beiden Uhren von Anfang an mit so großer Kunst und Geschicklichkeit anzufertigen, daß man in der Folge ihrer Übereinstimmung sicher sein kann. Dies ist nun der Weg der *prästabilierten Harmonie*.

Man setze nunmehr die Seele und den Körper an Stelle dieser beiden Uhren. Ihre Übereinstimmung oder ihr Einklang wird dann auch in einer dieser drei Weisen stattfinden müssen. *Der Weg des physischen Einflusses* ist der, den die gewöhnliche Philosophie einschlägt; da es indessen unbegreiflich ist, wie materielle Teilchen oder immaterielle ‚Spezies' oder Qualitäten von einer der beiden Substanzen in die andre übergehen sollten, so sieht man sich genötigt, diese Ansicht aufzugeben. *Der Weg des äußeren Beistandes* kommt im System der Gelegenheitsursachen zum Ausdruck; es heißt dies jedoch, meine ich, einen *Deus ex machina* bei einer natürlichen und gewöhnlichen Sache einführen, bei der Gott doch, gemäß den Prinzipien der Vernunft, nicht anders eingreifen darf, als in der Art, in der er bei allen andren Naturereignissen mitwirkt. Es bleibt demnach nur meine Hypothese übrig, *d. h. der Weg der prästabilierten Harmonie*, der darauf hinausläuft, daß durch göttliche, vorausschauende Kunst von Anfang der Schöpfung an beide Substanzen in so vollkommener und geregelter Weise und mit so großer Genauigkeit gebildet worden sind, daß sie, indem sie nur ihren eignen, in ihrem Wesen liegenden Gesetzen folgen, doch wechselseitig mit einander in Einklang stehen: genau so als ob zwischen ihnen ein gegenseitiger Einfluß bestände, oder als ob Gott stets noch neben seiner allgemeinen Mitwirkung im Einzelnen Hand anlegte.«[55]

Ob Leibniz' Lösung des aufgezeigten Problems weniger phantastisch ist als die von ihm kritisierte Descartes' und der Okkasionalisten, muss dahingestellt bleiben. Hegel wenigstens und andere haben sich über sie mokiert.

> »Wenn ein Hund Prügel kriegt, so entwickelt sich der Schmerz in ihm, der Prügel entwickelt sich ebenso, ebenso der Schlagende; ihre Bestimmungen entsprechen sich alle, und nicht durch objektiven Zusammenhang der Bestimmungen, sondern Jedes ist selbstständig.«[56]

Von Verursachung kann hier nicht die Rede sein, allenfalls von Begleitung. Außer im Leib-Seele-Bereich wendet Leibniz die prästabilierte Harmonie in verschiedenen anderen Bereichen an, und zwar überall dort, wo voneinander unabhängige, selbständige Entitäten auftreten, wie dies auch im Bereich der Monaden der Fall ist. Die Pluralität von Monaden ist nicht als ein Chaos und beliebiges Durcheinander vorzustellen,[57] sondern als ein wohlgeordnetes System, ein gegliederter Stufenbau mit Über- und Unterordnungen und einer graduellen infinitesimalen Abstufung gemäß der *lex continui*. Der systematische Zusammenhang der Monaden einschließlich ihrer Korrespondenz kann nicht anders erklärt werden als durch das Gesetz der vorherbestimmten Harmonie. Das Ganze gleicht einem Organismus, der von einer Zentralmonade beherrscht wird,[58] der sich die subordinierten Monaden fügen, wobei allerdings die Terminologie von Herrschaft und Knechtschaft insofern inadäquat ist, als keine reale Herrschaftsausübung und Subordination erfolgt, da die Monaden allesamt für sich – suisuffizient – sind und die Totalität vorstellen.

Die Idee des Organismus hat Leibniz insbesondere im Kontext von Lebewesen entwickelt, denen außer einer Seele ein Körper zukommt, freilich ein monadisch fundierter.[59] Dass Lebewesen als Organismen auftreten, hat seinen Grund primär in der Organisationsstruktur der Monaden, welche sich sekundär im Körper widerspiegelt. Der Grundgedanke besteht darin, dass das Ganze ein System aus Monaden ist, deren jede eine bestimmte Stelle innerhalb des Systems einnimmt. Da die Monaden aber Vorstellungen von Welt sind, also von Systemen von Monaden, für die dasselbe gilt, nämlich als Vorstellungen solche von geordneten Weltsystemen von Monaden zu sein usw., konstituiert sich ein System aus Subsystemen, die ihrerseits Subsysteme enthalten und so *in infinitum*. Diesen Gedanken fand Leibniz bestätigt durch die Entdeckung von Kleinstorganismen im Wassertropfen, die zu seiner Zeit von Leeuwenhoek unter dem Mikroskop gemacht wurde. So kann Leibniz in § 67 der *Monadologie* formulieren:

> »Jedes Stück Materie kann wie ein Garten voller Pflanzen und wie ein Teich voller Fische aufgefaßt werden. Aber jeder Zweig der Pflanze, jedes Glied des Tieres, jeder Tropfen seiner Säfte ist wiederum ein solcher Garten oder ein solcher Teich.«[60]

Und in § 68:

> »Und obwohl die Erde und die Luft zwischen den Pflanzen des Gartens oder das Wasser zwischen den Fischen des Teiches selbst weder Pflanze noch Fisch sind, so enthalten sie doch immer wieder solche, in den meisten Fällen jedoch von einer für uns unmerklichen Feinheit.«[61]

Konsequenz dieser Annahme ist, dass es nichts Ödes und Unfruchtbares, nichts Totes im Universum gibt.[62]

Der dritte Anwendungsbereich der prästabilierten Harmonie ist der zwischen Phänomenalität und Intellektualität, Natur und Monadensystem. In gewissem Sinne handelt es sich lediglich um einen Sonderfall der Leib-Seele-Beziehung, wobei der Unterschied darin besteht, dass es bei dieser um das Verhältnis der Natur des Leibes zur Einzelseele, zum menschlichen Erkenntnissubjekt, geht, bei jenem um das Verhältnis der Natur überhaupt zu den Monaden überhaupt.

Mit seiner Anwendung der prästabilierten Harmonie auch auf dieses Gebiet versucht Leibniz, den durch die cartesianische Unterscheidung von *res cogitans und res extensa* aufgerissenen Dualismus zugunsten eines Monismus zu überwinden. Da nach Leibniz die gesamte phänomenale, räumlich-zeitliche, materielle Natur monadisch fundiert ist, lässt sich dieser keine Selbständigkeit neben dem Monadenbereich zubilligen, sondern nur der epistemische Zustand gewisser anorganischer und organischer Monaden, die mehr oder weniger dunkel und verschwommen perzipieren im Unterschied zu den hellen, klaren Monaden, denen allein Erkenntnis zugeschrieben wird. Hier reduziert sich die Beziehung zwischen Natur und Monadenwelt auf eine interne innerhalb des Monadensystems zwischen unklaren, undeutlichen und klaren, deutlichen Vorstellungen. Natur und Monadensystem sind nicht zwei heterogene Systeme, sondern existieren in harmonischer Abstimmung innerhalb eines einzigen Monadensystems. Der Gegensatz von Phänomenalität und Intellektualität reduziert sich so auf einen innerhalb des geistigen Monadensystems zwischen höheren und niederen Perzeptionsgraden. Dies hat weitreichende Konsequenzen, da damit die genuinen Gesetze des einen Bereichs, der Natur, integrierbar werden in die des anderen Bereichs, des Vernunftsystems, ohne dass die ersteren aufgegeben werden müssen. Konkret heißt dies, dass die mechanischen Gesetze, die in der Natur gelten, dennoch beherrscht werden von den teleologischen des Monadenbereichs. Mechanik und Teleologie bilden nicht länger unversöhnliche Gegensätze, sondern Gesetze eines einzigen Systems. Leibniz akzeptiert die äußere Natur und ihre mechanistische Erklärungsweise voll und ganz und ordnet sie dennoch seinem teleologischen Erklärungsmodell unter.

d) Synthese von Natur und Monadensystem

Die Konsequenzen, die sich aus der Synthese von Natur und Monadensystem ergeben, seien an drei markanten Beispielen genauer expliziert: *erstens* den Extremalprinzipien, *zweitens* der Automatentheorie und *drittens* der Infinitesimalrechnung.

1. Wenn Leibniz die Synthese von Natur und Monadensystem unter der Dominanz des letzteren behauptet, so bedeutet dies zwar den Verlust der Selbstständigkeit der Natur gegenüber dem Intelligiblen, dergestalt dass nur von diesem aus jene angehbar ist, aber es bedeutet nicht ihr Absinken in völlige Sinn- und Bedeutungslosigkeit. Im Gegenteil, sie behält ihre gesamten Strukturen, Eigenschaften, Gesetze, Erklärungsmuster bei, nur dass diese als Erscheinungsweisen des Geistes interpretiert werden. Natur hat nun nicht länger eine eigene ontologische Wirklichkeit, sondern ist die Wirklichkeit und Wirksamkeit der intelligiblen Substanzen (Monaden). Ihre logischen Strukturen werden von der geistigen Sphäre mit umfasst und in sie integriert.

Da die Natur von Leibniz in Fortsetzung des cartesischen *res extensa*-Begriffs als räumlich-zeitliche, materielle Ausdehnung verstanden wird, die dem Gesetz der Quantifizierbarkeit und der monokausalen mechanistischen Erklärungsweise mit ihren Gesetzen von Kausalität und Wechselwirkung, Druck und Stoß unterliegt, kommen mit ihrer Fundierung in der geistigen Monadenwelt die dort herrschenden teleologischen Prinzipien komplettierend hinzu. Den Teleologiebegriff versteht Leibniz in Anlehnung weniger an neovitalistische Vorstellungen als vielmehr an alte griechische als Ordnungs- und Systembegriff, der die Teile (Individuen) vom Ganzen (All-Einen) her versteht. Dadurch dass die Teile von Anfang an auf das einheitliche Ganze als Telos ausgerichtet sind, kommt hier ein Systembegriff zum Tragen – konkretisiert in der Hierarchie –, der die Vermittlung und Verbindung der Teile untereinander und zum Ganzen als optimale, einfachste und übersichtlichste erscheinen lässt. Die Einbindung der mechanistischen Erklärungsweise in die teleologische und umgekehrt die Rückwirkung dieser auf jene heißt nicht, dass mit den teleologischen Prinzipien okkulte Qualitäten in der mechanistischen Naturbetrachtung ins Spiel kämen. Im Gegenteil, die Luzidität des mechanistischen Programms bleibt erhalten und wird lediglich um jenes andere Programm ergänzt, so dass man von der Verbindung zweier Rationalitätstypen, des mechanistischen und des teleologischen, sprechen kann oder von einer einzigen Rationalität, die sich in zwei Typen zerlegt.

Wie die Auswirkung der teleologischen Erklärungsweise auf die mechanistische aussehen kann, zeigt sich an den Extremalprinzipien. Hierfür seien Beispiele aus verschiedenen Bereichen genannt.

In der Optik war zu Leibniz' Zeit insbesondere durch Pierre de Fermat (1601 oder 1608–1665) beobachtet worden, dass ein Lichtstrahl stets den einfachsten Weg wählt:[63] den kürzesten in einem homogenen Medium, den mit dem leichtesten Widerstand bei Brechung. Obwohl beliebig viele Wege zwischen Lichtquelle und Ziel denkbar sind, wählt das Licht den kürzesten bzw. leichtesten, um sein Ziel zu erreichen. Dieses Verhalten lässt sich auf rein mechanische Weise allein nicht erklären. Das volle Verständnis verlangt vielmehr das Hinzutreten vernünftiger, teleologischer Prinzipien, was sich in der Formulierung der physikalischen Gesetze nach (mathematischen) Extremalprinzipien, hier namentlich nach Minimalprinzipien, ausdrückt.

Im Bereich der Bewegung gilt ganz allgemein, dass von allen möglichen Bewegungsabläufen sich derjenige realisiert, bei dem das Wirkungsquantum einen Extremalwert annimmt (Gesetz der extremsten Wirkung).

Ein Beispiel für die Verbindung von Minimal- und Maximalprinzip ist die Erzeugung der größten Wirkung auf einfachste Weise, ebenso die der größten Ordnung bei kleinstem Aufwand. Beide lassen sich auch zur Definition der besten aller möglichen Welten heranziehen.[64]

Auch Huygens' Satz, wonach ein stabiles mechanisches System den tiefstmöglichen Schwerpunkt einnimmt, kann zu den Extremalprinzipien gerechnet werden.

Letztlich dürften wohl auch Erhaltungssätze wie der von der Erhaltung des Gesamtbetrags der Kraft, oder Gleichgewichtsaussagen wie die von der Gleichheit von *actio und passio*, Wirkung und Gegenwirkung, oder Symmetriephänomene Aussagen mit teleologischem Gehalt sein.

Nicht nur in Einzelfällen sind finalistische Prinzipien anzutreffen, sondern auch im Ganzen der Natur. Die populäre, von Leibniz aufgestellte These, wonach Gott von allen möglichen Welten mit unserer Welt die beste realisiert habe,[65] stellt einen Spezialfall des allgemeinen Extremalprinzips dar.

Was bedeutet die beste aller möglichen Welten? Ein möglicher Weg zur Rekonstruktion eröffnet sich im Ausgang von Leibniz' Annahme einfacher Begriffe und mittels ihrer gebildeter komplexer Begriffe. Die Verbindung aller dieser Begriffe ergibt dann eine Gesamtaussagenmenge. Diejenige Teilmenge, die die möglichen, d. h. widerspruchsfreien Aussagen enthält, bezeichnet die möglichen Welten und von dieser wiederum bezeichnet die Teilmenge, deren Aussagen eine maximale Widerspruchsfreiheit aufweisen, die beste aller möglichen Welten. Das Kriterium für Optimalität ist Widerspruchsfreiheit und Kohärenz, größtmögliche widerspruchsfreie Zusammenstimmung der Aussagen untereinander. In diesem Sinne kann man das Extremalprinzip auch definieren als größtmögliche Einheit bei größtmöglicher Mannigfaltigkeit, kurzum, als größtmögliche Ordnung, deren Konsequenz ist, auf kürzestem, einfachstem, übersichtlichstem Wege vom Ausgangspunkt zum Endpunkt über alle Stufen und umgekehrt zu gelangen.[66]

Mit dem Extremalprinzip kommt eine ästhetische Komponente ins Spiel, die zunächst innerhalb einer rein mathematisch-mechanistischen Erklärungsweise fremdartig erscheint, dies aber keineswegs ist, wenn man den Sachverhalt im Lichte des platonischen Traditionszusammenhangs sieht, wonach die Idee des Guten das Gute bzw. Beste nicht nur im Sinne des theoretisch Gesetzmäßigen, sondern auch des ästhetisch Schönen und des ethisch Guten bezeichnet. Die Trias von Gesetzmäßigkeit, Schönheit, Güte tritt stets zusammen auf. Leibniz hat die ästhetische Dimension der teleologischen Erklärung sehr wohl gesehen und zum Ausdruck gebracht:

> »Die Schönheit der Natur ist so groß und deren betrachtung hat eine solche Süßigkeit, auch das liecht und die guthe regung so daraus entstehen, haben so herrlichen Nuzen bereits in diesem leben, daß wer sie gekostet, alle andern ergötzlichkeiten gering dagegen achtet.«[67]

Vollkommene Ordnung, wie sie im Kosmos vorliegt, folgt den einfachsten Prinzipien, die ein Maximum an Fülle und Reichhaltigkeit unter sich versammeln. Und solche optimale Ordnung trägt im Gegensatz zum Chaos das Merkmal der Schönheit und Güte. Nicht zufällig war für die Griechen Kosmos und Schönheit ein und dasselbe.

2. Mit der Synthese von Natur und Monadensystem, mechanistischer und teleologischer Erklärung entfällt auch die Unterscheidung von anorganischer und organischer Natur. Während gewöhnlich die körperliche, anorganische Natur nach mechanistischen Prinzipien erklärt wird, die organische nach teleologischen, koinzidieren beide für Leibniz, insofern die gesamte Natur, nicht nur die organische, sondern auch die anorganische, im Monadensystem und ihrer teleologischen Erklärungsweise fundiert ist und andererseits die gesamte Natur, sowohl die anorganische wie die organische, mechanistisch erklärt werden muss. Das gesamte Naturgeschehen einschließlich der Vorgänge im lebendigen Organismus ist durch »Größe, Gestalt und Bewegung, d. h. durch eine *Maschine*«[68] zu erklären, und erläuternd fügt Leibniz hinzu:

»Stellen wir uns vor, es käme ein Engel, um mir den wahren Grund für die magnetische Abweichung und die Perioden, die dabei beobachtet werden, zu erklären, es würde mich, nachdem das geschehen ist, nicht zufriedenstellen, wenn er sagte, so sei die Natur des Magneten, oder wenn er sagte, es handle sich um eine gewisse Sympathie oder es gebe im Magneten eine gewisse Seele, durch welche er das mache, sondern er muß mir den Grund erklären, damit ich, wenn ich ihn verstanden habe, sehen möge, daß das, was wir erfahren, so notwendig erfolgt, als ich aus der Kenntnis der Uhr einsehe, was der Grund für die Stundenschläge ist, die erfolgen, sobald es Zeit ist.«[69]

Natur in mechanistischer und Natur in teleologischer Interpretation oder, anders gesagt, Natur als Maschine und Natur als Organismus fallen bei Leibniz zusammen. Dies hat weitreichende Konsequenzen. Denn wenn die gesamte Natur einschließlich der anorganischen im Monadensystem fundiert ist, muss dessen Organisationsprinzip, die Struktur eines Systems, das aus Subsystemen besteht, die ihrerseits aus Subsystemen bestehen und so *in infinitum*, auch für sie gelten. Was sich am Modell des Organismus so überzeugend darstellt, nämlich dass seine Teile wiederum Organismen sind und deren Teile ebenso, gilt auch für die bloße körperliche Natur. Einen Beweis dafür fand Leibniz im Wassertropfen, einem doch offensichtlich rein materiellen Gebilde, welches gleichwohl unter dem Mikroskop eine Vielzahl von Kleinstorganismen aufweist.

Diese Einheit von materieller Körperlichkeit und Organizität wird von Leibniz am Automatenmodell diskutiert. Die Natur ist eine natürliche, lebendige, von Gott geschaffene Maschine, von der sich die künstliche, von Menschenhand produzierte dadurch abhebt, dass ihre Teile nicht wie jene wiederum aus Maschinen bestehen und deren Teile ebenfalls. Gleichwohl ist an eine letzte Koinzidenz gedacht. Leibniz selbst hat an der Konstruktion von Automaten gearbeitet, die menschliche Verhaltensweisen, sowohl motorische wie intelligente, imitieren, so beispielsweise an einem Automaten, der durch die Stadt geht und an einer bestimmten Ecke abbiegt, oder an einem Schiff, das sich selbsttätig in den Hafen steuert. Auch seine Rechenmaschine und die *ars combinatoria* gehören in diesen Kontext. Allerdings hat Leibniz auch die Schranken der künstlichen Imitation wie überhaupt des Programms einer Mechanisierung der Rationalität gesehen. Gesetzt den Fall, es gäbe so etwas wie eine Maschine, die Empfindungen, Vorstellungen, sogar Bewusstsein hat, so ließe sie sich proportional vergrößert denken, so dass man in sie eintreten könnte wie in eine Mühle. Man würde aber nur Teile finden, die mechanisch aneinander stoßen und aufeinander wirken, nichts jedoch, was auf Empfindungen, Vorstellungen oder Bewusstsein schließen ließe.[70]

In den *Principes de la Nature et de la Grâce*, § 3, heisst es:

> »Dieser Körper ist organisch, wenn er eine Art Automat oder natürlicher Maschine bildet, die nicht nur im Ganzen, sondern auch in den kleinsten Teilen, die sich bemerkbar machen können, Maschine ist. Da nun infolge der durchgängigen Erfüllung der Welt alles miteinander in Verbindung steht und jeder Körper, je nach der Entfernung, mehr oder weniger auf jeden anderen Körper einwirkt und so durch dessen Reaktion betroffen wird, so folgt daraus, daß jede Monade ein lebendiger, der inneren Tätigkeit fähiger Spiegel ist, der das Universum aus seinem Gesichtspunkte darstellt und ebenso eingerichtet ist wie das Universum selbst.«[71]

Mit der Natur als Organismus hat Leibniz die platonische Tradition aus dem *Timaios* fortgesetzt, wonach die Welt ein großes Lebewesen, ein lebendiger Organismus ist. Und auch seine Verbindung von mathematischmechanistischer und teleologisch-organizistischer Erklärungsweise knüpft an die platonische Verbindung von Mathematizität und Vernünftigkeit (*nous*), von mathematischer Konstruierbarkeit nach der Polyedertheorie und psychischen Ganzheitsvorstellungen an.

3. Das dritte Beispiel für das Zusammentreffen heterogener Prinzipien ist der Erkenntnisbereich. Das rationalistische Erkenntnisideal ist die göttliche Erkenntnis, die folglich zum Maßstab und zur Orientierungsgrundlage jeder Art von Erkenntnis dient. Als Inbegriff an Klarheit, Deutlichkeit und Adäquatheit stellt die göttliche Erkenntnis absolute Durchsichtigkeit der Vorstellungen, absolute Analytizität dar. Die Zerlegung des vollständigen Begriffs von Welt geschieht in ihr allerdings nicht sukzessiv, sondern simultan. Auch ist sie nicht nur virtuell, sondern aktuell gegeben. Anders hingegen bei der endlichen menschlichen Erkenntnis, die sich als sukzessives, prinzipiell unabschließbares, potentielles Unternehmen erweist. Sie gewinnt die Analytizität ihrer begrifflichen Vorstellungen nur im Diskurs. Ihre Erkenntnis ist als Integral vorzustellen, das sich aus unendlich vielen Kleinstvorstellungen, Differentialen, zusammensetzt, die ihrerseits wieder Integrale aus sukzessiv gewonnenen Differentialen sind. Das Beispiel hierfür geben die *petites perceptions* ab, die die materielle Welt ausmachen und deren unmerkliche Wahrnehmungen analog den

Tönen der vielen kleinen Wellen am Meeresstrand zusammen erst eine merkliche Wahrnehmung ergeben.

Was die göttliche Erkenntnis *ad hoc in actu* vorstellt, alle Differentiale, erreicht die menschliche Erkenntnis nur sukzessiv in einem potentiell unendlichen Prozess. Gleichwohl lässt sich die Einheit beider nur über eine Konvergenz im Unendlichen denken, derart dass die göttliche Erkenntnis Limes eines unendlichen Approximationsprozesses ist. Insofern Leibniz seiner Erkenntnistheorie arithmetische Strukturen zugrunde legt, verbindet er die Infinitesimalrechnung (Differential- und Integralrechnung) mit einer transmathematischen monistischen Struktur oder, in seiner Sprechweise, das *infinitum synkategorematicum* (»das unendlich unselbstständige Zeichen«) mit dem *infinitum hyperkategorematicum* (»dem unendlich selbstständigen Zeichen«).[72]

Fassen wir die Leibnizische monadologische Konzeption in ihren wichtigsten Punkten im Hinblick auf das organologische Denken und seine Entwicklung zusammen, so verbinden sich in ihr heterogene Modelle und Prinzipien, Organizismus und Mechanismus, Teleologie und Kausalität, Holismus und Individualismus usw.

1. Das wohl wichtigste Resultat der Leibnizischen Überlegungen ist die Organizität des Kosmos, die monadologisch begründet wird durch Fundierung der Natur in einem Intellektualsystem, das dennoch die mechanistische Erklärungsweise nicht ausschließt. Die Natur ist ein lebendiges, organisches Wesen. Der Fortschritt Leibnizens über Platon und die platonisch orientierte Renaissancephilosophie hinaus ist die exaktere begriffliche Fassung des Organismus als Totalität aus Totalitäten, die selbst wiederum Totalitäten enthalten und so *in infinitum*. Auch die Mikro-Makrokosmos-Metaphorik ist hierin aufgehoben in Form ihrer Relativierung.

2. Dadurch, dass alle monadischen Individuen trotz ihrer unterschiedlichen Stellung im Hierarchiesystem gleicher Art sind, nämlich Totalität, die sie lediglich unterschiedlich repräsentieren, ist eine Auszeichnung einer Monade, etwa im Sinne eines Anthropozentrismus, ausgeschlossen. Tiere und Pflanzen sind vor Gott nicht geringer als der Mensch. Fauna und Flora tragen ebenso zur Vollkommenheit des Universums bei wie das menschliche Sein.

3. Dadurch, dass die Natur in allen ihren Teilen und Formationen genauso ein Aspekt und eine Facettierung der einen Totalität ist wie das Monadensystem, tritt uns die Natur nicht als das Andere, Fremde in einer Subjekt-Objekt-Spaltung entgegen, sondern als Teil desselben Ganzen, zu dem auch wir gehören.

4. Leibniz vertritt weder einseitig einen Individualismus noch einen Holismus. Sosehr er einerseits auf der monadischen Individualität und Pluralität insistiert, sosehr ist diese andererseits durch einen Holismus

gehalten, der die Teile nicht auseinanderbrechen, nicht unverbunden nebeneinander stehen lässt, sondern sie als individuelle Aspekte eines einzigen Ganzen interpretiert.

Freilich können auch die Schwierigkeiten dieser Konzeption nicht geleugnet werden. Ihr Hauptproblem besteht darin, dass es nicht gelingt, die Verbindung heterogener Modelle und Prinzipien wirklich einsichtig zu machen, sowenig wie seinerzeit bei Platon, es sei denn, dass man die Hypothese der prästabilierten Harmonie für die Zusammenstimmung heterogener Modelle akzeptierte, womit aber wegen der Metaphysizität dieser Hypothese die Unerklärlichkeit eingestanden würde. Leibniz selbst war überzeugt, dass es sich bei der prästabilierten Harmonie um mehr als nur eine Hypothese handle,[73] weil sich die Dinge auf andere Weise nicht befriedigend erklären ließen. Objektiv gesehen ändert dies aber nichts am Status der Hypothese.

Dritter Teil

Spekulativer, emotionaler, ästhetischer Organizismus: Naturphilosophie im Idealismus und in der Romantik

Das organizistische Denken findet eine Fortsetzung und Aktualisierung im Geistesleben des ausgehenden 18. und beginnenden 19. Jahrhunderts, jener Zeit, die wir philosophiehistorisch als Idealismus und literaturhistorisch als Klassik und Romantik zu bezeichnen pflegen. Die Zusammennahme philosophie- und literaturgeschichtlicher Epochenbegriffe mag zunächst überraschen, sie tut es aber nicht mehr bei genauerem Hinsehen. Denn es gibt wohl keine zweite geistesgeschichtliche Epoche, in der die führenden Köpfe der Zeit, Denker, Dichter, Literaten in einem so intensiven Gedankenaustausch standen wie zu dieser, in der philosophische Theorien so nachhaltig die Dichtung beeinflussten und die Literatur ein so hohes Reflexionsniveau aufwies wie in diesen Jahrzehnten. Bedingt war dies durch enge persönliche Beziehungen, durch Kontakte und Freundschaften oder Lehrer-Schüler-Verhältnisse; unterstützend kam die lokale Konzentration hinzu.

Der eine Ort, an dem die führenden Köpfe jener Zeit zusammentrafen, war die Universitätsstadt Jena. 1794 war Fichte auf den Lehrstuhl Reinholds berufen worden und begann seine Vorlesungstätigkeit mit der *Grundlage der gesamten Wissenschaftslehre* (1794/95), die als »Handschrift« für seine Zuhörer bogenweise herauskam. 1798 war der frühreife, geniale Schelling auf Veranlassung Fichtes und Goethes nach Jena berufen worden. Schelling war Fichte durch seine *Allgemeine Übersicht der neuesten philosophischen Literatur* aufgefallen, die ihm, da er sich in ihr von Schelling verstanden und kommentiert fühlte, so bedeutsam erschien, dass er Schelling nach Jena zu ziehen wünschte. Goethe hatte ein Interesse an Schellings naturphilosophischen Schriften, insbesondere an den *Ideen zu einer Philosophie der Natur* von 1797 und *Von der Weltseele* von 1798, in denen Schelling die Einheit von Natur und Geist behauptet hatte, wenn auch noch einseitig unter naturphilosophischem Aspekt, dem später, auf die naturphilosophische Phase folgend, die Betrachtung aus transzendentalphilosophischer, bewussstseinstheoretischer Perspektive im *System des transzendentalen Idealismus* (1800) folgte und darauf die Identitätsphilosophie als Vereinigung beider Perspektiven. Schelling seinerseits war vom Tübinger Stift her mit seinem Stiftskollegen Hegel befreundet, dem er 1801 die Habilitation und anschließend eine Dozentur in Jena ermöglichte. In die Jenenser Zeit fallen Hegels erste sogenannte Jenenser-Systementwürfe, die die

Grundlage für sein späteres enzyklopädisches Werk mit der Einteilung in Logik, Naturphilosophie und Philosophie des Geistes bilden. Schelling wie Hegel waren ihrerseits mit Hölderlin ebenfalls vom Tübinger Stift her befreundet.

Der zweite Ort, an dem sich das geistige Leben konzentrierte, war Berlin. 1799 war Fichte nach dem Verlust seines Lehrstuhls in Jena aufgrund des Atheismusstreites nach Berlin gegangen und hielt dort zunächst in Privatzirkeln Vorträge, bis 1810 die Humboldt-Universität gegründet wurde, zu deren erstem Rektor er bestellt wurde. Friedrich Schlegel führte ihn in den dortigen Romantikerkreis ein. Die Beziehungen zu Schleiermacher, der diesem ebenfalls angehörte, blieben jedoch kühl. 1818 folgte Hegel nach einer Gymnasiallehrertätigkeit in Nürnberg und einer kurzen Lehrtätigkeit an der Universität Heidelberg (1816–1818) einem Ruf nach Berlin. Seine dortigen Vorlesungen allerdings rekurrierten weitgehend auf seine Heidelberger, musste doch ein Professor bei Antritt seiner Tätigkeit, einer damaligen Usance folgend, sein philosophisches Gesamtkonzept skizzieren, wie Hegel dies in der *Enzyklopädie der philosophischen Wissenschaften im Grundrisse* von 1817 getan hatte, deren detaillierte Ausführung in den Einzelwissenschaften, der Logik, der Natur- und der Geistphilosophie, er in den folgenden Semestern lieferte. Nach Hegels Tod 1831 wurde Schelling 1841 von München nach Berlin berufen, um ein Gegengewicht gegen den Hegelianismus zu bilden. Schelling wirkte mit seinem Realismus und organologischen Konzept vor allem auf Biologie, Medizin und Physik.

Neben der Örtlichkeit waren es die engen Kontakte, die die Voraussetzung für den regen Gedankenaustausch schufen, wobei allerdings anfängliche Freundschaften aufgrund aufkommender und sich steigernder Differenzen zu Kontroversen und schließlich zu Zerwürfnissen führten. So kam es 1802 zum Bruch zwischen Fichte und Schelling, 1807 zum Bruch zwischen Schelling und Hegel aufgrund der abfälligen Bemerkung Hegels in der *Phänomenologie des Geistes*, wonach in der Nacht – nämlich in der Nacht des Absoluten – alle Kühe schwarz seien, die Schelling auf seine Absolutheitskonzeption bezog.

Zum Schüler- und teilweise zum Freundeskreis von Fichte und Schelling, weniger von Hegel, zählten in Jena die späteren Romantiker Henrik Steffens, Novalis, die Gebrüder Schlegel, Friedrich und August Wilhelm sowie dessen Frau Caroline, die Schelling später heiratete. Friedrich Schlegel war der intellektuell führende Kopf der Romantik und gab das *Athenäum*, das Publikationsorgan der Romantiker, heraus. Obwohl Schelling dem Romantikerkreis am nächsten stand und mit seiner Naturphilosophie großen Einfluss ausübte – er wird auch als Philosoph der Romantik bezeichnet –, ist der Einfluss Fichtes mit seiner Theorie der produktiven Einbildungskraft von nicht zu unterschätzender Bedeutung.

Außerdem bestand wegen der Nähe Jenas zu Weimar und damit zu Goethe und Schiller ein reger Gedankenaustausch zwischen den genannten Philosophen und den letzteren.

Diese wenigen skizzenhaften Bemerkungen mögen genügen, die gegenseitige Anregung und Beeinflussung zu verdeutlichen.

Das gemeinsame Grundthema, auf das sich Philosophen und Dichter *grosso modo* festlegen lassen, ist die All-Einheitsproblematik. Wie Fichte mehrfach betont hat, besteht keinerlei Dissens darüber, dass Eines Alles und Alles Eines sei, wohl aber darüber, wie Eines zu Allem und Alles zu Einem werden könne.[1] In dieser Problematik findet die spinozistische *Hen-kai-pān*-Spekulation ihre Fortsetzung, mit der Spinoza auf den cartesischen Dualismus im Sinne eines Monismus geantwortet hatte. Als eine Antwort darauf ließ sich auch die Leibnizische Monadologie lesen. Konkret stellte sich das Problem als Frage nach dem Verhältnis von *res cogitans* und *res extensa*, von Geist und Natur, und den darauf basierenden Wissenschaften, der Geist- und Naturphilosophie, zueinander wie zum Absoluten als der Einheit und Identität von Natur und Geist.

Bezüglich dieser Trias und ihres Erklärungsbedarfs besteht eine Kontroverse zwischen Fichte auf der einen Seite und Schelling und Hegel auf der anderen, dergestalt dass Fichte die Naturphilosophie nur gelten lässt auf der Basis und im Rahmen der Transzendentalphilosophie bzw. Philosophie des Geistes, wie sie in der *Wissenschaftslehre* expliziert ist, während Schelling und Hegel von der Gleichwertigkeit von Natur- und Geistphilosophie ausgehen. Schelling betont die Selbstständigkeit der Naturphilosophie gegenüber der Geistphilosophie sogar so sehr, dass dies später in seiner sogenannten positiven Philosophie in die Annahme eines Realprozesses der Natur mündet. Die Differenz zwischen Schelling und Hegel lässt sich dahingehend beschreiben, dass ersterer nach dem Vorbild des statischen Klassifikationsmodells Natur- und Geistphänomene stufenweise aus dem Absoluten ableitet, so dass in beiden die Einheit desselben wirksam ist, jedoch mit dem Übergewicht teils des objektiven, naturhaften, teils des subjektiven, geisthaften Moments, während Hegel in zyklischer Prozessform, nämlich in Form der Selbstexplikation des Absoluten, den Hervorgang der Naturphilosophie aus der Logik und der Geistphilosophie aus der Naturphilosophie und den Wiederanschluss an die Logik zeigt. Sein Programm lässt sich auf die Formel bringen:

> »Die göttliche Idee ist eben dieß, sich zu entschließen, dieses Andere [Natur] aus sich herauszusetzen und wie-

der in sich zurückzunehmen, um Subjectivität und Geist zu seyn.«[2]

Dass die Natur aufgrund ihrer Einbettung in den Selbstspezifikations- oder Selbstexplikationsprozess des Absoluten von diesem her bestimmt ist und ebenso in Beziehung auf den Geist gesehen werden muss, folglich niemals als das ganz Andere, dem Geist bzw. Bewusstsein total Fremde auftritt, sondern stets in Einheit mit ihm als organische, versteht sich von selbst. Während die idealistische Philosophie die Natur und ihr Verhältnis zum Geistigen und zum Absoluten prinzipiell vom Standpunkt der *Spekulation* aus mit Mitteln des *begrifflichen* Denkens angeht, wenngleich eines zur Vernunft hypostasierten Verstandes, unterscheidet sich die romantische Philosophie und Dichtung dadurch, dass sie auf *Gefühl*, *Stimmung*, *Ahnung*, *Imagination*, kurzum auf *Irrationalem* im Gegensatz zum Rationalen basiert. Eine dritte Variante stellt die *ästhetische* dar, die mit *Anschauung* und *Erinnerung* operiert und in Hölderlins Werk realisiert ist. Die organologische Konzeption zerfällt somit in eine spekulative, auf Verstand und Vernunft basierende Spielart, in eine irrationale, auf Gefühl beruhende, und in eine ästhetische, die in Anschauung gründet. Mit diesen Modellen soll keineswegs die Wechselbeziehung der in ihnen vorkommenden Momente geleugnet werden, nähern sich doch gerade in dieser Epoche Spekulation, Mystik und Ästhetik derart an, dass die Spekulation geradezu als Begriffsmystik bezeichnet werden kann. Und die Ästhetik mit dem Theorem der produktiven Einbildungskraft, eingeführt im Rahmen theoretischer Argumentation, avanciert bei Fichte und mehr noch bei Schelling zum maßgebenden und beherrschenden Erkenntnismittel. Diese drei Positionen lassen sich stellvertretend an Schelling, Novalis und Hölderlin exponieren.

1. Spekulative Variante: Schellings Naturphilosophie

a) Schellings Wirkung

Das Interesse an Schellings Philosophie ist in den letzten Jahren rapide gestiegen. Es richtet sich einmal auf die Naturphilosophie, die größtenteils in die Frühzeit fällt, zum anderen auf die Philosophie der Mythologie und Offenbarung mit ihrem Irrationalitätsmoment, die der Spätzeit angehört. Während die momentan dominierenden Bewegungen, die unter dem Namen »Gegenkonzepte zur Moderne« bekannt sind, zu denen auch die New-Age-Bewegung gehört, aufgrund ihres neuen Mythologizismus die Aufmerksamkeit auf die Spätphilosophie lenken, ist es das naturwissenschaftliche und naturphilosophische Interesse, das die Beschäftigung mit Schellings Naturphilosophie nahelegt. Nur mit der letzteren wollen wir uns hier befassen.

Die neuerliche Zuwendung hat zwei Motive. Das eine besteht in der Suche nach einem Ausweg aus dem neuzeitlichen Paradigma der mathematischen Naturwissenschaften und der auf ihnen basierenden Technik und Technologie. Das verschärfte Bewusstsein der desaströsen Folgen dieses Paradigmas, die sich in der Umweltkrise niederschlagen, hat das Bedürfnis nach einem neuen, anders gearteten Paradigma wachgerufen, für das Schellings Naturphilosophie das Vorbild abgibt. Wenn das gegenwärtige Paradigma auf den Prämissen *erstens* einer toten, inerten Materie, *zweitens* auf ihrer Atomität und Isoliertheit sowie nachträglichen Zusammensetzung zu Produkten, *drittens* auf der Subjekt-Objekt-Spaltung mit der Konsequenz der Entfremdung und Manipulation der Objekte und *viertens* auf dem Verfügungs- und Herrschaftswissen des Menschen über die Natur basiert, so erwartet man von einem Konzept ganz anderer Art, dass es *erstens* die Lebendigkeit der Materie und die Allbelebtheit der Natur unterstellt, *zweitens* auf dem Gedanken der Ganzheit insistiert, *drittens* auf der Einbindung des Subjekts in das Objekt, die Natur, besteht und *viertens* in einen Dialog mit der Natur eintritt oder, wie Ernst Bloch sich ausgedrückt hat, ein »Bündnis mit [dem] Natursubjekt«[3] eingeht, worauf sich eine »Allianztechnik«, eine »mit der Mitproduktivität der Natur vermittelte« Technik, gründet, die »die Bildekräfte einer eingefrorenen Natur erneut« freisetzt.[4] Ein solches Konzept muss Heils- und Versöhnungserwartungen erwecken. Und genau dies wird von Schellings Naturphilosophie erwartet. So sind es die dezidierten Gegner der exakten mathematischen Naturwissenschaften, die Ökologen, die sich Schellings Naturphilosophie als einer spekulativen holistisch-organologischen zuwenden und in ihr einen Ausweg aus der gegenwärtigen Krise suchen. Aber auch die moderateren Kritiker des neuzeitlichen Paradigmas, die an den Resultaten und Methoden der exakten Wissenschaften und empirischen Forschung festhalten, diese jedoch in ein umfassenderes Konzept zu integrieren versuchen, mithin die mathematische Physik in eine »spekulative Physik« transformieren möchten, sind an Schelling interessiert. Für sie legt sich die Beschäftigung mit seiner Naturphilosophie insofern nahe, als Schelling ja keineswegs die mathematische und experimentelle Naturwissenschaft eliminiert, sondern im Gegenteil ihre Resultate benutzt, um sie in sein organizistisches Naturkonzept einzubinden und aus dessen spekulativen Grundsätzen zu deduzieren.

Eine Verstärkung erfahren hat die Hinwendung zu Schellings Naturphilosophie durch die Selbstorganisationsdebatte der Gegenwart. Die in den letzten Jahrzehnten zunächst im Rahmen der Biologie zentrierten Untersuchungen zu autopoietischen Systemen, die durch die Systemtheorie formalisiert und auch auf andere Bereiche wie die Soziologie, Ökonomie, Betriebswirtschaftslehre usw. übertragen wurden, haben in Schellings dynamischem Organismuskonzept ihr Vorbild zu finden gemeint. Denn auch Schelling denkt sich die Natur als lebendigen Organismus, der Stufen zunehmender Höherbildung, immer komplexerer und differenzierterer Organismen aufweist, deren höchste die menschliche Intelligenz ist. So wurde Schelling nicht nur im allgemeinen, sondern auch im besonderen, etwa mit seinen Prinzipien der Höherentwicklung, der Idee der Potenzierung linearer Kausalketten zur Wechselwirkung, der Potenzierung der Wechselwirkung mit sich selbst zu den in sich geschlossenen Wirkungskreisen der organischen Welt, zum Vordenker und Anreger dieser Richtung. Ob freilich der Rekurs der Selbstorganisationstheoretiker auf Schelling berechtigt ist, ist eine gegenwärtig kontrovers diskutierte Frage.[5] Denn während es sich bei den biologischen, soziologischen und anderen Systemen um genetische, evolutionäre oder realhistorische Prozesse der Selbstorganisation der Materie oder eines anderen Subjekts handelt, ist bei Schelling der Superorganismus mit seinen Suborganismen immer schon gegeben und wird lediglich methodologisch zum Zwecke der Verständigung und begrifflichen Einholung – letztlich einer Selbsteinholung der Vernunft – in Form einer Deduktion, nicht eigentlich einer Entwicklung und Evolution, rekonstruiert. Abgesehen von gelegentlichen Schwankungen oder Mehrdeutigkeiten,[6] liegt kein chronologischer Prozess, keine realhistorische Abstammungsreihe im Sinne der Phylogenese vor, sondern trotz interner Dynamik ein real unzeitlicher Prozess, dessen Organisationsstufen von den niedersten bis zu den höchsten lediglich sukzessiv expliziert werden. In diesem Sinne äußert Schelling einmal von der Materie:

> »Wir unterschieden in der Construktion der Materie verschiedene Momente, die wir sie *durchlaufen* ließen, ohne daß wir bis jetzt nöthig gefunden hätten, ausdrücklich zu erinnern, daß diese Unterscheidung nur zum Behuf der Speculation gemacht werde, daß man sich nicht vorstellen müsse, die Natur durchlaufe jene Momente etwa wirklich, in der Zeit, sondern nur, sie seyen dynamisch … in ihr gegründet. In der Natur selbst freilich ist eins und ungetrennt, was zum Behuf der Speculation getrennt wird …«[7]

Es geht also nicht um die Erklärung der Entstehung des Lebens aus toter Materie, des Organischen aus Anorganischem, des Geistes aus unbewusster Natur, sondern um die begreifende Rekonstruktion der diversen Organisationsstufen, an deren Ende das Bewusstsein steht, das diesen Prozess deutet und somit eine spekulative Selbstdeutung ist.

Das Interesse an Schelling und die Ästimation seiner Naturphilosophie waren nicht immer vorhanden und sind es auch heute nur teilweise. Um die Jahrhundertwende war Schellings Naturphilosophie derart in Misskredit geraten, dass beispielsweise Wilhelm Ostwald in der Einleitung zu seinem Buch *Moderne Naturphilosophie* schreibt:

»1. … Der Name Naturphilosophie, mit dem ich den Inhalt der bevorstehenden Besprechung zu bezeichnen versucht habe, besaß im neunzehnten Jahrhundert einen üblen Klang. Er erinnerte an eine geistige Bewegung, welche vor hundert Jahren in Deutschland herrschend war; ihren Führer hatte sie in dem Philosophen *Schelling*, der durch die Macht seiner Persönlichkeit bereits in sehr jungen Jahren einen ungeheuren Einfluss gewonnen hatte und die Denkweise seiner Zeitgenossen in weitestem Maße bestimmte … Um ein Bild von den Empfindungen zu geben, die sie in ihren früheren Anhängern hernach erregte, brauchen wir uns nur *Liebigs* Worte zu vergegenwärtigen, mit denen er seinen Ausflug in das Gebiet der Naturphilosophie gekennzeichnet hat: ‚Auch ich habe diese an Worten und Ideen so reiche, an wahrem Wissen und gediegenen Studien so arme Periode durchlebt, sie hat mich um zwei kostbare Jahre meines Lebens gebracht; ich kann den Schreck und das Entsetzen nicht schildern, als ich aus diesem Taumel zum Bewusstsein erwachte.'… Während die deutschen Naturphilosophen ganz vorwiegend über die Naturerscheinungen nachdachten und schriftstellerten, *rechneten* und *experimentierten* die Vertreter der anderen Richtung und konnten bald eine Fülle tatsächlicher Ergebnisse aufweisen, durch welche die so außerordentlich schnelle Entwickelung der Naturwissenschaften im neunzehnten Jahrhundert der Hauptsache nach bewirkt wurde …

2. … So ist denn die Zeit der Naturphilosophie als eine Zeit tiefen Niederganges deutscher Naturwissenschaft bekannt, und es erschien als ein vermessenes Unternehmen für einen Naturforscher des zwanzigsten Jahrhunderts, unter dieser verrufenen Flagge segeln zu wollen.«[8]

Und noch drastischer äußert sich gegenwärtig Ilya Prigogine in seinem Werk *Dialog mit der Natur*:

> »Diese Naturphilosophen [gemeint sind die nachkantischen, idealistischen] haben eine verheerende kulturelle Wirkung gehabt. Für die meisten Wissenschaftler ist Naturphilosophie zu einem Synonym für eine arrogante, absurde Spekulation geworden, die sich verachtungsvoll

über die Tatsachen hinwegsetzt und zu gegebener Zeit regelmäßig von den Tatsachen widerlegt wird. Für die meisten Philosophen dagegen ist sie zum schmerzlichen Symbol dafür geworden, dass es gefährlich ist, sich mit der Natur zu befassen und mit der Wissenschaft zu rivalisieren.«[9]

Die Gründe für das pejorative Urteil über Schellings Naturphilosophie liegen auf der Hand: Es ist einerseits die spekulative Grundausrichtung auf ein einheitliches Gesamtkonzept,[10] andererseits der Mangel an experimenteller empirischer Naturforschung und exakter Mathematik. So hat man Schelling immer wieder das Überwiegen seiner spekulativen Neigung über die konkrete Detailforschung vorgeworfen, die sich aus seiner theologischen Herkunft erklärt, desgleichen die Gewagtheit und empirische Unausgewiesenheit seiner Analogiebildungen im deduktiven Systemaufbau, d. h. seine metaphysischen Identifizierungen der verschiedenen Stufen und Bereiche, wie seine leichtfertige Preisgabe des von Kant in kritischer Reflexion gewonnenen regulativen Status der Teleologie.« Zur Richtigstellung dieses Urteils bzw. Vorurteils muss gesagt werden, dass es insbesondere die auf Schelling sich berufenden Romantiker waren, die aufgrund ihrer phantastischen, von der Erfahrung sich immer mehr entfernenden Spekulationen und Analogiebildungen Schellings Naturphilosophie in Misskredit brachten; denn Schelling selbst stand, was die wissenschaftlichen Kenntnisse seiner Zeit betrifft, auf der Höhe seiner Zeit: Nicht nur war er bestens mit den neuesten biologischen und medizinischen Modellen und Theorien vertraut, etwa mit Carl Friedrich Kielmeyers Lehre von der Reproduzibilität, Irritabilität und Sensibilität oder dem funktionalen Organismusmodell anstelle des morphologischen, d. h. jener Theorie, die den Organismus nicht von seiner Stofflichkeit und Gestalt her, sondern von der Funktionalität seiner Organe her bestimmt, mit der genetischmechanischen Präformationstheorie und der ihr opponierten dynamischen Evolutionstheorie, er vertiefte sich auch in mathematische, physikalische und chemische Studien und las sich jeweils in die neueste Fachliteratur ein.

Unter diesen Auspizien ist auch seine Naturphilosophie zu betrachten, sowohl was die allgemeine Idee derselben – die prinzipientheoretische, formale Dimension – betrifft, wie was die konkrete Durchführung – die materielle Ebene – anbelangt. Die konkrete Durchführung des Gesamtplans einer Naturphilosophie ist stets ein zeitgebundenes kontingentes Unternehmen, das vom jeweiligen Stand der Forschung, von den gegenwärtigen Resultaten und dem herrschenden Paradigma abhängt und mit deren Weiterentwicklung hinfällig wird. Dies gilt nicht nur für Schellings Programm, sondern für jedes Einheitskonzept, auch für gegenwärtige Konzepte. Das Schicksal, überholt zu werden, ist Schellings Naturphilosophie in ihrer detaillierten Durchführung nicht erspart geblieben sowenig wie Hegels ausgeführtem System. Anders dagegen steht es mit der allgemeinen Idee durchgängiger kategorialer Zusammenhänge, die nicht von den Einzelforschungen und Detailresultaten abhängig ist, vielmehr ein diese umfassendes, globales Gerüst bildet, das die Einordnung derselben erlaubt und ihre apriorische Deduktion zumindest anstrebt. So problematisch der Versuch einer Verbindung von spezieller Naturwissenschaft und genereller philosophischer Metatheorie sein mag, er kann auch richtungsweisend wirken, wie sich an Schellings Aufdeckung struktureller Zusammenhänge zwischen dem Phänomen des Lichts und den Phänomenen des Magnetismus und der Elektrizität gezeigt hat.

Aufgrund dieser Ambivalenz hat Schelling sowohl die exakter Naturforschung abholden, spekulativen Zusammenhängen hingegen zugeneigten Romantiker beeinflusst wie auch die an exakter Forschung interessierten Naturwissenschaftler. So hat er mit seiner Theorie der »unbewussten Produktion« auf die Romantik und ihre Ästhetik gewirkt, mit seinem holistischen Modell die exakten Naturwissenschaftler, insbesondere die Biologen und Mediziner, beeinflusst, etwa die Mediziner Lorenz Oken und Carl Gustav Carus, den Physiologen Karl Friedrich Burdach, die Naturphilosophen Johann Wilhelm Ritter und Henrik Steffens sowie den Naturwissenschaftler Hans-Christian Orsted, den Entdecker des Elektromagnetismus. In unserem Jahrhundert verrät der Holismus Adolf Meyer-Abichs seine Herkunft von Schelling, nicht weniger die Ganzheitsmedizin Viktor von Weizsäckers.

Schellings Naturphilosophie findet sich in den Schriften der Frühzeit, etwa der Jahre 1795/96 bis 1799, wobei sich zwar der *terminus a quo* fixieren lässt, nämlich durch Schellings eingehende Fichte-Rezeption, nicht aber der *terminus ad quem*, da die Naturphilosophie auch in den folgenden Perioden, im sogenannten transzendentalen Idealismus um 1800 und in der sogenannten Identitätsphilosophie 1801–1804, eine Rolle spielt und mit diesen ein Gesamtkonzept bildet, und zwar so, dass Natur- und Transzendentalphilosophie zwei einander korrelierte Aspekte einer einzigen Philosophie, der Identitätsphilosophie, bilden. In Betracht kommen vor allem folgende Schriften:

- *Ideen zu einer Philosophie der Natur als Einleitung in das Studium dieser Wissenschaft* (1797, 2. Aufl. 1803)
- *Von der Weltseele, eine Hypothese der höheren Physik zur Erklärung des allgemeinen Organismus.* Nebst einer Abhandlung über
- *Das Verhältnis des Realen und Idealen in der Natur oder Entwicklung der ersten Grundsätze der Naturphilosophie an den Prinzipien der Schwere und des Lichts* (1798, 2. Aufl. 1806, 3. Aufl. 1809)

- *Erster Entwurf eines Systems der Naturphilosophie* (1799)
- *Einleitung zu dem Entwurf eines Systems der Naturphilosophie. Oder über den Begriff der spekulativen Physik und die innere Organisation eines Systems dieser Wissenschaft* (1799)
- *Allgemeine Deduktion des dynamischen Prozesses oder der Kategorien der Physik* (1800)
- *Über den wahren Begriff der Naturphilosophie und die richtige Art, ihre Probleme aufzulösen* (1801)
- Vorlesungen über die Methode des akademischen Studiums (1803, 2. Aufl. 1813, 3. Aufl. 1830)
- *System der gesamten Philosophie und der Naturphilosophie insbesondere* (1804)
- *Darlegung des wahren Verhältnisses der Naturphilosophie zu der verbesserten Fichteschen Lehre. Eine Erläuterungsschrift der ersten* (1806)
- *Aphorismen zur Einleitung in die Naturphilosophie* (1805)
- *Aphorismen über die Naturphilosophie* (1806)
- *Über das Verhältnis der bildenden Künste zu der Natur* (1807)
- *Zur Geschichte der neueren Philosophie* (1827)
- *Darstellung des Naturprozesses. Bruchstück einer Vorlesung über die Prinzipien der Philosophie* (1843/44).[12]

Wie die Vielzahl schnell aufeinanderfolgender Entwürfe zeigt, handelt es sich im Grunde um Fragmente, die die These vom fragmentarischen Charakter des romantischen Denkertypus nahelegen, zu dem auch Schelling gehören soll.[13]

Mit der Naturphilosophie hat es aber nicht sein Bewenden, stellt sie doch nur einen Teil des Schellingschen Gesamtsystems dar, zu dem als anderer gleichberechtigter und gleichursprünglicher komplettierend die Transzendentalphilosophie oder die Philosophie des Geistes gehört, wie sie im *System des transzendentalen Idealismus* von 1800 vorliegt und ganz in der Manier der Fichteschen Wissenschaftslehre konzipiert ist. Hat es die Naturphilosophie mit der Natur zu tun, so die Geistphilosophie mit dem Ich (Subjekt oder Wissen). Dokumentiert sich in jener ein Realismus, so in dieser ein Idealismus, wobei jedoch zu beachten ist, dass in beiden Wissenschaftsdisziplinen ein Real-Idealismus am Werke ist, freilich mit unterschiedlicher Akzentuierung, im Bereich der Naturphilosophie mit Betonung der realistischen Komponente, im Bereich der Geistphilosophie mit Betonung der idealistischen. Dies zeigt an, dass auch mit diesen beiden gleichrangigen komplementären Wissenschaften die Überlegungen noch nicht an ihr Ende gekommen sind, vielmehr beide in einer übergeordneten Philosophie fundiert sind, der Identitätsphilosophie, die bei Schelling ab 1801 eine Rolle zu spielen beginnt. Sie hat ihren Niederschlag gefunden in den Werken: *Darstellung meines Systems der Philosophie* (1801), *Bruno oder über das göttliche und natürliche Prinzip der Dinge* (1802) sowie in dem Vorlesungszyklus *Über die Methode des akademischen Studiums* (1803). Die Folge der Schriften und der in ihnen thematisierten Gegenstände ergibt sich mit Notwendigkeit aus der Gedankenentwicklung, die ein Moment nach dem anderen hervortreibt und die Systemglieder über sich hinauswachsen lässt.

Auch wenn im gegenwärtigen Kontext die Naturphilosophie und der in ihr exponierte Naturbegriff eine besondere Rolle spielen, so ist zu beachten, dass sich ihr Stellenwert, nämlich ihre Relativität, nur vom triadischen Gesamtkonzept her erschließt, zu dem als komplementärer, ebenfalls relativer Teil die Philosophie des Geistes und, beiden übergeordnet, die Identitätsphilosophie gehört. Dem Dreierschema liegt die Vorstellung einer absoluten Einheit von Natur und Geist, Realismus und Idealismus zugrunde, die sich in sich selbst spaltet in die Relata von Natur und Geist, welche jedoch aufgrund ihres identischen Wesens bei nur äußerlicher, quantitativer Differenz zusammengehörig bleiben. Dieses Dreierschema begegnet auch in den anderen idealistischen und romantischen Positionen, jedoch mit dem Unterschied, dass die Schellingsche Fassung (ebenso die Hegeische) eine begriffliche ist gegenüber den anderen, emotionalen und ästhetischen.

Die Betrachtung von Schellings Naturphilosophie soll unter zwei Aspekten erfolgen, die letztlich miteinander zusammenhängen: zum einen unter dem Aspekt der Form des Systems und seiner wesentlichen Strukturen, was noch rein methodologisch erfolgen kann, ohne auf die Realitätsfrage eingehen zu müssen, und zum anderen unter dem Aspekt von Idealität oder Realität, von bloß methodologischer Konstruktion oder realer Organisation. Hier geht es um die Frage, ob es sich nur um den Begriff des philosophischen Begreifens der Natur oder um den philosophischen Begriff einer wirklich sich hervorbringenden, realen Natur handelt. Damit läuft das Problem auf die Alternative hinaus, ob hier eine radikalisierte Form von Transzendentalphilosophie vorliegt oder ein Rückfall in den Dogmatismus stattfindet – so hat man Schelling des öfteren einen »*Spinozismus* der *Physik*«[14] vorgeworfen – oder eine neue Form von Realidealismus. Von der Entscheidung dieser Alternativen hängt die Bewertung des Organisationsprozesses ab, ob dieser eine bloße Konstruktion oder eine reale Evolution oder eine real fundierte Selbstkonstruktion ist.

b) Die Grundstruktur der schellingschen Naturphilosophie

Im Folgenden kommt es nicht darauf an, Schellings Naturphilosophie im Detail zu explizieren, vielmehr darauf, ihre Grundstrukturen freizulegen. Dies soll unter drei Leitgedanken geschehen: *erstens* unter dem des Organismus und seiner Produktivität, *zweitens* unter dem des Organisationsprogramms bzw. der -Struktur und der Bildungsgesetze sowohl bezüglich des Einzelorganismus wie bezüglich der Stufen seiner Höherentwicklung und *drittens* unter dem des konkreten Aufbaus der Natur über die Potenzen: Materie, Licht und Organismus bis hin zum Bewusstsein.

Der Organismus und seine Produktivität

In der Nachfolge der Platonischen Vorstellung aus dem *Timaios* vom Kosmos als *zōon* und ihrer Fortsetzung in der Renaissancephilosophie und bei Leibniz bestimmt auch Schelling das Ganze der Natur als einen großen lebendigen Organismus. So sagt er im *System der gesamten Philosophie und der Naturphilosophie insbesondere*, dass das »Weltsystem« das »ewig lebende Allthier« sei[15] und im *Ersten Entwurf eines Systems der Naturphilosophie* bezeichnet er den Einzelorganismus als »das zusammengezogene verkleinerte Bild des allgemeinen Organismus«.[16] Die Natur im Ganzen sowie in ihren Teilen ist bis ins letzte Glied hinein als Organismus bestimmt.

Damit wird die gängige Differenz zwischen Organischem und Anorganischem hinfällig; auch das anscheinend Anorganische fällt unter den Begriff des Organischen und wird von ihm her verstanden. Schelling sagt einmal, dass die »sogenannte unorganische Natur« potentiell immer schon organisch sei, sie sei »nur eine schlafende Thier- und Pflanzenwelt«.[17]

Wenn alles belebt und organisch ist, dann ist die entscheidende Frage für Schelling nicht die, wie aus Anorganischem, Unlebendigem, rein Materiellem Organisches, Lebendiges, Seelisch-Geistiges entsteht, sondern umgekehrt, wie aus Organischem und Lebendigem scheinbar Starres, Totes hervorgeht. Das Wunder der Natur besteht nicht in der Entstehung von Organizität, Leben und Bewegung, sondern in der von scheinbar Totem und Verfestigtem, ebenso darin, wie das von Anbeginn an vorhandene Leben durch so viele offenkundig unbelebte Formen hindurch verborgen bleiben kann, bis es auf der Stufe des Organischen von Pflanzen und Tieren in Erscheinung tritt. Wenn nicht anorganische, tote Naturprodukte das Primäre sind, sondern das lebendige Organische, dann müssen die ersteren aus dem letzteren erklärt werden, etwa als Produkte einer aktiven, schöpferischen Lebenskraft, als relative Erstarrungen und Verfestigungen derselben. Zur Demonstration zieht Schelling das Bild eines Stromes mit Wirbeln heran,[18] wobei der Strom das produktive Leben symbolisiert und die in sich rotierenden Wirbel das scheinbar Feste, Objektivierte, dem Strom Entzogene, das aber in Wahrheit in jedem Augenblick neu entsteht und vergeht. Jeder Wirbel hat seine eigene Identität und stellt das Produkt zum Ausgleich und zur Ruhe gekommener gegenstrebiger Tendenzen dar. Wie die Wirbel aus dem Strom hervorgehen durch Bewegung und Gegenbewegung desselben, der Strom aber durch alle hindurchgeht, so gehen auch die Naturprodukte aus der Produktivität der Natur hervor, während diese selbst sich in keinem von ihnen erschöpft, sondern über alle hinausgeht. Das Bild veranschaulicht den unendlichen Lebensprozess in der Natur, auf dessen Oberfläche sich die endlichen, scheinbar verfestigten Naturformen bilden, die im Moment ihres Entstehens schon wieder vergehen und neu gebildet werden.

> »Es ist schlechterdings kein *Bestehen* eines Produkts denkbar, *ohne ein beständiges Reproducirtwerden*. Das Produkt muss gedacht werden *als in jedem Moment vernichtet*, und *in jedem Moment neu reproducirt*. Wir sehen nicht eigentlich das Bestehen des Produkts, sondern nur das beständige Reproducirtwerden.«[19]

Der Naturprozess ist einer der Entstehung neuer und immer neuer Gestalten – ihrer Bildung, Aufhebung und Neubildung. Mit dieser organizistischen Vorstellung setzt Schelling die auf Aristoteles zurückgehende Tradition der Naturauffassung als *natura naturans* fort. Die erscheinende Natur, *natura naturata*, erlaubt Rückschlüsse auf die schöpferische Produktivität der Natur, sofern die Dinglichkeit die verfestigte, vergegenständlichte Tätigkeit, die zum Produkt geronnene Produktivität, ist.[20] An die Stelle des toten Seins tritt bei Schelling das lebendige Werden oder, wie es auch einmal heißt, das Konstruieren: »Das *Seyn selbst* [ist] nichts anderes als das Construiren selbst«.[21]

Von Anfang an wendet sich Schelling sowohl gegen eine mechanistische Naturauffassung, die die Natur aus starren, toten, atomaren Teilchen aufgebaut denkt, welche dem Gesetz von Druck und Stoß gehorchen, wie auch gegen eine vitalistische Theorie, die in den Organismen eine besondere, zusätzliche Lebenskraft annimmt, die in anorganischer Materie nicht vorkommt. Das Organische ist nicht eine Eigenschaft oder Existenzweise besonderer Naturdinge, sondern das allen Naturdingen zugrunde liegende und sie beherrschende Weltprinzip.

Da Produktivität nicht ohne Kraft gedacht werden kann, impliziert die Theorie der *natura naturans* eine Theorie der Kraft. Auch hier leitet das Bild eines durch alle endlichen Gestaltungen hindurchgehenden unendlichen Lebensstromes die Interpretation an: Es kann nur eine einzige unendliche Urkraft sein, die die absolute Produktivität der Natur ausmacht und sich in den Naturprodukten manifestiert. Allerdings würde eine einzige unendliche Kraft noch keine bestimmbaren Produkte ergeben, sondern im Gegenteil im unendlichen gestaltlosen

Produzieren verströmen. Gestaltung, die mit Formgebung, Begrenzung und Bestimmung zu tun hat, bedarf immer einer entgegenwirkenden begrenzenden Kraft, die, für sich genommen, freilich auch keine Produkte ergäbe, da sie sich auf sich selbst konzentrierte und kontrahierte. Erst aus dem Zusammenwirken beider entgegengesetzter, polarer Kräfte geht Gestaltung hervor. Zu bedenken gilt es allerdings, dass die zweite Kraft nicht als eine der ersten äußerliche hinzutreten darf. »Ist die Natur absolute Produktivität, so kann der Grund dieses Gehemmtseyns nicht *außer* ihr liegen«,[22] dies deshalb nicht, weil wir *erstens* von einem solchen Außen keine Kenntnis hätten und *zweitens* die Natur dann keine einheitlich gestaltende Produktivität mehr wäre.

> »Die Natur muss ursprünglich sich selbst Objekt werden, diese Verwandlung des *reinen Subjekts* in ein *Selbst-Objekt* ist ohne ursprüngliche Entzweiung in der Natur selbst undenkbar.«[23]

Spaltung und Polarität sind daher der einen Urkraft immanent. Dass sie nicht an diesem Widerspruch kollabiert, hängt damit zusammen, dass Dualität und Gegensätzlichkeit in die Einheit eingebunden sind, so dass die Synthese der gegensätzlichen Glieder immer schon garantiert ist. Schelling s Naturphilosophie erweist sich so als Monismus, der gleichzeitig eine Selbstspaltung und -differenzierung der ursprünglich einen Produktivität ausdrückt, welche über die Differenten wieder mit sich zusammengeht und diesen Prozess wiederholt.

Die so weit getriebene Analyse führt notwendig auf die Frage nach dem leitenden Organisationsprogramm.

Das Organisationsprogramm

Der als Gesamtorganismus aufgefassten Natur liegt sowohl im Großen wie im Kleinen ein Organisationsprinzip zugrunde, das nur als geistiges, als Intelligenz, gedacht werden kann. Denn da der Organismus kein willkürliches Zufallsprodukt ist, sondern ein planvolles, geregeltes Arrangement, das ein vorgängiges Konzept voraussetzt, das a priori den Umfang des Ganzen, die Stellung und das Verhältnis der Teile zueinander festlegt, so wie es Kant in der *Kritik der reinen Vernunft*[24] artikuliert hat, und da Planung und Entwurf nur von einer Intelligenz geleistet werden können, muss das zugrunde liegende Organisationsprinzip geistiger Art sein. Der Schluss auf ein intelligibles Prinzip ist unausweichlich, wenn man bedenkt, dass beim Organismus das Ganze den Teilen vorangeht, nicht umgekehrt die Teile dem Ganzen, und dies Überblick voraussetzt, wozu nur eine Intelligenz fähig ist. Mit dieser These setzt Schelling die Platonische *nous*-Konzeption aus dem *Timaios* fort, wie denn überhaupt der *Timaios* wiederholt bei Schelling anklingt.[25] Wenn die *nous*-Konzeption in der nachplatonischen, aristotelischen Tradition eine Fortsetzung im Begriff der Weltseele fand, so tritt dieser bei Schelling ebenfalls auf, was sich im Titel seiner Schrift *Von der Weltseele, eine Hypothese der höheren Physik zur Erklärung des allgemeinen Organismus* niederschlägt.

Zu beachten ist, dass das teleologische Prinzip kein selbstbewusstes zu sein braucht, das sich in einer Selbstzuwendung ergreift und bewusst ist, sondern durchaus als unbewusstes in der Natur wirksam sein und erst auf höheren Organisationsstufen zu sich selber finden kann. Um der hiermit verbundenen Schwierigkeit des Selbstwiderspruchs eines unbewussten Bewusstseins zu entgehen, könnte man anstelle des Begriffs »Teleologie« den von Jacques Monod gebrauchten Terminus »Teleonomie«[26] verwenden, der ziel- und zweckgerichtet auf das Ganze orientiert ist, jedoch dem Problem eines bewusstlosen Bewusstseins entgeht.

Eine der schwierigsten Aufgaben war für Schelling, das Organisationsprinzip begrifflich zu fassen, zumal dies in zweierlei Hinsicht geschehen musste, zum einen in Hinsicht auf die Konstitution der Einzelobjekte, zum anderen in Hinsicht auf deren Höherentwicklung. Aus der Tradition boten sich ihm einerseits das klassische, auf Platon und Aristoteles zurückgehende Klassifikationsmodell an, das zuletzt bei Kant im Architektonikkapitel in der *Kritik der reinen Vernunft* und in der Einleitung der *Kritik der Urteilskraft* eine verbindliche Ausformung gefunden hatte, andererseits das selbstreferentielle Monadensystem von Leibniz und zum dritten die aus der Biologie bekannte und zuletzt von Albrecht von Haller (1708–1777) vertretene Präformationstheorie.

Das Klassifikationssystem nach *genus proximum per differentiam specificam*, das die nächsthöhere Gattung zugrunde legt und die Arten durch Angabe einer spezifischen Differenz gewinnt, sieht eine sukzessive graduelle Einteilung der Gattungen in Arten und Unterarten nach einem im Idealfall dichotomischen Einteilungsprinzip vor, so dass ein Stufenbau mit zunehmender Über- und Unterordnung resultiert. Die hierbei leitenden Prinzipien sind die der Spezifikation und Konkretisation bzw., bei umgekehrter Perspektive, der Generalisation und Abstraktion. Je höher die Stufen steigen, desto inhaltsärmer und abstrakter, allerdings desto weiter dem Umfang nach sind sie, je tiefer sie gehen, desto inhaltsreicher, konkreter, jedoch umfangsmäßig beschränkter. Hiernach stellt die ganze Natur ein hierarchisch geordnetes System vor, das vom Allgemeinen zum Besonderen reicht, von der generellen Natur mit ihrem System allgemeinster Gesetze zu immer subtiler werdenden Spezifikationen mit ihren je besonderen Gesetzmäßigkeiten. Dieses Klassifikationssystem wurde im 18. Jahrhundert mehr und mehr als künstlich empfunden, da in ihm die individuellen, nach subjektiven Kriterien ausgewählten Merkmale zu Arten und Gattungen zusammengefasst waren und als Träger äußerlicher, abstrakt gleicher Eigenschaften erschienen. Ihre wirkliche Genese ließ sich auf diese Weise nicht verständlich machen. Die Antwort auf eine objektive, reale, nicht nur subjektive, ideelle Herleitung blieb dieses System schuldig. Gefordert war jedoch ein Natursystem, nicht nur ein mehr oder weniger willkürliches Klassifikationssystem, wie es aus der Naturgeschichte als einer rein beschreibenden, klassifizierenden und ordnenden bekannt war.

Das leibnizische Modell hatte zwar den Vorteil, jede Einzelmonade des Gesamtsystems als das Ganze selbst auftreten und unter einem je besonderen Aspekt repräsentieren zu lassen, jedoch den Nachteil, die Vielfalt der Welt nicht erklären zu können. Das System basierte auf dem Grundgedanken eines durchgängig allen Monaden zugrunde liegenden und sich in allen Monaden durchhaltenden All-Einen, dessen Repräsentanten die Monaden waren. Die Abstufung der Repräsentation sollte sich aber allein aus den verschiedenen Graden der Klarheit und Deutlichkeit des Bewusstseins ergeben, was in absteigender Linie zu einem Abfall, in aufsteigender zu einer zunehmenden Perfektion führte. Auf diese Weise resultierte zwar ein hierarchischer Stufenbau, der die Modifikationen als dem All-Einen immanente erscheinen ließ, aber die konkrete Fülle der Welt wegen der Reduktion auf bloße Bewusstseinsdifferenzen nicht zu erklären vermochte.

Aus der Biologie war zur Erklärung der Ontogenese das Präformationssystem bzw. die präformative Einschachtelungstheorie bekannt. Sie ging davon aus, dass im Individuum von Anfang an alle Momente enthalten sind, die später in seiner Entwicklung hervortreten. Um dieses Involviertsein sinnvoll denken zu können, musste es in Form einer Einschachtelung oder einer Anlage des Großen im Kleinen vorgestellt werden. Dass im »Keim alle Theile des Individuum[s] im unendlich-Kleinen – (individuell präformirt) – vorhanden sind«[27] – das ist hier die These. In seiner Kritik an diesem Modell hat Schelling richtig erkannt, dass es sich hier um eine aktuelle, nicht potentielle Implikation handelt, die bei der Explikation zu einem mechanischen, nicht dynamischen Prozess führen muss.

Aus der Absetzung vom Verfehlten dieser Modelle und der Akzeptanz des Gelungenen an ihnen resultiert Schellings Konzept. Um jede Äußerlichkeit, auch und gerade das äußere Hinzutreten von Prinzipien zu vermeiden, muss von einem einzigen selbstreferentiellen, sich selbst organisierenden Prinzip ausgegangen werden, das, um zur Vielheit und Differenz zu gelangen, sich teilt und gleichwohl in dieser Teilung sich nicht verliert, sondern aufgrund des Bezugs zur Einheit an diese zurückgebunden bleibt. Beschreiben lässt sich diese Konstruktion als Identität mit interner Duplizität oder als von der Einheit zusammengehaltene Gegensätzlichkeit, die alle Bereiche und Stufen durchzieht. Der Grundgedanke ist der von der Spaltung der ursprünglichen Einheit in sich und ihrer Wiederherstellung über die Differenten. Der Weg führt von der Identität in die Differenz und zur Wiedergewinnung der Identität, wobei dieser Prozess zunächst als ein rein logisch-explikativer gedacht wird. Unschwer lässt sich in diesem Modell die von Kant entwickelte und von Fichte fortgeführte dialektische Methode aus Thesis, Antithesis und Synthesis erkennen, mit der Schelling hier operiert, genau wie später Hegel. Die Vorstellung vom Hendiadyoin (Eins durch Zwei), die hier durchklingt, ist historisch freilich sehr viel älter und kommt bereits in der herakliteischen Lehre vom Streit als »Vater aller Dinge« und Movens aller Prozessualität zum Tragen. Zum Symbol, das dieses Weltgesetz schlagartig beleuchtet, dient Schelling der Magnet mit seinen beiden gegensätzlichen Polen, dem positiven und negativen, die sich gleicherweise abstoßen wie anziehen und so in der Schwebe halten. In der Entgegensetzung liegt Spannung und Auseinanderhalten, gleichzeitig aber auch Anziehung und Verbindung.[28] Diese höhere Verbindung von Trennung und Verbindung kennzeichnet nicht nur das Phänomen des Magnetismus, sondern ist die Grundstruktur der Natur. Aus den verschiedenen Akzentuierungen der Momente der triadischen Einheit, dem Überwiegen des einen oder anderen Gegensatzgliedes oder ihrer Indifferenz und Ausgeglichenheit, resultieren die verschiedenen Konstitutionsstufen in der Organisation von Produkten.

Allerdings erklärt dieses Modell nur erst das Zustandekommen immer gleicher Produkte, noch nicht deren Höherentwicklung. Ursprüngliches Gleichgewicht, Störung desselben und Wiederherstellung des Gleichgewichtszustands sind Indizien endlicher Produkte und ihrer permanenten Umwandlung, nicht jedoch unbedingt ihrer Höherorganisation. Hierzu bedarf es weiterer Erklärungsprinzipien, die Schelling durch seine Potenzenlehre erbringt. Der Terminus »Potenz« stammt von Adam Carl August Eschenmayer, der ihn in seinem Aufsatz *Dedukzion des lebenden Organism*[29] zur Explikation der Hauptstufen der Philosophie: der Einheit (Sinnlichkeit), der Duplizität (Verstand) und der Triplizität (Vernunft) benutzt. Der Terminus ist mehrdeutig und involviert mehrere Aspekte, die Schellings Naturphilosophie entgegenkommen: *erstens* den dynamischen Aspekt, wonach die Potenz identisch ist mit Kraft, Vermögen, Fähigkeit und sich in Schellings Kraftlehre einfügt, *zweitens* den modalen Aspekt, der die von Aristoteles stammende Unterscheidung von Potentialität und Aktualität, Möglichkeit und Wirklichkeit wiedergibt – bei Schelling sind Potenzen Ermöglichungsgründe der Wirklichkeit, nicht diese selbst als verfestigte

Objektivität –, und *drittens* den mathematischen Aspekt der Potenzierung, d. h. der Selbstanwendung von Größen. Potenzieren bedeutet in der Mathematik eine Operation der Multiplikation, bei der Werte auf sich selbst angewendet werden. Infolgedessen enthält jede Potenz die vorhergehenden als ihre Elemente plus weiterer Elemente, die jedoch aufgrund ihrer nicht-sukzessiven, vielmehr diskontinuierlichen Folge den Anschein neuer Stufen ergeben. Demonstriert an dem bekannten geometrischen Beispiel der Entstehung des Raumes aus Punkt, Linie, Fläche, bedeutet Potenzierung, dass Punkt, Linie, Fläche, die sich wie erste, zweite und dritte Potenz zueinander verhalten, so auseinander hervorgehen, dass die nachfolgende die vorhergehende enthält, jedoch aufgrund des Hinzukommens eines spezifischen Quantums eine neue, veränderte Anordnung der Elemente bewirkt, die den Übergang zu einer neuen geometrischen Dimension bedingt.

Übertragen auf die Höherentwicklung von Organismen, hat dieses Verfahren der wiederholten Selbstanwendung der dialektischen Triade zur Folge, dass auf diese Weise nicht nur eine Sequenz gleichartiger Gebilde resultiert, sondern eine Sequenz zunehmend differenzierterer und komplexerer, die von einfachen zu immer reicheren, immer höher entwickelten Organisationsstufen führt. Beherrscht wird dieser Prozess von den Prinzipien der Identität, Differenz und Totalität dergestalt, dass sich mit zunehmender Differenzierung und Vervielfältigung auch eine zunehmende Identifizierung einstellt, wobei diese Begriffe jedoch unterschiedliche Organisationshöhen bezeichnen: Auf jede Differenzierung folgt eine neue Identifikation. So resultiert ein System, das von simplen, niedrigen Stufen zu immer komplizierteren bis hin zum Absoluten reicht.

Die »Logik der Potenz« geht auf eine Vor-Nachfolge-Beziehung, auf ein Grund-Folge-Verhältnis, das einen einsinnigen, teleologischen, weil auf Höherentwicklung angelegten Prozess bezeichnet, freilich einen, der in sich zurückgebunden bleibt und als selbstreferentieller Prozess auftritt, da es sich um eine Selbstdifferenzierung des intellektuellen Prinzips und eine Wiedervereinigung des Entzweiten mit sich handelt. Dieser Stufenprozess schreitet so lange fort, bis auf der höchsten Stufe, im Selbstbewusstsein des Menschen, das Prinzip sich über sich klar wird.[30] Strukturell ist hier ein einsinnig fortschreitender Prozess eingebunden in einen selbstreferentiellen, bei dem das intendierte teleologische Ganze nicht außerhalb des Prozesses liegt, sondern in ihm, genauer noch, das Ganze des Prozesses ausmacht.

Konkreter Aufbau der Natur

Die Organisationsstufen der Natur sollen anhand dreier Potenzen: der Materie, des Bewegungsprinzips und des Organismus exponiert werden, wobei der letztere seinerseits zu den Potenzen der idealen Welt: dem Wissen, dem Handeln und der Kunst überleitet.[31] Die Potenzen entsprechen der dialektischen Triade aus These, Antithese und Synthese, deren letztere selbst wieder als These fungiert. Liegt bei der These der Akzent auf der Identität, so bei der Antithese auf der Differenz und bei der Synthese auf der Einheit beider, der über die Differenz vermittelten Identität, so dass die Synthese ambivalent ist, in Vermittlung und neuer Identität besteht.

Vor dem Hintergrund des bisher Ausgeführten, das die schellingsche Idee einer produktiven Natur, einer *natura naturans*, ins Zentrum rückte, ist die Materiekonzeption zu betrachten. Materie ist nichts fertig Vorgegebenes, nichts Statisches, Totes, Inertes, vielmehr das Produkt eines aktiven Produktionsprozesses, der sich aus entgegengesetzten Kräften konstituiert, aus Repulsions- und Attraktionskraft und deren Synthese. Diese Theorie fand Schelling in Kants dynamischer Materietheorie vor, wie sie im zweiten Kapitel der *Metaphysischen Anfangsgründe der Naturwissenschaft* von 1786 unter dem Titel »Dynamik« entwickelt worden ist. Im Gegensatz zur atomistischen Theorie, die die Materie aus letzten, irreduziblen, undurchdringlichen Bestandteilen zusammengesetzt und durch sogenannte passive oder tote Kräfte wie Druck und Stoß bewegt denkt, allenfalls der Materie nachträglich Gravitationskraft zugesteht, konzipiert Kant die Materie als Produkt aus repulsiver und attraktiver Kraft. Während die erste den Raum zwar einnimmt, aber nicht erfüllt, vielmehr, für sich allein genommen, im Raum verströmt, durchdringt die zweite ihn und kontrahiert ihn auf einen Punkt, freilich ebenfalls ohne ihn zu erfüllen. Erst aus dem Zusammenspiel beider resultiert Raumerfüllung, so dass gesagt werden muss, dass Materie nicht Kräfte hat, sondern ein Kraftprodukt ist. Aus dieser Grundstruktur der Identifikation der Materie mit einem Kräfteprodukt ergeben sich die weiteren konstitutiven Bestimmungen der Materie, wie Schwere, d. h. unterschiedliche Grade bzw. Dichte der Raumerfüllung, Gravitation usw. Schelling hat diese Theorie ohne gravierende Abänderungen von Kant übernommen und in sein System eingebaut.

Der Schritt zur zweiten Potenz, zum bewegenden Prinzip und dessen Erscheinungsweise, dem Licht, ergibt sich aus der Opposition zur Materie: Licht bildet das Gegenstück zur Materie. Lässt sich die Materie als real beschreiben, so das Licht als ideell. Zwar bestimmt das Licht genau wie die Materie den gesamten Raum, erfüllt ihn jedoch nicht im eigentlichen Sinne und bleibt damit ideell. Da es gleich weit reicht wie die Materie, tritt es stets an dieser auf, stellt gleichsam ihr ideelles Wesen dar, in dem sich die essentiellen Eigenschaften der Materie konzentrieren. Da das Licht alle Dimensionen des Raumes »beschreibt«, ohne ihn zu konkretisieren, versteht sich Schelling zu der Aussage:

> »Das Licht ist also nicht *Materie* (erfüllter Raum), noch die *Raumerfüllung* (oder raumerfüllende Thätigkeit) selbst, sondern das *Construiren der Raumerfüllung.* Wir können überzeugt seyn, mit diesem Satz der räthselhaften Natur des Lichts um ein Beträchtliches näher gerückt zu seyn. Es ist schwer zu begreifen, wie das Licht alle Eigenschaften einer Materie zu tragen scheinen kann, ohne doch wirklich Materie zu seyn. Es trägt alle diese Eigenschaften nur *ideell.*«[32]

Auf der Basis des Lichts und im Zusammenhang mit demselben entwickelt Schelling eine Reihe von Phänomenen, wie Magnetismus, Elektrizität, chemische Prozesse, die er als ideelle Formen der Wechselwirkung der Materie beschreibt im Unterschied zu den konkreten materiellen Formen wie Masse, Schwere, Gravitation usw. Seine grandiose antizipatorische Konstruktion der Zusammenhangsverhältnisse hat sich erst später experimentell durch die Entdeckung des Elektromagnetismus bestätigt, der Elektrizität und Magnetismus miteinander verbindet.

Die dritte Potenz wird durch den Organismus gebildet. Fungierte Materie bislang als Reales, Substantielles, Licht als Ideelles, Akzidentielles, anders gewendet, fungierten Materie und Licht wie Objekt und Subjekt, so werden sie auf der jetzigen Stufe aufgelöst in ein höheres Subjekt – den Geist der organischen Natur, den Geist des Lebens –, respektive dessen Materie und Licht sich nur noch wie abhängige Attribute verhalten.[33] Der Organismus setzt Materie und Licht einschließlich ihrer Prozesse, der mechanischen und chemischen, voraus, unterwirft sie aber seiner eigenen Organisationsstruktur, die im wesentlichen in der Selbstbeziehung besteht. Sie äußert sich in Modifikationen wie der identischen Reproduktion des Individuums durch den Stoffwechsel, der Regeneration des Organismus bei Amputation oder der Selbsterhaltung der Art oder Gattung durch Fortpflanzung der Individuen. Der Organismus hat die spezifische Eigenschaft, produktives Produkt zu sein mit den Eigenschaften der Selbstbestimmung, Selbsterhaltung und Selbsterzeugung. Im einzelnen spielen bei der Konstitution des selbstreferentiellen Lebens die von der damaligen Medizin entdeckten und vieldiskutierten Funktionen der Reproduktion, Irritabilität und Sensibilität eine Rolle, wobei Reproduktion als basalste Fähigkeit die Erhaltung des Individuums und der Art bedeutet, die Irritabilität die Muskelerregbarkeit, die Reizbarkeit, und Sensibilität die Reaktionsfähigkeit. Über die Stufen der Organismen, angefangen von den primitiven Einzellern bis zu den höher entwickelten Vielzellern, den Pflanzen und Tieren, findet eine proportionale Verschiebung dieser drei Vermögen statt, dergestalt dass die niedersten Organismen besonders durch Reproduktionskraft ausgezeichnet sind, weniger durch Sensibilität, die höheren besonders durch Sensibilität, weniger durch Reproduktionskraft. Dies entspricht im übrigen einem Erfahrungsgesetz, wonach die primitivsten Lebensformen die höchste Vermehrungsrate aufweisen.

Die letzte Stufe der Naturphilosophie, die bereits in die Philosophie des Geistes hinüberführt und deren erste Stufe bildet, ist das Bewusstwerden des organisierenden Prinzips, der Intelligenz. Mit dieser Selbstverständigung gelangt die Reihe der Potenzen innerhalb der *scala naturae* zu ihrem Abschluss und Übergang. Das Ende des Naturprozesses in der Herausbildung immer höherer, komplexerer und differenzierterer Organisationsformen ist das Wissen um das dem Prozess von Anfang an zugrunde liegende und ihn leitende Prinzip, das Bewusstsein, so dass dieser Prozess auch als einer der Herausbildung des Selbstbewusstseins aus der zunächst unbewussten Naturtätigkeit beschrieben werden kann. Da das Wesen des von Anfang an leitenden geistigen Prinzips in wissender Selbstzuwendung besteht, muss die Entwicklung über die diversen Stufen der Organisation zu dieser führen. Die Logik der Potenzierung innerhalb der Natur tendiert somit auf die Herausbildung der Bewusstseinsstufe, die ihre weitere Explikation in der Philosophie des Geistes erfährt.

c) Realitätsproblem

Bislang wurde die Organisation der Natur in ihren diversen, sich steigernden Formen nur als methodologische Rekonstruktion betrachtet, die auf einem geistigen Prinzip, der Intelligenz, basierte, das eine Fortsetzung der Platonischen *nous*-Konzeption und der neuplatonischen Konzeption der Weltseele darstellte. Jetzt hingegen geht es um die Frage des Realitätsstatus dieses Prinzips. Von der Entscheidung hängt ab, ob es bei einem rein methodologischen Konstruktionsprozess bleibt oder ob es sich um einen Konstruktions- *und* Konstitutionsprozess der Natur handelt. Ist das Ich das konstruierende Prinzip der Natur, oder ist das konstruierende Prinzip die Natur selbst als das Andere des Ich? Im einen Falle handelt es sich um einen sukzessiv erfolgenden, aber real unzeitlichen, rein methodologischen Explikationsprozess, im anderen um einen real zeitlichen, historischen Naturprozess. Neben diesen beiden Alternativen gibt es noch eine dritte zu erwägen, nämlich die Möglichkeit eines real fundierten Selbstexplikationsprozesses des Absoluten – jener Einheit von Natur und Ich –, welcher im Sinne einer realen Ontogenese des Absoluten oder im Sinne einer ideellen Selbstexplikation des Wissens gedeutet werden kann. Zwischen diesen Alternativen zu entscheiden, ist um so dringlicher, als es sich bei dem ersten Gegensatz um eine Kontroverse handelt, die offen zwischen Schelling und Fichte ausgetragen wurde, bei dem zweiten um eine Kontroverse zwischen Schelling und Hegel.

Was die erstere Alternative betrifft, so war sie von Anfang an zwischen Fichte und Schelling trotz ihrer Freundschaft angelegt und führte 1801/02, nachdem sie immer mehr hervorgetreten war, zum endgültigen Bruch zwischen beiden. Zwar konsentieren beide Philosophen darin, dass vom Ich auszugehen sei, das aufgrund seiner unmittelbaren Selbsterfassung und unzweifelhaften, absolut gewissen Selbstevidenz in der neuzeitlichen Philosophie seit Descartes eine signifikante Rolle im Erkenntnisprozess spielt und als Fundament aller übrigen Erkenntnisgewissheit gilt. Doch differieren beide in der Einschätzung der Bedeutung und Tragweite dieses Prinzips. Während Fichte das Ich und seine Wissensstruktur zum alleinigen Prinzip erhebt und die Natur davon abhängig macht, ja mehr noch, eigentlich die Natur in das Ich verlagert unter Preisgabe ihrer Selbständigkeit und ihres Ansichseins, so dass sie nur noch als gewusste existiert, hält Schelling an der Selbständigkeit der Natur gegenüber dem Ich fest. Die Konsequenz ist auf der einen Seite, im Falle Fichtes, die Radikalisierung und Hypostasierung der Transzendentalphilosophie, die auch noch die Basis und den Horizont der Naturphilosophie bildet, so dass hier der Vorwurf angebracht ist, dass das »Götzenbild der Subjektivität« »auf den Thron« gehoben worden sei,[34] auf der anderen Seite, im Falle Schellings, die Akzeptanz der Naturphilosophie neben der Transzendentalphilosophie. Während Fichte die Natur in ihrer Selbstständigkeit gänzlich aufhebt, sie allenfalls noch als Anstoß geistiger Tätigkeit gelten lässt, im Erkennen sie zu einem Produkt des Geistes macht, das von den Wissensstrukturen des Ich dependiert, und im Handeln zu einem verfügbaren, manipulierbaren Stoff des freien Subjekts, anerkennt Schelling ihre Selbstständigkeit und ihren Eigenwert. Nicht zufällig moniert er an Fichte dessen »Abscheu« und »Hass gegen die Natur«[35] und dessen alleinige Ästimation des frei handelnden moralischen Ich.

Wie erklärt sich das Zustandekommen der Differenz bei gleicher Ausgangslage? Während Fichte die formale Identitätsstruktur des Ich: Ich = Ich akzentuiert, liegt bei Schelling das Schwergewicht auf der unmittelbar vergewisserten Existenz: Ich bin. Allerdings wird man zugunsten Fichtes beifügen müssen, dass im signifikanten Falle des Ich die Identitätsbeziehung mit der Existenzgewissheit zusammenfällt. Während in allen anderen Fällen die Identitätsbeziehung, z. B. A = A, nur gilt unter der Bedingung, dass A existiert, und damit lediglich einen Konditionalsatz ausdrückt: »Wenn A existiert, dann A = A«, ist allein im Falle des Ich die unmittelbare Existenzgewissheit gegeben, welche die Identitätsstruktur trägt. Thematisiert man allerdings die Existenz des Ich, so kann das nur unter der Voraussetzung der Wissensstruktur des Ich geschehen, die ihrerseits die Existenz des Ich voraussetzt. Damit begibt man sich in eine *petitio principii*, indem man bei der Erklärung bereits in Anspruch nimmt, was man zu erklären versucht. Der Zirkel ist unvermeidbar: Die Existenz an sich wird nicht aufgeklärt, sondern immer wieder den transzendentalphilosophischen Bedingungen des Ich unterworfen. Anders, wenn wie bei Schelling der Akzent auf der Existenz des Ich (Ich bin) liegt, als dessen immanente Strukturen sich die Ich-Strukturen erweisen. Da die Existenz als das Andere des Ich mit der Natur zusammenfällt, werden in diesem Falle die organisierenden Strukturen des Ich zu organisierenden Strukturen der Natur selbst. So sagt Schelling:

> »Jeder Organisation [liegt] ein *Begriff* zu Grunde, denn wo nothwendige Beziehung des Ganzen auf Theile und der Theile auf ein Ganzes ist, ist *Begriff*. Aber dieser Begriff wohnt *in ihr* [Natur] *selbst*, kann von ihr gar nicht getrennt werden, sie *organisirt sich selbst*, ist nicht etwa nur ein Kunstwerk, dessen Begriff *außer* ihm im Verstande des Künstlers vorhanden ist. Nicht ihre Form allein, sondern ihr *Daseyn* ist zweckmäßig«,[36]

und ähnlich heißt es:

> »Der ganze Zauber, der das Problem vom Ursprung organisirter Körper umgibt, rührt daher, daß in diesen Dingen Nothwendigkeit und Zufälligkeit innigst vereinigt sind. *Nothwendigkeit*, weil ihr *Daseyn* schon, nicht nur (wie beim Kunstwerk) ihre Form, *zweckmäßig* ist; *Zufälligkeit*, weil diese Zweckmäßigkeit doch nur für ein anschauendes und reflektirendes Wesen wirklich ist. Dadurch wurde der menschliche Geist frühzeitig auf die Idee einer *sich selbst* organisirenden Materie geführt und, weil Organisation nur in Bezug auf einen Geist vorstellbar ist, auf eine ursprüngliche Vereinigung des Geistes und der Materie in diesen Dingen. Er sah sich genöthigt, den Grund dieser Dinge einerseits in der Natur selbst, andererseits in einem über die Natur erhabenen Princip zu suchen; daher gerieth er sehr frühzeitig darauf, Geist und Natur als Eines zu denken. Hier trat es zuerst hervor

> aus seinem heiligen Dunkel jenes idealische Wesen, in welchem er Begriff und That, Entwurf und Ausführung als Eines denkt.«[37]

Wenn Natur und Geist auf der Basis des existierenden Ich eines sind, dann gilt, dass »die Natur ... der sichtbare Geist, der Geist die unsichtbare Natur«[38] ist. Mit der vorangehenden Argumentation wird der rein transzendentalphilosophische Standpunkt in Richtung auf einen ontologischen überschritten. Mit der Akzentuierung der Existenz bzw. des Daseins des Ich kommt eine metaphysische Dimension ins Spiel, die sich als Träger der Wissensstrukturen des Ich entpuppt. Man hat diesen Vorgang nicht zu Unrecht eine »Metaphysisierung des absoluten Ich Fichtes«[39] genannt.

Rückblickend von seiner *Philosophie der Offenbarung* (1841/42), kommentiert Schelling die Hinwendung zum Realen der Natur durch die Neuorientierung im Denken: »Die *Naturphilosophie* war ein Kind jenes neuern, das Reale verlangenden Geistes.«[40] Kants *Kritik der reinen Vernunft* und Fichtes *Wissenschaftslehre* haben für ihn nur den Rang einer Methodologie philosophischer Systeme, die »den Kanon für alle Principien und Systeme«[41] enthalten. Die *Wissenschaftslehre* ist ihm nicht »die Philosophie selbst, sondern Philosophie über Philosophie«,[42] eine »bloß logisch« verfahrende Wissenschaft, die »mit Realität gar nichts zu thun« hat.[43] Von der Wendung zur Selbstständigkeit und Realität der Natur, die in Schellings Spätzeit in die positive Philosophie einmündet, erklärt sich seine Abwertung der Reflexionsphilosophie als bloß negativer Philosophie.

Die sich selbst organisierende produktive Natur könnte nun in der Tat den Gedanken einer Selbstorganisation nahe legen, von der Schelling im übrigen selbst gelegentlich spricht, etwa in der Einleitung zu den *Ideen zu einer Philosophie der Natur*.[44] Gerade diese Theorie der Autopoiesis ist es, die in der gegenwärtigen Philosophie eine so große Rolle spielt und der Anlass ist, in Schelling einen Vorläufer zu erblicken.[45] Bei aller Affinität gilt es jedoch, die Unterschiede zu beachten. Unter Selbstorganisation, mag sie im biologischen oder soziologischen oder sonstigen Bereich vorkommen, verstehen wir einen realen genetischen oder evolutionären Prozess, in dem die Materie oder die Gesellschaft oder ein sonstiges Subjekt von ungeordneten, chaotischen Verhältnissen zu geordneten, von niederen Strukturen zu höheren, von einfacheren zu komplexeren fortschreitet. Es handelt sich um einen zeitlich expandierten Prozess zunehmender Organisation. Nicht so bei Schelling. Da das organische intellektuelle Prinzip, das Ich mit seinen Wissensformen, von Anfang an in der Natur realisiert und wirksam ist, ist es auch mit der Gesamtheit seiner Stufen und Organisationsformen vorhanden. Selbst wenn die Natur als dynamischer Prozess gedacht wird, was eine reale Entwicklung nahe legen könnte, ist die Stufenleiter der Organisationsformen immer schon gegeben, nur dass sie aus methodologischen Gründen zum Zwecke des Verständnisses des Naturganzen sukzessiv expliziert wird, bis sie am Ende ein Selbstverständnis über sich (Selbstbewusstsein) erreicht. Nicht um einen vorbewussten Entwicklungsprozess, der zum Bewusstsein bzw. Selbstbewusstsein führt, handelt es sich, sondern um ein immer schon vorliegendes, im sukzessiven Diskurs zu explizierendes Ganzes, also um eine Rekonstruktion.

Damit erübrigt sich auch der Vorwurf des Dogmatismus. Wenn Schelling tatsächlich eine reale, sich selbst organisierende Natur außerhalb des Ich und unabhängig von ihm angenommen hätte, wäre der Vorwurf eines Rückfalls in den Dogmatismus und einer vorschnellen Preisgabe der Ergebnisse der kritischen transzendentalphilosophischen Reflexion gerechtfertigt gewesen. Dies aber ist nicht der Fall, da Natur und Ich immer schon eine Einheit bilden und nur ihre Momente explikativ gewonnen werden. Und ebenso trifft auch der Vorwurf einer Zirkelargumentation nicht zu. Er wäre nur dann berechtigt, wenn der Naturprozess als Realgenese der Intelligenz aus einer Nichtintelligenz zu verstehen wäre. In diesem Fall hätte sich Schelling in eine vitiöse redundante Argumentation verstrickt, insofern er zur Erklärung eines Prozesses Erkenntnismittel in Anspruch genommen hätte, deren Ableitung erst zu erklären gewesen wäre. Zwar hat Fichte in einem Brief an Schelling vom 31. Mai 1801 den »greiflichen Zirkel in der Ableitung einer Natur aus der Intelligenz, und hinwiederum der Intelligenz aus der Natur« moniert und sich verwundert, dass ein Mann wie Schelling »so etwas übersehen haben könnte«.[46] Hier dürfte es sich aber um ein Missverständnis handeln, da es Schelling nicht um die reale Entwicklung des Ich aus der unbewussten Natur geht, sondern um die begreifende Entfaltung einer immer schon vorliegenden Einheit von Natur und Ich. Schellings Konzept stellt weder einseitig einen Idealismus im Sinne der Kantischen und Fichteschen Transzendentalphilosophie dar, noch einseitig einen naiven Realismus und Dogmatismus, sondern einen beide Aspekte berücksichtigenden Real-Idealismus *sui generis*.

Ein ungelöstes Problem freilich verbindet sich mit Schellings Ansatz. Wenn das Ich mit seinen immanenten Wissensstrukturen von Anfang an eine Einheit und Identität mit der Natur bildet, dann folgt zwingend die Apriorisierung der empirischen Welt hinsichtlich aller ihrer Formen und Bestimmungen. Natur wäre dann immer schon durch die Gesetzmäßigkeiten des Geistes bestimmt und müsste diese auch *a priori* erkennen lassen. Die Bemühungen der empirischen Wissenschaften wären obsolet. Von der ersten Auflage der *Ideen zu einer Philosophie der Natur* von 1797 bis hin zur zweiten Auflage von 1803 hat Schelling eine Selbsteinschätzung seiner Philosophie dahingehend gegeben, dass sie »der durchgeführteste Versuch von Darstellung der Lehre von den Ideen und der Identität der Natur mit der Ideenwelt« sei.[47] Es gehe hier darum, »das Universum wahrhaft ... zu begreifen«, und dies wäre dann die »vollkommene Darstellung der Intellektualwelt in den Gesetzen und Formen der erscheinenden und also hinwiederum vollkommenes Begreifen dieser Gesetze und Formen aus der Intellektualwelt«.[48] Aber nicht nur die Durchführung des Programms bleibt unbefriedigend, auch die Idee einer totalen Apriorisierung des Empirischen hat Schelling später relativiert und aufgegeben zugunsten einer Vermittlung der allgemeinen formalen Bestimmungen der transzendentalphilosophischen Reflexion und Spekulation mit dem besonderen materiellen Gehalt der empirischen Wissenschaften.

Ist durch die vorangehenden Überlegungen auch die Kontroverse zwischen der These einer rein methodologischen Reflexion und der einer Realgenese entschieden, und zwar zugunsten einer real fundierten Rekonstruktion, so steht die Entscheidung bezüglich der zweiten Alternative noch aus, die auf dem Boden der letzteren erwächst. Hier gilt es auszumachen, ob es sich bei dem Vorgang mehr um einen realen oder um einen ideellen Prozess der Selbstreferenz handelt, also mehr um eine Selbstorganisation oder Selbstexplikation.

Wenn das Ganze der Natur bei Schelling als sich selbst organisierendes, autopoietisches System zu betrachten ist, muss es alle Eigenschaften aufweisen, die sonst Organismen zukommen, wie die Fähigkeit zur Reproduktion des eigenen Selbst, die Fähigkeit zur Erhaltung der Art, die Fähigkeit zur Entwicklung usw. In der *Kritik der Urteilskraft* hat Kant eine Aufstellung dieser Funktionsweisen gegeben, die auch bei Schelling Anwendung findet:

> »Ich würde vorläufig sagen: ein Ding existirt als Naturzweck, *wenn es von sich selbst ... Ursache und Wirkung ist*; denn hierin liegt eine Causalität, dergleichen mit dem bloßen Begriffe einer Natur, ohne ihr einen Zweck unterzulegen, nicht verbunden, aber auch alsdann zwar ohne Widerspruch gedacht, aber nicht begriffen werden kann. Wir wollen die Bestimmung dieser Idee von einem Naturzwecke zuvörderst durch ein Beispiel erläutern, ehe wir sie völlig auseinander setzen.
>
> Ein Baum zeugt erstlich einen andern Baum nach einem bekannten Naturgesetze. Der Baum aber, den er erzeugt, ist von derselben Gattung; und so erzeugt er

sich selbst der *Gattung* nach, in der er einerseits als Wirkung, andrerseits als Ursache, von sich selbst unaufhörlich hervorgebracht und eben so sich selbst oft hervorbringend, sich als Gattung beständig erhält.

Zweitens erzeugt ein Baum sich auch selbst als *Individuum*. Diese Art von Wirkung nennen wir zwar nur das Wachsthum; aber dieses ist in solchem Sinne zu nehmen, daß es von jeder andern Größenzunahme nach mechanischen Gesetzen gänzlich unterschieden und einer Zeugung, wiewohl unter einem andern Namen, gleich zu achten ist ...

In einem solchen Producte der Natur wird ein jeder Theil so, wie er nur *durch* alle übrige da ist, auch als *um der andern* und des Ganzen *willen* existirend, d. i. als Werkzeug (Organ) gedacht: ... und nur dann und darum wird ein solches Product, als *organisirtes* und *sich selbst organisirendes* Wesen, ein *Naturzweck* genannt werden können.«[49]

Wenngleich diese Eigenschaften speziell für pflanzliche und tierische Organismen konstitutiv sind, so gelten sie bei Schelling doch auch für die organische Natur im Ganzen mit dem Unterschied, dass bei der Reproduktion der Natur Individuum und Gattung zusammenfallen, da die Natur als *singulare tantum* Einzelnes wie Gattungsmäßiges zugleich ist. Angesichts des Selbstorganisationsprozesses des Ganzen stellt sich nun die Frage, ob es sich bei dem hier vorliegenden Typus um eine reale Ontogenese[50] oder um eine ideelle Selbstexplikation handle. Entwicklung bzw. Entfaltung als Weg von der Potentialität zur Aktualität liegt in beiden Fällen vor. Im einen Falle jedoch wird das Zusichkommen als realer Prozess des einen Ganzen, des Absoluten als der Einheit von Natur und Geist, aus einem unentwickelten Zustand zum entwickelten genommen, im anderen Falle als ideeller Prozess der Selbstverständigung. In dieser Alternative ist die Schelling-Hegel-Kontroverse vorgezeichnet. Hegel hat wohl zu Recht Schellings Ansatz einen Selbstwiderspruch angekreidet und die Ungereimtheit moniert, nach der ein Vollkommenes wie das Absolute sich ein Unvollkommenes, die Natur, voraussetze, um sich aus diesem zu entwickeln. Dieser Sinnwidrigkeit versucht Hegel dadurch zu entgehen, dass er das Absolute als Aktuales ansetzt, das sich in Form einer Selbstexplikation von latenten, potentiellen Strukturen zu expliziten bewegt. Allerdings wäre *gegen* Hegel einzuwenden und *für* Schelling zu argumentieren, wie ein Absolutes absolut und vollkommen sein könne, wenn es noch kein Bewusstsein von sich hat, sondern dieses erst über eine Selbstobjektivation gewinnen muss. Ist dieses nicht doch, wie Schelling annimmt, ein realer genetischer Prozess, ein Werden des Absoluten?

d) Schellings Gesamtsystem

Obwohl Schellings Naturphilosophie eine Einheitsphilosophie *par excellence* darstellt, da sie auf dem metaphysischen Grundgedanken einer Einheit von Natur und Geist, Objekt und Subjekt basiert, demzufolge beide einander nicht äußerlich und fremd, sondern wesensgleich sind, repräsentiert sie doch nur einen Teil des Gesamtsystems, deren anderer, komplettierender die Philosophie des Geistes oder das »System des transzendentalen Idealismus« bildet. Beide ihrerseits sind fundiert in der sogenannten Identitätsphilosophie. Auch wenn Schelling entwicklungsgeschichtlich nur sukzessiv über die genannten Stadien zum Gesamtsystem gelangte aufgrund immer tiefer dringender Einsichten in die Einheitsstruktur, deren Relativität sich zuerst in der Naturphilosophie zeigte und zum Hinausgang in die Geistphilosophie drängte, deren Relativität ihrerseits den Überstieg zur absoluten Einheit in der Identitätsphilosophie motivierte, so bildet doch von Anfang an das Gesamtsystem den Hintergrund für eine sachliche Betrachtung. Die sachlichen Fundierungsverhältnisse sind vom methodologischen Zugang zu unterscheiden.

Die Notwendigkeit einer Komplettierung der Naturphilosophie durch die Philosophie des Geistes ergibt sich daraus, dass die prinzipielle Einheit von Natur und Geist innerhalb der ersteren einseitig aus der Perspektive der Naturphilosophie betrachtet wird, und zwar bis hin zur Entstehung des Geistes. Die Naturphilosophie stellt die diversen Organisationsformen und -stufen der Natur bis zur letzten und höchsten Stufe innerhalb ihrer, bis zum Geist (Bewusstsein), dar, thematisiert aber nicht mehr dessen interne Organisationsformen und -stufen. Sie zeigt zwar das »Werden« der Intelligenz aus der bewusstlosen Natur, aber nicht mehr deren Explikation. Sie bringt es nur bis zum Hervorgang des Faktums »Bewusstsein«, nicht mehr zu dessen struktureller Entfaltung. Und genau hier setzt die Geistphilosophie an, indem sie den umgekehrten Weg einschlägt und der Frage nachgeht, nicht wie aus bewusstloser Natur Intelligenz entsteht, sondern wie die Intelligenz zur bewusstlosen Natur kommt, wie das Bewusstsein, das als solches Subjekt ist, im Erkennen und Handeln zu einem Objekt außer sich gelangt, mit dem seine Vorstellungen übereinstimmen. Hier geht es also um die Ableitung der Naturobjekte aus den Bedingungen der Intelligenz. In diesem Sinne erweist sich die Geistphilosophie als entgegengesetzter Aspekt, freilich als ein ebenso einseitiger wie die Naturphilosophie, der nicht wie diese objektiv und realistisch ist, sondern subjektiv und idealistisch. Zu beachten gilt, dass in beiden Systemteilen die Einheit von Natur und Geist, Objekt und Subjekt, Realismus und Idealismus die Grundlage bildet, so dass sich die Disziplinen streng komplementär verhalten.

Während Schelling mit der Naturphilosophie und ihrer Insistenz auf dem Realitätscharakter der Natur einen eigenen Weg beschreitet, erweist er sich in der Ausarbeitung des Systems des transzendentalen Idealismus als weitgehend abhängig von Fichtes Transzendentalphilosophie, allenfalls mit dem Unterschied, dass er der Fichteschen zweigliedrigen Betrachtung des Ich als Theoretisches und Praktisches noch die ästhetische Variante hinzufügt. Die erkenntnistheoretische und praktische Beziehung des Ich auf die Natur wird so um die ästhetische ergänzt, die in der Natur denselben bewusstlos wirkenden Geist sieht wie im künstlerischen Schaffen. Wie der Kosmos nicht nur lebendiger Organismus, sondern einheitlich durchwirktes Kunstwerk ist, so ist auch das Kunstwerk ein Kosmos im Kleinen, Offenbarung desselben Geistes, wie er in der Natur schafft.

Das Grundanliegen der Philosophie des Geistes ist die idealistische Erklärung der Objekterkenntnis, die für das naive Bewusstsein eine Erkenntnis subjektunabhängiger, äußerer Objekte darstellt. Das naive Bewusstsein hält die Naturobjekte für an sich seiend, von außen gegeben und glaubt sich durch sie affiziert. Dieser Schein wird dekuvriert und die Gegebenheit der Objekte auf die unbewusste Tätigkeit des Ich reduziert. Das scheinbar unabhängige Vorhandensein der Naturdinge ist in Wahrheit eine interne Selbstbegrenzung des Subjekts, eine Beschränkung seiner unendlichen Produktivität. Was dem naiven Verstand als Grenze des Ich gegen ein unabhängiges Objekt erscheint, ist in Wahrheit nur eine Grenze innerhalb des Ich, weil die bewussten, reflektierten Akte nicht alles ausmachen.

Auch die Geistphilosophie enthält Organisationsformen und -stufen, Reihen der Formation des Objektbewusstseins, die von der ursprünglichen Empfindung über die Intelligenz und Reflexion bis hin zum Willensakt reichen. Die Stufung deckt sich mit der entsprechenden der Naturphilosophie und muss dies auch, da das Wesen der Natur dieselbe Intelligenz ist, die auch im subjektiven Bewusstsein wirkt.

Wenn die Naturphilosophie die realistische Variante des Einheitsgedankens von Natur und Geist ausmacht, so die Philosophie des Geistes die idealistische. Die strenge Komplementarität zeigt an, dass sie jeweils einseitige Aspekte der absoluten Einheit oder, besser gesagt, relative Einheiten der absoluten Einheit sind. Die Thematisierung der letzteren wird daher zur Aufgabe der Identitätsphilosophie, in der sich das Gesamtsystem erst vollendet. Sie hat drei Aufgaben zu lösen, auch wenn dies bei Schelling selbst nicht so scharf hervortritt: *erstens* die adäquate Erfassung der absoluten Einheit, *zweitens* die Ableitung der relativen Einheiten von Natur und Geist aus der absoluten Einheit und *drittens* die Begründung der Ableitung, des Hervorgangs der Vielheit aus der Einheit.

1. Da wir sowohl in der Natur wie im Geistesleben immer nur relative Einheiten und ihre Prozesse vor uns haben, muss sich die Frage aufdrängen, wie Schelling seinen Ansatz einer absoluten, von relativen Einheiten unabhängigen Einheit legitimieren kann. Ist ein unmittelbarer Zugang zum Absoluten von der Endlichkeit aus überhaupt möglich; lässt sich das Absolute *qua* Absolutes überhaupt adäquat beschreiben? In Schellings Absolutheitsanspruch hat Fichte von seinem Endlichkeitsstandpunkt aus das ungelöste Grundproblem von dessen Philosophie gesehen und in einem Brief vom 15. Oktober 1801 auch deutlich zum Ausdruck gebracht:

> »Sollten Sie die Güte haben wollen, diesen Punkt, der Ihnen nicht entgehen kann, zu bedenken; und zugleich zu bedenken, wie es zuging, daß Sie ihn übersahen – (nemlich weil Sie an das Absolute unmittelbar mit Ihrem Denken gingen, ohne sich auf Ihr Denken, und daß es wohl nur dieses seyn möchte, was durch seine eignen immanenten Gesetze Ihnen unter der Hand das Absolute *formirte*, zu erinnern) – so würden Sie den wahren Idealismus bald kennen lernen, und einsehen, wie Sie mich fortdauernd misverstehen.«[51]

Wie recht Fichte hatte, zeigt die genauere Analyse der von Schelling gewählten Beschreibungsmittel des Absoluten. Insbesondere drei Termini werden von ihm herangezogen: Vernunft, Identität und Indifferenz. Ihr Gebrauch ist nicht eindeutig festgelegt, vielmehr werden die Begriffe oft synonym verwendet, wenngleich unterschiedliche Bedeutungen anklingen.

Mit dem Begriff »Vernunft« zeigt Schelling an, dass er sein System als absoluten Rationalismus verstanden wissen will, dass er einen begrifflichen und nicht etwa einen ästhetischen oder emotionalen Zugang zum Absoluten sucht. Dies verbindet Schelling mit den anderen idealistischen Denkern, Fichte und Hegel, unterscheidet ihn aber gleichzeitig von den Romantikern wie auch von Hölderlin. Wiewohl mit dem Begriff »Vernunft« jeglicher Anklang an nur Subjektives eliminiert werden soll, ist doch schwerlich zu sehen, wie dies gelingen kann, da die Vernunft aus der subjektiven Sphäre stammt. Selbst wenn man das unvermeidliche Defizit der Nomenklatur konzediert, so weist doch die Bedeutung des Begriffs auf eine sachliche Konstellation, die

Schelling auch zur Lösung seines Hauptproblems, der Deduktion der relativen Einheiten aus der absoluten, heranzieht. Vernunft ist ein Vermögen der Erkenntnis, und zwar der Selbsterkenntnis. Hierzu muss sie sich in sich selbst in ein Objekt und in ein Subjekt spalten, welche dennoch eine Einheit bilden. Mag auch der Vorgang der Selbstdifferenzierung im Vollzug der Selbsterkenntnis zur Erklärung des Hervorgangs der Vielheit – des Objektiven und Subjektiven – dienen, so bleibt doch die Frage, als was das Absolute an sich auftritt, da es ja weder einseitig Objekt noch einseitig Subjekt sein kann. Ist es als differenzlose Einheit oder als in sich differente Totalität zu fassen?

Der zweite Begriff, der dem Konzept der »Identitätsphilosophie« den Namen gegeben hat, erklärt sich aus der Opposition zum Begriff »Differenz«. Er will anzeigen, dass der höchste Punkt, das Absolute, keine Differenz von Objektivem und Subjektivem kennt, sondern ausschließlich ihre absolute Identität: Objekt und Subjekt sind wesensgleich. Das höchste Gesetz ist somit der Satz der Identität. Allerdings verkennt diese Argumentation, dass Identität als Korrelatbegriff zu Differenz genau wie Einheit in Korrelation zu Vielheit nur eines der beiden Relata bezeichnet und daher nicht qualifiziert ist, den höchsten Standpunkt auszudrücken.

Beim Versuch einer strukturellen Beschreibung des Absoluten taucht der Begriff »Indifferenz« auf, der ebenfalls Bezug nimmt auf »Differenz«, indem er das noch nicht in die Differenz Auseinandergetretene meint, das, was noch nicht Objekt oder Subjekt ist und doch das eine wie das andere. Auch dieser Begriff ist ein Kontrastbegriff und somit ein einseitiges Relat zu dem anderen Relat »Differenz«.

2. Die Frage nach der Ableitung der relativen Einheiten aus der absoluten Einheit wirft vorgängig die Frage nach ihrem grundsätzlichen Verhältnis zueinander auf. Drei Möglichkeiten bieten sich an, von denen die eine Alternative die Kontroverse zwischen Schelling und Fichte bezeichnet, die andere die zwischen Schelling und Hegel.

Wenn Schelling in einem Brief an Fichte vom 24. Mai 1801 sagt: »Es wird offenbar, daß Alles wirklich nur in demselben lebt und webt, und in welchem hohen Sinne alles = Ich und nur = Ich seye«,[52] so verkehrt er damit in raffinierter Weise die fichtesche Position, die ausgeht von Ich = Alles. Während für Fichte alles in der Natur auf das Ich zurückgeführt wird, das damit den Status des Absoluten erhält, folglich alles im Ich ist, vertritt Schelling die Position, dass das Ich (Vernunft) in allem, sowohl im Natürlichen wie im Geistigen, vorliegt und deren gemeinsames, identisches Wesen ausmacht, so dass die Sphäre der Natur und des Geistes lediglich Spezifikationen oder interne Modifikationen des Ich sind. Ist die Fichtesche Position zweigliedrig, ein Verhältnis zwischen Ichbewusstsein im Status des Absoluten und der

Natur oder, anders formuliert, ein Ichbewusstsein mit Implikation des Wissens von der Natur (Transzendentalphilosophie inklusive Naturphilosophie), so lässt die schellingsche Position eine Dreigliedrigkeit zu, nämlich das Verhältnis

Absolutes
(Identitätsphilosophie)

↙ ↘

Natur (Naturphilosophie) | Geist (Geistphilosophie)

Angesichts der triadischen Struktur gilt es noch zu entscheiden zwischen einer solchen, die das Absolute jenseits der Differenten Natur und Geist ansetzt, und einer, die es in ihnen annimmt und sie in ihm. Bleibt das Absolute im ersten Falle ein den erscheinenden Differenten gegenüber Eigenständiges, so geht es im zweiten Falle gänzlich in ihnen auf wie umgekehrt sie in ihm. Da das Absolute mit der Vernunft bzw. dem Selbstbewusstsein identifiziert wird, hat man die Wahl zwischen einem Modell, welches das Verhältnis zwischen dem Absoluten und den Differenten als das von unexpliziertem Systemgrund zu explizitem System unterstellt (Systemexplikation), oder einem, das das Ganze, die Totalität, mit dem Selbstbewusstsein identifiziert und seine Explikation in Form einer Kreisbewegung über die Stationen von Natur und Geist annimmt. Während sich Hegel eindeutig für das zweite Modell entscheidet, das durchgängig rationalistisch ist, votiert Schelling für das erste, womit in das rationalistische Programm aufgrund des Ansatzes eines transzendenten Absoluten ein nichtrationales Moment gelangt.

Stimmen die idealistischen Konzepte trotz ihrer Divergenzen in dem Grundansatz einer Selbsterkenntnis der Vernunft überein, aus der sich Objekt und Subjekt, Natur und Geist herleiten, so ist doch Schelling, was die Art und Weise der Herleitung betrifft, einen eigenen Weg gegangen, den der quantitativen Differenz. Da die qualitative Wesensgleichheit der Vernunft in allen Dingen gewahrt bleiben muss, kann die Differenz nur eine quantitative sein. Das Seiende wird unter der Form der quantitativen Differenz betrachtet, und zwar so, dass sich durch unterschiedliche Gewichtung, sei es des objektiven, sei es des subjektiven Moments der absoluten Einheit, die Vielfalt der Natur- und Geistphänomene – von Schelling »Potenzen« genannt – ergibt. Durch Überwiegen des objektiven oder des subjektiven Faktors der stets beide Faktoren umfassenden Einheit lässt sich in gradueller Abstufung die Gesamtheit möglichen Seins in Natur und Geistesleben gewinnen.

Die Ableitung der verschiedenen Potenzen wird von Schelling so gedacht, dass auf jeder Deduktionsstufe die Glieder von Natur- und Geistphilosophie einander entsprechen, d. h. in dem Maße, wie auf seiten der Naturphilosophie der objektive Faktor überwiegt, überwiegt auf seiten der Geistphilosophie der subjektive, so dass sich beide Reihen ausgleichen, sozusagen indifferenzieren. Das explizierte System verhält sich in seiner Totalität zum unexplizierten indifferenten Systemgrund wie ein harmonisch ausgeglichenes, dessen Reihen sich wechselweise aufheben. Wie die Indifferenz des Systemgrundes an sich besteht, so ist auch das Gleichgewicht des entwickelten Systems das einzige, was an sich besteht: die absolute Indifferenz in ihrer entwickelten Form. Die absolute Indifferenz ist nicht nur in einem Punkt anzutreffen, sondern durchzieht das Gesamtsystem. Neu an Schellings Philosophieentwurf ist nicht die These, dass im letzten Grunde Alles Eines ist, sondern wie diese Einheit sich auf jeder Stufe durchhält und herstellt, nämlich durch Indifferenzierung der differenten Reihen, da es keine reale Potenz ohne die ideale Gegenpotenz gibt und umgekehrt.

Schematisch hat Schelling das Weltsystem in seiner Schrift *Darstellung meines Systems der Philosophie*[53] durch das Bild einer geraden Linie wiedergegeben, in deren Mittelpunkt die absolute Indifferenz (A = A) implizit waltet, während nach den Polen zu ein Übergewicht des objektiven (B) oder subjektiven (A) Faktors besteht, was durch übergeschriebene Pluszeichen symbolisiert wird.

$$\frac{\overset{+}{A} = B \quad A = \overset{+}{B}}{A = A}$$

Das Bild enthält nach rechts vom Indifferenzpunkt die Reihe der reellen Potenzen ($A = \overset{+}{B}$), nach links die der ideellen ($\overset{+}{A} = B$). Deutlicher würde die Darstellung, wenn der Indifferenzpunkt nicht durch A = A, sondern durch A = B angezeigt würde, wie dies gelegentlich bei Schelling geschieht,[54] da so beide Faktoren Berücksichtigung fänden; und noch deutlicher würde die Darstellung, wenn die Abstufung nicht durch eine einzige Reihe, sondern durch eine Vielzahl von Stufen sich steigernder, potenzierter Objektivität und Subjektivität wiedergegeben würde. So käme man zu einer Skala mit wachsenden Graden von Objektivität und Intelligenz:

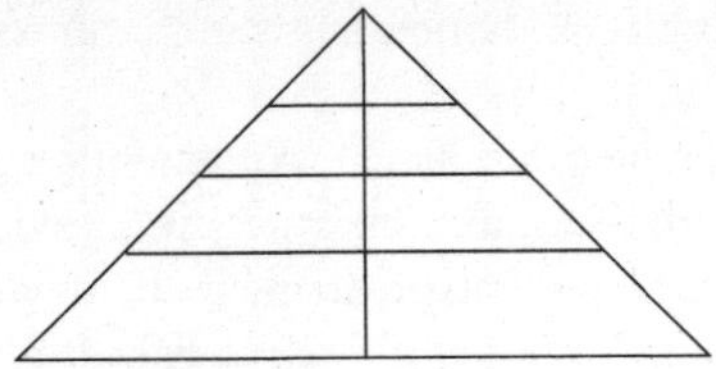

Dadurch dass jede Potenz nicht nur Glied des Gesamtsystems ist, sondern mit jeder anderen den gleichen Wesensgrund hat, zudem auch äußerlich, erscheinungsmäßig mit der ihr korrespondierenden auf derselben Stufe sich aufhebt, fungiert sie als Repräsentant und Spiegel des Ganzen unter einer je besonderen Quantifizierung und auf einer je besonderen Stufe. So lässt sich unschwer in Schellings System eine Fortsetzung und Präzisierung des Leibnizischen Monadensystems erblicken. Der Fortschritt gegenüber Leibniz besteht in der expliziten Angabe eines formalen Ableitungsprinzips, desjenigen der »quantitativen Differenz«. Während Leibniz die Seinshierarchie durch höhere oder niedere Grade der Klarheit und Deutlichkeit begründet, worin schon ein Hinweis auf ein quantitatives Prinzip liegt, findet dies bei Schelling eine explizite Artikulation. Allerdings lässt sich bei Schelling sowenig wie bei Leibniz *in concreto* die qualitative Vielfalt der Erscheinungen durch eine Reduktion auf quantitative Unterschiede verständlich machen.

3. Der dritte Fragenkomplex betrifft das Problem der Notwendigkeit oder Zufälligkeit der Selbstbetrachtung der Vernunft und folglich ihrer Selbstdiremption. Warum geht das Absolute in die Vielheit und Vielfalt von Natur und Geist ein? Warum erschafft Gott Natur und Intelligenz? Ist das Absolute wirklich vollkommen, so braucht es nicht zum Niederen, Schlechteren außer sich überzugehen, und ist es unvollkommen, so dass es seine Vollkommenheit erst über die Setzungen von Natur und Geist gewinnen muss, dann ist die Redeweise vom Absoluten, Göttlichen irritierend. Auch die Unterscheidung von Potentialität und Aktualität, von Implizitheit und Explizitheit trägt nicht weiter, da das Absolute als Potentielles, Inexplizites nicht vollkommen wäre, vielmehr seine Aktualität erst aus der expliziten Systematik, dem Vollzug der Selbstobjektivation über die diversen Stufen, gewinnen müsste. Ja, man gelangte zu der Absurdität, dass das Absolute vom Universum und Weltprozess bedingt wäre, wo es doch deren Grund sein soll. So wäre das Absolute als Primäres in seiner Aktualität bedingt durch das Sekundäre. Diese Argumentation läuft auf den bekannten Vorwurf Hegels gegenüber Schelling hinaus, dass das Vollkommenere – das Absolute – das Unvollkommenere – die Natur – sich zum Grund setze, um daraus als das Vollkommenere hervorzugehen.

Um der Schwierigkeit zu entgehen, bliebe nur das hegelsche Konzept eines einzigen, in sich bewegten, sich in sich selbst in Natur und Geist spaltenden und wieder mit sich zusammengehenden Absoluten, das sich identisch im Kreislauf erhält und mit dem Kreislauf selbst identisch ist. Das Absolute ist hier das Ganze, nur dass es am Anfang bloß als Ansichseiendes und erst am Ende als Fürsichseiendes dasteht. Es gibt Stellen in Schellings Werk, in denen eine solche Konzeption anzuklingen scheint, z. B. in den Ideen zu einer Philosophie der Natur:

> »Das Absolute expandiert sich in dem ewigen Erkenntnisakt in das Besondre nur, um in der absoluten Einbildung seiner Unendlichkeit in das Endliche selbst dieses in sich zurückzunehmen, und beides ist ihm Ein Akt.«[55]

Nach der anderen Seite jedoch steht diesem Konzept der Ansatz einer Transzendenz des Absoluten entgegen, wonach dieses nicht in der Immanenz des Prozesses der Selbstdifferenzierung aufgeht. Schellings Ausführungen zu diesem Punkt sind nicht bis zur letzten Durchsichtigkeit geklärt.

e) Konsequenz

Das wiedererwachte Interesse an der schellingschen Philosophie wurde eingangs mit der organizistisch-ökologischen Ausrichtung der Gegenwart begründet, die nach Vorbildern und Orientierungshilfen für eine nicht nur dem Ich konfrontierte, entfremdete Natur, sondern eine mit ihm vereinte Ausschau hält. Diese Erwartung erfüllt das schellingsche Philosophiekonzept, indem alles, was ist, gehöre es dem Bereich der Natur oder dem der Intelligenz an, seinem Wesen nach, d. h. an sich, identisch ist, unterschieden nur hinsichtlich seiner Erscheinungsweise nach dem Prinzip der Quantität. Begründet wird diese Wesensgleichheit alles Seienden im natürlichen wie geistigen Bereich durch die gemeinsame Herkunft aus dem Absoluten. Schelling entwirft das großartige Bild einer allumfassenden Philosophie, die alle Bereiche der Natur und des Geistes als Ableitungs- und Modifikationsstufen der einen Grundidee, der Einheit und Identität von Objektivem und Subjektivem, umfasst. Die Ableitung freilich ist kein Indiz für eine Ursprungs- oder Emanationsphilosophie, vielmehr handelt es sich um den selbstreferentiellen Prozess der Selbsterkenntnis und Selbstobjektivation des Absoluten durch alle Stufen der Objektivation in Natur und Geist hindurch. Trotz seiner absteigenden Dialektik in der Differenzierung bleibt der Prozess zurückgebunden an das Absolute, womit er Ähnlichkeit zeigt mit den neuplatonischen Systemen. Ob der Prozess des

Zusichkommens des Absoluten im idealistischen Sinne als Selbstexplikation oder im realistischen Sinne als Ontogenese aufzufassen ist, muss dahingestellt bleiben.

2. Emotionale Variante: Novalis' romantische Naturauffassung

a) Der Begriff Romantik

Die emotionale Variante der organizistischen Naturauffassung finden wir in der Romantik. Anstelle wissenschaftlicher Naturerkenntnis wie überhaupt eines logisch-rationalen Zugangs zur Natur begegnen wir hier einem sentimentalen Zugang, der sich in Naturgefühl, Naturempfinden bekundet und bis hin zu Naturschwärmerei, Naturpoetisierung und -mythologisierung reicht.

Das Wort »Romantik« gebrauchen wir in zweierlei Sinne, in einem engeren und in einem weiteren. Im engeren, spezifischen Sinne bezeichnet es jene Geistes- und Kulturhaltung des ausgehenden 18. und des beginnenden 19. Jahrhunderts, die sich insbesondere in Dichtung, Literatur, Malerei und Musik niederschlägt, aber auch – wenngleich dies im Bewusstsein weniger verankert ist – in Philosophie, Wissenschaft und Politik. Ihre Hauptvertreter – um nur einige zu nennen – sind die Dichter Wilhelm Heinrich Wackenroder, Ludwig Tieck, Novalis (Friedrich von Hardenberg), Clemens Brentano, Achim von Arnim, Joseph von Eichendorff, die Maler Caspar David Friedrich, Philipp Otto Runge, Peter von Cornelius, die Musiker Franz Schubert und Carl Maria von Weber, die Literaten Friedrich und August Wilhelm Schlegel. Philosophisch übten die Lehren Fichtes und Schellings, vor allem die des letzteren, nachhaltigen Einfluss auf die Romantik aus und bildeten quasi ihren Unterbau.

Literaturwissenschaftler[56] pflegen diese Epoche in eine Früh- und Spätphase einzuteilen, gelegentlich auch in drei Phasen,[57] so dass dann von einer Frühromantik (1798–1802), Hochromantik (1802–1816) und Spätromantik (1816–1830) gesprochen wird. Die Einteilung ergibt sich nach äußeren Kriterien, die aber gleichzeitig mit Entwicklungen und inneren Wandlungen zusammenhängen. So bezeichnet z. B. das Jahr 1802 die Auflösung des frühromantischen Jenaer Kreises durch den Weggang Friedrich Schlegels nach Paris, das Jahr 1816 ungefähr den Zeitpunkt, an dem, bedingt durch die Enttäuschung der liberalen Konstitutionshoffnungen, der große europäische Kampf des Liberalismus und Legitimismus beginnt, und das Jahr 1830 die französische Juli-Revolution mit ihrem Umschwung zu liberalen Bestrebungen. Wenn sich die Frühromantik durch einen übersteigerten Subjektivismus kennzeichnen lässt und damit Tendenzen der Sturm-und-Drang-Bewegung aufnimmt, so ist die Hochromantik um einen Ausgleich mit objektiven Tendenzen bemüht, während die Spätromantik durch Konservierungs- und Erstarrungserscheinungen gekennzeichnet ist, wobei bereits eine Auflösung und Wandlung des Romantikbegriffs hin zum Realismus sichtbar wird. In dieser Dreiteilung dokumentiert sich die generelle Erfahrung von Aufstieg, Blüte und Verfall. – Im weiten und allgemeinen Sinne bezeichnen wir mit dem Wort »Romantik« eine Geistes- und Gemütshaltung, die unabhängig von Epochen, Kulturen und Individuen ist und ein allgemein menschliches, tiefenpsychologisch begründetes Phänomen darstellt. Es tritt mehr oder weniger markant je nach Veranlagung in jedem menschlichen Leben und zu verschiedenen Zeiten, speziell im bewegten jugendlichen Gemüt auf.[58] In diesem Sinne sprechen wir von romantischen und weniger romantischen Naturen, von romantischen Lebensphasen usw. Das Verhältnis beider zueinander lässt sich dahingehend bestimmen, dass in der historischen Phase diejenigen Eigentümlichkeiten, die das romantische Wesen ausmachen, akzentuiert und stilisiert und zur allgemeinen Moderichtung erklärt wurden. Phänomene, die sonst vereinzelt auftreten, wurden hier gleichsam gebündelt, literarisch und künstlerisch zum Ausdruck gebracht.

Versucht man eine Charakteristik des Epochen- und Stilphänomens »Romantik«, so trifft man auf eine Reihe immer wiederkehrender, typischer Merkmale, die meist nur aufgereiht werden in der Hoffnung, dass sie sich von selbst zu einem Gesamtbild fügen. Als dominante Merkmale gehören hierher der Unendlichkeitsbegriff und die mit ihm verbundene, für die Romantik geradezu unverzichtbar gewordene Unendlichkeitssehnsucht, die ohne Ziel und Anhalt, ohne Grenze und Richtung ins Weite geht. In der Dichtung finden sie ihren prägnanten Ausdruck im Symbol der »blauen Blume« aus Novalis' Roman *Heinrich von Ofterdingen*, in der Landschaftsmalerei Caspar David Friedrichs in dem schweifenden Blick des Betrachters, der von Bergeshöhen über dunkle, wogende Wälder gleitet oder, wie in dem bekannten Rügengemälde, von der festen Klippe – dem Symbol des Endlichen – über das unendliche Meer in weite Ferne schweift. Ausdrucksträger dieses Sehnens, Schweifens und Strebens ins Unendlich-Unbestimmte sind die immer wiederkehrenden Naturbilder des Stromes, der ziehenden Wolken, des Sturmbrausens, des Meeresrauschens u. ä. Zu den Metaphern, die die Aufhebung aller festen Grenzen, die Auflösung alles Bestimmten, Konturierten zum Ausdruck bringen, gehören vorzüglich die Nacht und Dämmerung, auch das Flackernde, nicht selten Gespenstische, zuckende Blitze, die den nächtlichen Himmel erleuchten, Konturen hervortreten und im nächsten Moment wieder im Dunkel verschwinden lassen. – Ein zweiter wichtiger Themen-, Bilder- und Symbolkomplex ist die Organismusvorstellung: Die gesamte Natur ist beseelt, belebt, fühlt und empfindet. Selbst das Anorganische wird nicht ausgelassen. Nicht nur Menschen, Tiere und Pflanzen, selbst Steine, die Elemente: Erde, Wasser, Luft und Feuer haben Gefühl und Sprache, stehen sowohl untereinander wie mit dem Menschen in einer Ich-Du-Beziehung. Alles ist durchdrungen von einer Melodie, einem Rauschen und Wogen. Alles ist eins und hat teil am ewigen wogenden Leben des Kosmos. Der alles einigenden kosmischen Kraft entspricht eine allgemeine Sympathetik, wie überhaupt der Appell an Gefühle, Stimmungen, Regungen als ein Medium, diese Einheit zu erfahren, eine symptomatische Ausdrucksform der Romantik ist. Zu beobachten ist ferner, dass das romantische Grunderlebnis vom Einssein, von der Verbindung und Verschmelzung, der Aufhebung aller festen, endlichen Formen, des Ineinander-Fließens der Konturen, gattungspoetisch seinen prägnantesten Ausdruck im Märchen, in der Traum- und Phantasiewelt hat. Hier ist die magische Einbildungskraft frei von allen Bindungen in Raum und Zeit, frei von allen Begrenzungen der Tatsächlichkeit. Demselben Zweck, alles in der Schwebe zu lassen, dient auch das Stilmittel der romantischen Ironie, die eine Art der Distanzierung und Selbstaufhebung ist. Die Romantik befasst sich nicht so sehr mit dem Hier und Jetzt der sichtbaren, hellen, klaren Tages- und Verstandeswelt; ihre Welt ist vielmehr die in der Tiefe des Fühlens und Erlebens erschlossene jenseitige Welt, die Welt der Nacht, des Todes, des Unbewussten. Das romantische Naturerleben, das wegen der mehrfach betonten Aufhebung aller Grenzen ein synästhetisches ist, kommt nirgends schöner zum Ausdruck als in dem Vers Tiecks:

> »Mondbeglänzte Zaubernacht, Die den Sinn gefangen hält, Wundervolle Märchenwelt, Steig' auf in der alten Pracht!«[59]

Die vorgenannten Merkmale lassen sich noch um viele vermehren. So darf der Begriff der Individualität ebenso wenig fehlen wie der der Geschichtlichkeit, der den Rückblick in alte versunkene Zeiten, in ferne Vergangenheiten wie auch den Vorblick in die ferne Zukunft beinhaltet. Es ist bekannt, dass sich die Romantiker mit dem Sammeln alter Märchen und Volkslieder befassten, ebenso, dass sie es waren, die sich erstmals orientalischen Studien zuwandten und durch ihre nachfühlenden und nacherlebenden Übersetzungen oder Nachdichtungen die Welt Shakespeares, Calderóns, Dantes und Petrarcas für das Deutsche erschlossen.

Angesichts der Fülle von Bestimmungen, ihrer Diversität und Heterogenität neigen nicht wenige Forscher zu der Ansicht, dass eine Wesensbestimmung der Romantik im Sinne einer scharf konturierten Charakterisierung unmöglich sei und der romantischen Tendenz nach Auflösung, Vermischung und Unbestimmtheit widerspreche.[60] Ein Symptom für diesen Charakter ist auch die Unabgeschlossenheit und der Abbruch, das Fragmentarische vieler romantischer Werke.

Ungeachtet der Skepsis gegenüber einer generellen Wesensbestimmung soll der Versuch gemacht werden, die Romantik, insbesondere ihre Naturauffassung, von ihrer Weltanschauung her aufzuschlüsseln, wie sie sich vor allem in der Dichtung bekundet, auch wenn Details dabei zurücktreten müssen und Eigentümlichkeiten der dichterischen Persönlichkeiten unberücksichtigt bleiben. Die Explikation soll unter drei Aspekten erfolgen: *erstens* unter einem metaphysisch-ontologischen, *zweitens* unter einem epistemologischen und *drittens* unter einem sittlich-moralischen. Allerdings wird sich herausstellen, dass diese Scheidung eine künstliche ist und das Wesen der Romantik gerade in der Aufhebung der Grenzziehung besteht.

b) Der metaphysische Aspekt der Natur

Für die romantische Naturauffassung, sofern ihre objektive, metaphysische Seite gemeint ist, sind zwei Begriffe konstitutiv: Unendlichkeit und Organizität. Sie laufen zusammen in dem Begriff des »dynamischen Organizismus«,[61] der besonders in der angelsächsischen Literatur geläufig ist. Es sind vor allem die Arbeiten von Arthur O. Lovejoy,[62] René Wellek[63] und Morse Peckham[64] gewesen, die die Begriffe von Organizismus, Dynamismus und Diversitarismus zur Charakteristik der romantischen Naturauffassung herangezogen haben. Seitdem sind diese Kriterien in der angelsächsischen Literatur fast geläufiger als in der deutschen, wenngleich auch hier Arbeiten zur organischen Auffassung der Natur in der Romantik nicht fehlen.[65]

Das Organische ist für die romantische Naturauffassung derart konstitutiv, dass ein bestimmter Organismus, nämlich der Baum, und zwar die deutsche Eiche, geradezu zum Symbol der romantischen Naturauffassung avanciert ist. Dieselbe Funktion nimmt auch der Wald ein, wie er aus Eichendorffs Erzählungen und Gedichten und aus Caspar David Friedrichs Bildern bekannt ist und ein ständig wiederkehrendes Motiv in Literatur und Malerei bildet. Mit ihrer organischen Naturauffassung setzt sich die Romantik entschieden von der mathematisch-physikalischen, insbesondere der mechanistischen ab, als deren Symbol die Maschine, speziell die Uhr, gilt. Es gibt wohl keine zweite Epoche der Geistesgeschichte, die in so dezidierter Opposition zum mechanistischen Welt- und Naturbild steht wie die Romantik. Aus diesem Grunde lässt sich ihre Naturkonzeption am besten negativ zu jener definieren.

Während an der mechanistischen Naturauffassung drei Merkmale hervorstechen: *erstens* Geschlossenheit, *zweitens* Statik und *drittens* Uniformität, fallen an der romantischen im Gegensatz dazu die Begriffe *erstens* der Offenheit, *zweitens* der Dynamik und *drittens* der Individualität auf. – Die Maschine verkörpert ein geschlossenes System, das sich als selbstständig funktionierendes Gebilde von seiner Umwelt abhebt. Von einer Wechselbeziehung mit der Umgebung wird, so weit möglich, abstrahiert. Ein in derselben Weise vorgestelltes Universum (Natur) erscheint als ein autarkes, suisuffizientes, in sich geschlossenes System, das von Anfang an alle Möglichkeiten realisiert hat, zumindest indirekt, so dass es zu keiner Änderung, Entwicklung oder Evolution genötigt ist. Es repräsentiert ein statisches, nicht ein dynamisches Ganzes. Die so vorgestellte Natur liegt von Anfang an als vollendete vor. Wenn wir gelegentlich an der als Maschine aufgefassten Natur gewisse Dinge und Funktionsweisen nicht verstehen, so geht dies auf das Konto unserer endlichen, beschränkten Fassungskraft, keinesfalls wird es der Natur selbst angelastet. Da die Maschine eine Konstruktion aus Einzelteilen ist, die äußerlich zusammengefügt sind, werden diese nach ihrer Fähigkeit beurteilt, sich in Gang und Funktion anzupassen und ersetzbar zu sein durch gleichförmige, die nach demselben Schema verfertigt sind. Von ihnen wird Uniformität, nicht Originalität oder Individualität verlangt. Außerdem bestimmt sich die Maschine von den Teilen, nicht vom Ganzen her, was bedeutet, dass diese nicht innerlich zusammengehören, sondern äußerlich zusammengesetzt sind. Dass dies gleichwohl nach einem apriorischen Plan geschieht, wird in den Hintergrund gedrängt. Geschlossenheit, Vollendetheit (Statik) und Uniformität sind die Rationalitätskriterien dieser Konzeption.

Hiervon unterscheidet sich die Romantik grundsätzlich durch ihre Orientierung am Organischen und an dessen Funktionsweisen und Wachstumsprozessen. Der einzelne Organismus ist eingebettet in eine Umgebung, mit der er in einem lebendigen, regen, interaktiven Austausch steht und gegen die er sich immer wieder als autopoietisches System behaupten muss. Aufgrund dieser Wechselbeziehung ist er kein geschlossenes, sondern ein offenes System, das sich ständig anpassen und neuen Lebenslagen und Umweltverhältnissen einfügen muss. Wie alles Lebendige, das wächst, gedeiht, sich verändert und vergeht, befindet es sich in einem ständigen, unaufhebbaren Prozess qualitativer Umwandlung, Entwicklung und Evolution. Dynamik, Prozessualität bestimmen dieses Weltbild, nicht Statik. In der Romantik tritt an die Stelle der Philosophie des Seins die Philosophie des Werdens. Die alten Werte der Geschlossenheit, Perfektion, Statik und Uniformität werden abgelöst durch die neuen der Offenheit, Unabgeschlossenheit, Prozessualität, Diversität. Als Letztes gehört hierher auch noch das Kriterium der Individualität, das mit dem Organismusbegriff aufs Engste verbunden ist; denn nicht nur ein einzelner Organismus, sondern auch jeder seiner Teile ist eine einmalige, singuläre, nicht ohne weiteres austauschbare Identität, kurzum ein Individuum. Nicht Uniformität ist hier das Gestaltungsprinzip, sondern Individualität und Originalität.

Neben der Organismusvorstellung und ihrer Dynamik ist das entscheidende Novum die Akzentuierung der Unendlichkeit, die sich im unendlichen Lebens- und Gestaltungsprozess und in der Vorläufigkeit jedes Entwicklungsstadiums widerspiegelt. Die Erfahrung der Geschichtlichkeit, die ein neues Geschichtsbewusstsein mit sich bringt und sich historisch in der Hinwendung zur fernen Vergangenheit, kulturell in der Hinwendung zum Fremdartigen, Orientalischen dokumentiert, wird hier auf die Natur appliziert. Es bedeutet in der Tat eine Revolution des europäischen Geistes, wenn jetzt an die Stelle des fertigen, vollendeten Kosmos der offene, unendliche Naturprozess, die Naturgeschichte, tritt.

Das Unendliche begegnet in zweierlei Gestalt, zum einen als immanentes Moment der Wirklichkeit, zum anderen als transzendentes; es markiert damit zugleich die beiden in der Romantik prinzipiell möglichen Einstellungen: die »*Romantik der Innigkeit*« und die »*Romantik der Sehnsucht*«,[66] Im ersten Falle äußert es sich als fließendes Leben, als unendlicher Bildungs- und Gestaltungsprozess, der immer neue Formen hervortreibt, die den Keim ihres Untergangs schon in sich tragen und über sich hinausweisen zu anderen Formen, für die dasselbe gilt und so *in infinitum*. Hinter diesem ewigen Prozess von Begrenzung und Entgrenzung steht Fichtes Theorie des Strebens. Jede Verendlichung wird aufgehoben und überschritten, indem zu einer neuen endlichen Gestalt übergegangen wird, der dasselbe begegnet, und dies in einem unabschließbaren Prozess. Keine Form ist endgültig; die Wirklichkeit bildet eine unendliche Kette von Gestalten. – Im zweiten Falle erschöpft sich das Unendliche nicht im Lebens- und Gestaltungsprozess, sondern bleibt diesem transzendent. Das Endliche weist über sich hinaus ins Unendliche. Letzteres bildet das ferne, unerreichbare Ziel jedes Sehnens und Strebens, jeder unerfüllbaren Hoffnung. In der Dichtung findet es seinen symbolischen Ausdruck in der »blauen Blume« aus Novalis' Roman *Heinrich von Ofterdingen*. Diese blaue Blume, die im Traum erscheint und mit der sich ein Mädchengesicht verbindet, ist im Leben entrückt.[67]

In diesen beiden Unendlichkeitsvorstellungen bekunden sich zugleich zwei verschiedene metaphysische Ansichten, die pantheistische und die theistische. Beide Male wird die Natur als heilig und göttlich betrachtet. Während sie jedoch nach pantheistischer Ansicht das Göttliche selbst ist, mit diesem zusammenfällt, bleibt sie nach theistischer Einstellung vom Göttlichen verschieden und getrennt, ist nur dessen Hülle und Umkleidung. Für beide Positionen stellt die Natur ein allbeseeltes, allbelebtes, organisches Ganzes dar, nur mit dem Unterschied, dass im einen Falle das beseelende Prinzip seinem Wirkungsbereich immanent, im anderen emmanent ist. Obgleich die Trennungslinie nicht immer scharf verläuft, könnte man der ersteren Kategorie Schelling, den frühen Schlegel, Hölderlin und Novalis zurechnen, der zweiten den späten Schlegel (etwa ab 1806), Schleiermacher, Baader und den späten Görres.

Wenngleich die Organismusvorstellung auch andere Epochen maßgeblich bestimmt hat, z. B. die Klassik, so besteht doch eine wesentliche Differenz gegenüber der Romantik. Diese kann man sich am besten anhand des Verhältnisses der beiden Strukturmomente der Organizität zueinander verdeutlichen: der endlichen Wirklichkeit und der sie organisierenden und strukturierenden immateriellen, geistigen Idee, die zugleich Träger des Unendlichen ist. In der Klassik wird das Verhältnis als ein ruhiges, ausgeglichenes gedacht. Idee und Wirklichkeit sind aufeinander bezogen und miteinander in Einklang gebracht; die Idee ist in die Wirklichkeit getreten und hat ihr ihre Form mitgeteilt. Das durch sie strukturierte Weltganze ist der organisierte und als solcher vollendete Kosmos. Anders in der Romantik, in der die Idee als das in der Wirklichkeit wirkende, unruhige Moment gedacht wird, das über jede feste Gestalt hinausweist und das überhaupt jenseits jeder Weltgestaltung liegt. Hier schafft die Idee keine definitive Gestalt, sondern löst jede geschaffene wieder auf, genauso wie sie durch Beziehung der Wirklichkeit auf die Transzendenz die Erstere idealisiert. Für die Romantik steht die Unrealisierbarkeit der Idee und die damit verbundene unendliche Bewegtheit im Vordergrund, die sich in Auflösungserscheinungen dokumentiert. Die Unendlichkeitsvorstellung ist für die romantische Einstellung derart symptomatisch, dass Schleiermacher von einem eigenen »Sinn« und »Gefühl des Unendlichen«[68] oder auch von einem auf das Unendliche gerichteten »Trieb anzuschauen«[69] oder einer »Sehnsucht nach dem Unendlichen, nach dem Einen in Allem«[70] gesprochen hat.

Eine geistesgeschichtliche Deutung dieser romantischen Unendlichkeitsposition hat Friedrich Schlegel zu geben versucht, indem er sie mit der klassisch-griechischen Antike und dem die »Moderne« einleitenden Christentum vergleicht. Die griechische Antike war nach Schlegel die einmalige, unwiederholbare geschichtliche Situation, in der sich ein Gleichgewicht von Natur und Geist realisiert hatte. Hingegeben an das Diesseits und aufgegangen in ihm, war der antike Mensch durch eine »naive« Geborgenheit in der Natur und Endlichkeit bestimmt. Das Unendliche war noch nicht in seinen Gesichtskreis getreten und noch nicht als Beunruhigendes aufgetaucht. Dies änderte sich erst mit dem Christentum, mit dem das Unendliche in den Gesichtskreis des Menschen trat und die ursprüngliche Harmonie von Natur und Geist, Endlichem und Unendlichem zerbrach. Der Geist erwachte zum Bewusstsein seiner Unbedingtheit und trat in Gegensatz zur Natur. Das von nun an zu suchen aufgegebene göttliche Absolute, das alles Gegebene überschreitet, wurde zum Ziel unendlichen Sehnens. Aus dieser ursprünglichen christlichen Erfahrung des Unendlichen heraus ist die Romantik zu verstehen, gleichgültig, in welcher Form das Unendliche auftritt. Von hier erklärt sich auch, dass die romantische Naturauffassung religiöse Implikationen hat, ja, dass sie letztlich Naturreligion ist, der die Offenbarung des Unendlichen zukommt. Die emphatische Naturzuwendung ist immer auch religiös und mystisch motiviert.

Wurde bisher nur die Außenseite der organischen Struktur einschließlich ihres Verhältnisses zum Unendlichen beschrieben, so steht die Charakteristik der Internstruktur noch aus, sofern sich hierüber überhaupt Äußerungen finden. Die Romantik knüpft diesbezüglich an bekannte, populäre philosophische Theorien und Vorstellungen an, etwa an platonisch-neuplatonische, magische, kabbalistische wie auch an Leibnizsche. So klingt gelegentlich die Makro-Mikrokosmos-Analogie an: Himmel, Erde und Mensch werden in Verbindung gebracht, und zwar *per analogiam*: Dasselbe, was die Planetenbahnen bestimmt, waltet auch auf Erden und in der Seele des Menschen. Eines ist Spiegel und Abbild des Anderen. Ein Beispiel hierfür bieten die Verse Tiecks aus dem *Leben und Tod der heiligen Genoveva*:

»Was in den Himmelskreisen sich bewegt,
Das muß auch bildlich auf der Erde walten,
Das wird auch in des Menschen Brust erregt,
  Natur kann nichts in engen Grenzen halten,
Ein Blitz, der aufwärts aus dem Centro dringet,
Er spiegelt sich in jeglichen Gestalten,
  Und sich Gestirn und Mensch und Erde schwinget
Gleichmäßig fort und eins des andern Spiegel,
Der Ton durch alle Kreaturen klinget.
  Drum wer die Weisheit kennt, kennt keinen Zügel,
Er sieht die ganze Welt in jedem Zeichen,
Zur Sternenwelt trägt ihn der kühne Flügel.«[71]

Während hier vor allem von äußerlicher Spiegelung und Abbildung die Rede ist unter Heranziehung von Vorstellungen wie Erregung, Mitschwingen, Korrespondenz und Zeichenanalogie, geht Novalis mit seinen Anklängen an die leibnizische Monadologie im *Heinrich von Ofterdingen* weiter. Nach Leibniz sollte jede Einzelmonade nicht nur das Ganze äußerlich spiegeln, sondern auf bestimmte Weise das Ganze sein. Jeder Teil des organischen Ganzen sollte selber Ganzheitsstruktur aufweisen, mithin ein Ganzes aus Teilen darstellen und diese auch wieder usf. Eben diese Vorstellung kommt mehrfach im *Heinrich von Ofterdingen* zum Tragen, einmal im Gespräch des Dichters Heinrich mit Sylvester:

> »‚Das Weltall zerfällt in unendliche, immer von größern Welten wieder befasste Welten. Alle Sinne sind am Ende Ein Sinn. Ein Sinn führt wie Eine Welt allmählich zu allen Welten. Aber alles hat seine Zeit, und seine Weise. Nur die Person des Weltalls vermag das Verhältnis unsrer Welt einzusehn. Es ist schwer zu sagen, ob wir innerhalb der sinnlichen Schranken unsers Körpers wirklich unsre Welt mit neuen Welten, unsre Sinne mit neuen Sinnen vermehren können, oder ob jeder Zuwachs unsrer Erkenntnis, jede neu erworbene Fähigkeit nur zur Ausbildung unsers gegenwärtigen Weltsinns zu rechen ist.‘
> ‚Vielleicht ist beides Eins‘, sagte Heinrich«,[72]

zum anderen in den Versen:

> »Eins in allem und alles im Einen
> Gottes Bild auf Kräutern und Steinen
> Gottes Geist in Menschen und Tieren,
> Dies muss man sich zu Gemüte führen.
> Keine Ordnung mehr nach Raum und Zeit
> Hier Zukunft in der Vergangenheit«[73]

und:

> »Ein jeder lebt in Allen,
> Und All' in Jedem auch.
> *Ein* Herz wird in euch wallen,
> Von Einem Lebenshauch.«[74]

In dem Gedicht *Eins in allem* sind ebenfalls Anklänge an Jacob Böhme und Johann Baptist van Helmont bemerkt worden.[75] Unübersehbar spielen auch gnostische, theosophische und mystische Vorstellungen hinein wie der Gedanke der Allgegenwart und Sichtbarwerdung Gottes in der Schöpfung. Und auch Leibniz' Monadologie klingt an, wenngleich zu beachten ist, dass Leibniz begrifflich argumentiert, Novalis dichterisch, sinnlich-bildhaft verfährt.

c) Der erkenntnistheoretische Aspekt der Natur

Das eigentlich Revolutionäre der romantischen Naturauffassung betrifft nicht so sehr den objektiven, metaphysischen Aspekt, der sich als dynamischer Organizismus zwar von früheren organismischen Vorstellungen statischer Art absetzt, aber grundsätzlich wie sie am Modell des Organischen orientiert bleibt, das Revolutionäre liegt vielmehr im »subjektiven« Zugang zu dieser Natur, der in der emotionalen Sphäre: in Gefühl, Stimmung, Empfindung, Ahnung usw. gesucht wird. Naturerfahrung ist nicht länger mehr an das abstrakte Denken über die Natur gebunden, wie es in der Naturwissenschaft zum Ausdruck kommt, sondern tritt als Naturerleben, Naturempfinden, Naturgefühl, nicht selten auch als Naturschwärmerei und -mystik auf und findet ihren adäquatesten Niederschlag in der Naturpoesie und Musik. Appelliert wird nicht mehr an den sezierenden analytischen Verstand, sondern an ganzheitliche Erfahrungsweisen, wie sie in den epistemischen Vermögen der Anschauung (Intuition) und Phantasie (Imagination), tiefergehend in den emotionalen Vermögen des Gefühls, der Stimmung, der Befindlichkeit vorliegen und wie sie gesamtseelische, ja gesamtleibliche Kräfte und Erlebnisweisen mit einbeziehen. Auch das Unbewusste wird nicht ausgeschlossen, sondern bildet im Gegenteil einen wesentlichen Bestandteil des Erkenntnissubjekts, der durch Ahnung erschlossen wird.

Ihrer revolutionären Geisteshaltung ist sich die Romantik durchaus bewusst. Sie sieht sich in schärfster Opposition zur Verstandeskultur und zum Verstandesmenschen des Rationalismus. Dieser repräsentiert eine bestimmte Ausgestaltung der europäischen Logos-Philosophie. Die gesamte philosophische Tradition seit der Antike ist logoszentriert und verdient daher zu Recht den Namen einer Logos-Philosophie. Indem sich diese Philosophie in Absetzung vom Mythos herausbildete, konzentrierte sie sich auf die intellektuellen Leistungen, wie sie in den konstruktiven, operativen Handlungen des Verstandes: Begreifen, Urteilen und Schließen ihren prägnanten Ausdruck finden. Das Grundvermögen dieser Philosophie ist mithin der analysierende und synthetisierende Verstand. Selbst wo die trennende und scheidende Begrifflichkeit aufgehoben werden soll wie in der Vernunft, geschieht dies durch Hypostasierung des Verstandes. So ist Vernunft bei Hegel der vernünftig gewordene Verstand bzw. die verständige Vernunft. In diesem Vermögen werden einander opponierte Begriffe dialektisch vermittelt durch die in These, Antithese und Synthese erfolgende Teilung des Einen und Wiedervereinigung der Entzweiten zu einer neuen Einheit. Das Vorgehen aber bleibt begrifflich.

Seinen markantesten Ausdruck findet dieses Denken im mathematischnaturwissenschaftlichen, speziell im mechanistischen Denken und seiner technischen Umsetzung, so dass dieses Denken geradezu mit dem rechnenden und berechnenden, auf Nutzen abgestellten Verfügen identifiziert werden kann. Rationales Denken reduziert sich hier auf die konstruktiven Leistungen des Zählens, Messens, Rechnens und die mit ihnen einhergehenden Bestimmungen bzw. die von ihnen vorausgesetzten Begrenzungen, wie sie in »Termini« (*terminare* = begrenzen) und »Definitionen« (*finis* = Grenze) zum Ausdruck kommen. »Zahlen und Figuren« – so wird es bei Novalis heißen – sind Sinnbild dieser Welt, die Leibnizsche *ars combinatoria* ist ihre vollendete Ausgestaltung.[76]

Hiergegen wendet sich die Romantik mit Entschiedenheit. Aufgrund ihres Affronts gegen die Rationalität versteht sie sich als antirational, nicht selten sogar als irrational. Ihre Grundkategorie, die man mit Heidegger gleichsam als Existenzial ansprechen könnte, ist das alles verbindende Gefühl der Liebe. Primär an zwischenmenschlichen Verhältnissen, vor allem an der Beziehung der Geschlechter orientiert, darüber hinaus aber auch an zwischenmenschlichen Verhältnissen überhaupt, wird diese Kategorie universell ausgeweitet und auf die gesamte Natur übertragen, und zwar nicht nur auf das Verhältnis des Menschen zu dieser, sondern auch auf die Verhältnisse der Naturwesen und -gegenstände untereinander. Der ursprünglich anthropologische Begriff erhält durch diese metaphysische Weitung eine kosmische Dimension. Er wird zum *»Ontologicum«*,[77] besser zum Existenzial. Wenn es bei Kant heißt, dass ins Innere der Natur weder Beobachtung noch Zergliederung, mithin keine Verstandestätigkeit, dringt,[78] so kommt jetzt der Liebe die Aufgabe zu, das Innere der Natur zu erkunden. Nicht Verstand, wohl aber Liebe dringt ins Innere der Natur.[79]

Vorbereitet durch eine lange geistesgeschichtliche und literarische Tradition, die mit Platons Eros-Theorie im *Symposion* beginnt, durch den christlichen *agape-* und *caritas-Begriff* erweitert und religiös vertieft wurde, in der philosophischen Liebeslyrik und -dichtung der Renaissance in Nachahmung platonischer Liebestraktate eine gewichtige Rolle spielte, ebenso in der theologischen Literatur, etwa bei Thomas von Aquin in der göttlichen *amor sui* (Selbstliebe) oder bei Spinoza in der *amor Dei intellectualis quo Deus se ipsum antat* (intellektuelle Liebe Gottes, wodurch er sich selbst liebt), erfolgte im 18. Jahrhundert durch den holländischen Philosophen Franz Hemsterhuis eine philosophische Erörterung dieses Begriffs, die in einer Liebes- und Vereinigungsmetaphysik gipfelte, welche die Grundlage der idealistischen und romantischen Konzeption bildete.[80] Für unseren Kontext kommt es auf die Herausarbeitung der genuinen Strukturen dieses Phänomens an.

Liebe ist in idealistischer Interpretation zunächst einmal ein Trieb und als solcher intentional strukturiert. Er geht auf ein Objekt, das er sich anzueignen und einzuverleiben und so zu dem seinigen zu machen sucht. Hegel sagt in der *Phänomenologie des Geistes* von der Begierde, dass sie auf die Aufhebung des Anderen zielt.[81] In dieser Form ist Liebe egozentrisch. Sie schließt den Bezug auf Anderes nur insofern und insoweit ein und ist an seiner Aufrechterhaltung interessiert, wie sie ein Objekt ihrer Begierde braucht.

Dieser ichbezogenen, selbstischen Tendenz steht die andere, altruistische entgegen, die auf die Anerkennung des Objekts, auf das Seinlassen desselben sowie auf den hingebungsvollen Selbstverzicht angelegt ist. Der Hingabe an den Anderen entspricht hier die Aufgabe des eigenen Selbst. In diesem Phänomen treffen zwei divergierende Bestrebungen zusammen: Selbstbezug und Bezug auf Anderes. Indem die Liebe nur sich selbst kennt und will, sucht und findet sie im Anderen nur das eigene Selbst. Und indem sie unter Selbstpreisgabe auf das Andere als Eigenständiges bezogen ist, empfängt sie aus diesem sich zurück. Selbstbezug über Differenzbezug, Differenzbezug im Rahmen von Selbstbezug ist die hier intendierte Struktur, das Spiel des Einen mit sich selbst, das sich selbst entzweit, um sich im Anderen wiederzufinden und zu genießen. Unschwer lassen sich in dieser Fassung die Struktureigentümlichkeiten des selbstreferentiellen Selbstbewusstseins wiedererkennen, nur dass Liebe die emotionale Variante der bewusstseinstheoretischen Konzeption ist. Beide stimmen in der Dialektik des Selbstbezugs überein, die nur auf der Basis zweier divergierender Glieder möglich ist, welche gleichwohl eine Einheit bilden. Dass es immer auch um Selbsterfassung geht, bezeugt das Distichon:

> »Einem gelang es – er hob den Schleier der Göttin zu
> Sais – Aber was sah er? er sah – Wunder des Wunders –
> Sich Selbst.«[82]

Da die Doppelstruktur von Beziehung auf sich und Beziehung auf Anderes einen labilen Gleichgewichtszustand bildet, der einmal zu diesem, das andere Mal zu jenem Moment tendiert, sucht ein unablässiges Streben, welches ebenfalls ein Charakterzug der Liebe ist, die Balance und Harmonie ständig wiederherzustellen. Da Liebe keine Erfüllung in einem definitiven Zustand findet, stellt sie ein durch Streben und Ringen gekennzeichnetes, in ständiger Bewegung befindliches Phänomen dar.

Überträgt man diese generellen Strukturen auf die Natur, so müssen sie in ihr ein Pendant haben. Die gesamte Natur einschließlich des

Menschen ist durch Liebe verbunden und geeint. Die Natur steht dem Menschen nicht mehr als das Andere, Fremde, Verschlossene gegenüber, sondern als das Andere seiner selbst, als das Selbst in seiner Andersheit. Natur und Mensch haben dieselbe Grundlage, ja, sie sind dasselbe, nur dass die Natur in Form des Andersseins des Selbst auftritt. Die fatale Subjekt-Objekt-Spaltung, die das logozentrische Denken mit sich brachte, ist damit überwunden. Die Natur ist nicht länger mehr verfügbares Objekt, sondern vertrautes, partnerschaftliches Du, so wie es Novalis in seinem fragmentarisch gebliebenen Naturroman *Die Lehrlinge zu Sais* ausdrückt:

> »Wird nicht der Fels ein eigentümliches Du, eben wenn ich ihn anrede? Und was bin ich anders, als der Strom, wenn ich wehmütig in seine Wellen hinabschaue, und die Gedanken in seinem Gleiten verliere?«[83]

Es ist der »Genius der Liebe«, der »ein neues Band des Du und des Ich« schafft.[84] Und was für das Verhältnis Mensch-Natur gilt, gilt selbstredend auch für die Naturgegenstände untereinander. Auch sie sind durch das Band der Liebe geeint und stehen in geschwisterlichen Beziehungen zueinander. Liebe ist der Grund aller Begegnung und Berührung, Anziehung und Umstimmung der Kreatur, auf ihr beruht eine den gesamten Welt- und Naturkomplex durchziehende Sympathie, die Verbindung, Gemeinschaft, Zusammenhalt stiftet. In diesem Sinne kann Liebe als alles beherrschendes und durchwaltendes Grundprinzip gelten. Sie avanciert damit geradezu zum *definiens* von Sein und Miteinandersein, was berechtigt, sie als ontologisch-epistemologische Grundkategorie einzustufen. Als solche ist sie Ausdruck des pantheistischen Einheitsgefühls der Romantik. Eine längere Stelle aus den *Lehrlingen zu Sais* soll die bisherige Analyse untermauern.

> »Nur die Dichter haben es gefühlt, was die Natur den Menschen sein kann …, und man kann auch hier von ihnen sagen, dass sich die Menschheit in ihnen in der vollkommensten Auflösung befindet, und daher jeder Eindruck durch ihre Spiegelhelle und Beweglichkeit rein in allen seinen unendlichen Veränderungen nach allen Seiten fortgepflanzt wird. Alles finden sie in der Natur. Ihnen allein bleibt die Seele derselben nicht fremd, und sie suchen in ihrem Umgang alle Seligkeit der goldnen Zeit nicht umsonst. Für sie hat die Natur alle Abwechselungen eines unendlichen Gemüts, und mehr als der geistvollste, lebendigste Mensch überrascht sie durch sinnreiche Wendungen und Einfälle, Begegnungen und Abwei-

chungen, große Ideen und Bizarrerien. Der unerschöpfliche Reichtum ihrer Phantasie lässt keinen vergebens ihren Umgang aufsuchen. Alles weiß sie zu verschönern, zu beleben, zu bestätigen, und wenn auch im einzelnen ein bewusstloser, nichtsbedeutender Mechanismus allein zu herrschen scheint, so sieht doch das tiefer sehende Auge eine wunderbare Sympathie mit dem menschlichen Herzen im Zusammentreffen und in der Folge der einzelnen Zufälligkeiten. Der Wind ist eine Luftbewegung, die manche äußere Ursachen haben kann, aber ist er dem einsamen, sehnsuchtsvollen Herzen nicht mehr, wenn er vorübersaust, von geliebten Gegenden herweht und mit tausend dunkeln, wehmütigen Lauten den stillen Schmerz in einen tiefen melodischen Seufzer der ganzen Natur aufzulösen scheint? Fühlt nicht so auch im jungen, bescheidnen Grün der Frühlingswiesen der junge Liebende seine ganze blumenschwangre Seele mit entzückender Wahrheit ausgesprochen, und ist je die Üppigkeit einer nach süßer Auflösung in goldnen Wein lüsternen Seele köstlicher und erwecklicher erschienen, als in einer vollen, glänzenden Traube, die sich unter den breiten Blättern halb versteckt? Man beschuldigt die Dichter der Übertreibung, und hält ihnen ihre bildliche uneigentliche Sprache gleichsam nur zugute, ja man begnügt sich ohne tiefere Untersuchung, ihrer Phantasie jene wunderliche Natur zuzuschreiben, die manches sieht und hört, was andere nicht hören und sehen, und die in einem lieblichen Wahnsinn mit der wirklichen Welt nach ihrem Belieben schaltet und waltet; aber mir scheinen die Dichter noch bei weitem nicht genug zu übertreiben, nur dunkel den Zauber jener Sprache zu ahnden und mit der Phantasie nur so zu spielen, wie ein Kind mit dem Zauberstabe seines Vaters spielt. Sie wissen nicht, welche Kräfte ihnen Untertan sind, welche Welten ihnen gehorchen müssen. Ist es denn nicht wahr, dass Steine und Wälder der Musik gehorchen und, von ihr gezähmt, sich jedem Willen wie Haustiere fügen? – Blühen nicht wirklich die schönsten Blumen um die Geliebte und freuen sich sie zu schmücken? Wird für sie der Himmel nicht heiter und das Meer nicht eben? – Drückt nicht die ganze Natur so gut, wie das Gesicht, und die Gebärden, der Puls und die Farben, den Zustand eines jeden der höheren, wunderbaren Wesen aus, die wir Mensch nennen? …«[85]

Versucht man, auch die übrigen für die Romantik typischen Bilder, Metaphern und Vergleiche, die gewöhnlich nur aufgezählt werden, aus dem Grundphänomen der Liebe zu deduzieren bzw. auf dieses zu reduzieren, so sieht man sich vorrangig auf zwei Strukturen verwiesen, die dieses Phänomen bestimmen, zum einen auf Einheit im Sinne von Vereinigung, zum anderen auf Identität im Sinne von Identifizierung. Es handelt sich um zwei Formen der Einheitsstiftung, die in einem Verhältnis der Vertiefung bzw. Steigerung zueinander stehen. Ausgangspunkt für beide ist die Tatsache, dass die selbstbezogene, Fremdbezug einschließende Liebe auf einer zweistelligen Relation basiert, nämlich auf einem Verhältnis eines zu einem anderen, die trotz aller Zweiheit und Differenz eins und identisch sind. In der Vereinigung speziell wird das Zusammengehen der Instanzen, die Aufhebung ihrer Trennung und Auslöschung ihrer Gegensätzlichkeit, die Verschmelzung zu Einem, gedacht, in der Identifizierung die Umwandlung ineinander, die Austauschbarkeit durcheinander, dergestalt dass in dem einen das andere erscheint. Beide Strukturen finden in der Dichtung eine Fülle von Ausgestaltungen, wobei die erste entweder durch Bilder und Metaphern expliziert wird, die auf ein alles verbindendes Fließen und Strömen, auf Bewegung, Übergang und Rhythmik deuten, oder durch chemische, besser alchimistische Vorgänge wie Verbindung und Mischung, die zweite durch metempsychotische Prozesse. Die Möglichkeiten sollen der Reihe nach durchgegangen werden.

1. Ein mit der Liebe unmittelbar zusammenhängendes Gefühl ist die Sympathie: das Mitfühlen im Sinne des Mithandelns und -leidens, des Miterlebens und Mitschwingens mit allem Geschöpflichen, sowohl Organischem wie Anorganischem,[86] das sich nicht nur auf emotionaler Ebene abspielt, sondern tiefer reicht und den gesamtseelischen, sogar den gesamtleiblichen Bereich mit einbezieht. Diese sympathetische Regung hebt alle scheidenden und unterscheidenden Grenzen zwischen den Einzelwesen auf und drückt ein allgemeines Ein- und Einsfühlen der Natur mit sich aus. Da allen Wesen eine dunkle Sympathie eignet, konstituiert sich auf diese Weise ein einheitlicher, durchgängiger Zusammenhang, ein harmonisches Weltall. Diesem steht der Mensch nicht als bloßer Beschauer, als kühler Betrachter gegenüber, vielmehr ist er einbezogen und eingebunden in die allgemeinen Prozesse der Natur, die er mitlebt. Sympathie ersetzt die distanzierende Beobachtung. Auch hierfür ein Beleg aus dem *Heinrich von Ofterdingen*:

> »In alten Zeiten muss die ganze Natur lebendiger und sinnvoller gewesen sein, als heutzutage. Wirkungen, die jetzt kaum noch die Tiere zu bemerken scheinen, und die Menschen eigentlich allein noch empfinden und ge-

> nießen, bewegten damals leblose Körper; und so war es möglich, dass kunstreiche Menschen allein Dinge möglich machten und Erscheinungen hervorbrachten, die uns jetzt völlig unglaublich und fabelhaft dünken. So sollen vor uralten Zeiten in den Ländern des jetzigen griechischen Kaisertums, wie uns Reisende berichten, die diese Sagen noch dort unter dem gemeinen Volke angetroffen haben, Dichter gewesen sein, die durch den seltsamen Klang wunderbarer Werkzeuge das geheime Leben der Wälder, die in den Stämmen verborgenen Geister aufgeweckt, in wüsten, verödeten Gegenden den toten Pflanzensamen erregt, und blühende Gärten hervorgerufen, grausame Tiere gezähmt und verwilderte Menschen zu Ordnung und Sitte gewöhnt, sanfte Neigungen und Künste des Friedens in ihnen rege gemacht, reißende Flüsse in milde Gewässer verwandelt, und selbst die totesten Steine in regelmäßige tanzende Bewegungen hingerissen haben. Sie sollen zugleich Wahrsager und Priester, Gesetzgeber und Ärzte gewesen sein, indem selbst die höhern Wesen durch ihre zauberische Kunst herabgezogen worden sind, und sie in den Geheimnissen der Zukunft unterrichtet, das Ebenmaß und die natürliche Einrichtung aller Dinge, auch die innern Tugenden und Heilkräfte der Zahlen, Gewächse und aller Kreaturen, ihnen offenbart. Seitdem sollen, wie die Sage lautet, erst die mannigfaltigen Töne und die sonderbaren Sympathien und Ordnungen in die Natur gekommen sein ...«[87]

2. In dieselbe Richtung weist der mit der Sympathie zugleich anklingende Gedanke der *sympnoía pánta*, der Gedanke, dass alles miteinander atmet. Hier wird an die altgriechische Vorstellung der Hauchseele, den Atem, angeknüpft. Die Hauchseele ist Lebensprinzip, das den Körper durchströmt und mit dem letzten Atemzug ausgehaucht wird. Übertragen auf die Weltseele, erscheint diese als alles durchströmender, verbindender und belebender Atem. Die leibliche Bewegung des Ein- und Ausatmens wird wortwörtlich auf den Kosmos übertragen und dieser als lebendiger, atmender Organismus vorgestellt.

3. Andere gesamtleibliche Bewegung, die die Verbindung und Einheit des Alls ausdrücken, sind Tanz, Rhythmus, Schwingung. Symptomatisch für Novalis' Dichtung ist, dass der Dichter, welcher zugleich Magier der Natur ist, den »Zauberstab der Analogie« in Händen haltend, das Universum zum Schwingen bringen und diese Bewegung

mitvollziehen, nachtanzen kann. Bezeichnenderweise gebraucht Novalis den Ausdruck »mit Worten die Linien der Bewegungen nachschreiben«,[88] wobei aus dem Kontext hervorgeht, dass es sich eigentlich um ein »Nachtanzen« handelt. Die Bewegungen der Natur sind ihre Buchstaben. So wie im mechanistischen Weltbild die Buchstaben der Natur durch mathematische Zahlen und geometrische Figuren gedeutet werden, so hier durch Bewegungen, die nicht verstandesmäßig erfasst, sondern leiblich mitvollzogen werden. In den *Lehrlingen zu Sais* heißt es:

> »Hätte man dann nur erst einige Bewegungen, als Buchstaben der Natur, herausgebracht, so würde das Dechiffrieren immer leichter vonstatten gehn, und die Macht über die Gedankenerzeugung und Bewegung den Beobachter in Stand setzen, auch ohne vorhergegangenen wirklichen Eindruck, Naturgedanken hervorzubringen und Naturkompositionen zu entwerfen, und dann wäre der Endzweck erreicht.«[89]

4. Auch akustische Phänomene wie Melodie, Gesang und Stimme, Akkord, Symphonie und die altgriechische, pythagoreische Vorstellung von der Sphärenharmonie werden herangezogen, um die Einheit des Alls und der Natur auszudrücken. In Eichendorffs Versen

> »Schläft ein Lied in allen Dingen,
> Die da träumen fort und fort,
> Und die Welt hebt an zu singen,
> Triffst du nur das Zauberwort«[90]

hat dieses Grundgefühl der Romantik einen adäquaten Niederschlag gefunden. Der Dichter, der prädestiniert ist für den Zugang zur Natur und für die Entschlüsselung ihres verborgenen Wesens, spricht das Zauberwort aus, und schon erklingt die Melodie; er schlägt den Fels an, und schon ertönt dieser. Gesang und Melodie sind die Sprache der Natur, so dass Novalis die Forderung aufstellen kann: Unsere Sprache »muß wieder *Gesang* werden«.[91]

5. Die vorgenannten Explikationsmittel, welche insgesamt rhythmische Bewegungsphänomene bezeichnen, laufen zusammen in dem Bild des Fließens, welches zugleich Sinnbild des Lebensstromes ist. Wie schon in der ionischen Naturphilosophie, so gilt auch Novalis das Wasser als ursächliche Sache, als *archê*, aus der alles Seiende hervorgeht und in die es wieder zurückgeht und die sich in allem als vermittelndes Prinzip durchhält. Wie die Quelle gegenüber dem Fluss Ursprung desselben und in ihm sich durchhaltendes Prinzip ist, so fungiert auch das Wasser als Anfang und Grund, als Differenz- und Einheitsprinzip zu-

gleich. Gleichzeitig fungiert es als Symbol erotischer Vereinigung wie als Symbol religiöser *unio mystica*.[92] Als reflektierender Dichter hat Novalis in den *Lehrlingen zu Sais* eine Schilderung seines höchsten Symbols der Vereinigung gegeben:

> »Das Wasser, dieses erstgeborne Kind luftiger Verschmelzungen, kann seinen wollüstigen Ursprung nicht verleugnen und zeigt sich, als Element der Liebe und der Mischung mit himmlischer Allgewalt auf Erden. Nicht unwahr haben alte Weisen im Wasser den Ursprung der Dinge gesucht, und wahrlich haben sie von einem höhern Wasser, als dem Meer- und Quellwasser gesprochen. In jenem offenbaret sich nur das Urflüssige, wie es im flüssigen Metall zum Vorschein kommt, und darum mögen die Menschen es immer auch nur göttlich verehren. Wie wenige haben sich noch in die Geheimnisse des Flüssigen vertieft und manchem ist diese Ahndung des höchsten Genusses und Lebens wohl nie in der trunkenen Seele aufgegangen. Im Durste offenbaret sich diese Weltseele, diese gewaltige Sehnsucht nach dem Zerfließen. Die Berauschten fühlen nur zu gut diese überirdische Wonne des Flüssigen, und am Ende sind alle angenehme Empfindungen in uns mannigfache Zerfließungen, Regungen jener Urgewässer in uns. Selbst der Schlaf ist nichts als die Flut jenes unsichtbaren Weltmeers, und das Erwachen das Eintreten der Ebbe. Wie viele Menschen stehn an den berauschenden Flüssen und hören nicht das Wiegenlied dieser mütterlichen Gewässer, und genießen nicht das entzückende Spiel ihrer unendlichen Wellen! Wie diese Wellen, lebten wir in der goldnen Zeit; in buntfarbigen Wolken, diesen schwimmenden Meeren und Urquellen des Lebendigen auf Erden, liebten und erzeugten sich die Geschlechter der Menschen in ewigen Spielen; wurden besucht von den Kindern des Himmels und erst in jener großen Begebenheit, welche heilige Sagen die Sündflut nennen, ging diese blühende Welt unter; ein feindliches Wesen schlug die Erde nieder, und einige Menschen blieben geschwemmt auf die Klippen der neuen Gebirge in der fremden Welt zurück. Wie seltsam, daß gerade die heiligsten und reizendsten Erscheinungen der Natur in den Händen so toter Menschen sind, als die Scheidekünstler zu sein pflegen! sie, die den schöpferischen Sinn der Natur mit Macht erwe-

cken, nur ein Geheimnis der Liebenden, Mysterien der höhern Menschheit sein sollten, werden mit Schamlosigkeit und sinnlos von rohen Geistern hervorgerufen, die nie wissen werden, welche Wunder ihre Gläser umschließen. Nur Dichter sollten mit dem Flüssigen umgehn, und von ihm der glühenden Jugend erzählen dürfen; die Werkstätten wären Tempel und mit neuer Liebe würden die Menschen ihre Flamme und ihre Flüsse verehren und sich ihrer rühmen. Wie glücklich würden die Städte sich wieder dünken, die das Meer oder ein großer Strom bespült, und jede Quelle würde wieder die Freistätte der Liebe und der Aufenthalt der erfahrnen und geistreichen Menschen. Darum lockt auch die Kinder nichts mehr als Feuer und Wasser, und jeder Strom verspricht ihnen, in die bunte Ferne, in schönere Gegenden sie zu führen. Es ist nicht bloß Widerschein, daß der Himmel im Wasser liegt, es ist eine zarte Befreundung, ein Zeichen der Nachbarschaft, und wenn der unerfüllte Trieb in die unermeßliche Höhe will, so versinkt die glückliche Liebe gern in die endlose Tiefe.«[93]

Neben dem Wasser übernimmt ein zweites Naturelement, das Feuer, die Flamme, der Funke – ebenfalls Bewegungsphänomene –, bei Novalis die Aufgabe, Verbindung und Harmonie anzuzeigen, so z. B. in den *Lehrlingen zu Sais*: »Was ist die überall erscheinende Flamme! Eine innige Umarmung, deren süße Frucht in wollüstigen Tropfen heruntertaut.«[94] In Novalis' Freiberger Studienheften zwischen 1798 und 1799 findet sich eine Reihe von Notizen zur Natur der Flamme, etwa: »Die Flamme verbindet das Getrennte und trennt das Verbundene. Sie komponiert und dekomponiert Wasser«,[95] und im *Allgemeinen Brouillon* heißt es: »Alle Synthesis ist eine *Flamme* – oder Funken – oder Analogon derselben.«[96] Auch die Flamme ist über das Symbol des sinnlich Erotischen und Rauschhaften hinaus Metapher allgemeiner Vereinigung der Dinge.

6. Die zweite grundsätzliche Art, Verbindung herzustellen, geschieht unter Berufung auf chemische Vorgänge wie Mischung, Synthese, Steigerung, Stufung, Polarisation und deren Aufhebung usw., wobei nicht selten magische und kabbalistische Vorstellungen anklingen. Der Dichter, bei Novalis prädestiniert für den Zugang zur ursprünglichen Natur, wird von ihm zum »Chymist«,[97] zum »echten Experimentator«,[98] zum Naturmagier und Eingeweihten erklärt. Er vorzüglich ist fähig, die aus Vermischung und Synthese hervorgehende Einheit differenter Dinge wie die durch Analyse zustande kommende

Differenz der Dinge zu erkennen. Dass bei diesen Vorgängen anthropologische Vorstellungen wie Vermählung, Ehe usw. eine Rolle spielen, geht auf magisch-kabbalistische Traditionen zurück.

> »Glücklich preis ich diesen Sohn, diesen Liebling der Natur, dem sie verstattet sie in ihrer Zweiheit, als erzeugende und gebärende Macht, und in ihrer Einheit, als eine unendliche, ewigdauernde Ehe, zu betrachten.«[99/100]

7. Gelegentlich wird die chemische Vermischung und Verschmelzung durch Synästhesie ausgedrückt, dergestalt dass Farben, Töne, Bilder und Wörter miteinander kombiniert werden. So werden Farben gehört, Töne und Stimmen gesehen, Bilder und Visionen gerochen usw. Jedes vermischt sich mit jedem, ähnlich wie gattungspoetisch in der Romantik Lyrisches, Episches und Dramatisches zusammenfallen oder wie wissenschaftstheoretisch Naturwissenschaft, Naturphilosophie und Naturpoesie miteinander verschmelzen oder wie allgemein künstlerisch die Trennung von Wissenschaft und Kunst, Philosophie und Religion, Reflexion und Leben aufgehoben wird. Der Dichter soll mit dem Herzen denken; Empfinden und Wissen sollen eine innige Einheit bilden, Herz und Kopf, Gefühl und Verstand, Wahrnehmen und Theoretisieren sollen zusammengehen und zusammenbleiben. Die verschiedenen, gewöhnlich gesonderten Bereiche stellen nur verschiedene Formen einer im Grunde einzigen Sprache der Seele vor. Nicht selten wird der Zerfall der ursprünglichen Einheit in die Vielheit der Sprachen mit dem Turmbau zu Babel und seiner Zerschlagung verglichen.

8. Eines der ausdrucksstärksten Symbole, die chemische Vermischung und Verbindung anzuzeigen, ist zweifellos die Dämmerung und Nacht. In der Dämmerung verschwimmen die festen Konturen, lösen sich auf, gehen ineinander über und schließlich unter in einem undifferenzierbaren Einerlei. Ebenso wie die Dämmerung im Übergang zur Nacht die Grenzen aufhebt und die Differenzen auslöscht, so lässt sie auf der anderen Seite im Übergang zum Morgen die Konturen hervortreten. Sie vermittelt Tag und Nacht, Verstandes- und Gefühlswelt. In Novalis' *Hymnen an die Nacht*, aber nicht nur dort, übernimmt die Nacht die Rolle eines alles verschlingenden und alles hervorbringenden Urprinzips. Die Nacht – Symbol des Todes, aber auch Anfang und Ursprung neuen Lebens – ist gleicherweise höchste Auflösung, Untergang aller Besonderheit und Individualität wie höchste Verschmelzung. Als Raum und Zeit übergreifend, kennt sie keine trennenden Grenzen. Sie ist Rückgangsdimension (Ungrund) und Ursprungs-

dimension (Urgrund) zugleich, ähnlich wie in der Mystik Jakob Böhmes. Als solche stellt sie für Novalis die Dimension des Heimlichen dar, in der jedes seine Vertrautheit mit sich und jedem anderen hat. Sofern mit dem Heimlichen das Verborgene, Unsichtbare bezeichnet wird, geht mit ihm das Geheimnis einher. Wenn die Nacht sich öffnet, tritt jedes aus seiner Heimlichkeit, seinem Geheimnis, heraus ans Licht, wie auch umgekehrt jedes Vereinzelte wieder in die Nacht zurückkehrt und von ihr aufgenommen wird. Der Rückgang in die Nacht wäre nicht möglich, wenn er nicht zugleich mit einem Hervorgang verbunden wäre. Schon die Alltagssprache sagt: »Abends geht die Sonne unter«, wobei sie mit Untergang nicht Auslöschung, sondern eine Weise von Aufgang meint.

9. Eine weitere Metapher zur Explikation der Einheit von Gegensätzen ist der Magnetismus, ursprünglich ein physikalisches Phänomen, das gegensätzliche Pole verbindet und trennt und so in der Schwebe hält, von Novalis aber auch auf den Bereich des Lebendigen angewendet wird[101] wie auf Gegensätzliches überhaupt.

10. Wenn bisher emotionale, gesamtseelische oder gesamtleibliche Vorgänge zur Explikation der romantischen Grunderfahrung herangezogen wurden, so stellen eine reduziertere Form die kognitiven Vermögen der Intuition, Imagination und Phantasie dar. Auch diese Vermögen sind holistischer Art und drücken genau wie jene anderen einen einheitlichen Zusammenhang, einen ununterbrochenen, kontinuierlichen Übergang aus. Pate gestanden hat hier Fichtes Theorie der produktiven Einbildungskraft aus der *Grundlage der gesamten Wissenschaftslehre*. In dieser wurde die Einbildungskraft als unbewusste, nicht reflektierte Tätigkeit des Ich eingeführt, die ein Nicht-Ich (Natur) erzeugt und mit dem Ich vermittelt und so einen ständigen Schwebezustand herstellt. Ob sie wie bei Fichte ein an sich scheinendes Nicht-Ich erzeugt und mit einem Ich vermittelt oder wie bei Kant in der transzendentalen Deduktion der *Kritik der reinen Vernunft*, Auflage A, die Vergangenheit im fortschreitenden Gegenwartsaugenblick ständig reproduziert und damit Vergangenheit und sich in die Zukunft erstreckende Gegenwart verbindet: Sie repräsentiert allemal ein Vermittlungsprinzip und wird als solches auch in der Dichtung eingesetzt.

11. Während die bisherigen dichterischen Mittel der Explikation der Einheitsstruktur dienten, ist jetzt noch zu fragen, wie die tieferreichende Identitätsstruktur zum Ausdruck gebracht wird. Wie soll die Identität von Differenten gedacht werden? Die Dichtung beruft sich hierzu auf die Metempsychose, auf die Lehre von der Seelenwanderung und der ständigen Reinkarnation der Seele in einen teils menschlichen, teils tierischen, teils pflanzlichen, teils anorganischen Körper. In dem fragmentarisch gebliebenen Hauptroman Novalis', dem *Hein-*

rich von Ofterdingen, sieht die geplante Fortsetzung das Eingehen des Dichters Heinrich in verschiedene Wesen vor. In den Berliner Papieren vom Sommer 1800 heißt es:

> »Heinrich von Afterd[ingen] wird Blume – Tier – Stein – Stern«[102]

oder ausführlicher:

> »Heinrich wird im Wahnsinn Stein – [Blume] klingender Baum – goldner Widder –
> Heinrich errät den Sinn der Welt – Sein freiwilliger Wahnsinn. Es ist das Rätsel, was ihm aufgegeben wird«[103]

und noch markanter:

> »Er [holt] pflückt die blaue Blume – und wird [zum klingenden Baume] ein Stein ...
> Die Morgenländerin [Edda, die eigentliche blaue Blume] [ist] opfert sich an seinem Steine, er wird ein klingender Baum. Das Hirtmädchen haut den Baum um und [er] verbrennt sich mit ihm.
> Er wird ein goldner Widder.
> [Mathilde] Edda oder Mathilde muß ihn opfern. Er wird ein Mensch.«[104]

Der Dichter, ebenso jeder einfühlsame Mensch, ist fähig, alles in sich hineinzuziehen und sich anzuverwandeln, aber auch selbst in alles andere einzugehen und sich ihm anzupassen. Bei der Begegnung mit Anderem sieht er nicht nur im Stein die Blume, in der Blume das Tier, im Tier den Menschen oder Stern, sondern wird auch selbst Stein, Blume, Tier, Mensch, Stern. Er hält sich offen im Kreislauf des Elementarischen. Durch diese Identifikation mit allem Geschöpflichen wird allererst eine wahrhafte Verwandtschaft und Ich-Du-Beziehung erreicht. In den Materialien zum *Heinrich von Ofterdingen* findet sich die Stelle:

> »Menschen, Tiere, Pflanzen, Steine und Gestirne, Flammen, Töne, Farben müssen hinten zusammen, wie Eine Familie oder Gesellsch[aft], wie Ein Geschlecht handeln und sprechen.«[105]

Diese Weltfamilie, dieses Weltgeschlecht ist der universalpoetische Ausdruck für die Alleinheit. Hier ist die leibnizsche These erfüllt, wonach nicht nur alles Einzelne sich zum All zusammenschließt, sondern das All in jedem Einzelnen ist.

Die Mittel, diese Universalverwandtschaft herzustellen, werden in Magie, Sympathie, Analogie u. ä. gesehen. Sie werden insbesondere dem Dichter zugeschrieben, der aufgrund seiner schöpferischen Sprachkraft alle Dinge erzeugen und ineinander verwandeln kann und daher als Naturmagier angesehen wird. Tiefenpsychologisch kommt diese Fähigkeit jedem Menschen zu, insbesondere in Traum und Phantasie. Anders als in der Wirklichkeit, in der jedes Ding seinen festen Platz hat, ist es der Seele in Tag- und Nachtträumen möglich, mit Leichtigkeit in andere Gestalten zu schlüpfen und sich mit ihnen zu identifizieren. Was in der Realität nicht denkbar ist, erlaubt die Phantasie. Hier hat auch die Vorliebe der Romantik für Traum, Phantasie, Märchen ihren Ursprung. Es ist nicht primär die Lust am Fabulieren und Phantasieren, was die Affinität zu diesen literarischen Gattungen erklärt, sondern die geistige Verwandtschaft des Erlebnisgehaltes der Romantik mit diesen gattungspoetischen Ausdrucksformen.

»Der Liebe Reich ist aufgetan,
die Fabel fängt zu spinnen an.
Das Urspiel jeder Natur beginnt,
Auf kräftige Worte jedes sinnt,
Und so das große Weltgemüt
Überall sich regt und unendlich blüht.
Alles muß in einander greifen,
Eins durch das andre gedeihn und reifen;
Jedes in Allen dar sich stellt,
Indem es sich mit ihnen vermischet
Und gierig in ihre Tiefen fällt,
Sein eigentümliches Wesen erfrischet
Und tausend neue Gedanken erhält.
Die Welt wird Traum, der Traum wird Welt,
Und was man geglaubt es sei geschehn,
Kann man von weiten erst kommen sehn.«[106]

d) Der sittliche Aspekt: die Erlösung der Natur durch Kunst

»Wenn nicht mehr Zahlen und Figuren
Sind Schlüssel aller Kreaturen
Wenn die so singen, oder küssen,
Mehr als die Tiefgelehrten wissen,
Wenn sich die Welt ins freie Leben
Und in die Welt wird zurückbegeben,
Wenn dann sich wieder Licht und Schatten

Zu echter Klarheit wieder gatten,
Und man in Märchen und Gedichten
Erkennt die wahren Weltgeschichten,
Dann fliegt vor Einem geheimen Wort
Das ganze verkehrte Wesen fort.«[107]

Die Natur, wie sie bisher beschrieben wurde als dynamischer Organismus, deren Teile zusammengehalten und geeint werden durch das Band gegenseitiger Liebe und deren innerstes Wesen sich dem Menschen durch eine allseitige Sympathie erschließt, durch ein Ein- und Einsfühlen, bezeichnet einen Zustand, der uns im gewöhnlichen Leben verschlossen bleibt. Mythologisch und geschichtsphilosophisch ist dies der Zustand des Paradieses, des Goldenen Zeitalters, der bei Novalis wie in der romantischen Dichtung überhaupt als Leitmotiv fungiert.[108] In Anknüpfung an geschichtsphilosophische Überlegungen Schellings sowie darüber hinaus an biblische und mythologische Vorstellungen identifiziert Novalis diesen Zustand mit dem Urzustand der Welt, der Ausdruck des Heilen und Guten ist, und ordnet ihm einen Prozess der Dekadenz zu, der mit dem Sündenfall und der Vertreibung des Menschen aus dem Paradies beginnt. Die ursprüngliche Einheit, in der der Mensch mit der Natur lebte, zerbricht; der Mensch fällt aus der Geborgenheit der Natur, aus der Vertrautheit mit ihr heraus, entfremdet, vereinzelt sich, tritt der Natur in einer Subjekt-Objekt-Spaltung fremd, kalt, beziehungslos, abwägend gegenüber. Aus dem liebenden Menschen wird der Verstandesmensch mit Planung, Kalkulation und Berechnung. Der Entfremdungs- und Vereinzelungsprozess betrifft aber nicht nur den Menschen, sondern auch die Natur, die mit dem Zerbrechen der ursprünglichen Einheit in den Zustand der Verwilderung und Verrohung übergeht. Novalis spricht von einer durch die Lieblosigkeit des Menschen unmenschlich gewordenen, entstellten, in sich zerrissenen Natur. In den *Lehrlingen zu Sais* schildert er diese Situation der in sich zerbrochenen Natur:

»Die weiten hallenden Säle standen leer und hell da, und das wunderbare Gespräch in zahllosen Sprachen unter den tausendfaltigen Naturen, die in diesen Sälen zusammengebracht und in mannigfaltigen Ordnungen aufgestellt waren, dauerte fort. Ihre innern Kräfte spielten gegeneinander. Sie strebten in ihre Freiheit, in ihre alten Verhältnisse zurück. Wenige standen auf ihrem eigentlichen Platze, und sahen in Ruhe dem mannigfaltigen Treiben um sich her zu. Die übrigen klagten über entsetzliche Qualen und Schmerzen, und bejammerten das alte, herrliche Leben im Schoße der Natur, wo sie eine gemeinschaftliche Freiheit vereinigte, und jedes von selbst erhielt, was es bedurfte, ‚O! daß der Mensch', sagten sie, ‚die innre Musik der Natur verstände, und einen Sinn für äußere Harmonie hätte. Aber er weiß ja kaum, dass wir zusammen gehören, und keins ohne das andere bestehen kann. Er kann nichts liegen lassen, tyrannisch trennt er uns und greift in lauter Dissonanzen herum. Wie glücklich könnte er sein, wenn er mit uns freundlich umginge und auch in unsern großen Bund träte, wie ehemals in der goldnen Zeit, wie er sie mit Recht nennt. In jener Zeit verstand er uns, wie wir ihn verstanden. Seine Begierde, Gott zu werden, hat ihn von uns getrennt, er sucht, was wir nicht wissen und ahnden können, und seitdem ist er keine begleitende Stimme, keine Mitbewegung mehr. Er ahndet wohl die unendliche Wollust, den ewigen Genuß in uns, und darum hat er eine so wunderbare Liebe zu einigen unter uns. Der Zauber des Goldes, die Geheimnisse der Farben, die Freuden des Wassers sind ihm nicht fremd, in den Antiken ahndet er die Wunderbarkeit der Steine, und dennoch fehlt ihm noch die süße Leidenschaft für das Weben der Natur, das Auge für unsre entzückenden Mysterien. Lernt er nur einmal fühlen? Diesen himmlischen, diesen natürlichsten aller Sinne kennt er noch wenig: durch das Gefühl würde die alte, ersehnte Zeit zurückkommen; das Element des Gefühls ist ein inneres Licht, was sich in schönern, kräftigern Farben bricht. Dann gingen die Gestirne in ihm auf, er lernte die ganze Welt fühlen, klärer und mannigfaltiger, als ihm das Auge jetzt Grenzen und Flächen zeigt. Er würde Meister eines unendlichen Spiels und vergäße alle törichten Bestrebungen in einem ewigen, sich selbst nährenden und immer wachsenden Genusse ...«[109]

Ohne Schwierigkeit kann man in der anfangs dargestellten Naturkonzeption die mathematisch-wissenschaftliche, mechanistische Auffassung erblicken. Darauf weist nicht nur die Isolation der Teile, die mathematischgeometrische Strukturierung, die in Zahlen und Figuren (vgl. »Grenzen und Flächen«) zum Ausdruck kommt,[110] sondern auch die etwas später fallende Bemerkung über den »nichtsbedeutenden Mechanismus«,[111] welcher mit der dem »tiefer sehenden Auge« erkennbaren »wunderbaren Sympathie«[112] konfrontiert wird.

Aber nicht nur die Mathematisierung, Geometrisierung und Mechanisierung der Natur wird als dekadenter, deformierter Zustand angeprangert, hingewiesen wird auch auf die dämonischen, grauenhaften, gespenstischen Züge der Natur, wie sie im Erlebnis der entfesselten Natur begegnen und nicht allein von Novalis, sondern insbesondere auch von Tieck und E. T. A. Hoffmann dichterisch gestaltet werden. In diesem Naturgrauen, in diesem Entsetzen vor der sich »wild gebärdenden« Kraft der Natur, in dem Erschrecken vor den entfesselten Naturgewalten dokumentiert sich letztlich das Grauen des christlichen Menschen vor der unerlösten, aus dem Liebeszusammenhang geschiedenen und noch nicht durchchristeten Natur. Das Ideal, von dem aus die Beurteilung erfolgt, ist die befriedete, besänftigte, ruhige, milde, klare Natur.

Dadurch ist die sittliche Aufgabe vorgezeichnet: Sie besteht in der Rückgängigmachung des dekadenten Natur- und Menschenzustandes, der Wiederherstellung des verlorengegangenen Paradieses und Goldenen Zeitalters. Dies geschieht einmal durch Wiederbelebung der alten Ordnung, durch Entkrampfung, durch Erlösung aus dem sterilen, toten Zustand mathematischer Formgebung, zum anderen durch Entwilderung, Moralisierung und Versittlichung der Natur, durch Christianisierung, in beiden Fällen durch einen neuen Liebesbezug. Die Natur muss erlöst werden. In dem Willen zur »Revivikation des Vergangenen« dokumentiert sich ein urromantisches Verlangen, das eine Wiederaufnahme der alten Lehre von der *apokatástasis pantōn* (Aufstieg aller Dinge) darstellt, nach der alles, was einst aus Gott hervorgegangen ist, Steine, Pflanzen, Tiere, Menschen, selbst Dämonen, in stufenweiser Läuterung in den Urzustand zurückkehren.

Die Aufgabe der Erlösung der Natur fällt primär dem Dichter zu, das Mittel dazu ist die Kunst. Folgerichtig wird der Dichter messianisch als Verkünder und Heilsbringer gesehen;[113] er nimmt sogar die Stelle Christi ein, der die Erlösungstat zu vollbringen hat. Der Dichter allein hat sich ein ursprüngliches Gespür für den universalen sympathetischen Bezug der Natur bewahrt. Er allein vermag die Natur zu hören und zu verstehen, das Rauschen des Meeres, das Brausen des Sturmes, das Plätschern der Quelle zu deuten. Selbst den für den gewöhnlichen Menschen stummen Stein und Felsen vermag er zum Klingen und Sprechen zu bringen.[114] Seine Dichtergabe, die wie ein Zauberstock wirkt, befähigt ihn, die Gestalten der Natur ineinander zu verwandeln und selbst jede Gestalt anzunehmen und auf diese Weise die durchgängige Einheit alles mit allem zu bekunden. So ist er zum Erretter und Erlöser der Natur prädestiniert; ihm kommt in gleicher Weise eine pädagogische wie eine religiöse Funktion zu.

Was für den Dichter als Träger der Kunst gilt, gilt auch für diese selbst. Ihre Rolle wird dahingehend definiert, die gefesselte, gebundene, verzauberte Natur zu erlösen. »Kunst als Erlöserin der Natur« ist das Motto der Romantik. Hier wird klar, dass sie keine nur ästhetisch-spielerische Funktion im Sinne *l'art pour l'art* hat, auch keine nur politisch tendenzielle, sondern eine religiöse. Freilich muss die Natur, um erlöst werden zu können, den Keim ihrer Herkunft noch in sich tragen. Novalis schreibt daher der Natur einen »Kunstinstinkt« zu.[115] Natur und Geist sowie alle damit zusammenhängenden Gegensatzpaare sind zu versöhnen und in ihre ursprüngliche Einheit und Harmonie zurückzuführen.

Im *Allgemeinen Brouillon* von 1798–1799 spricht Novalis immer wieder von der »Moralisierung der Natur«[116] und in den Romanen von der »Entwilderung«[117] oder »Besänftigung« und »Zähmung«[118] und schreibt diese Aufgabe der Kunst zu. Freilich ist hier nicht an eine Aufoktroyierung äußerer, widernatürlicher Gesetze gedacht, nicht an eine Knebelung der Natur oder eine Zwängung unter moralische Prinzipien und Ordnungen, vielmehr wird das Moralische definiert als »der Sinn für *Dasein*, ohne *äußre Affektion* – der Sinn für *Bund* – der Sinn für das Höchste – der Sinn für *Harmonie* – der Sinn für frei gewähltes, und erfundenes und dennoch *gemeinschaftliches* Leben – und Sein – der Sinn fürs Ding an sich – der echte *Divinationssinn*«.[119] Diesen Sinn für Bund, Harmonie, gemeinschaftliches Leben, kurzum, für den romantisch-magischen Zustand der universalen Sympathie, erreicht die Kunst, insofern sie Zauberkunst und Magie ist. Novalis sagt auch:

> »Wir müssen Magier zu werden suchen, um recht moralisch sein zu können. Je moralischer, desto harmonischer *mit Gott* – desto göttlicher – desto *verbündeter* mit Gott. Nur durch den moralischen Sinn wird uns Gott vernehmlich …«[120]

Diese Vorstellung von Moralität knüpft an die Vorstellung von Harmonie und Einheit an und greift damit die Lehre von der Gutheit der Welt wieder auf, die seit Platon Bestandteil der Weltdeutung ist und auch in Leibniz' Optimismus wiederkehrt. Die platonische Trias von Gutheit, Schönheit, Wahrheit klingt in der romantischen Verbindung von Moralität, Kunst und ursprünglicher Seinsordnung an.

Konkret stellt sich freilich die Frage, wie die Erlösung bzw. Moralisierung der Natur aussehen soll, ob als Ersatz der Natur durch Kunst oder als Überhöhung der Natur durch Kunst. Die erstere Alternative dürfte ausscheiden; denn eine durch Kunst substituierte Natur wäre genauso einseitig wie das, was sie ersetzte. So kommt nur eine Steigerung und Überhöhung in Betracht, wie sie anklingt in Novalis' Zukunftslehre (Kosmogogik):

»Die Natur wird moralisch sein – wenn sie aus *echter* Liebe zur Kunst – sich der Kunst hingibt – tut, was die Kunst will – die Kunst, wenn sie aus echter Liebe zur Natur – für die Natur lebt, und nach der Natur arbeitet.«[121]

Hier blickt die aristotelische These durch, wonach die Kunst zwar Imitation der Natur ist, aber nicht im Sinne bloßer Nachäffung, sondern aufgrund der Einsicht in deren Wesensgesetze Vollendung der Natur, was Steigerung, Ausgleich, Harmonisierung, Aufhebung von Dissonanzen und Ausgleich der Defizite einschließt. Auch eine Erhöhung der Natur durch Kunst im Sinne eines Verlustes der Naivität, der Überführung des Unreflektierten in einen reflektierten Zustand, eine Vergeistigung der Natur wäre denkbar. Wie sich Novalis diesen wiedergewonnenen Zustand gedacht hat, hat er in den *Lehrlingen zu Sais* expliziert:

»Sie [die sinnigeren Seelen] teilten sich gesellig in das große Werk, die einen suchten die verstummten und verlornen Töne in Luft und Wäldern zu erwecken, andre legten ihre Ahndungen und Bilder schönerer Geschlechter in Erz und Steine nieder, bauten schönere Felsen zu Wohnungen wieder, brachten die verborgenen Schätze aus den Grüften der Erde wieder ans Licht; zähmten die ausgelassenen Ströme, bevölkerten das unwirtliche Meer, führten in öde Zonen alte, herrliche Pflanzen und Tiere zurück, hemmten die Waldüberschwemmungen, und pflegten die edleren Blumen und Kräuter, öffneten die Erde den belebenden Berührungen der zeugenden Luft und des zündenden Lichts, lehrten die Farben zu reizenden Bildungen sich mischen und ordnen, und Wald und Wiese, Quellen und Felsen wieder zu lieblichen Gärten zusammentreten, hauchten in die lebendigen Glieder Töne, um sie zu entfalten, und in heitern Schwingungen zu bewegen, nahmen sich der armen, verlaßnen, für Menschensitte empfindlichen Tiere an, und säuberten die Wälder von den schädlichen Ungeheuern, diesen Mißgeburten einer entarteten Phantasie. Bald lernte die Natur wieder freundlichere Sitten, sie ward sanfter und erquicklicher, und ließ sich willig zur Beförderung der menschlichen Wünsche finden. Allmählich fing ihr Herz wieder an menschlich sich zu regen, ihre Phantasien wurden heitrer, sie ward wieder umgänglich, und antwortete dem freundlichen Frager gern ...«[122]

Zöge man zum Vergleich der durch Kunst bearbeiteten Natur die Gartenarchitektur heran, die ja ebenfalls auf künstlichen Eingriffen in die Natur beruht, so käme mit Sicherheit nicht der geometrisch gezirkelte französische Garten in Betracht, sondern der mit Einfühlung gestaltete, parkähnliche englische Garten oder jener, den Goethe in Weimar zusammen mit seinem Fürsten an der Ilm herzustellen versuchte, indem er hier eine Baumgruppe anpflanzte, dort durch Entfernung von Bäumen und Sträuchern die Landschaft sich öffnen ließ, hier einen Tempel oder eine antike Ruine einfügte, dort einen Bach zu einem Teich erweiterte usw. Behutsame Landschaftsgestaltung und Verschönerung anstelle exakter Geometrisierung ist hier die Devise. Entsprechend hat man sich auch Novalis' Vorstellung wie überhaupt die der Romantik von einer Erhöhung und Verschönerung der Natur durch Kunst zu denken. Ob dieser »magische Idealismus« zu realisieren ist angesichts des Überlebenskampfes des Menschen und der Notwendigkeit, auf die natürlichen Ressourcen zurückgreifen zu müssen, ob er nicht vielmehr eine Utopie bleibt, sei dahingestellt. Realisierbar erscheint er allenfalls dort, wo Freiräume existieren oder wo diese wie gegenwärtig aufgrund einer Überproduktion landwirtschaftlicher Erzeugnisse und einer ausreichenden Versorgung der Bevölkerung brach und unkultiviert gelassen werden und in den ehemals naturhaften Zustand zurückgeführt werden können. Die Realisierung des Novalisschein Ideals scheint innerhalb unserer Kultur eher utopisch zu sein und eine Absage an die einseitig wissenschaftlich-technische Welt darzustellen.

e) Beurteilung

Man hat der romantischen Natureinstellung Welt- und Gegenwartsflucht, Schwärmerei, Träumerei, Poetisierung, Idealisierung u. ä. vorgeworfen. Die Vorwürfe scheinen um so berechtigter, wenn man bedenkt, dass die Romantiker zumeist bürgerliche Berufe ausübten: Novalis war Bergwerksinspekteur, Eichendorff Sekretär. Selbst wenn man in Rechnung stellt, dass im Bergmannsberuf mythische Traditionen und Riten bis heute eine Rolle spielen, z. B. bei der Ein- und Ausfahrt aus dem Stollen oder in Bergmannsliedern, wie sie auch im *Heinrich von Ofterdingen* vorkommen, zählt gerade der Bergmannsberuf zu den nüchternsten, sachlichsten, kühlsten, rationellsten, dem die romantische Natureinstellung aufs Schärfste kontrastiert. Dass diese daher nur allzu leicht als Schwärmerei, Träumerei und Weltflucht aufgefasst wird, verwundert nicht. So hat man denn auch mehrfach Novalis schwärmerische Neigungen unterstellt. Ist dieser Vorwurf berechtigt?

Zweifellos hebt sich die romantische Natureinstellung total von jener anderen, nüchtern-rationalen, mathematisch-wissenschaftlich-technischen bzw. -technologischen ab, zu der wir heute im Roboter- und Computerzeitalter mehr denn je tendieren. Von der letzteren Einstellung aus erscheint alles, was ihr nicht konform ist und folglich nicht zeitgemäß ist, als irrationales Verhalten, als Ausstieg, Flucht und Schwärmerei. Dem naturverbundenen Menschen allerdings, überhaupt dem natürlich und unverstellt Empfindenden – und dies muss keineswegs nur der Dichter oder der religiös Tiefgläubige sein – erscheint hingegen die mathematisch-naturwissenschaftliche, technische Welt als fremd, gekünstelt und abwegig, so dass die gegenseitigen Vorwürfe und Beschuldigungen jeweils nur von der Kontraposition aus zu verstehen sind.

Auffällig ist, dass die romantische Natureinstellung so nachhaltig gewirkt und Denken, Leben und Fühlen beeinflusst hat wie kaum eine andere Geisteshaltung. Dies deutet darauf, dass jeder Mensch mehr oder weniger »romantische« Gefühle hegt und sie auch pflegt. So bezeichnen wir auch im Normalleben und Alltag diese oder jene Haltung bzw. diese oder jene Gefühlsregung als romantisch. Und wer möchte sich nicht auch in einer hochtechnisierten und -computerisierten Welt diese Gefühle erhalten, die die Romantik so deutlich exponiert hat?

3. Ästhetische Variante: Hölderlins Naturbegriff

a) Hölderlin als Dichter und Philosoph

Die interne Beziehung der Triade »Absolutes – Natur – Geist«, die für das idealistische und romantische Denken typisch ist, lässt neben der begrifflichen Variante mittels der spekulativen Vernunft sowie der emotionalen mittels der Sympathie und Liebe noch die ästhetische mittels der Schönheit und des mit ihr verbundenen Andenkens und der Erinnerung zur Interpretation zu. Hierfür soll Friedrich Hölderlin stehen. Es ist gleicherweise schwierig, Hölderlin epochenhistorisch einzuordnen, ihn der Klassik oder der Romantik zuzurechnen, wie ihn gattungsmäßig einzustufen, ihn als Dichter oder als Philosophen zu bezeichnen.

1779 geboren, zählt Hölderlin im Vergleich zu den älteren Klassikern zur Generation der Jüngeren, aus der die Romantiker hervorgegangen sind. Man bezeichnet diese Generation auch als die der Jünglinge, da ihre Werke in die Frühzeit fallen: Novalis starb bereits mit 28 Jahren an Schwindsucht, Hölderlin fiel mit 35 Jahren in geistige Umnachtung. Obwohl Hölderlin jahrgangsmäßig und auch bildungs- und erlebnismäßig sowie von der Tradition und vom Zeitgeist her in vielem den Romantikern verwandt ist und gerade mit Novalis eine Reihe von Themen und schicksalsmäßigen Erfahrungen teilt, wie den Todestrieb, die Liebes- und Schicksalsproblematik, das pantheistische Naturgefühl, das Leiden an der Gegenwart und am Diesseits, trennt ihn von der Romantik seine hohe künstlerische Gestaltungskraft, sein Form- und Stilwille sowie sein hohes Maß an Reflexion. Seine unübertreffliche Gestaltungskraft verbindet ihn eher mit Goethe und Schiller und der Klassik. Mit bewundernswerter Leichtigkeit und Meisterschaft entwirft er Hymnen und Oden in den kompliziertesten antiken Versmaßen, ohne dass diese gestelzt und widernatürlich wirken. Was die Tiefe seiner Erlebnisse und Eindrücke sowie seine Ausdrucksfähigkeit betrifft, ist der Unterschied zwischen Hölderlin und Novalis nicht zu Unrecht dahingehend charakterisiert worden, dass sich jener zu diesem wie der Jüngling zum Kind verhalte.[123] Ihr Kerngegensatz lässt sich mit Hans Peter Jäger auf das Begriffspaar »Intensität« – »Extensität« oder »Verdichtung« – »Verflüchtigung«[124] zuspitzen. Während die Romantiker die Wirklichkeit eher überfliegen und fliehen, sich in Schwärmerei und Traumwelten flüchten, widerstandslos verfließen, versucht Hölderlin, dem Schicksal zu trotzen. Während Novalis sich grenzenlos adaptionsfähig zeigt, kann sich Hölderlin nie und nirgends anpassen. Harte Fügungen statt weicher kennzeichnen seinen Stil. Er kennt nicht wie Novalis Verflüchtigung und Vernebelung. Während Novalis' Werk trotz allen erfahrenen Leides durch Heiterkeit bestimmt ist, nicht selten in Humor, Ironie, auch Leichtsinn und Ausgelassenheit umschlägt, durchzieht Hölderlins Werk eine Schwere. Über seinem Opus liegt Schwermut, nicht Wehmut wie bei Novalis.[125]

Nicht weniger problematisch ist die Einstufung Hölderlins als Dichter oder Philosoph. Von den Literaturwissenschaftlern als Dichter vereinnahmt, wobei zwar Hinweise auf seine philosophischen Ambitionen und Gedanken nicht fehlen, diese aber, da sie nicht zu einem System ausgereift sind, nicht zur Erhellung seiner Dichtung herangezogen werden, wird er von den Philosophiehistorikern in die Geschichte der Denker eingereiht, nicht selten getrennt von seiner Dichtung.[126] Erst Martin Heideggers philosophische Gedichtsinterpretationen und Vorlesungen über Hölderlin,[127] sowie die Arbeiten seines engeren und weiteren Schülerkreises haben zwischen Hölderlins Philosophie und Dichtung eine Brücke zu schlagen vermocht. Heideggers Affinität zu Hölderlin mag einen äußeren Grund in der Verbundenheit mit einem schwäbischen Landsmann gehabt haben, einen tieferen aber in der Tatsache, dass Hölderlins Überzeugung von der Einheit von Dichtung und Philosophie Heideggers These nahe kommt, wonach die Philosophie in Dichtung zu endigen habe. Gerade die Forschung der letzten

Jahrzehnte hat deutlich werden lassen, wie sehr Hölderlins philosophisches Programm zur Entstehung und Entwicklung des deutschen Idealismus beigetragen hat.[128]

Hierzu ist zu bedenken, dass Hölderlin, Schelling und Hegel seit ihrer gemeinsamen Studienzeit im Tübinger Stift befreundet waren, sich in Jena an der Universität wiedertrafen, in engem persönlichem Kontakt und Gedankenaustausch standen und in Frankfurt und Bad Homburg vor der Höhe ihre Diskussionen mit Isaac von Sinclair und Jacob Zwilling fortsetzten. Hölderlins nur zweiseitiges Systemfragment *Urteil und Sein*, das auf das Frühjahr 1795 datiert wird sowie das zumindest aus seinem Umkreis stammende sogenannte *Älteste Systemprogramm des deutschen Idealismus* aus dem Jahre 1796/97 sind die ältesten Zeugnisse eines metaphysischen oder absoluten Monismus, der sich gravierend von Fichtes subjektivem Idealismus unterscheidet, wie er seit dem Sommersemester 1794 – Fichtes erster Vorlesung – in Jena gelehrt wurde. Mit den hier entworfenen Gedanken steht Hölderlin Schellings Auffassung von der Naturphilosophie nahe, wenngleich Unterschiede nicht zu leugnen sind.[129] Allerdings ist schwer zu entscheiden, ob beide unabhängig voneinander dieselbe Richtung einschlugen, gleichsam das artikulierten, was »in der Luft« lag, oder ob von vornherein eine, sei es einseitige, sei es wechselseitige Beeinflussung bestand. Zudem hat Hölderlin den etwas schwerfälligeren Hegel erst auf den Weg zu dessen eigenem System gebracht. Es lässt sich mit ziemlicher Sicherheit nachweisen, dass Hegel erst durch den Anstoß und Abstoß von Hölderlin zur Entfaltung seines eigenen Systems gelangte. Auch Sinclairs frühe philosophische Versuche und Raisonnements verraten deutlich den Einfluss Hölderlins, ja mehr noch die weitgehende Abhängigkeit, so dass dessen überlieferte Schriften zugleich Aufschluss über Hölderlins Gedanken zu geben vermögen.

Zwar hat Hölderlin nie die gedankliche Schärfe und begriffliche Präzision seiner philosophischen Freunde erreicht, und was die beiden in ihm gelegenen Tendenzen, Poesie und philosophische Reflexion, betrifft, so schreibt er im Januar 1799 an seine Mutter:

> »Aber ich weiß jetzt so viel, daß ich tiefen Unfrieden und Mißmuth unter anderm auch dadurch in mich gebracht habe, daß ich Beschäfftigungen, die meiner Natur weniger angemessen zu seyn scheinen, z. B. die Philosophie, mit überwiegender Aufmerksamkeit und Anstrengung betrieb und das aus gutem Willen, weil ich vor dem Nahmen eines leeren Poeten mich fürchtete. Ich wußte lange nicht, warum das Studium der Philosophie, das sonst den hartnäkigen Fleiß, den es erfordert, mit Ruhe

> belohnt, warum es mich, je uneingeschränkter ich mich ihm hingab, nur immer um so friedensloser und selbst leidschaftlich machte; und ich erkläre mir es jezt daraus, daß ich mich in höherm Grade, als nöthig war, von meiner eigentümlichen Neigung entfernte, und mein Herz seufzte bei der unnatürlichen Arbeit, nach seinem lieben Geschäffte, wie die Schweizerhirten im Soldatenleben nach ihrem Thal und ihrer Herde sich sehnen.«[130]

Doch ohne den philosophischen Horizont bliebe seine Dichtung unverständlich und weitgehend verschlossen. Sie muss daher von diesem her aufgerollt werden. Das soll nun keineswegs heißen, dass seine Dichtung die bloße Realisierung abstrakter philosophischer Gedanken wäre und umgekehrt sich auf ein abstraktes Gerüst reduzieren ließe. Dazu ist Hölderlins Sprache viel zu kompakt, komprimiert und intensiv, viel zu vieldeutig, symbolisch und mythologisch. Gleichwohl erschließt sich seine Dichtung nur, wenn man ihren philosophischen Hintergrund kennt. So sollen in einem *ersten* Schritt im Blick auf die hier interessierende Naturthematik Hölderlins philosophische Weltanschauung expliziert und ihre immanenten Denkfiguren herausgearbeitet werden – Denkfigur ist der geeignete Ausdruck für die triadische bzw. quaternäre Struktur der idealistischen Philosophie –, in einem *zweiten* Schritt sollen dann die Aussagen der Dichtung in dieses Schema eingezeichnet werden.

b) Hölderlins Philosophie

Hölderlins Weltbild beruht auf einer Erfahrung, die als solche keineswegs neu, sondern seit alters Inhalt vieler Religionen und Mythen ist: auf der Vertreibung des Menschen aus dem Paradies, auf dem Verlust der ursprünglichen Einheit, der schmerzvollen Erfahrung der Abspaltung, Besonderung, Vereinzelung, Individuation und auf dem Wunsch nach Rückkehr zur Einheit. Den Grund für die Trennung sieht Hölderlin mehr in einem Seinsgeschick denn in einer schuldhaften Verfehlung des Menschen, wie sie aus der christlichen Tradition bekannt ist.[131] Dass diese Vorstellung zu Hölderlins Zeit neu erscheinen konnte, hängt mit den damals dominierenden philosophischen Richtungen und Theorien zusammen, insbesondere mit der von Kant initiierten und von Fichte in der *Grundlage der gesamten Wissenschaftslehre* von 1794/95 auf die Spitze getriebenen Vorrangstellung des Ich, das nicht nur selbstbewusst, sondern auch selbstherrlich, gottgleich, durch eigene Aktivität und Setzungsakte die Differenz, nämlich den Grundgegensatz von Ich und Nicht-Ich, von Geist und Natur, hervorbringt. Für Fichte hat das Ich *qua* Selbstbewusstsein – zumindest in der Frühphilosophie – den höchsten Rang und die Stellung des Absoluten inne; aus ihm gehen alle Differenzen und Gegensätze durch Selbstproduktion und Selbstdifferenzierung hervor. Mit dieser These erwies sich Fichte als typischer Vertreter der neuzeitlichen Subjektivitätstheorie. Die Natur, sonst Gegebenheit und Vorfindlichkeit für das Ich, die von diesem als Relat hingenommen wurde, erwies sich hier als Produkt eines Setzungsaktes des Ich. Damit ging sie ihres Ansichseins verlustig, wurde ihres Eigenwertes beraubt und degradierte zu einem vom Ich abhängigen bloßen Nicht-Ich, wie es schon der Name anzeigt. Dem stand Hölderlins Überzeugung entgegen, mit der er Fichte-kritisch und Fichte überholend den metaphysischen Monismus bzw. absoluten Idealismus einleitete, dass nicht das Ich, sondern das Sein die Stellung und Funktion eines ursprünglichen Einheits- und Differenzgrundes habe, wobei sich Hölderlin eines Terminus bediente, der aus der spinozistischen Tradition stammte und somit die Anlehnung an diese verrät. Spinoza nämlich hatte das Absolute als Substanz (= Sein) oder als Natur bezeichnet gegenüber den Akzidenzien von *res extensa* und *res cogitans*.

Die philosophische Begründung für Hölderlins Konzeption gab die Überlegung ab, dass Fichtes Ich, welches nur sinnvoll ist, wenn es als Selbstbewusstsein verstanden wird und damit als Selbstbeziehung (also wenn es sich auf sich bezieht), eine zweistellige Relation bildet, deren Relata trotz aller Identität funktional als Subjekt und Objekt unterschieden bleiben. Ein Ich, dessen Identität auf einer Relation zwischen Unterschiedenen beruht, also eine Relationseinheit darstellt, kann unmöglich die ursprüngliche, einfache, differenzlose, athetische Einheit sein, da diese weder als Relation noch als Relat einer Relation – sei es als Gegenstand des Bewusstseins oder als Bewusstsein selbst – gedacht werden kann. Da sie allem Denken und seiner Relationalität vorausliegt, muss sie »bewusstlos« sein. Der Name »Sein« eignet sich daher besser als jeder andere zur Explikation dieses Unvordenklichen, wobei Sein hier nicht im Sinne des Gegenstandseins für ein Bewusstsein und somit als Relat einer Bewusstseinsrelation genommen wird.

Diese Position hat Hölderlin in dem schon erwähnten, nur zwei Seiten umfassenden Systemfragment niedergelegt, das auf das Vorsatzblatt eines Buches geschrieben ist und unter dem von Friedrich Beißner stammenden Titel *Urteil und Sein* bekannt ist.[132] Der Titel überrascht zunächst, würde man doch umgekehrt entsprechend der genealogischen Folge und ontologischen Dependenz den Ausgang vom Sein und erst dann den Übergang zum Urteil erwarten, zumal Urteil hier im Sinne von Ur-Teilung, von ursprünglicher Teilung, gemeint ist, wie sie durch die Reflexion geschieht. Hölderlin rekurriert hier auf die ursprüngliche Etymologie des Wortes, die bis heute mitschwingt und das genaue Gegenteil zur logischen Bedeutung von Urteil als einer Verbindung von Subjekt- und Prädikatbegriff bezeichnet. Unter Berufung auf den sachlichen Gang wird daher in der Literatur auch die These vertreten, dass Hölderlin tatsächlich mit dem Sein begonnen habe, was sich nicht zuletzt aufgrund der Überlieferungslage und der Art der Niederschrift nahelegt. Da die Skizze auf einem Vorsatzblatt niedergeschrieben ist, dürfte es nicht unwahrscheinlich sein, dass Hölderlin zunächst auf der dem Titel gegenüberliegenden Seite begonnen und dann, als die Seite nicht ausreichte, auf der Vorderseite die Ausführungen fortgesetzt hat.

Allerdings macht auch die jetzige Folge Sinn, wenn man bedenkt, dass sich die menschliche Existenz immer schon und unübersteigbar im Geteilten, Zersplitterten, Differenzierten und Gegensätzlichen findet. Die ursprüngliche Einheit und ihr Teilungsgeschehen liegen dem Menschen voraus; er findet sich immer schon im Resultat der Teilung, im Geteilten. Die Teilung selbst entzieht sich seiner Einsicht und kann von seiner Warte aus nicht mehr eingeholt werden. Mit dieser Konzeption antizipiert Hölderlin nicht nur die These der fichteschen Spätphilosophie ab 1800, wonach dem Absoluten bei seiner Teilung – von Fichte »Selbstkonstruktion« genannt – nicht zugeschaut werden kann,[133] desgleichen in formaler, wenn auch nicht in sachlicher Hinsicht die Hegeische Wendung in der *Wissenschaft der Logik*, den Übergang vom Sein zum Nichts betreffend, der sprunghaft geschieht oder, besser, immer schon geschehen ist[134] und nur noch vermeint werden kann,[135] sondern auch die typisch moderne Auffassung, wie sie sich bei Theodor W. Adorno und Franz Kafka findet, dass das, was uns in die Welt hineinführt, aus dieser nicht mehr herausführt, also von dieser aus nicht mehr erreicht werden kann.

Damit hängt freilich eine Schwierigkeit zusammen, nämlich die, wie innerhalb der derivativen Sphäre der Trennung, Teilung und Gegensätzlichkeit überhaupt noch von der ursprünglichen Einheit gewusst werden kann, zumal sich diese Einheit im strengen und eigentlichen Sinne der Erkenntnis entzieht. Zwar wird unterstellt, dass die Einheit der Ermöglichungsgrund der Erkenntnis und der Erkenntnisrelation sei, selber aber stellt sie das unvordenkliche Sein dar. So bleibt entweder nur die Einbildung und Fiktion einer solchen Einheit, die über den Status der Irrealität nicht hinauskommt, oder, worauf Hölderlin in Fortsetzung kantischer Gedankengänge abzielt, da er von der Gewissheit der Einheit überzeugt ist, die intellektuelle Anschauung als Grenzbegriff unserer Erkenntnis.

Es war diese Schwierigkeit, die Hegel zur Absetzung von Hölderlin und zur Ausarbeitung seiner eigenen Konzeption führte, die unter

Verzicht auf jede vorausgesetzte und neben der Trennung bestehen bleibende Einheit diese nur noch in dem Relationsgeflecht der getrennten und gegensätzlichen Glieder verwirklicht sieht. Bei ihm geht die Einheit gänzlich in die Getrennten ein und in ihnen auf; sie realisiert sich in deren wechselseitiger Bezogenheit. »Versöhnung ist mitten im Streit und alles Getrennte findet sich wieder«,[136] so lässt sich diese Position Hegels mit Worten Hölderlins aus dem *Hyperion* charakterisieren, die anzeigen, dass auch Hölderlin diese Position nicht fremd ist, wenngleich er an der vorausgesetzten und vorausgehenden Einheit festhält. Streit ist Versöhnung, Divergenz *ist* Einheit. Dies ist pointiert Hegels These. Hegels gesamte Bestimmungen in der *Wissenschaft der Logik* basieren auf diesem Fundamentalgedanken, der die Einheit der Relata nicht aus einem transzendenten Verbindungsprinzip, einem sogenannten Metaprinzip, erklärt, sondern aus ihrer Beziehung aufeinander, und zwar so, dass jedes der Relata das andere in sich enthält, mithin als Teil die ganze Relation repräsentiert und infolgedessen mit seinem Pendant, von dem dasselbe gilt, zusammenfällt und so Verbindung und Einheit konstituiert. Das Sein zu Beginn der *Wissenschaft der Logik* ist aufgrund seiner Unbestimmtheit und Leere zugleich das Nichts und dies dasselbe wie das unbestimmte, leere Sein, beide somit, was das jeweilige Pendant ist. Dieselbe Struktur findet sich in der Wesenslogik bei den Relationsbegriffen »Identität« und »Differenz«, von denen jeder das Gegenteil schon impliziert: Identität, indem sie als Beziehung auf sich Differenz und Gegensätzlichkeit einschließt, und Differenz, indem sie als solche, d. h. als Unterschiedenheit von anderem, mit sich identisch ist. Ähnlich verhält es sich mit dem Wesen und seinen Gegensätzen, dem Positiven und dem Negativen, von denen jedes trotz der Entgegensetzung seinen Gegenbegriff enthält, so dass ein Wechsel zwischen ihnen zugleich ein Wechsel zwischen Identischen ist und nicht etwa ein Wechsel in Bezug auf einen Urgrund.

Mit dieser Konzeption, die die Einheit als organische Einheit auf der Basis einer Wechselbeziehung der Relata vorstellt ohne Zuhilfenahme eines anderen Einheitsprinzips, entzieht sich Hegel der Ursprungskonzeption Hölderlins und seinen Schwierigkeiten. Man könnte seine Position als »pantheistische« von der »theistischen« Hölderlins abgrenzen, wenn man darunter versteht, dass das Göttliche im einen Falle ganz in das Weltliche ein- und in ihm aufgeht, im anderen Falle nicht.

Hölderlins Konzeption, wie sie aus *Urteil und Sein* hervorgeht, macht Gebrauch von einem dyadischen Schema der Einteilung in einen Seinsbereich und einen, der durch Urteilung bestimmt ist. Letzterer zeigt an, dass in ihm eine Teilung besteht, und zwar letztlich eine Aufteilung in Gegensätze, mögen sie durch die Termini »Objekt und

Subjekt«, »Natur und Geist«, »Natur und Freiheit«, »Natur und Kunst« (bzw. »Sprache«, »Kultur«, »Technik«) oder wie immer bezeichnet werden. An die Stelle des dyadischen Einteilungsschemas tritt damit im Grunde ein triadisches. Aber auch hiermit hat es nicht sein Bewenden; die letzte Gliederungsstruktur ist eine Vierteilung; denn im Bereich des Endlichen, des Geteilten und Gegensätzlichen gibt es ein Abbild, einen Widerschein der ursprünglichen Einheit, und zwar im Phänomen der Schönheit und der darauf basierenden Kunst.

Unter Berufung auf Platons Theorie des Schönen aus dem *Symposion* ist auch für Hölderlin die diesseitige, irdische, leibliche Schönheit eine Versinnlichung der geistigen, idealen Schönheit, die Grund aller Schönheit ist. Mit wechselnden Begriffen lässt sie sich beschreiben als Naturschönheit, d. h. als Verkörperung der geistigen Schönheit, oder als sinnlich gewordene Sittlichkeit, d. h. als Pflicht, die aus Neigung geschieht, u. ä. Typisch ist allemal der Verweis auf den transzendenten Grund, der als Ursprung des abbildlichen Glanzes fungiert. Von Platons Theorie unterscheidet sich Hölderlins allerdings durch die Kombination des Ästhetischen mit der Gegensatztheorie, ist doch für Hölderlin Schönheit Vereinigung von Gegensätzen, Ausgleich und Harmonie, was so von Platon nicht gesagt werden kann, zumindest nicht explizit. Zumal es sich bei den Gegensätzen nicht um feststehende handelt, sondern um gegensätzliche Lebenstendenzen und -bestrebungen, ist ihr harmonischer Ausgleich kein definitiver, statischer Zustand, sondern allenfalls ein vorläufiger, labiler mit dem Hin- und Herschwanken und Schweben zwischen den Gegensätzen. Die irdische Schönheit stellt sich dar als ein dynamisches Phänomen, das auf eine definitive Verwirklichung im Unendlichen weist. Im irdischen Bereich tritt sie auf als ein unendlicher, unabschließbarer Prozess, dessen Ziel unerreichbar, lediglich anstrebbar ist. Diese Konstellation erweist die Schönheit als von komplexerer, reicherer Struktur als die ursprüngliche Einheit, deren Erinnnerung im Endlichen sie wachhält und deren Erwartung im Unendlichen sie ist. Zur ursprünglichen, einfachen Einheit, die aller Teilung und Gegensätzlichkeit vorausliegt, verhält sich die Schönheit wie eine abgeleitete, relationale Einheit, die die gegensätzlichen Teile und Tendenzen in sich vereint und zum Ausgleich bringt. Mittels hegelscher Begriffspaare lassen sich die beiden Einheiten auch als »einfache Unmittelbarkeit« und »vermittelte Unmittelbarkeit« oder als »Ansich« und »Fürsich« beschreiben oder allgemein als »Einheit« und »Ganzheit«, »Unio« und »Synthesis«. Nicht unangemessen ist Hölderlins Ausdruck, wenn er im Thalia-Fragment des *Hyperion* von »zwei Ideale[n] unseres Daseyns« spricht: einem »Zustand der höchsten Einfalt« und einem »Zustand der höchsten Bildung«.[137]

Während Hegel in der sinnlichen Schönheit und der auf ihr basierenden Ästhetik nur eine Vorstufe zum absoluten Wissen sieht, insofern sie auf Erscheinung und Schein beruht und an Anschauung, Vorstellung, Meinung appelliert, nicht durchgängig an Begrifflichkeit, erblickt Hölderlin in ihr das Höchste, das gegenüber der ursprünglichen Einheit einen Fortschritt und eine entwickeltere Stufe darstellt. Damit hängt die Bewertung der Abfolge von ursprünglicher Einheit, Urteilung und Schönheit als abgeleiteter Einheit zusammen, die nicht einfach als Dekadenz abgestempelt wird, nämlich als Verlust eines ausschließlich positiven Zustands, sowie als Rückgängigmachung desselben und Wiederholung der ursprünglichen Einheit, sondern als Weiterentwicklung zu einer idealen Einheit, die notwendig durch die Trennung und Entfaltung der Gegensätze hindurchführt.

Im Kontext der Ausarbeitung des Begriffs der Schönheit werden für Hölderlin zwei weitere Begriffe wichtig, nämlich Andenken und Erinnerung, mittels deren das Ganze der harmonischen Gegensätzlichkeit vor Augen geführt werden soll, dergestalt dass sie retrospektiv das Vergangene festhalten und bewahren und prospektiv es mit dem Neuen und Erahnten verbinden, das aus den wechselnden Lebenstendenzen resultiert. Indem sie so Vergangenheit, Gegenwart und Zukunft verknüpfen, ermöglichen sie im signifikanten Augenblick der Kunst den Anblick des Ganzen.

Hölderlins Konzeption der Erinnerung wird noch deutlicher, wenn man sie von der hegelschen abgrenzt; denn auch für Hegel spielt dieser Begriff eine Rolle.[138] Indem Hegel Erinnerung als Er-Innern, d. h. ins Innere Gehen, deutet, versteht er darunter die Hineinnahme des Äußeren in die Innerlichkeit des vorstellenden Geistes und damit die Anverwandlung desselben, das Überholen des Ansichseins des Vergangenen, wodurch es eine neue Weise der Zugehörigkeit zum Ich bzw. zum Allgemeinen der Intelligenz erlangt, die sich in einer freien Verfügbarkeit äußert. Bei Hölderlin hingegen bedeutet Erinnerung nicht Verwandlung und Überholung, sondern Bewahrung des Vergangenen in seiner Eigenart und Treue Halten. Andenken heißt, wie Walther Rehm sich ausgedrückt hat, »Dank als wissendes Denken, als inniges Gedenken und als Andacht«.[139] Erinnerung und Andenken des Vergangenen verbinden sich mit der Antizipation des Neuen und halten so das Ganze präsent.

Der zuletzt skizzierte harmonische Ausgleich der Gegensätze von Natur und Geist, Objekt und Subjekt, Anschauung und Reflexion in der Schönheit und Kunst ist Gegenstand einer Abhandlung, die von Franz Rosenzweig als »das älteste Systemprogramm des deutschen Idealismus«[140] bezeichnet wurde und eine Ergänzung zum ersten Teil unserer Ausführungen darstellt. Das Blatt vom Ende des Jahres 1796 bzw. Anfang des Jahres 1797 stammt aus Hegels Hand und ist vermutlich eine Abschrift eines sehr gedrängten Systementwurfs Schellings. Dass die eigentliche Urheberschaft jedoch nicht bei Schelling, sondern bei Hölderlin zu suchen ist, vermutet Ernst Cassirer[141] – eine These, die nicht ganz unwahrscheinlich ist, da Schelling eine Meisterschaft im Transponieren fremden Gedankengutes besaß und zudem seine naturphilosophische Position der hölderlinschen nahe stand. Wer immer der Urheber gewesen sein mag, die Schrift stammt aus dem Umkreis Hölderlins.

Das Blatt, das ein »vollständiges System aller Ideen« – gemeint sind theoretische, ethische und ästhetische Ideen – enthält, beginnt mit einer Fichte-Kritik, insofern nach dem hier entwickelten Plan »mit dem freyen, selbstbewußten Wesen … zugleich eine ganze *Welt* – aus dem Nichts hervor [tritt]«.[142] Nicht wird die Welt oder Natur aus dem Ich freigesetzt, wie Fichte dies behauptet, sondern sie tritt gleichzeitig mit dem Ich auf. Diese Selbstständigkeit der Natur in Bezug auf das Ich wird zum Ausgang der neuen Naturphilosophie, wie sie bei Hölderlin, Schelling und Hegel, wenngleich auf verschiedene Weise, hervortritt. Was die Gestaltung dieser neuen Naturphilosophie betrifft, »einer Physik im Großen«,[143] die nicht an Experimenten langsam und mühsam voranschreitet, so soll die Erfahrung die Daten liefern und die Philosophie die Ideen. Ebenso neuartig wie die Strukturierung des theoretischen Gebietes soll auch die des praktischen Gebietes vermittels der Ideen der moralischen Welt sein. Über diesen Ideen, sie überragend und zusammenfassend, steht die Idee der Schönheit. In ihr sind die theoretische Idee der Wahrheit und die ethische des Guten verschwistert, so dass beide Momente der Schönheit bilden. Der Primat des Ästhetischen wird betont; aus ihm leitet sich eine neue Mythologie ab – eine »Mythologie der *Vernunft*«[144] –, die die Abstraktion der Spekulation aufheben, letztere konkreter machen und so dem Volk näherbringen soll. Hier begegnen wir einem Hinweis, der nicht nur in Schelling später Philosophie, der *Philosophie der Mythologie und der Offenbarung*, eine Konkretion erfahren hat, sondern auch in Hölderlins ästhetischer Weltanschauung, für die die Gegensätze: Philosophie und Dichtung, gedankliche Reflexion und sinnliche Anschauung letztlich zusammengehen. In dieser These von Philosophie als Dichtung oder der Überführung der Philosophie in Dichtung konnte Heidegger einen Ansatzpunkt für seine eigene Philosophiekonzeption und für die Nähe zu Hölderlin erblicken.[145]

Überblickt man Hölderlins gedankliches Schema, insbesondere das Viererschema, das eine ursprüngliche Einheit bzw., in spinozistischer Terminologie, Natur voraussetzt, welche in die Differenz und Gegensätzlichkeit von Natur und Kunst übergeht und in der Kunst die letzte und höchste Vereinigung der Gegensätze findet, so fällt bei der Besetzung der Glieder die zweifache Doppelung auf, derzufolge einmal Natur als Ganzes und als Teil erscheint, dann auch Kunst als Teil und als Ganzes. Hieraus resultiert eine Verschiebung des zunächst statisch gedachten Viererschemas, indem jeweils das eine Relat der zweistelligen Relation: Natur – Kunst sich dem Ursprung bzw. dem Resultat verwandter zeigt: Natur dem Ursprung, die Kunst dem Resultat.

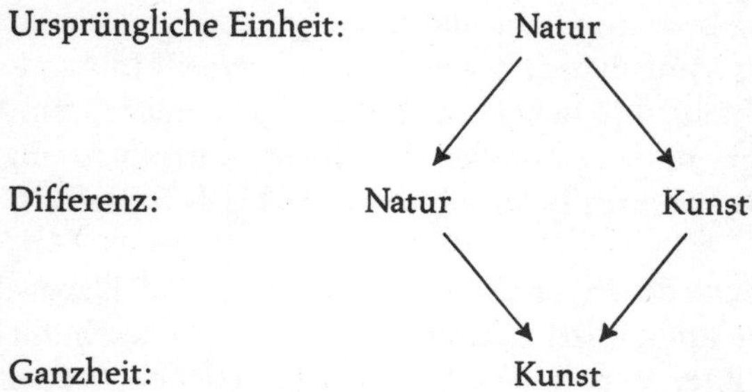

Mit dem Hervorgang der Glieder aus der ursprünglichen Einheit und ihrer Entgegensetzung tritt eine Ambivalenz in der Bewertung ein, so dass jedes nicht nur als positiv, sondern auch als negativ erscheint – letzteres freilich immer nur relativ, da die gemeinsame Herkunft und die Verheißung der Rückkehr nie ganz verloren gehen. So tritt Natur nicht nur als allbeseelte und allbelebte, göttlich durchwaltete auf, nicht nur als heimatliches Gefilde, vertraute Landschaft, bergende, schützende Macht, sondern auch als wilde, ungezähmte, entfremdete Natur, wie sie in Eismeer und Wüste begegnet, und ebenso repräsentiert Kunst nicht nur die in der Schönheit sich manifestierende Harmonie und Ganzheit, sondern, in ihrer Verselbständigung gegenüber der Natur, auch die fremde, feindselige, isolierte Abstraktion, die sich der Natur gegenüber als herrschsüchtig geriert. Die Verselbstständigung und Isolation der Momente aus dem Verbund zeigt die Gefahren auf, die resultieren, wenn die notwendige Angewiesenheit aufeinander und Zusammengehörigkeit missachtet wird.

Und noch einen letzten Aspekt gilt es im Blick auf den schematischen Abriss zu beachten, nämlich die Möglichkeit einer Temporalisierung des Ganzen. Wenn das Schema bislang als statisches betrachtet wurde, das ontologische Dependenzen aufzeigte, so kann dasselbe im geschichtsphilosophischen und mythologischen Kontext auch als zeitliche Abfolge auftreten, nämlich als Abfolge von Zeitaltern, welche mit dem Goldenen Zeitalter, dem Zeitalter des Friedens, beginnt, gefolgt vom Zeitalter des Streites und schließlich dem Verweis auf ein neues, zukünftiges Zeitalter geeinter Gegensätze. Obwohl der Prozess dann einen Abfall, Verlust und Abschied nahelegt, welche von Trauer begleitet sind, mithin eine Krise bezeichnet, wird der ursprüngliche Zustand von Hölderlin nicht einfach einseitig wie in der zeitgenössischen Literatur als absolut heiler Zustand und eigentliche Sittlichkeit gelobt, so bei Geßner, Voß, Maler – die entgegengesetzte Annahme ginge von einem rohen, unkultivierten, barbarischen Zustand aus, so Gottsched, und bewertete den darauffolgenden Prozess als positiv[146] –, eher lässt sich der ganze Prozess mit Hegels Begriffen derart beschreiben, dass der Ausgang zwar vom Absoluten erfolgt, aber von einem einseitigen Absoluten, nämlich einem Absoluten in seiner Unmittelbarkeit, seinem Ansichsein, und daher erst durch die Differenzen hindurch zum vollendeten, für sich seienden Absoluten führt. Es ist ein schicksalhafter Prozess, mit dem sich Hölderlin an Hegels Schicksalstheorie anlehnt.

Nicht nur die verschiedenen ontologischen Stadien und Dependenzstufen können temporalisiert auftreten, dasselbe gilt auch für Natur und Kunst in ihrer Verselbstständigung und Isolation, wobei Natur dann als der ursprünglichere, rohe, barbarische Zustand und Kunst als der spätere, abgeleitete, dekadente dargestellt wird.

c) Hölderlins Dichtung

Im Folgenden geht es darum, in das schematische Vierergerüst, bestehend aus ursprünglicher Einheit, getrennten, gegensätzlichen Gliedern und der Schönheit als Sinnbild der Einheit, Hölderlins dichterische Ausdrucksformen einzuzeichnen, wobei das anfangs erwähnte Verhältnis zwischen abstrakter philosophischer Spekulation und konkreter dichterischer Fülle zu beachten ist.

Natur als Symbol der ursprünglichen Einheit[147]

Die Metaphern, Symbole und Ausdrucksformen, die Hölderlin zur Kennzeichnung des für immer verlorenen Ursprungs-Einen benutzt, sind vielfältiger Art. Im *Hyperion*, einem in mehreren Fassungen vorliegenden Briefroman in der Nachfolge von Goethes *Werther*, nimmt die ferne Vergangenheit, die Antike, das klassische Griechenland die Funktion ein, diesen Zustand zu repräsentieren, was mit der damaligen Gräkophilie zusammenhängt, die seit Winckelmanns Entdeckung der Antike und ihrer Beschreibung als »edle Einfalt und stille Größe«[148] die Klassik bestimmte. Hyperion, ein Jüngling, trauert im Angesicht der Verarmung und Dürftigkeit seines Volkes, des gegenwärtigen Griechenlands, der Vollkommenheit der Antike nach, in der die Menschen nicht nur untereinander, sondern auch mit der Natur und den Göttern eins waren und durch ein Band der Liebe, Güte und Schönheit geeint waren. Der Verlust erscheint ihm um so schmerzlicher, als er sich der Unwiederbringlichkeit des einstigen Zustands bewusst ist. Gleichwohl ersehnt er eine bessere Zukunft, eine Erneuerung der Lebens- und Liebesgemeinschaft von Menschen, Natur und Göttern in einem erneuerten Volke. Hier dient der Rückgriff auf eine idealisierte frühe Epoche, auf das antike Griechenland, der Explikation des ursprünglichen Zustands. Die Vergangenheit einer Epoche und ihre Beziehung zur Gegenwart und Zukunft stehen im Dienste einer symbolischen Ordnung.

Dass das antike Griechenland bei der Repräsentation der ursprünglichen Einheit nur eine kontingente Rolle spielt, d. h. ein Beispiel unter anderen möglichen ist, geht daraus hervor, dass auch andere Bilder diese Funktion übernehmen können, z. B. Arkadien, das Kind, die goldene Frucht, die Natur usw. Im einen Falle sind es Anfangszustände der Menschheitsgeschichte oder des einzelnen menschlichen Lebens, im anderen Fall Natursymbole oder die Natur selbst. Beide können auch in Kombination diese ontologische und mythologische Ursprungsdimension bezeichnen. In jedem Falle sind es idealisierende Metaphern, wie die goldene Farbe der Frucht oder die goldene Aura des Goldenen Zeitalters oder der Topos »Arkadien« aus der Schäferdichtung, die einen unwirklichen und unwiederbringlichen Zustand anzeigen.

In dem Gedicht *An die Unerkannte* von 1796, deren Identität nicht gelüftet wird, treten die bisher genannten Symbole zusammen im Verweis auf die Ursprungsdimension – das Ureine – auf:

> »Die das Eine, das im Raum der Sterne,
> Das du suchst in aller Zeiten Ferne,
> Unter Stürmen, auf verwegner Fahrt,
> Das kein sterblicher Verstand ersonnen,
> Keine, keine Tugend noch gewonnen,
> Die des Friedens goldne Frucht bewahrt?«[149]

Im *Hyperion* ist es außer dem antiken Griechenland die ursprüngliche Natur, die immer wieder angerufen und als Symbol der Alleinheit, des Alllebens und der Harmonie benutzt wird. Eine der schönsten Stellen findet sich im naturpantheistischen Hymnus am Ende des *Hyperion*, wo der Held sich ans Herz der allmächtigen Natur flüchtet, um in ihr Frieden zu finden.

> »Und wenn ich oft des Morgens, wie die Kranken zum Heilquell, auf den Gipfel des Gebirgs stieg, durch die schlafenden Blumen, aber vom süßen Schlummer gesättiget, neben mir die lieben Vögel aus dem Busche flogen, im Zwielicht taumelnd und begierig nach dem Tag, und

die regere Luft nun schon die Gebete der Thäler, die Stimmen der Herde und die Töne der Morgengloken herauftrug, und jezt das hohe Licht, das göttlichheitre den gewohnten Pfad daherkam, die Erde bezaubernd mit unsterblichem Leben, das ihr Herz erwarmt' und all' ihre Kinder wieder sich fühlten – o wie der Mond, der noch am Himmel blieb, die Lust des Tags zu theilen, so stand ich Einsamer dann auch über den Ebnen und weinte Liebesthränen zu den Ufern hinab und den glänzenden Gewässern und konnte lange das Auge nicht wenden.

Oder des Abends, wenn ich fern ins Thal hinein gerieth, zur Wiege des Quells, wo rings die dunkeln Eichhöhn mich umrauschten, mich, wie einen Heiligsterbenden, in ihren Frieden die Natur begrub, wenn nun die Erd' ein Schatte war, und unsichtbares Leben durch die Zweige säuselte, durch die Gipfel, und über den Gipfeln still die Abendwolke stand, ein glänzend Gebirg, wovon herab zu mir des Himmels Stralen, wie die Wasserbäche flossen, um den durstigen Wanderer zu tränken –

O Sonne, o ihr Lüfte, rief ich dann, bei euch allein noch lebt mein Herz, wie unter Brüdern!

So gab ich mehr und mehr der seeligen Natur mich hin und fast zu endlos. Wär' ich so gerne doch zum Kinde geworden, um ihr näher zu seyn, hätt' ich so gern doch weniger gewußt und wäre geworden, wie der reine Lichtstral, um ihr näher zu seyn! o einen Augenblick in ihrem Frieden, ihrer Schöne mich zu fühlen, wie viel mehr galt es vor mir, als Jahre voll Gedanken, als alle Versuche der allesversuchenden Menschen! Wie Eis, zerschmolz, was ich gelernt, was ich gethan im Leben, und alle Entwürfe der Jugend verhallten in mir; und o ihr Lieben, die ihr ferne seid, ihr Todten und ihr Lebenden, wie innig Eines waren wir!«[150]

Unter Bezugnahme auf pantheistische Vorstellungen wird die Natur als allbeseelt und allbelebt aufgefasst. Ihr Allleben, ihre Alleinheit sind Ausdruck der Ursprungseinheit. Im Zustand der verlorenen Einheit, der Zerrissenheit und Entfremdung, die mit der Reflexion in die Welt kommt, bleibt nur die Sehnsucht, das All-Eine wiederzugewinnen und in ihm aufzugehen, wie dies von Hyperion geschildert wird:

»Eines zu seyn mit Allem, das ist Leben der Gottheit, das ist der Himmel der Menschen.

Eines zu seyn mit Allem, was lebt, in seeliger Selbstvergessenheit wiederzukehren in's All der Natur, das ist Gipfel der Gedanken und Freuden, das ist die heilige Bergeshöhe, der Ort der ewigen Ruhe, wo der Mittag seine Schwüle und der Donner seine Stimme verliert und das kochende Meer der Wooge des Kornfelds gleicht ...

Auf dieser Höhe steh' ich oft, mein Bellarmin! Aber ein Moment des Besinnens wirft mich herab. Ich denke nach und finde mich, wie ich zuvor war, allein, mit allen Schmerzen der Sterblichkeit, und meines Herzens Asyl, die ewigeinige Welt, ist hin; die Natur verschließt die Arme, und ich stehe, wie ein Fremdling, vor ihr, und verstehe sie nicht.«[151]

Aufgehen im All-Einen ist Sehnsucht nach Entgrenzung, nach Entindividuation; denn mit der Reflexion ist Bestimmung und Begrenzung und mit dieser Individuation verbunden, mit der Einschränkung aber Leiden an den Grenzen der Endlichkeit. Das Motiv zur Befreiung von der irdischen Gebundenheit und Beschränkung, von den Fesseln und der Last der einseitigen Existenz, das schon in Goethes Gedicht *Eins und alles* anklingt:

»Im Grenzenlosen sich zu finden, Wird gern der Einzelne verschwinden ...«,[152]

kehrt im *Hyperion* wieder.

Die Alleinheit der Natur schließt eine Metempsychose, eine Inkarnation in diverse Individuen, den Übergang von einem Wesen in das andere, ein. So sagt Diotima im *Hyperion*:

»... ich hab' es gefühlt, das Leben der Natur, das höher ist, denn alle Gedanken – wenn ich auch zur Pflanze würde, wäre denn der Schade so groß? – Ich werde seyn. Wie sollt' ich mich verlieren aus der Sphäre des Lebens, worinn die ewige Liebe, die allen gemein ist, die Naturen alle zusammenhält? wie sollt ich scheiden aus dem Bunde, der die Wesen alle verknüpft? Der bricht so leicht nicht, wie die losen Bande dieser Zeit ... Nein! bei dem Geiste, der uns einiget, bei dem Gottesgeiste, der jedem eigen ist und allen gemein! nein! nein! im Bunde der Natur ist Treue kein Traum. Wir trennen uns nur, um inniger einig zu seyn, göttlicher friedlich mit allem, mit uns. Wir sterben, um zu leben.«[153]

Und auch von Hyperion heißt es, dass er bereit sei, »Jahrtausende lang die Sterne [zu] durchwandern, in alle Formen … [sich zu] kleiden, in alle Sprachen des Lebens«, um Diotima »Einmal wieder zu begegnen«.[154] Keine persönliche Unsterblichkeit wird hier proklamiert, sondern im Gegenteil ein unpersönliches, allgemeines, ewiges Leben, das mit allem identisch ist.

Sieht man sich die Beschreibungsweisen der Natur genauer an, durch die die Ureinheit ausgedrückt wird, so fällt auf, dass der Akzent auf Einigkeit, Innigkeit, Innerlichkeit liegt, nicht auf Gliederung, Organisation und Harmonie von Gegensätzen. Die Ureinheit ist noch einfache Einheit, die vor aller Gliederung und Strukturierung liegt, welche letztere erst mit der Reflexion und Kunst hineinkommen und einen fortgeschritteneren, explizierteren Zustand anzeigen. Wenn die ursprüngliche Einheit bzw. Natur beschrieben wird, so geschieht dies durch Attribute wie Unwandelbarkeit, Friede u. ä. Sie sind vom gegenwärtigen, negativen Zustand der Geteiltheit und Zerrissenheit, der Widerstrebigkeit der Lebenstendenzen gesehen, der mit Wandel, Veränderung und Unruhe verbunden ist. Dort, wo es die Spaltung noch nicht gibt, ist alles miteinander ausgeglichen, ruhig und befriedet. Die von Hölderlin häufig gebrauchte Metapher des Friedens für die Ursprungsdimension setzt die christliche Formel vom »Frieden Gottes, welcher höher ist denn alle Vernunft«[155] fort.

Nicht nur die Natur im Ganzen und Allgemeinen, sondern auch die einzelnen Naturelemente: Erde, Wasser, Luft und Feuer sowie die ihnen zugehörigen Elementarbereiche der Erde, des Meeres, des Äthers, des Himmels können bei Hölderlin die Funktion der Repräsentation der ursprünglichen Einheit übernehmen. Die vier Elemente, die schon seit der Antike eine besondere Rolle spielen, treten bei ihm unter den Namen: Erde, Meer, Äther, Licht u. ä. auf. In der Hymne *Am Quell der Donau* ist es das »heilige Licht«, das das Göttliche auf die Erde bringt, und sein »kühlerer Strahl«, der den Geist herabführt.[156] In der Ode *Chiron* heißt es:

> »Wo bist du, Nachdenkliches! das immer muß
> Zur Seite gehn, zu Zeiten, wo bist du, Licht?«[157]

Im Gedicht *Der Archipelagus* werden neben Licht und Donner die Woge des Meergottes und der Äther genannt:

> »Aber droben das Licht, es spricht noch heute zu
>   Menschen,
> Schöner Deutungen voll und des großen Donnerers
>   Stimme

Ruft es: denket ihr mein? und die trauernde Woge des Meergotts
Hallt es wider: gedenket ihr nimmer meiner, wie vormals?
... und über Bergen der Heimath
Ruht und waltet und lebt allgegenwärtig der Aether,
Daß ein liebendes Volk in des Vaters Armen gesammelt,
Menschlich freudig, wie sonst, und Ein Geist allen gemein sei.«[158]

Und im *Hyperion*-Fragment sind es Äther und Meer, die als heilig angesprochen werden:

»Ich weis nicht, wie mir geschieht, wenn ich sie ansehe, diese unergründliche Natur; aber es sind heilige seelige Thränen, die ich weine vor der verschleierten Geliebten ... Verloren ins weite Blau, blik' ich oft hinauf an den Aether, und hinein ins heilige Meer, und mir wird, als schlösse sich die Pforte des Unsichtbaren mir auf und ich verginge mit allem, was um mich ist ...«[159]

Es ist klar, dass Licht, Äther, Meer u. ä. hier nicht als physikalische Elemente genommen werden, sondern als mythologische Bestandteile. Licht fungiert schon seit Platons Sonnengleichnis als Ermöglichungsgrund des Sehens und Gesehenwerdens und als Metapher des Erkennens und Erkanntwerdens, als jenes Prinzip, das sowohl das sinnliche wie das geistige Auge zum Gegenstand durchdringen und diesen sehen lässt bzw. umgekehrt den Gegenstand erhellt und für das Auge sichtbar macht. Kurzum, Licht im Sinne von Helle ist Vermittlungsprinzip. Auch vom Äther gilt, dass er alle Lebewesen umfängt und als Atem durchströmt und damit in eindringlicher Weise von der Berührung und Verbundenheit der Menschen und aller anderen Wesen mit dem umfangenden Dasein zeugt. Er wirkt im Leben der Pflanzen wie der Tiere wie der Menschen gleichermaßen und weckt in ihnen die Sehnsucht nach der ursprünglichen Zusammengehörigkeit und Einheit. Das naturhaft elementarische Leben pulsiert hier in das Geistig-Seelische hinein, so dass das Innenleben erst von der Natur her sichtbar wird und daher zum Anruf drängt. Und für das Meer, Symbol einerseits des Verbindenden, andererseits des unendlich Entgrenzenden, ist auch klar, dass es nicht nur elementarer physischer Stoff, sondern Verkörperung der Einheit von Physischem und Geistigem und darüber hinaus der Alleinheit ist.

Auch einzelne Teile der Natur – Kräfte und Mächte – können den Bezug zur ursprünglichen Einheit herstellen, wie Flüsse, Gebirge, Blitz,

Donner, Wolken, Tau, Tränen u. ä. Sie sind greifbare Zeichen und Gestalten der Götter und verweisen über diese auf die göttliche Ursprungsdimension. Auch in ihnen wird der »Geist der Natur« fassbar, auch in ihnen dokumentiert sich eine letzte und höchste Verbundenheit mit dem alleinigen Leben. Die ursprüngliche Einheit offenbart sich gleichermaßen in der Natur im Ganzen wie in jedem Einzelnen ihrer Teile.

Eine besondere Rolle spielen in diesem Kontext Hölderlins Landschaften, die heimischen Gefilde, die vertrauten Berge, Täler, Auen und Ströme. Sie sind Ausdruck des Heimatlichen, Vertrauten und Traulichen, das immer auch das Schützende und Bergende ist. Somit verweisen sie auf die Herkunft, so dass die Flucht in die heimatliche oder in die unberührte Natur zugleich zu einer Flucht in den Ursprung wird. Die therapeutische Wirkung, die damit verbunden ist, besteht in der Befreiung und Erlösung von den Schranken und Bindungen des Endlichen.[160]

Um die Art und Weise der hölderlinschen Landschaftsmalerei genauer zu erfassen, sei eine Stelle aus dem *Hyperion* zitiert und gegen andere Möglichkeiten der Landschaftsbeschreibung abgehoben.

> »Durch tausend blühende Gebüsche wuchs mein Pfad nun aufwärts. Vom schroffen Abhang neigten lispelnde Bäume sich, und übergossen mit ihren zarten Floken mein Haupt. Ich war des Morgens ausgegangen. Um Mittag war ich auf der Höhe des Gebirgs. Ich stand, sah fröhlich vor mich hin, genoß der reineren Lüfte des Himmels. Es waren seelige Stunden.«[161]

Angesichts dieser Schilderung dürfte sich die Frage stellen, ob wir normalerweise eine Landschaft so beschreiben. Das »normalerweise« spezifiziert sich nach dem jeweiligen Interesse und der Zwecksetzung, die wir mit einer Landschaftsbeschreibung verbinden. Wollen wir uns z. B. im Alltag in einer Landschaft orientieren, etwa einen Weg von hier nach dort finden, ein Dorf oder eine Stadt lokalisieren, die landschaftlichen Gegebenheiten zwischen dem Ausgangs- und Endpunkt unseres Weges charakterisieren, so würden wir vielleicht zu folgender Beschreibung greifen: »Links befindet sich ein Wald, rechts ein Gebirge, dazwischen ein Weg, der auf eine Anhöhe führt.« Diese Beschreibung ist hinreichend, um sich in einer Gegend zurechtzufinden; sie genügt allerdings nicht mehr bei einer topographischen Vermessung, die noch die Höhen und Gefälle mit einbezieht, oder zur Erstellung einer Landkarte oder gar Wanderkarte im Maßstab von 1:100.000 oder 1:1.000. Hier müsste exakt mit Zahlen, Proportionen und Streckenangaben operiert werden, z. B.: »Links befindet sich ein 3 ha großes Waldstück, rechts ein 1.000 m hoher Berg mit einer Neigung von 25 Grad gegen das Tal, in der Mitte dazwischen ein 3 km langer, 1,5 m breiter Weg, der bis zur höchsten Erhebung bei 800 m 15 % steigt, dann 20 % abfällt.« Einem naturverbundenen, empfindsamen Menschen dient die Landschaft als Stimmungsträger. Sie wird dann je nach der Grundbefindlichkeit und Stimmungslage entweder als dämonisch und wild, drohend, unheilvoll, unberechenbar oder als heiter, mild, sanft lächelnd charakterisiert. Eine Beschreibung dieser Art würde entweder lauten: »Links droht ein dunkler Wald, rechts steigt aus tiefem, schluchtenreichem Abgrund ein steiles Gebirge mit drohendem Gipfel auf, dazwischen führt, kaum dem Abgrund entronnen, ein Pfad zur Anhöhe hinauf«; oder: »Linker Hand zeigt sich ein lichtdurchfluteter Hain (aus dem dunklen Wald wird ein lichter Hain), rechter Hand erhebt sich ein mildes Gebirge mit lieblichen Tälern, dazwischen schlängelt sich ein Pfad zur lichten Anhöhe empor, der in der blauen Luft verschwimmt.« In den beiden letzten Fällen ist die Natur Ausdruck eines rein subjektiven, privaten Gefühls, das aus einer individuellen Erlebnissituation resultiert.

Verglichen mit den obigen Landschaftsbeschreibungen ist der hölderlinsche Typus als Malerei einer Seelenlandschaft zu klassifizieren. Weder wird eine rein objektive noch eine rein subjektive Zielsetzung verfolgt, die Natur ist Hölderlin weder ein rein sachliches Gegenüber noch ein bloß innerlicher Stimmungsträger; vielmehr verknüpft er Objektives und Subjektives, die Anschaulichkeit der Naturbilder mit dem lyrischen Stimmungston, und setzt die Berührbarkeit des Menschen durch das elementare Leben ins dichterische Wort um. Die ideale, märchenhafte, göttliche Natur dient hier als Spiegel der Seele. Geographisch gesehen ist diese Landschaft völlig unspezifisch und ungenau. Bedenkt man, dass es sich um eine mediterrane Landschaft handeln soll, so wird deutlich, dass sie ebensowohl im Norden wie im Süden, im Osten wie im Westen lokalisiert sein könnte. Wir haben es mit einer von örtlichen Gegebenheiten gänzlich unabhängigen, idealisierten Landschaftszeichnung zu tun. Dies geht auf Hölderlins ausdrücklichen Stilwillen zurück, nicht etwa darauf, dass er niemals Griechenland bereist hat und dieses nur aus Reisebeschreibungen kannte. Auch Kant kannte die Towerbridge nur aufgrund von Reisebeschreibungen, konnte sie jedoch so exakt wiedergeben, dass ein Architekt vermutete, er sei an Ort und Stelle gewesen.

Natur als Teil der Relation: Natur – Kunst

An Hölderlins Naturbegriff springt ein Merkmal besonders in die Augen, die Mythologisierung. Diese unterscheidet ihn grundsätzlich von Novalis. Die Natur im Ganzen wie in ihren Teilbereichen wird mit Göttern identifiziert, die zumeist der griechisch-römischen Götterwelt angehören, obwohl auch die christliche Welt nicht fehlt, oder die ganz allgemein als »göttlicher Vater« und »göttliche Mutter« bezeichnet werden. So spricht Hölderlin von der »Mutter Erde«, dem »Vater Himmel«; der Rhein und andere Ströme sind ihm nicht schlicht Flüsse, sondern Flussgötter, das Meer der Archipelagus.

»Aber der Muttererd' und dem Gott der Wooge zu Ehren
Blühet die Stadt izt auf, ein herrlich Gebild, dem Gestirn leich,
Sichergegründet, des Genius Werk ...«[162]

So sehr hier Anklänge an die griechische Mythologie wie an die Mythologie überhaupt vorliegen, die Tatsache der Identifizierung von Naturmächten und -kräften (von Teilen der Natur) mit Göttern reicht tiefer. Unter Rückgriff auf die etymologische Grundbedeutung von griechisch *theōreín* (anschauen), die mit *theōría* (Anschauung, Betrachtung, Reflexion) zusammenhängt, ist die als Gott interpretierte Natur bereits die zum Gegenstand der theoretischen Reflexion herabgesetzte ursprüngliche Einheit. Die an sich athetische ursprüngliche Einheit oder Göttlichkeit geht in die Pluralität der thetischen Götter über, sobald sich die setzende Reflexion an ihr versucht. Dies ist in der Dimension des Menschen immer der Fall, da die wahrhafte, ursprüngliche, athetische Einheit als solche niemals fassbar ist, sondern immer nur durch die konkrete Natur hindurch erscheint und symbolisch wiedergegeben werden kann. Götter sind Zeichen des göttlichen Ursprungs der Natur. Obwohl die ursprüngliche Natur göttlich ist und ihr die Attribute der Göttlichkeit und Heiligkeit zukommen, tritt sie doch erst im Verbund mit der Göttervielfalt als eine auf, die auf ihre göttliche Herkunft hin *verstanden* wird. Die auf dieser Stufe begegnende Natur ist nicht mehr das Ursprungs-Eine bzw. -Ganze, sondern die in die Erscheinung und Begrenzung getretene Einheit, die zum Pendant das Gegenteil der Natur, die Kunst, hat.

Weiter fällt auf, dass Natur wie Götter trotz ihrer Göttlichkeit nicht selbstgenügsam und vollendet in sich ruhen, sondern bedürftig sind, und zwar bedürftig der Kunst. Dasjenige, was sie zu dem macht, was sie sind, nämlich zu Teilen der Ganzheit, erlöst sie auch wieder von diesem Teilcharakter und führt sie zur vollendeten Ganzheit zurück.

Versuchen wir, die Aufgabe der Kunst und der mit ihr verbundenen Sprache, Reflexion, Freiheit, sogar Technik und dergleichen in Bezug auf die Natur und die Götter genauer zu bestimmen. Hölderlin definiert die Aufgabe des Dichters so:

»Bei ihm und für ihn [gewinnt] das sprachlose [sie] Sprache, und bei ihm und für ihn das Allgemeine, das Unbewußtere, die Form des Bewußtseyns und der Besonderheit.«[163]

Hiernach kommt der Kunst die Aufgabe zu, das Allgemeine zu spezifizieren, das Ungeformte zu formen, das Bewusstlose ins Bewusstsein zu heben. Die Natur in ihrem Ansichsein ist sprachlos, stumm. Der Dichter bringt sie zum Sprechen und damit zum Verstehen, indem er sie benennt, sondert, in Bereiche einteilt, diese mit Namen belegt und in Begriffe fasst, Teilbereiche verbindet und so Zusammenhänge schafft. Begriffliche Bestimmung ist stets Begrenzung und Ausgrenzung gemäß der spinozistischen Formel *omnis determinatio est negatio* (jede Bestimmung ist Negation [alles anderen]). Der Dichter und seine Kunst erst machen die Natur bedeutungsvoll, indem sie ihre verborgenen, latenten Bedeutungen mittels der Sprache und Reflexion ans Licht bringen, indem sie ihren Reichtum in Worte fassen und darstellen, ihre Ungeformtheit bearbeiten, ethisch ausgedrückt: die Gebundenheit der Natur lösen und sie zur Freiheit entlassen. In einem Brief vom 4. Juni 1799 an den Bruder heißt es, die Bestimmung des Menschen (Kunst) sei, »das Leben der Natur zu vervielfältigen, zu beschleunigen, zu sondern, zu mischen, zu trennen, zu binden«.[164] Aus diesem Grunde müsse der Kunst- und Bildungstrieb ein Dienst sein, »den die Menschen der Natur erweisen«.[165] Den Stoff der Natur kann der Mensch zwar nicht erschaffen, wohl aber umwandeln, bearbeiten,[166] damit vervollkommnen, steigern, idealisieren.

In Bezug auf die mythologischen Götter gewinnt noch ein anderer Aspekt Bedeutung, nicht die Artikulierbarkeit wie bei der Natur, sondern die Fühlbarkeit. Die Götter als solche, sich selbst überlassen, sind in ihrer Entrücktheit unfühlend. »Nicht vermögen die Himmlischen alles«,[167] auch Götter bindet ein Schicksal. Sie bedürfen des Dichters, der sie anruft und benennt und damit erst fühlbar und empfindbar macht. Immer wieder heißt es bei Hölderlin: »Denn es ruhn die Himmlischen gern am fühlenden Herzen«[168] oder »immer bedürfen ja, wie Heroën den Kranz, die geweihten Elemente zum Ruhme das Herz der fühlenden Menschen«.[169] Der Gott bedarf des Menschen, – dies ist die hölderlinsche Pointe und zugleich die Umkehrung der christlichen These, nach der der Mensch Gottes bedarf. Götter sind angewiesen auf den Menschen und seine Sprache, um als Zeichen des Ureinen deutbar und verstehbar zu werden. Mit der Bestimmung und Begrenzung, die durch den Eintritt der ursprünglichen Einheit in die Vielheit und Gegensätzlichkeit erfolgt, treten auch Leid und Fühlbarkeit hervor. Der trauernde Gott, am Beispiel des *Archipelagus* demonstriert, ist ein typisches Motiv Hölderlins.

So heterogen und gegensätzlich Natur und Kunst auf der Stufe der Trennung sein mögen, sie sind doch aufeinander angewiesen und bezogen. Das ist das Thema der Ode *Natur und Kunst oder Saturn und Jupiter*, in der die Natur mythologisch mit Saturn identifiziert wird und die Kunst mit Jupiter.[170] Ihr Verhältnis wird historisiert, indem Natur-Saturn zum Vater und »Gott der goldenen Zeit«, der *aetas aurea*, und Kunst-Jupiter zum Sohn, genauer zum »Sohn der Zeit« erklärt wird. Im Geschehen dieser Ode hat der jüngere Jupiter den älteren Saturn (d. h. die Kunst die Natur) entmachtet, in den Abgrund gestoßen und sich selbstherrlich an dessen Stelle gesetzt. Obwohl Saturn und Jupiter beide Götter sind und ihres göttlichen Ursprungs niemals gänzlich verlustig gehen, werden sie hier in ihrer relativen Einseitigkeit beschrieben: Saturn als Herrscher über die dunklen, tellurischen, chthonischen Mächte, den Mutterbereich, Jupiter als Herrscher über die helle, lichte Verstandeswelt, den Geist. Damit treten einerseits die entfesselten, dämonisch wilden Kräfte der Natur hervor, die sonst gebunden sind, andererseits die Leichtfertigkeit, der Übermut, die Willkür des Geistes, der nicht mehr gebunden ist.[171] Ungeachtet der sonstigen Gegensätze stehen sich Natur und Kunst als Anschauung und Verstand, Notwendigkeit und Freiheit gegenüber. Die Ode zeigt die Gefahr der Vereinzelung und Verselbstständigung, die durch die Ablösung des einen vom anderen bedingt ist – hier ausgedrückt durch den Verstoß des Vaters durch den Sohn. Beide Götter und ihre Bereiche sind aufeinander angewiesen und können nur zum gegenseitigen Schaden getrennt werden. Kunst bedarf der Natur als des Stoffes. Es heißt einmal, dass die Natur dem Menschen »zum Stoffe seiner Thätigkeit sich hingebe«.[172] Die Natur bedarf der Kunst zur Organisation, zur Beherrschung des chaotisch Wilden, Aorganischen. In seiner Poetologie *Über den Unterschied der Dichtarten* hat Hölderlin die Natur an sich als das »Aorgische« – so sein Terminus – bezeichnet und der Kunst als dem »Organischen« konfrontiert.[173] Das Aorgische, Ungeformte, Unbestimmte enthält sowohl die Möglichkeit zur Formung wie die Möglichkeit zur Entfesselung und zum Chaotischen. Entsprechend wird die Kunst sowohl als das Bestimmende wie als das Bindende angesehen, das in der Entartung und Einseitigkeit allerdings in Willkür ausufert.

Der Dichter empfiehlt dem Gott Jupiter Dank gegenüber dem Vater Saturn, von dem er abstammt. Dank hat hier wie auch sonst die Bedeutung von Andenken, Gedächtnis, Erinnerung, Bewahrung des Vergangenen, was mit inniger Hingabe verbunden ist.

Dasselbe Thema greift Hölderlin im *Hyperion* auf, indem er dort genealogisch-historisierend den Übergang vom Naturzustand zum geistigen Zustand – symbolisiert einerseits durch das Pflanzen –, andererseits durch das Menschenglück – beschreibt, aber so, dass durch den chaotischen Zustand hindurch die Verbundenheit gewahrt bleibt.

> »Von Pflanzenglük begannen die Menschen und wuchsen auf, und wuchsen, bis sie reiften; von nun an gährten sie unaufhörlich fort, von innen und außen, bis jezt das Menschengeschlecht, unendlich aufgelöst, wie ein Chaos daliegt, daß alle, die noch fühlen und sehen, Schwindel ergreift; aber die Schönheit flüchtet aus dem Leben der Menschen sich herauf in den Geist; Ideal wird, was Natur war, und wenn von unten gleich der Baum verdorrt ist und verwittert, ein frischer Gipfel ist noch hervorgegangen aus ihm, und grünt im Sonnenglanze, wie einst der Stamm in den Tagen der Jugend; Ideal ist, was Natur war. Daran, an diesem Ideale, dieser verjüngten Gottheit, erkennen die Wenigen sich und Eins sind sie, denn es ist Eines in ihnen, und von diesen, diesen beginnt das zweite Lebensalter der Welt …«[174]

Kunst als Ganzes

Die Aufgabe der Kunst ist die Vollendung der Natur.

> »Natur und Kunst sind sich im reinen Leben nur harmonisch entgegengesetzt. Die Kunst ist die Blüthe, die Vollendung der Natur, Natur wird erst göttlich durch die Verbindung mit der verschiedenartigen aber harmonischen Kunst, wenn jedes ganz ist, was es seyn kann, und eines verbindet sich mit dem andern, ersezt den Mangel des andern, den es nothwendig haben muß, um ganz das zu seyn, was es als besonderes seyn kann, dann ist die Vollendung da, und das Göttliche ist in der Mitte von beiden.«[175]

Auch wenn diese Aussage zunächst den Anschein haben könnte, dass die Natur in ihrem Ansichsein nicht göttlich sei, sowenig wie die Kunst für sich genommen, vielmehr erst aus der Verbindung beider das Göttliche hervorgehe, so können doch beide Verbindungsglieder selbst in ihrer Isolation ihren göttlichen Ursprung niemals gänzlich verleugnen. In ihrer Verbindung miteinander vollenden sie sich nur. In der Einheit von Natur und Kunst gelangt die relative Göttlichkeit zur Vollendung. Nicht geht es Hölderlin wie Novalis um die Erlösung der Natur und Rückgängigmachung ihres entarteten Zustands – niemals würde Hölderlin den Dichter als »Messias der Natur« bezeichnen –, vielmehr geht es ihm darum, Genuines zur Reifung zu bringen. Kunst ist Hinführung zur vollkommenen organischen Einheit von Natur und Geist, Hinführung zum vollendeten Ausgleich der Gegensätze. Diese Einheit ist keine bloße Illusion, keine Fiktion oder Utopie, sondern ein Ideal, das in die Wirklichkeit hineinreicht und in dieser wirkt, indem es als Ziel eines wenngleich unendlichen Vereinigungsprozesses diesen anleitet. Die Schönheit als sinnliches Abbild der Einheit ist Garant des harmonischen Ausgleichs der Gegensätze im Diesseits, verweist jedoch über sich hinaus in eine im Unendlichen liegende absolute, vollendete Harmonie. Die Verbindung im Diesseits kann immer nur vorläufig sein: Sie ist labil, niemals adäquat erreichbar. Sie ist nicht gegeben, sondern aufgegeben.

Die Rolle, die die Kunst hierbei spielt, erklärt sich aus ihrem Charakter, den Hölderlin als organisch-organisierend beschreibt gegenüber dem aorgischen der Natur. Anders als bei Novalis ist die Natur nicht von sich aus schon organisch, sondern erhält diese Struktur erst durch die Kunst. Was ist darunter zu verstehen, dass die Natur ihre Gliederung, Strukturierung, Organisation erst durch die Kunst erlangt, zumal die Stelle der Kunst in der Relation: Natur-Kunst durch eine Vielfalt von Begriffen besetzt werden kann, sowohl durch Geist wie durch Sprache wie durch Reflexion wie durch Freiheit wie durch Technik usw.? Führt jeder dieser heterogenen, in seiner Eigenart sehr spezifischen Begriffe zur Vollendung der Natur, Technik genauso wie Kunst?

Der Begriff »Kunst (Technik)« ist seit alters ambivalent und umfasst sowohl das rein Ästhetisch-Künstlerische wie das zum Kunsthandwerk Gehörige, das Technische, das letztlich zur Mechanik führt. Schwebt Hölderlin als Ideal ein reiner Ästhetizismus vor, ein Leben ganz in der Kunst, aus der Kunst und für die Kunst, oder schließt sein Ideal auch den technischen Umgang mit der Natur, die Bearbeitung derselben, ein? Überspitzt gefragt, interessiert ihn nur die Hütte, das Hütende, oder auch das Haus als technisches Konstrukt? Meint er mit der Sprache ausschließlich die dichterische Sprache, den Gesang, das Gedicht, die Hymne, oder auch die alltägliche, vielleicht sogar die künstliche Wissenschaftssprache? Ist sein Verhältnis zur Natur nur eines, das diese in Hymnen und Oden feiert, oder auch eines, das sie in menschliche Zwecksetzungen und Nützlichkeitserwägungen einbezieht?

Die Alternativen greifen zu kurz. Kunst umfasst bei Hölderlin alles, was menschlicher Kultur angehört, sei es Geist, sei es Sprache, in der sich der Geist artikuliert, sei es Reflexion, in welcher die begriffliche Bestimmung der naturgebenen Gegenstände zum Ausdruck kommt, sei es Technik, in der der Geist praktisch wird. Die menschliche Geschichte, sofern sie eine kulturelle ist, kann als Verwirklichung der

Kunst betrachtet werden. Der Prozess weist Höhen und Tiefen auf, je nachdem, wie sich das Verhältnis der Kunst zur Natur bestimmt, ob sich die Kunst mit der Natur gleichen göttlichen Ursprungs wähnt, ihr in liebender, sympathetischer Zuwendung zugetan ist, oder sich ihr entfremdet. Die Gefahr der prometheischen Verselbstung des Geistes, der Kunst, der Technik, die dann lieblos, kühl, leer und hohl wird, lauert überall. Die Ambivalenz von Scheitern oder Gelingen, von »Götterferne« oder »Götternähe« ist menschliches Schicksal.

Im *Archipelagus-Gedicht* hat Hölderlin konkret an einem historischen Beispiel, dem perikleischen Zeitalter, das Verhältnis von Kunst und Natur als gelungenes Leben sowohl im Kampf und Streit wie im Frieden aufgezeigt. Es kommt hier nicht auf Hölderlins spezifisches Griechenbild an, sondern allein darauf, wie in diesem Beispiel gelingenden Lebens das menschliche Dasein und seine kulturellen Erscheinungen von der göttlichen Natur her bestimmt werden. Der Weise, der Dichter, der Kaufmann, der die »Gaaben der Erd'«[176] auszugleichen weiß und »Fernes Nahem«[177] vereint, sind Lieblinge der Götter. Was vom Weisen gesagt wird – »nicht umsonst erzog ihn der Meergott«[178] –, nämlich dass er seinen Bezug zum göttlichen Ursprung bewahrt, gilt auch von den anderen. Dieser Bezug zum Göttergeist, zum Genius, macht das Volk »todverachtend«,[179] lässt es im Kampf bestehen. Den Griechen, die durch das Äußere hindurch innerlich mit dem Göttlichen verbunden sind, werden die Perser gegenübergestellt, die dem Äußeren verhaftet bleiben, nur die Menge der Waffen und Knechte zählen und sich an den Besitz halten, der doch nur eitles Geschmeide ist. Aber nicht nur der Kampf zehrt von dieser Verbundenheit des Geistes mit der Natur, sondern auch das friedliche kulturelle Leben. Wenn nach dem Sieg das Volk in die zerstörte Stadt zurückkehrt, dann wird auch hier die Beziehung zum Ursprung, die Vertrautheit mit dem Naturleben, in den Vordergrund gerückt und dadurch der Aufbau gefördert. Die Menschen bauen nicht nur Haine, Tempel, Gymnasien, sondern geben den Bauten auch ihre Bedeutung, indem sie in ihnen die Naturmächte in Form menschlicher Göttergestalten verehren und deren Geist wirksam werden lassen.

Hölderlins Konzeption ist wie die seiner idealistischen Vorgänger und romantischen Zeitgenossen eine Variante des Themas, dass Natur und Kunst, da sie gleichen göttlichen Ursprungs sind, auch zusammengehören und selbst bei Trennung und Entfremdung immer wieder in Harmonie zusammenfinden, wenngleich ihre vollendete Vereinigung nur als unerreichbares Ziel vorschwebt, auf das die sinnliche Schönheit, die Natur- wie Kunstschönheit, einen Hinweis gibt.

Vierter Teil

Vitalismus, Holismus, New Age, Ökologie

1. Die Weisen ganzheitlichen Denkens im 20. Jahrhundert

Die in Idealismus, Klassik und Romantik entwickelten naturphilosophischen Ideen von der Natur als lebendigem Ganzen haben weitergewirkt, wenngleich unterschwellig und zunächst zurückgedrängt durch die im 19. Jahrhundert stark emporkommenden exakten Naturwissenschaften mit Physik und Chemie an der Spitze, die dem mechanistischen, monokausalen, deterministischen Denken mit seiner sezierenden und analysierenden Vorgehensweise folgten und besonders radikal von den Physikern Hermann von Helmholtz (1821–1894) und Wilhelm Ostwald (1853–1932) sowie dem Biologen Ernst Haeckel (1834–1919) vertreten wurden. So erklärt nicht nur von Helmholtz:

> »Ist aber Bewegung die Urveränderung, welche allen anderen Veränderungen in der Welt zu Grunde liegt, so sind alle elementaren Kräfte Bewegungskräfte, und das Endziel der Naturwissenschaften ist, die allen anderen Veränderungen zu Grunde liegenden Bewegungen und deren Triebkräfte zu finden, also sich in Mechanik aufzulösen«,[1]

sondern auch Haeckel äußert sich bezüglich seiner allgemeinen Entwicklungslehre, auf der auch Philosophie gegründet werden müsse, dahingehend, dass der Grundgedanke sei, »dass es ein und dasselbe allmächtige und unabänderliche *Causal-Gesetz* ist, welches die gesamte Natur ohne Ausnahme, die organische wie die anorganische Welt regiert«.[2]

Seit dem Entstehen der exakten Wissenschaften in der Neuzeit hatte sich das mechanistische Erkenntnisparadigma, das das Universum als »Weltgebäude«, als Zusammensetzung aus Elementarbestandteilen versteht und folglich alles auf Atome und äußerliche Verbindungen nach den Gesetzen von Druck und Stoß reduziert, unter dem Leitfaden der Physik mehr und mehr durchgesetzt und auch von Hause aus fremde Gebiete wie Biologie, Psychologie und Soziologie erobert. Schon seit Descartes' Zeiten wurde der menschliche und tierische Organismus als Maschine und Automat definiert, was durch die Entdeckung des Blutkreislaufs durch William Harvey (1578–1657) und seine mechanistische Funktionsweise noch unterstützt wurde. Das

Herz wurde als Pumpe, die Lunge als Blasebalg, die Drüsen als Sieb, die Zähne als Scheren und Schneidewerkzeuge, die Muskeln und Gelenke als Hebelsysteme interpretiert. Der Arzt verstand sich als Iatromechaniker,[3] als mechanistischen Mediziner. In die Psychologie war spätestens seit Johann Friedrich Herbart die mechanistische Denkweise eingedrungen und hatte dort zu einer mechanistischen Erklärungsweise der Seelenvorgänge geführt gemäß der Überzeugung, dass die Gesetzmäßigkeit im Seelenleben vollkommen der am Sternenhimmel gleiche. In der Soziologie wurden Gesellschaft, Staat u. ä. auf mechanistische Weise als bloß äußerliche Zusammensetzung von Individuen erklärt. Schellings, Hegels und Goethes ganzheitliche Vorstellungen waren ebenso wie die der Romantiker zurückgedrängt und nicht selten dem Spott anders denkender Naturwissenschaftler preisgegeben und haben sich bis in die Gegenwart hinein nicht wirklich durchsetzen können, auch wenn sie durch verschiedene ganzheitliche Bewegungen und insbesondere durch die Ökologiebewegung neuen Aufschwung erhielten.

Erst in jüngster Zeit ist ein neues Paradigma, basierend auf dem Gedanken der Selbstorganisation, der Chaosforschung und fraktalen Geometrie, im Begriffe, das alte definitiv zu verdrängen. Obwohl die Biologie vom reduktionistischen Modell unterwandert war, hat sie aufgrund ihrer Erfahrungen mit dem Organismus und dem Lebendigen am längsten und entschiedensten Widerstand geleistet und ihre Eigenständigkeit bewahrt und den Gedanken der Einheit und Ganzheit, des lebendigen Zusammenhangs gegenüber der Zersplitterung in Teile wachgehalten. Entdeckungen in der Biologie waren es denn auch, die Ende des 19. Jahrhunderts, da sie sich mechanistisch nicht erklären ließen, das ganzheitliche Denken wieder aufleben ließen und zur Ausbildung des Vitalismus (Neovitalismus) und Holismus führten, desgleichen zum Vermittlungsvorschlag von Nicolai Hartmann, und heute in der spiritualistischen Naturforschung, der New Age-Bewegung, der Ökologiebewegung sowie in diversen anderen auf ganzheitliches Denken und Leben ausgerichteten Strömungen eine Fortsetzung gefunden haben.

Auch wenn Vitalismus, Holismus, New Age, Ökologie usw. als »philosophische« Richtungen durchaus verschiedene Zielsetzungen verfolgen und verschiedene Merkmale aufweisen, stimmen sie darin überein, dass sie sich als Opponenten zum mechanistischen Denken verstehen und auf die Gegenbegriffe zu Analyse, Zerstückelung, Kausalität usw., nämlich auf die Kategorien der Einheit, Ganzheit, Lebendigkeit und Spiritualität, bauen.

Die Wiedereinführung vitalistischen Denkens geht auf einen Streit zweier Biologen, nämlich Wilhelm Roux und Hans Driesch, Ende des 19. Jahrhunderts zurück.[4] Roux hatte 1888 mit Froscheiern experimentiert, indem er mit einer heißen Nadel eine der beiden Blastomeren nach der ersten Furchung abtötete, allerdings ohne sie von der lebendigen Hälfte zu trennen. Da sich die letztere in Richtung auf einen halben Frosch weiterentwickelte, gründete Roux darauf seine Theorie der Mosaikentwicklung, derzufolge für jeden Teil des Organismus von Anfang an feststeht, was aus ihm wird. Dieser Theorie lag das mechanistische Modell zugrunde, wonach Organismen gleich Maschinen aus Teilen zusammengefügt sind, und zwar so, dass jeder Teil für sich existiert und sich entsprechend entfaltet, ohne des Ganzen teilhaftig zu sein.

Driesch wiederholte Roux' Versuche am Seeigelei, trennte jedoch die abgetötete Blastomere von der noch lebenden. Bis zur Entstehung der halben Blastula verlief die Entwicklung wie in Roux' Experiment, dann schloss sich die halbe Kugel zu einer neuen ganzen zusammen, und es entstand eine richtige Seeigellarve, allerdings halb so groß wie die normale. Hieraus schloss Driesch auf ein teleologisches, ganzheitlich wirkendes Bauprinzip, das von Anfang an in allen Teilen wirksam ist und die Organisation und Entwicklung durchgehend leitet. Im Anschluss an Aristoteles nannte er dieses Prinzip »Entelechie«[5] und begründete darauf den Neovitalismus, dem sich eine Reihe anderer Forscher, wie Rudolf Wagner, August Pauly, Johannes Reinke, Jakob Johann von Uexküll, anschlossen. Die Grundidee des Vitalismus bzw. Neovitalismus ist die Präsenz des Ganzen in den Teilen, der Einheit in der Vielheit sowie die Überzeugung, dass sich Lebensvorgänge nicht durch kausal-mechanische Gesetzmäßigkeiten allein erklären lassen, sondern einer eigenen, übergreifenden Gesetzmäßigkeit, einer Ganzheitskausalität, bedürfen, für die eine selbstständige Kraft zuständig ist. Jede Einzelzelle ist omnipotent, so dass aus ihr vollständiges Leben hervorgehen kann.

Wenn der mechanistische Ansatz in der Biologie die Tendenz hat, reduktionistisch alles Organische auf physikalische und chemische Gesetzmäßigkeiten zurückzuführen, Leben auf mechanistische Weise zu erklären, so hat der Vitalismus umgekehrt die Tendenz, alles Physikalische auf Biologisches zurückzuführen. So wenig sich allerdings Leben reduktionistisch aus Kausal-Mechanischem erklären lässt, so wenig lässt sich die Geltung physikalischer Gesetze aus der anorganischen Naturwissenschaft für Lebewesen bestreiten. Die Einseitigkeit, die Mechanismus und Vitalismus in entgegengesetzter Weise aufweisen, sucht der Holismus zu überwinden.

Das Wort »Holismus« stammt aus der Schrift des südafrikanischen Juristen und Staatsmannes Jan Christiaan Smuts (1870–1950) *Holism and Evolution.*[6] Das Wort wird in einem *engeren* und einem *weiteren* Sinne verwendet. Im ersteren bezeichnet es speziell die Ganzheitslehren einer Reihe von Wissenschaftlern um die Jahrhundertwende zumeist aus dem naturwissenschaftlichen Bereich, aus Biologie, Medizin und Physiologie. Prominenteste Vertreter sind der englische Physiologe John Scott Haidane (1860–1936),[7] der Naturphilosoph Adolf Meyer-Abich (1893–1971)[8] sowie der Arzt Viktor von Weizsäcker (1886–1957).[9]

Im *weiteren* Sinne begegnet holistisches Denken, nämlich die Betonung des Ganzen (*hólon*), seiner Bedeutung, seines Rechts und Wertes gegenüber den Einzelteilen, in allen Wissenschaftssparten, in der Psychologie ebenso wie in der Soziologie. In diesen weiteren Bedeutungskontext gehört auch der Holismus der Physik, z. B. derjenige Willard Van Orman Quines.

So sehr die Lehren des Holismus im engeren Sinne untereinander differieren mögen, überein stimmen sie in der Absicht, Metaphysik durch Metabiologie zu substituieren und die Einseitigkeiten von Mechanizismus und Vitalismus durch eine umfassendere biologische Theorie zu beheben.

Der Holismus leugnet keineswegs die Geltung physikalischer Gesetze neben biologischen und psychologischen wie der Vitalismus, vielmehr nimmt er die Subordination der ersteren unter die letzteren an. Ebenso wenig sieht er wie der Mechanizismus eine Reduktion des Biologischen auf Physikalisches und eine Bestreitung von dessen Eigenständigkeit vor, sondern will umgekehrt Physik in Biologie als umfassender Wissenschaft aufgehen lassen.

So sagt Meyer-Abich:

> »Im Gegensatz zum Vitalismus glauben wir an einen bestehenden Ableitungszusammenhang zwischen biologischen und physikalischen Gesetzen und Prinzipien, und im Gegensatz zum Mechanismus sind wir überzeugt, daß wir die biologischen Gesetze und Prinzipien als die komplexeren keinesfalls aus den einfacheren physikalischen ableiten können. Dann bleibt uns als dritte Möglichkeit aber noch die Hoffnung, *da wir vielleicht umgekehrt die physikalischen Prinzipien und Gesetze aus den biologischen ableiten können.* Wäre das möglich, dann hätten wir den positiven Gehalt sowohl der mechanistischen wie vitalistischen Idee in einer diesen beiden Antithesen überlegenen höheren Synthese zusammengefaßt. Wir würden dann mit dem Vitalismus die Eigengesetzlichkeit des Organischen gegenüber dem Unorganischen und mit dem Mechanismus den zwischen beiden Wirklichkeitsbereichen bestehenden Ableitungszusammenhang vertreten können.«[10]

In einer letzten großen Vision versucht der Holismus, Natur- und Technik- bzw. Ingenieurwissenschaften gesamtheitlich in die Kulturwissenschaften zu integrieren, da auch sie einen Teil der kulturellen Wirklichkeit bilden. Der Mensch in seinem Verhältnis zur Natur ist das Thema nicht nur naturwissenschaftlicher Forschung, sondern in einem umfassenderen Sinne auch der Kultur-, Geistes- und Sozialwissenschaften, die dem naturwissenschaftlichen Ansatz seinen genauen systematischen Ort zuweisen. Die Sozial- und Kulturwissenschaften haben es nicht nur mit der Beschränkung auf die gesellschaftliche Existenz des Menschen, auf die soziale Welt, zu tun, sondern mit dem innerhalb einer bestimmten Gesellschaft erfolgten Zugriff auf die Natur. Sie erfüllen damit einen universalistischen Anspruch, indem sie selbst noch die Natur- und Ingenieurwissenschaften umfassen.

Wenn Mechanizismus und Vitalismus, obwohl im Holismus vereinigt, noch insofern unvermittelt bleiben, als die Gesetzmäßigkeit des Anorganischen der des Organischen einfach subordiniert wird, versucht Nicolai Hartmann (1882–1950) mit seiner Naturphilosophie, dieser Einseitigkeit zu entrinnen.[11] Hartmann ist nicht nur einer der wenigen systematischen Philosophen des 20. Jahrhunderts, sondern auch einer, der alle Hauptdisziplinen der Philosophie (Logik, Ontologie, Erkenntnistheorie, Kategorientheorie, Philosophie der Natur und des Geistes sowie Ethik und Ästhetik) zu eigenen Theorien ausgearbeitet hat. Vor diesem Hintergrund ist seine 1943 abgeschlossene, aber erst 1950 erschienene *Philosophie der Natur*[12] zu betrachten, die eine Schichtentheorie der Natur liefert. Wie sich die Natur in verschiedenen Schichten aufbaut – anorganischem, organischem, seelischem und geistigem Sein –, so stehen diese Schichten zueinander in bestimmter kategorialer Heterogenität. Der Begriff der kategorialen Heterogenität zeigt an, dass es sich nicht um die alte Vorstellung einer *scala naturae* handelt, sondern um eine Schichtung verschiedener Natursphären, die auf einer kategorialen Schichtung basiert. Während Vitalismus und biologistischer Holismus ebenso wie Mechanizismus eine »kategoriale Grenzüberschreitung«[13] begehen, indem sie Kategorien entweder »von unten« verstehen wollen, also mathematisch-physikalische Determinationsprinzipien, die das anorganische Sein bestimmen, auf das organische Sein anwenden, oder »von oben« zu begreifen versuchen, mithin Kategorien des Seelischen und Geistigen, die das Organische regieren, auf das anorganische Sein applizieren, gelangt Hartmann zu einer differenzierteren Verhältnisbestimmung zwischen anorganischer und organischer Natur, indem er spezielle Kohärenz-, Schichtungs- und Dependenzgesetze aufstellt.[14] Die Theorie schichtenspezifischer Eigengesetzlichkeit differenziert die ganze Natur in allen ihren Erscheinungsformen einschließlich des Menschen und begreift sie gleichwohl in ihrer Kohärenz durch Schichtenüberlagerung, so dass weder die Gefahr eines Reduktionismus noch die einer Isolation der Glieder besteht. In dieser Hinsicht kann man in der Schichtentheorie eine Weiterentwicklung des Holismus sehen.

Eine weitere wirkungsmächtige Konzeption des 20. Jahrhunderts stellt die spiritualistische Naturforschung dar, die sich einerseits auf die Tradition der Geheimwissenschaften wie *scientia magica*, Alchimie, Pansophie (Theosophie) und Hermetik beruft, andererseits deren Inhalte mit den im 19. Jahrhundert ausgebildeten Methoden der empirischen Naturwissenschaft zu synthetisieren und neu zu formulieren versucht. Wenngleich der spiritualistischen Richtung Personen unterschiedlicher Provenienz zuzuzählen sind – beispielsweise der italienische Philosoph, Magier und Alchimist Julius Evola (1898–1974) und dessen Geistesverwandte wie der Begründer des Traditionalismus René Guénon (1886–1951) und der armenische Mystiker G. I. Gurdijeff (1866–1949) oder der Universalgelehrte und Naturforscher Ernst Fuhrmann (1886–1956) mit seiner »Biosophie«, auch der christliche Evolutionist Marie-Joseph Pierre Teilhard de Chardin (1881–1955) –, gipfelt sie, was Umfang und begriffliche Ausdifferenzierung betrifft, im theosophischen System Rudolf Steiners (1861–1925). Seine von ihm erst nachträglich als »Anthroposophie« bezeichnete Lehre[15] erhebt den Anspruch, das Verhältnis des Menschen zur Natur auf eine eminent ganzheitliche und organische Grundlage zu stellen. Sie reicht von der Kosmologie und Physik über die Zoologie, Medizin und Architektur bis zu einer neuen organischen Landwirtschaft.

Für das Verständnis von Steiners spiritualistischem Naturbegriff sind folgende Voraussetzungen relevant:

1. Die materiellen Strukturen der Natur werden im Sinne eines Hylozoismus verstanden, wobei nicht ein symmetrisches Verhältnis von Materie und Geist zugrunde gelegt wird, wie beispielsweise in Goethes Naturmetaphysik, sondern ein Primat des Geistes über die Materie angenommen wird. Zugleich fungiert der Hylozoismus als evolutionärer: In einem kosmischen Prozess hat sich der Geist zur gegenwärtigen sinnlich sichtbaren Natur materialisiert, um in ferner Zukunft die Materie wieder zu vergeistigen.

2. Der für diese Lehre zentrale Begriff des Geistes ist gnostisch gefärbt. Mit »Geist« verbindet sich die Vorstellung eines *pleroma* (Fülle), eines überirdischen, immateriellen Bereichs, dem die materielle Welt in Form einer Devolution, eines Abstiegs, entstammt. Angefüllt mit geistigen Wesen – der Geist (Singular) ist zugleich die Sphäre der Geister (Plural) –, ist dieser Bereich hierarchisch organisiert. Die Natur ist darin nur als ein vordergründiges Subsystem enthalten, als jener Teil der geistigen Wirklichkeit, der dem gegenwärtigen Menschen über seine Sinnesorgane zugänglich ist.

3. Der von Steiner aufgegriffene Titel »Anthroposophie« deutet auf einen bekennenden Anthropozentrismus. Teile der organischen Natur, insbesondere das gesamte Tierreich, werden als verselbstständigte Seelenkomplexe (Triebe, Leidenschaften) des Menschen angenommen, die dieser in seiner Evolution aus sich heraussetzen musste, um Rationalität und Freiheit entwickeln zu können. Nicht der Mensch stammt vom Tier ab, sondern umgekehrt das Tier vom Menschen. Die Natur steht deshalb in einer seelisch-geistigen Relation zum Menschen, indem sie veräußerte und fixierte Stadien seines seelisch-geistigen Evolutionsprozesses verkörpert.

4. Inhaltlich liegt ein Rückgriff auf das magisch-mythische Naturverständnis vor. Allerdings handelt es sich nicht um eine bloße Reaktualisierung, die mit einer Ignorierung des wissenschaftlichen Naturbegriffs einherginge, sondern um den Versuch, die wissenschaftliche Rationalität formal einzubeziehen und eine Synthese von Wissenschaft, Magie und Religion herzustellen. Es ist der Versuch, jenen Zweig der abendländischen Metaphysik, der in den hermetisch-pansophischen Systemen repräsentiert ist, rational zu präzisieren und empirisch zu belegen. Dieser Einbezug betrifft auch die praktische Philosophie in Gestalt eines ethischen Individualismus, in dem die Ausbildung von Ichbewusstsein, existentieller Autonomie und individueller »moralischer Phantasie« gegenüber der Natur wie dem Mitmenschen entscheidend ist.

Die genannte Synthese von Wissenschaft, Magie und Religion geschieht nun nicht in Form einer apriorischen, idealistischen Naturphilosophie – Steiner bezeichnet diese von Schelling und Hegel spekulativ ausgebaute Naturtheorie als »Sackgasse«[16] –, sondern in Form eines Phänomenalismus im Sinne einer Vertiefung der empirischen Wahrnehmung der anschaulichen Natur und ihrer gestalthaften Phänomenalität. Für Steiner liefern Goethes naturwissenschaftliche Studien die Basis; speziell Goethes Farbenlehre dient ihm als Modell einer anschauenden Naturwissenschaft bzw. eines »denkenden Anschauens« oder »anschauenden Denkens«.[17] Gegenstand der phänomenalistischen Naturforschung sind die sogenannten Urphänomene, worunter die anschaulichen Formen von Naturgesetzen bzw. Typen im Sinne von ideellen Urformen der Organismen verstanden werden.[18] Physiognomik und paracelsische Signaturenlehre spielen in dieser Typenforschung eine ergänzende Rolle. Allerdings bildet die Typenforschung nur eine Vorstufe zu einer übersinnlichen Naturforschung, die einzig durch die Ausbildung meditativer Fähigkeiten möglich ist. Sie realisiert sich in den drei Erkenntnisstufen der Imagination (geistiges Sehen), der Inspiration (geistiges Hören) und der Intuition (unmittelbare geistige Wesenserkenntnis). Von diesen übersinnlichen Erkenntnisstufen aus erweisen sich die Naturprozesse als Wirkungen personaler Geister, Naturgeister oder subpersonaler geistiger Kräfte und die von der gewöhnlichen Naturwissenschaft postulierten Naturgesetze als Selbstobjektivationen dieser Geister auf physischer Ebene. Entsprechend ist die Erde nicht bloß ein materiell-physischer Planet, sondern der physische Organismus des Erdgeistes, der in Steiners Theologie als einer der höchsten Planetengötter identifiziert wird, so dass der praktische Umgang des Menschen mit der Erde magisch-sakramentalen Charakter gewinnt. Das gesamte Kausalsystem der Natur ist der gewirkte Organismus einer höheren Geisterwelt, in die der Mensch physisch und mental eingebunden ist. Diese Einbindung durch Steigerung der Erkenntnisfähigkeiten dem Individuum bewusst zu machen, führt auf eine Naturerkenntnis, die magische Praxis, essentialistische Naturwissenschaft und substantialistische Theologie in eins ist.

Eine Verbindung von Holismus und Spiritualismus findet sich bei den Theoretikern der New Age-Bewegung, die explizit nicht nur auf den biologischen Holismus und die Systemtheorie des Lebens, sondern auch auf das Schichtenmodell der Natur[19] ebenso wie auf Steiners Philosophie[20] Bezug nehmen. Wie der Name schon sagt, handelt es sich hier um die Ankündigung eines neuen Zeitalters, das auch als »Solarzeitalter«[21] bezeichnet wird, in dem sich eine »planetarische Kultur« entwickeln soll. Die Gegenwart wird als »Wendezeit«[22] interpretiert, in der sich ein Paradigmenwechsel ankündigt, eine geistige Transformation[23] des Individuums, der Gesellschaft und der gesamten Menschheit, die die dritte kulturelle Revolution nach der neolithischen und industriellen darstellt. Fundiert ist der New Age-Gedanke, abgesehen von seiner Berührung mit chiliastischen Vorstellungen, in einer astrologischen Weltalterlehre: Aufgrund der Präzessionsbewegung der Erde wandert der Frühlingspunkt (21. März) auf der Ekliptik alle 2100 Jahre ein Tierkreiszeichen weiter, wobei jedes Tierkreiszeichen eine Kulturepoche regiert und jeder zodiakale Übergang progressiv als kultureller Evolutionssprung verstanden wird. Gemäß tropischer Rechnung der traditionellen Astrologie[24] befindet sich das 20. Jahrhundert im Übergang des Frühlingspunktes vom Tierkreiszeichen Fische in dasjenige des Wassermanns, weshalb New Age und »Wassermannzeitalter« auch synonym gesetzt werden. Diese Weltalterlehre impliziert bereits das gesamte Programm des New Age: Der astrologische Wassermanneinfluss zeichnet sich allgemein durch Harmonisierung und Spiritualisierung der Menschheitskulturen zu einer höheren und globalen aus.

Gleichwohl sind die Inhalte der New Age-Bewegung heterogen und ergeben auch in der Überschau keine einheitliche Theorie,[25] vielmehr ein eklektizistisches Mosaik aus den verschiedensten Quellen, wie Mythologien aller Zeiten und Völker, Geheimwissenschaften, Mystik jeglicher Provenienz, östlichen Philosophien und Meditationssystemen, Tiefenpsychologie und Naturwissenschaft. Als inhaltlicher Grundzug dieses Konglomerats erweist sich ein radikalisierter Holismus, in welchen eine neue Psychologie und ein alles vereinigendes Spiritualitätskonzept eingebettet sind. Der Holismus bildet die »Synthese aller Widersprüche«[26] und überwindet damit die Dualismen, deren neuzeitliche Zuspitzung in die gegenwärtige globale Krise geführt hat, insbesondere die Dualismus männlich – weiblich, Mensch – Gott, Natur – Kultur, Mystik – Wissenschaft. Im Unterschied zum biologischen Holismus wird die Synthese hier selbst noch auf den epistemologischen Bereich ausgedehnt und, unter Berufung auf Quantenphysik und Taoismus, die Aufhebung des Subjekt-Objekt-Dualismus intendiert, nicht im Sinne einer ununterscheidbaren Koinzidenz, sondern im Sinne einer Einfaltung, wie es das sogenannte »holographische Weltbild«[27] vorsieht, das die Anwesenheit von allem in allem behauptet, mithin dem Universum auch Bewusstsein zuspricht. Das mit der Quantenphysik eingeleitete Paradigma der gegenwärtigen Physik wird mit einem organizistischen Naturverständnis geradezu identifiziert. Die Physik komme zur Erkenntnis, »dass das Bewusstsein sehr wohl ein wesentlicher Teil des Universums sein kann, der in eine künftige Theorie physikalischer Vorgänge einbezogen werden muss.«[28]

Entsprechend wird in der auf den Fundamenten von C. G. Jungs Tiefenpsychologie begründeten »transpersonalen« Psychologie das menschliche Bewusstsein über eine Topologie höherer, mystischer Bewusstseinszustände begriffen, die sich schrittweise einem kosmischen Bewusstsein nähern, das als Bewusstsein der All-Einheit, des Universums, als göttliches Bewusstsein, entschüsselt wird.[29] Diese zugleich als Ontologie auftretende Bewusstseinstheorie bildet den Angelpunkt des für die ganze New Age-Bewegung zentralen Spiritualitätsbegriffs, der eine prozessorientierte Bewusstseinserweiterung des Individuums von einer kreativen Selbstverwirklichung bis hin zu einem nur noch meditativ zu erreichenden transpersonalen Zustand meint. Für die Beziehung des Menschen zur Natur ergibt sich hieraus – ähnlich wie in der Anthroposophie – ein sakraler Aspekt, so dass der Vordenker des New Age, der amerikanische Physiker Fritjof Capra, auch von einer »Kommunion mit dem Kosmos«[30] sprechen kann.

Für den als neue Spiritualität verstandenen Umgang mit der Natur – sowohl auf theoretischer wie auf praktischer Ebene – berufen sich die New Age-Theoretiker auf die Gaia-Theorie. Bei dieser handelt es sich um eine von dem Klimatologen James Lovelock und der Mikrobiologin Lynn Margulis entwickelte Hypothese, die die für das Leben auf der Erde zweckmäßige Regulierung und Stabilisierung der ganzen

Biosphäre in Form eines komplexen Beziehungsgeflechts erklärt. Die Hypothese geht dahin,

> »daß sich die Gesamtheit der Lebensformen auf der Erde, von Walen bis zu Viren und von Eicheln bis zu Algen, als eine einzige lebende Wesenheit betrachten läßt, die fähig ist, die Erdatmosphäre nach ihren allgemeinen Bedürfnissen auszurichten, und die mit Fähigkeiten und Kräften begabt ist, die weit über jene ihrer einzelnen Komponenten hinausgehen«.[31]

Die Erde ist ein Quasi-Lebewesen, das nach Art kybernetischer Systeme rückgekoppelt ist an eine komplexe und zielorientierte Einheit, welche die Biosphäre der Erde, die Atmosphäre, die Ozeane, den Erdboden und nicht zuletzt den Menschen mit seinen naturalen und kulturellen Eigenschaften umfasst.[32]

Holistisches Denken im Sinne einer Integration von Teilen in umfassendere Komplexe und dieser wieder in noch umfassendere und so fort und einer sich daraus ergebenden Wechselbeziehung findet gegenwärtig eine Fortsetzung in der ökologischen Bewegung, wie sie von Umwelt- und Naturschützern, von Tier- und Pflanzenschutzgruppen, von *Grünen* und Alternativen getragen wird. Der Terminus »Ökologie« leitet sich ab von griechisch *oíkos* mit der Bedeutung »Haus«, »Haushalt«, »Hauswirtschaft«. Zugrunde liegt die Vorstellung eines gemeinsamen, umfassenden Hauses, das die Lebewesen bewohnen und in dem sie miteinander auskommen müssen. Die Um- und Mitwelt – zunächst die nähere, dann die fernere – wird als umgebendes Gehäuse mit ökologischen Nischen gedacht, die schrittweise auf dem Wege der Evolution von den einzelnen Organismen erobert und als ihr Lebens- und Wohnraum installiert werden. Jede Nische ist wiederum integriert in größere Zusammenhänge und diese ihrerseits in noch größere Zusammenhänge, so dass sich eine Vernetzung aller Nischen ergibt, derzufolge alle Lebensräume und alles Lebendige in ihnen Glieder eines umfassenden Ganzen sind. Die erste Definition von Ökologie hat eigentümlicherweise Haeckel gegeben:

> »Unter *Oecologie* verstehen wir die gesammte *Wissenschaft von den Beziehungen des Organismus zur umgebenden Aussenwelt*, wohin wir im weiteren Sinne alle ‚*Existenz-Bedingungen*' rechnen können. Diese sind theils organischer, theils anorganischer Natur ... Als organische Existenz-Bedingung betrachten wir die sämmtlichen Verhältnisse des Organismus zu allen übrigen Organismen, mit denen er

> in Berührung kommt, und von denen die meisten entweder zu seinem Nutzen oder zu seinem Schaden beitragen.«[33]

Je nach Anzahl der Organismen und Fixierung der Umwelt werden verschiedene Teilbereiche der Ökologie unterschieden: Die *out*-Ökologie untersucht die Beziehung des Einzelorganismus zu seinen äußeren Existenzbedingungen, die System- oder Populationsökologie betrifft ein Organismuskollektiv einheitlicher Art, eine bestimmte Population, und deren Beziehungen zur Umwelt, und die Syn-Ökologie oder Biozönologie erforscht Lebensgemeinschaften verschiedener Arten, sogenannte Biozönosen, in ihrer Beziehung untereinander und zu äußeren Faktoren. Fungiert die Ökologie hier noch als Teildisziplin der Biologie, so geht sie darüber hinaus, wenn die Umwelt nicht nur als natürliche, sondern auch als künstliche, sei es technische, gesellschaftliche oder politische, in Betracht gezogen wird. Ökologie wird dann der Technik, Gesellschaftstheorie, Politik usw. assoziiert oder gar zu einem Teilgebiet derselben und als solches in den entsprechenden Forschungszweigen und Entscheidungsprozessen mitberücksichtigt. Ökologische Kritik insbesondere geht hier in Wissenschafts- und Technikkritik, in Gesellschafts- und Kulturkritik über. – Das Bewusstsein, dass auch der Mensch ein Organismus ist, der in Erkennen und Handeln auf seine Umwelt bezogen und angewiesen und nur aus dieser heraus verständlich ist, hat sich erst langsam durchgesetzt, eigentlich erst mit der Umweltkrise und der zunehmenden Einsicht in die Umweltdeformationen und -zerstörungen, die auf die Lebensbedingungen des Menschen zurückschlagen, und hat zur spezifischen Ausbildung einer Humanökologie geführt.

Wie immer Ökologie im Einzelnen verstanden wird, generelles Thema sowohl in der Wissenschaft wie in der alltäglichen Praxis ist die Berücksichtigung des Insgesamt der natürlichen wie künstlichen Umwelt, der Lebensbedingungen und -beziehungen der verschiedenen Lebewesen, sowohl was den anorganischen Bereich (Klima, Wasser, Boden) wie den organischen (Artgenossen und andere Arten) wie den künstlichen (Technik) betrifft.

Nach dieser Aufzählung der das 20. Jahrhundert beherrschenden ganzheitlichen Theorien sollen die Grundstrukturen dieses Paradigmas unter drei Aspekten näher betrachtet werden: *erstens* unter theoretischem, *zweitens* unter ethischem und *drittens* unter ästhetischem Aspekt.

2. Theoretischer Aspekt

Die Grundannahme des holistischen Denkens ist, wie schon der Name andeutet, die Orientierung am Ganzen, der Primat des Ganzen gegenüber den Teilen. Ausgegangen wird vom Ganzen; aus ihm werden die Teile gewonnen, die sich vom Ganzen her bestimmen. – Diese Position versteht sich in expliziter Opposition zum mechanistischen Denken, und zwar zu einem, das sie in einseitiger und polemischer Weise interpretiert, indem sie gewisse Charakteristika an ihm verabsolutiert. So wird dem mechanistischen Modell unterstellt, dass es von den Teilen als separaten, isolierten, unveränderlichen ausgehe und aus diesen das Ganze gewinne. Für das atomistische Modell seien die Einzelteile: die Atome, Elemente das Primäre, das daraus Zusammengesetzte das Sekundäre, weil es von diesen dependiere. Das Ganze habe keine anderen Eigenschaften als die in den Teilen vorformulierten. Dem mechanistischen Ansatz wird vorgeworfen, aufgrund seiner Insistenz auf den Teilen das Ganze zu vernachlässigen. Diese Interpretation ist freilich – objektiv gesehen – unhaltbar. Sie beruht auf einem Vorurteil, das, einmal eingeschlichen, unausrottbar ist. Denn auch Maschinen bzw. das als Maschine konzipierte Universum (Natur) stellen keine bloße Aggregation, keine willkürliche, wahllose Zusammenwürfelung von Bestandteilen dar, sondern wohlgeordnete Ganze nach einem vorgängigen Entwurf, wobei dieser Umfang, Stellung und Verhältnis der Teile, kurzum, deren Arrangement bestimmt. Auch hier ist der teleologische Gedanke leitend: Maschinen sind Kunstwerke und damit in derselben Weise beurteilbar wie Organismen, die ebenfalls nach Analogie von Kunstwerken zu verstehen sind. – Doch selbst nach dieser Richtigstellung bleibt der Eindruck bestehen, dass der Unterschied zwischen holistischem und mechanistischem Modell im unterschiedlichen Ausgang, sei es vom Ganzen, sei es von den Teilen, liege sowie in der unterschiedlichen Methode der Analyse und Synthese. In welchem Sinne dies zu verstehen ist, zeigen die folgenden Differenzpunkte.

1. Entscheidend für das atomistisch-mechanistische Denken ist die Annahme der Konstanz und Invarianz der Teile, gleichgültig, ob und in welche Verbindungen sie eintreten oder aus welchen sie sich lösen. Die Teile verharren gleichbleibend, unerachtet dieser oder jener Zusammensetzung. Anders im Holismus. Hier bestimmen und modifizieren sich die Teile nach der Art des Ganzen, indem sie sich als abhängig von diesem erweisen. Die Gestaltpsychologie und die darauf basierende Erkenntnistheorie, wie sie um die Jahrhundertwende durch von Christian von Ehrenfels, Max Wundt, Edmund Husserl, Alexius von Meinong, Aron Gurwitsch, später durch Friedrich Sander und Hans Volkelt, vertreten wurde, haben hierfür eine Vielzahl von Bei-

spielen geliefert. Als Standardbeispiel fungiert das Zeichen ς (sigma).[34] Es lässt sich sowohl als kleines griechisches φ (phi) wie als großes lateinisches S lesen. Je nach Lesart variieren die Konstituentien, Schleife und Bogen, und gewinnen ein anderes Aussehen und eine andere Funktion. Im kleinen griechischen φ trägt die Schleife den Hauptakzent, während der Bogen lediglich Appendix, arabeskenhafte Fortführung ist. Im großen lateinischen S fungiert der Bogen als tragendes Element, die Schleife hingegen als bloße Zutat. Schleife und Bogen sind jeweils andere, ob sie als Bestandteile des φ oder des S auftreten oder ob sie in noch anderen Zusammenhängen vorkommen oder außerhalb solcher isoliert für sich stehen. Legitimerweise dürfte nur im Falle selbstständiger, isolierter Bestandteile von Schleife und Bogen an sich, d. h. von *der* Schleife und *dem* Bogen, gesprochen worden, nicht im Kontext des φ und S, da sie hier keine selbstständigen Gestalten mehr sind, sondern integrierte und abhängige Momente der jeweils thematisierten Gestalt. Sie sind nicht schlechthin so oder so beschaffen, sondern ändern ihre Gestalt, Bedeutung und Funktionsweise von Fall zu Fall. Die Gestalttheorie hat auf der Suche nach einem adäquaten Ausdruck für dieses Phänomen die Termini »Aspekt«, »Moment«, »Zug«, »Glied«, »Seite«, »Färbung« eingeführt anstelle von »Teil«, »Element« oder »Atom«, die selbstständige, isolierbare Bestandteile bezeichnen.

Ein anderes vieldiskutiertes Beispiel ist die Frage nach der Zusammensetzung eines Quadrats aus vier Seiten. Gewöhnlich bezeichnen wir ein Quadrat als zusammengesetzt aus vier gleichlangen Seiten und tun so, als ob die Seiten dieselben wären, gleichgültig, ob sie als Einzelstriche oder als zweimal zwei Parallelseiten oder als Quadratseiten auftreten. Tatsächlich jedoch handelt es sich um grundverschiedene Gestaltwahrnehmungen und um thematische Modifikationen beim Übergang von einer Interpretation zur anderen. Denn objektiv gegeben für die Wahrnehmung sind nicht vier gleichlange, parallel angeordnete waagerechte und senkrechte Striche, sondern, im Falle der Wahrnehmung eines Quadrats, das Quadrathafte – eine einzige, einfache, geschlossene Figur vor einem undifferenzierten Hintergrund. Erst wenn sich das Interesse auf den Längenvergleich und die Parallelität der Seiten richtet, zeigen sich je zwei Parallelseiten, wobei die horizontalen durch die vertikalen verbunden sind und umgekehrt. Im Mittelpunkt der Aufmerksamkeit stehen entweder die waagerechten oder die senkrechten Parallelen, während die beiden anderen lediglich als Verbindungsglieder zum unthematischen Hintergrund gehören. Wendet sich dann das Interesse der einzelnen Strichwahrnehmung zu, so zeigt sich hier ein Strich und da ein Strich und dort einer und dann noch einer, aber so, dass die übrigen Striche zum Hintergrund, vielleicht auch zu einem anderen komplizierten Muster gehören, das momentan außerhalb des Interesses liegt. Wir haben es mit drei verschiedenen Fällen von Gestaltwahrnehmung zu tun: *erstens* der Quadratwahrnehmung, *zweitens* der Wahrnehmung von Parallelseiten und *drittens* der Strichwahrnehmung. Sie belegen, dass nicht von derselben Grundkonstellation und von gleichbleibenden Teilen ausgegangen wird, sondern von jeweils einer anderen. Mit einem Ausdruck Klaus Michael Meyer-Abichs könnte man die Gegenstände unseres Wissens auch als »*Tat-Sachen*«[35] bezeichnen, die hervorgerufen werden durch Zugriffe des Wissens, die als Erkenntnishandlungen auftreten. So kann Meyer-Abich die These aufstellen:

> »*Die Wissenschaft handelt von ihrem Gegenstand so, wie sie ihn behandelt.* Erkannt wird nicht schlechthin, wie der Gegenstand ist, sondern wie er sich verhält, wenn wir in bestimmter Weise mit ihm umgehen. *Die Wissenschaft handelt von Tat-Sachen*, nicht nur von den Sachen.«[36]

Die moderne erkenntnistheoretische Analyse, die auch in Jürgen Habermas' Buch *Erkenntnis und Interesse* vorliegt, knüpft an dieses bereits aus der Antike stammende Erkenntnismuster an. Im Hintergrund steht die Einsicht, dass Erkenntnis nicht ein rezeptives, vielmehr ein aktives Vermögen, ein Erkenntnishandeln,[37] ist.

Von hier wird auch verständlich, dass sich der Holismus mühelos mit der physikalischen Quantentheorie verbinden konnte, die nicht mehr von an sich seienden, konstanten Eigenschaften ausgeht, die dem Objekt zukommen, gleichgültig, ob sie gerade beobachtet werden oder nicht, sondern von beobachteten, vom Experiment abhängigen Eigenschaften – nämlich von Ort und Impuls der Elementarteilchen. Die holistische Idee des geschlossenen Ganzen ist hier allerdings ersetzt durch den Komplementaritätsgedanken. Und wie sehr sich in biologischen Zusammenhängen Organismen und ihre Teile der Umgebung anpassen und von dieser bestimmt werden, am evidentesten beim Mimikry, bedarf keiner weiteren Erörterung. Die hier explizierte Erkenntnis gilt für alle Bereiche, nicht nur für die Wahrnehmungspsychologie, Quantenphysik und Biologie, sondern für die gesamte Naturerkenntnis.

2. Ein anderer Punkt betrifft die Einsicht, dass das Ganze mehr ist als die Summe der Teile und daher Priorität vor den Teilen hat. Diese Erkenntnis der Übersummation oder Mehr-als-Summenhaftigkeit ist nicht neu; sie lässt sich schon bei Platon nachweisen, der das Problem im *Theaitet*[38] am Beispiel der Silben behandelt, und zwar im Kontext der Frage, ob die Silben nichts als die Gesamtheit (*pān*) der Buchstaben seien oder eine einzige, unteilbare Gestalt (*mía idéa*) bildeten. Die

These, wonach das Ganze (*hólon*) sich nicht im Insgesamt (*pān*) der Teile erschöpft und aus deren Eigenschaften erklärt, sondern über die bloße Aneinanderreihung, die Und-Verbindung hinaus eines neuen, eigentümlichen, gestalthaften Moments, der sogenannten Gestaltqualität, bedarf, lebt im Holismus und im holistischen Denken wieder auf.

Das Experiment mit der Seeigellarve erwies sich als eindrucksvolles Beispiel dafür, dass die Idee des Ganzen zwar nicht unabhängig von den Teilen auftritt, diese aber doch organisiert und leitet. Insbesondere das Gebiet der Biologie bietet vielfältige Bestätigungen dieser Art. Obgleich die Biologie für holistische Erklärungen geradezu prädestiniert ist, sind solche auch der Soziologie nicht fremd. Gemeinschaften, von welcher Art auch immer, lassen sich nicht eigentlich auf mechanistische Weise als Zusammensetzung von Individuen erklären, wobei sich deren Eigenschaften automatisch auf die Gesamtheit übertragen, sondern eher auf holistische. Die Eigenschaften und Verhaltensweisen der Individuen werden vom Ganzen geprägt, beispielsweise davon, ob jemand in einer kapitalistischen oder marxistischen Gesellschaftsordnung lebt. Das Gruppenverhalten bestimmt und prägt die Eigenschaften der Individuen, zumindest prägt es sie mit, keineswegs determinieren umgekehrt die Eigenschaften der Individuen allein das soziale Verhalten der Gruppe. Die These, dass sich die menschliche Gesellschaft nicht von den Individuen her bestimmt, sondern umgekehrt die Individuen von der Gesellschaft, charakterisiert den Holismus in soziologisch-politischer Hinsicht als eine Philosophie jenseits des individualistischen Liberalismus.

3. Eine weitere Grundannahme des Holismus besteht darin, dass die Welt als lebendiges Ganzes, als Organismus anzusehen ist. Auch diese Vorstellung geht auf Platons *Timaios* zurück, in welchem der Kosmos als *zōon* bezeichnet wird, der Organisches wie Anorganisches umfasst; sie ist seitdem unzählige Male in verschiedenen Versionen wiederholt worden. Der Holismus in seiner strengen Form bekennt sich zu dieser Überzeugung insofern, als er die Biologie als höchste Disziplin statuiert, aus der – wie im Vitalismus – die physikalischen Gesetze selbst abzuleiten sind oder der – wie im Holismus der Jahrhundertwende – die physikalischen Gesetze zumindest zu unterwerfen sind. Beide Varianten machen mit der These ernst, dass nicht Biologie auf Physik – geschweige denn auf Mechanik – zu reduzieren sei, sondern umgekehrt Physik auf Biologie. Nach Adolf Meyer-Abichs Auffassung bilden die verschiedenen Wirklichkeitsbereiche eine Stufenfolge, bei der die einzelnen Stufen durch Kontingenzen voneinander getrennt sind. Jede niedere lässt sich durch Simplifikation aus der komplexeren und komplizierteren gewinnen, wie umgekehrt die Überführung der niederen in die höhere durch Typensynthese oder Holobiose zustande kommt.

Für die letztere gibt die Verbindung von Algen und Pilzen zu Flechten das Paradigma ab.

> »*Kurz gesagt behauptet die Theorie der Holobiose also, dass alle höheren und komplizierteren Organismen durch biontische Prozesse, also durch Parabiosen, Antibiosen, Symbiosen und schließlich durch Holobiosen aus einfacheren und niedrigeren Organismenformen hervorgegangen sind.*«[39]

In diesem Sinne ließe sich vielleicht schon die Zelle als Ergebnis einer derartigen organischen Synthese betrachten. Die verschiedenen Wirklichkeitsbereiche stellen die hierarchisch gegliederten Organe des gesamten Weltorganismus dar.[40]

Eine Präzisierung des Organismusbegriffs findet sich auch in Hartmanns Schichtenmodell. Weil für die Erklärung eines lebenden Organismus weder die Annahme seelischer Kräfte, teleologischer Prinzipien u. ä. noch das rein physikalische Kausalitätsprinzip befriedigen, liegt der Schluss nahe, »dass im Organischen eine dritte Form der Determination waltet, ein eigentümlicher *nexus organicus*«.[41] Damit ist keine okkulte Qualität der lebendigen Natur gemeint, sondern ein Funktionskomplex von Klassen organischer Determinanten, die den Organismus zum einen in seiner Erscheinungsform, dem organischen Gefüge, zum anderen in seiner inneren Struktur aufbauen, letzteres in dreierlei Hinsicht: dem überindividuellen Artprozess, dem phylogenetischen Evolutionsprozess und gewissen übergeordneten Determinationsprinzipien, die unter dem Begriff der organischen Determination schlechthin zusammengefasst werden. Der *nexus organicus* besteht in der Schichtung und Interdependenz dieser Determinantenklassen, in einer »hochkomplexen Synthese heterogener Determinationsformen«,[42] wie sie beispielsweise in den Phänomenen des formbildenden Prozesses, der Selbstregulation, der Reproduktion, der Abartung, des Wider- und Zusammenspiels der organischen Prozesse greifbar sind. In Bezug auf den Kausalnexus stellt der organische Nexus eine »Überformung« dar, in der die kausale Determination zu einem neuen Determinationstyp modifiziert wird. Allerdings verbietet sich nach Hartmann die Universalisierung des organischen Determinationstyps zur Vorstellung eines Weltorganismus, die holistische Struktur der Natur besteht allein in der nicht auseinander ableitbaren Kohärenz heterogener Determinationstypen, deren bloßer Schichtung.

Die holistische Struktur der Natur genauer zu erfassen, versucht das Hologramm-Modell des Universums, das der amerikanische Physiker David Bohm formuliert hat.[43] Als anschauliche Basis dient ihm das von Nobelpreisträger Dennis Gabor gegen Ende der vierziger Jahre entwickelte Fotografieverfahren der Holographie, das dreidimensional anmutende Fotografien mittels Interferenzen zwischen zwei Wellenzügen eines speziell gespiegelten Laserstrahls zu erzeugen vermag. Ein solches Lichtbild besitzt die Eigenschaft, bei beliebiger Teilung das gesamte Bild in jedem Teil zu bewahren, wenngleich in verkleinertem Maße. Bohm postuliert für das gesamte Universum eine dynamisierte Form holographischer Ganzheit. Aus dieser sogenannten Holobewegung (*holomovement*)[44] sollen alle Strukturen der Natur hervorgehen, und zwar in der Weise, dass sie in jeder dynamischen Sequenz als deren implizite Ordnung »eingefaltet« sind.[45] In einer solchen Einfaltungsverbindung stehen auch Geist und Materie, so dass das die Holobewegung erkennende Bewusstsein als Implikat derselben angesprochen werden muss.

Ein ähnlich hypothetisches Modell holistischer Kohärenz der Natur stammt von dem britischen Biologen Rupert Sheldrake. In seiner Theorie der morphogenetischen Felder[46] postuliert er Felder, die, weder aus Masse noch aus Energie bestehend, alle materiellen Strukturen der Natur – sowohl der anorganischen wie der organischen – wie auch das Verhalten der Organismen einschließlich des Menschen verursachen, indem sie eine Art überräumlichen und überzeitlichen Informationsspeicher darstellen, der Prozesse, Formen und Organismen aufbaut, umgekehrt aber auch von diesen beeinflusst und modifiziert wird. Auf der morphogenetischen Ebene bilden dergestalt Information und naturaler Prozess, Geist und Materie, Mensch und Natur eine Einheit nichtkausaler Interdependenz.

3. Ethischer Aspekt

Wichtiger als die theoretischen Reflexionen ist für holistisches Denken der ethische Diskurs, wie er vor allem in der Ökologiebewegung geführt wird und dort zur Ausbildung einer eigenen Ökoethik geführt hat, die sich dezidiert von der das mechanistische Paradigma leitenden anthropozentrischen Ethik absetzt. Wie sollen wir leben und uns gegenüber der Natur verhalten, ja, wie wollen wir in Zukunft leben, und wie weit können wir überhaupt in die Natur eingreifen, ohne uns selbst zu schaden? Das ist die gegenwärtig uns alle bewegende und bedrängende Frage angesichts einer zunehmenden, durch das mechanistische Paradigma bedingten Umweltzerstörung, die auf die menschlichen Lebensbedingungen zurückschlägt, wie auch angesichts der Endlichkeit und Ausschöpfbarkeit der Ressourcen, die auf die Grenzen eines ungehemmten Wachstums und Expansionsdranges hinweisen. Gegenwärtig konstatieren wir eine Krisen- und Umbruchsituation, in der die klassischen ethischen Kriterien versagen und eine Neuorientierung notwendig wird. Die ethische Kontroverse der Gegenwart kapriziert sich bezüglich des Verhältnisses Mensch – Natur auf die Alternative: Herrschaft – Knechtschaft, Überordnung – Unterordnung, Unterdrückung – Ausbeutung oder wechselseitige Anerkennung, Ausgleich, Harmonie, Partnerschaft, Frieden mit der Natur.[47]

Was sind die Gründe dieser Polarisierung und des erforderlichen Umdenkens? Da sich die neue ökologische Ethik in Opposition zur traditionellen anthropozentrischen definiert, wie sie in der christlichen und humanistischen Ethik ihre Ausprägung gefunden hat, die mit dem mechanistischen Paradigma eine Synthese eingegangen sind, muss sie in Absetzung von diesen entwickelt werden. Zwar gehören das kausalmechanistische Modell der Naturwissenschaft und Technik sowie das teleologisch auf den Menschen hin orientierte Weltbild der jüdischchristlichen Religion wesens- und herkunftsmäßig nicht von Anfang an zusammen, wohl aber sind sie historisch eine Verbindung eingegangen, die als Grund für die schnelle und effiziente Ausbreitung des mechanistischen Denkens mitverantwortlich ist. Indem die christliche Anthropologie und Ethik geeignete Ansatzpunkte im mechanistischen Konzept fanden, konnten sie zugleich für dessen rapide Ausbreitung sorgen. Hier sei nochmals an die These Carl Friedrich von Weizsäckers erinnert, dass die moderne Welt ihren unheimlichen Erfolg zum großen Teil ihrem christlichen Hintergrund verdanke.[48]

Das mechanistische Modell, wie es sich seit Beginn der Neuzeit mehr und mehr ausgeprägt und zum mechanistischen Weltbild entwickelt hat, basiert grundsätzlich auf der Subjekt-Objekt-Spaltung, auf der Herausnahme des Gegenstandes aus seiner ursprünglichen Einheit mit dem Subjekt und auf der mit dieser Verobjektivierung einhergehenden Entfremdung. Mit der Gegenüberstellung von Subjekt und Objekt degradiert die Natur zum fremden, manipulierbaren, manövrierbaren Objekt der Wissenschaft und Technik. Hieran konnte die jüdisch-christliche Weltvorstellung mit ihrer hierarchischen Stufung von Gott, Mensch und Welt und insbesondere mit ihrer Auffassung von der exzeptionellen Stellung des Menschen innerhalb des Geschöpflichen, seiner Auszeichnung als Krone der Schöpfung und Ebenbild Gottes, die ihn zur Herrschaft über die übrigen geschaffenen Dinge: Tiere, Pflanzen und Elemente legitimiert, Ansatzpunkte finden. Im Zentrum der christlichen Ethik steht der Mensch, und zwar nicht als Naturwesen wie alles andere Natürliche und Geschaffene, sondern als von der Natur unabhängiges, auf sein Seelenheil und seine Beziehung zu Gott bedachtes Wesen. Von hier versteht sich, dass es in der Ethik entweder ausschließlich oder vorzüglich um menschliche Belange und Verhaltensweisen geht. Moral hat es primär mit dem

Menschen zu tun und betrifft die Regulierung zwischenmenschlicher Beziehungen. Sachen und andere Wesen werden in moralischer Hinsicht nur insofern in Betracht gezogen, als sie Eigentum des Menschen sind oder seinem Nutzen dienen. Ihnen gegenüber besteht lediglich eine indirekte Verpflichtung, insofern der Mensch mitbetroffen ist, wie es bereits das naturrechtliche Gebot *alterum non laedere* zum Ausdruck bringt,[49] das zu einem behutsamen, schonenden Umgang mit den Sachen verpflichtet, wenn diese Eigentum eines anderen sind und ihre Beschädigung oder Verletzung in dessen Eigentumsrechte eingreifen würde. Diese anthropozentrische Ausrichtung hat die immanente Tendenz, innerhalb der Werteskala den Menschen zu präferieren und das übrige Kreatürliche an ihm auszurichten und zu messen. Die Natur, ihrer Gleichrangigkeit und ihres Eigenwertes beraubt, gerät so in einen moralischen Freiraum, der sie zur bloßen Materie und Ressource für die Bedürfnisse, Interessen und Zwecke des Menschen werden lässt. Subtilerweise unterscheidet die christliche Ethik noch zwischen einem *ontologischen* Anthropozentrismus und einem *ethischen*. Während sich der letztere auf die Aussage beschränkt, dass der Mensch über die Naturdinge verfügen, sie seinen Zwecken unterordnen dürfe, geht der erstere darüber hinaus, indem er behauptet, dass die Natur zu keinen anderen Zwecken als denen des Menschen erschaffen sei. Religiös gesehen stellt sich das Verhältnis des Menschen zur Natur, verglichen mit dem des Menschen zu anderen Menschen, als ein sekundäres dar, das von untergeordnetem Belang ist. Trotz Umweltkrise und wiederholter Behebungsversuche seitens christlicher Ethiker[50] hat sich diese Auffassung in der kirchlichen, insbesondere katholischen Moraldogmatik bis heute erhalten. So ist es nicht verwunderlich, dass sie in dem Augenblick, in dem es nicht mehr nur um die Freiheit und Unabhängigkeit des Menschen von der Natur ging, sondern um die mit der Naturbeherrschung verbundene Naturzerstörung, ins Kreuzfeuer der Kritik geriet.[51]

Der Primat des Menschen innerhalb der Natur einschließlich der daraus ableitbaren Konsequenzen bleibt auch dann erhalten, wenn man auf eine religiöse Legitimation, auf den Appell an besondere Glaubenssätze und Überzeugungen wie jene vom Menschen als Krone der Schöpfung und der Menschwerdung Gottes verzichtet und statt dessen humanistische Argumente heranzieht. In diesem Falle wird die Sonderstellung des Menschen durch Rekurs auf sein Vermögen als vernünftiges, sprachbegabtes, reflektierendes sowie frei handelndes sittliches Wesen begründet. Einerseits zeichnet ihn seine kognitive Fähigkeit, nämlich die Möglichkeit zur Reflexion und zur Sprachgebung, aus, andererseits seine Fähigkeit, frei und ungebunden von Naturtrieben und selbst gegen diese zu handeln. Während z. B. kein Fuchs zum

Zwecke der Arterhaltung die »Rechte« des Hasen respektiert, kein Hase beim Fressen die »Rechte« des Grases und der Kräuter, kein Kraut zum Wachsen die »Rechte« des Bodens, des Wassers und der Luft, aus denen es seine Nährstoffe bezieht, ist allein der Mensch in der Lage, neben seinem Trieb zur Selbstbehauptung und zur Artsolidarität, die zum Überleben des Individuums wie der Art erforderlich sind, auch Solidarität mit anderen Wesen zu üben sowie Weltsorge in den Mittelpunkt seiner Überlegungen zu stellen. Diese spezifisch humanen Verhaltensweisen zeichnen ihn als Subjekt von Erkennen und Handeln aus und nicht nur als Objekt wie die übrige Welt, die erkannt und behandelt wird. Nach dieser Auffassung können Rechte nur Subjekten, Personen also, konzediert werden, die Verpflichtungen haben und wahrnehmen, nicht der übrigen Natur. Werden dieser irgendwelche Rechte zugebilligt, so können sie nur *per* Dekret des Menschen *zuerkannt*, nicht als bereits vorhandene *anerkannt* werden.

Die traditionelle, ob christliche oder humanistische Ethik ist in der aufgezeigten Weise anthropozentrisch ausgerichtet, indem sie auf den Menschen als letzten Zweck oder Zweck an sich abstellt und ihm die übrige Natur als Mittel unterordnet. Gefördert wird dieses Verhältnis des Menschen zur Natur durch eine der neuzeitlichen Wissenschaft und Technik immanente Motorik. Das Erkenntnisstreben des Menschen, sein Forscherdrang, ist prinzipiell unendlich. Seitdem die Technik an die Stelle der Praxis im antiken Sinne, des an Erfahrung orientierten Wissens, getreten ist und die Umsetzung wissenschaftlicher Einsichten in die Realität vornimmt, hat sie ebenfalls einen unendlichen Impetus erhalten. Technik ist nicht nur Realisierung von Erkenntnissen und Befriedigung von Bedürfnissen, sondern erzeugt neue Erkenntnisse und Bedürfnisse, indem sie die Wissenschaft vor neue Aufgaben stellt und so den wechselweisen Prozess von Erkenntnisstreben und technischer Umsetzung unbegrenzt anheizt. Diente die Technik früher der Lebensbewältigung, so ist sie heute zum Selbstzweck geworden. Das Ziel der Bemeisterung der Natur ist nicht mehr lebensnotwendigen Zwecken untergeordnet, sondern zum Zweck an sich avanciert. Daher beendet die technisch gelungene Problemlösung den Prozess nicht, sondern fordert seine Ausweitung. Dies hat Auswirkungen auf den Menschen, indem nun nicht mehr wie früher die Technik für den Menschen, sondern der Mensch für die Technik da ist.

Dieser seinem Wesen nach ins Unendliche gehende Prozess musste in dem Augenblick kollabieren, als die Endlichkeit unseres Planeten und die Ausschöpfbarkeit seiner Ressourcen ins Bewusstsein traten. Dies geschah relativ plötzlich Anfang der siebziger Jahre mit dem sogenannten »Ölschock«: Die Verknappung und Verteuerung dieses fossilen Brennstoffes und die damit einhergehende wirtschaftliche Rezession machten der westlichen Welt schlagartig bewusst, an Grenzen gelangt zu sein. Da die moderne Technik auf Energiequellen wie Öl, Kohle, Wasserkraft angewiesen ist, verbraucht sie diese Reserven innerhalb endlicher Zeit und entzieht sich damit selbst die Grundlage. Das Ideal neuzeitlicher Wissenschaft und Technik – die ungehemmte Ausweitung, der ungehinderte Fortschritt – erwies sich als nicht länger aufrechtzuerhalten.

Schien zunächst die Kernenergie einen Ausweg zu versprechen, indem sie auf unabsehbare Zeit als Energielieferant dient, so machten die Störfälle in Kernkraftwerken, insbesondere die GAUs von Tschernobyl und Harrisburg, deutlich, welche existenzbedrohenden Gefahren, Verseuchungen, Gesundheitsschädigungen selbst zukünftiger Generationen mit der Nutzung der Kernenergie verbunden sind, ganz zu schweigen von den katastrophalen Auswirkungen militärischen Einsatzes wie dem Abwurf der Atombombe über Hiroshima. In den Jahren des kalten Krieges zwischen den damaligen Staatsblöcken USA und Sowjetunion hing die Atombombe wie ein Damoklesschwert über den Häuptern der Menschen. Ersonnen zur Nutzung, zum Schutz und zur Abschreckung, birgt die Kernenergieforschung und -verwertung die Gefahr der Selbstvernichtung.

Als ähnlich lebensbedrohend wird heute die heraufziehende Klimakatastrophe empfunden. Soweit das Ozonloch über der Antarktis, die steigenden Jahrestemperaturen mit der Folge des Abschmelzens der Eisberge und des Anstiegs des Meeresspiegels durch die Abholzung der riesigen tropischen Regenwälder mitverursacht ist, die jährlich 8 bis 10 Millionen Hektar beträgt und um das Jahr 2000 ca. 40 % der heutigen Waldfläche in den Entwicklungsländern erfasst haben wird, übersteigt der Schaden den Nutzen. Der Gewinnung von bebaubarem Land, von Brennholz, Zellulose und Fournieren auf der einen Seite steht auf der anderen die Störung des sensiblen ökologischen Gleichgewichts, die Verkarstung der Böden, der Wegfall der »grünen Lunge« entgegen.

Nicht geringer sind die negativen Folgen durch die Umweltverschmutzung seitens der Industrie, vornehmlich der Chemie, etwa die Überdüngung der Böden, die Vergiftung des Grundwassers mit Chemikalien, der Ausstoß von Abgasen, der das Waldsterben mitbedingt. Durch Akkumulation wachsen die Schäden in einer endlichen Welt in endlicher Zeit zu einer Größe heran, die allen Sinn und Nutzen des wissenschaftlichen und technischen Fortschritts aufhebt. Da zudem viele Schäden irreversibel sind, ist die Ausrottung unzähliger Pflanzen- und Tierarten, die nicht rückgängig zu machende Zerstörung von Landschaften u. ä. die Folge.

Nicht nur an der natürlichen biologischen Umgebung zeigt sich die Widersinnigkeit einer ganz auf Expansion und Fortschritt angelegten

Ethik, sondern auch an der künstlichen, technischen, zivilisatorischen und gesellschaftlichen. Die Vorteile freien, ungehinderten Personen- und Warenverkehrs, wirtschaftlichen Austausches, menschlicher Kommunikation werden getrübt durch Tausende von Verkehrsopfern jährlich; den Städten droht der Verkehrsinfarkt. Der Städtebau in Ballungszentren, die Errichtung von Mietskasernen und Wohnghettos, die den Menschen zwar Unterkunft verschafft, führt nicht selten zu physischen und psychischen Erkrankungen. Die moderne Medizin mit ihren technischen Möglichkeiten und Apparaten eröffnet zwar ungeahnte Perspektiven, wirkt jedoch entpersonalisierend und anonymisierend. Als größtes Problem erweist sich der rapide Anstieg der Erdbevölkerung, der durch moderne medizinische und hygienische Maßnahmen, durch die Verminderung der Geburten- und Kindersterblichkeit, die Beschaffung von Nahrungsmitteln u. ä. möglich geworden ist, gleichzeitig aber, insbesondere in den Entwicklungsländern, zu einer zunehmenden Verarmung und Verelendung führt.

Grenzen des Wachstums, wie ein Buchtitel von Dennis Meadows u. a.[52] lautet, sind angesagt anstelle des schrankenlosen, ungebremsten Wachstums und Fortschritts. Der Titel ist zum Schlagwort des ausgehenden 20. Jahrhunderts geworden. Nachdrücklich haben die Untersuchungen und Publikationen des *Club of Rome*, eines aus Politikern, Wirtschaftlern, Managern und Wissenschaftlern bestehenden Zirkels, auf die Zusammenhänge und Abhängigkeiten von Bevölkerungswachstum, Rohstoffreserven, Kapitalinvestition und Verschmutzung der Umwelt hingewiesen.[53] Wohlstand und Wohlbefinden, gemessen an Nahrungsmittelangebot, Reinhaltung und Schonung der Umwelt, lassen sich nicht beliebig steigern mit wachsender Bevölkerungszahl. Und schon gar nicht sind die natürlichen Ressourcen zur Erfüllung zivilisatorischer und technischer Wünsche unerschöpflich. Mit den positiven wie negativen Folgen der Technik beschäftigt sich heute ein eigener Wissenschaftszweig, bekannt unter dem Namen »Technikfolgenforschung und Technikfolgenabschätzung«, der von unzähligen Autoren und Instituten getragen wird.

Freilich hat es auch schon in früheren Jahrhunderten und Jahrtausenden, eigentlich seitdem es Technik gibt, Umweltzerstörung durch menschliche Eingriffe gegeben. Sie reicht von der Verschandelung der Landschaft durch Steinbrüche, die für den Tempel- und Pyramidenbau gebraucht wurden, über den Bergbau bis hin zur Abrodung riesiger Waldgebiete, deren Fläche für den Ackerbau benötigt wurde. Anatolien war wie die meisten Mittelmeerländer früher ein bewaldetes Gebiet, während es heute verkarstet und unwirtlich ist, Sizilien und Nordafrika waren die Kornkammern Roms. Nicht selten haben sich einzelne Völker durch den Raubbau an der Natur um ihre eigene Existenzgrundlage gebracht und ihre Kulturen ausgelöscht wie die Kreter durch die Abholzung der Zedernwälder, mit deren Holz der Schiffsbau für den Mittelmeerraum betrieben wurde. Denn schon relativ primitive Techniken und scheinbar kleine Eingriffe in die Natur reichen aus, um verheerende Wirkungen zu erzeugen. Doch niemals in der Geschichte hat die durch den Menschen verursachte Umweltzerstörung ein so gigantisches Ausmaß angenommen wie in der Gegenwart, was mit der Reichweite moderner Wissenschaft und Technik zusammenhängt. Die Emission von Kohlen- und Schwefeldioxyd großer Hüttenwerke und Raffinerien betrifft nicht nur ein Gebiet, sondern auch die umliegenden; die Ölverschmutzung der Gewässer hat Auswirkungen nicht nur auf ein Land, sondern auf die Anrainerstaaten; der Unfall in einem Kernreaktor wie Tschernobyl hat europäische Dimensionen. Waren die Umwelteingriffe in früheren Zeiten auf einzelne Sektoren der Natur beschränkt, so umfassen sie heute die gesamte Biosphäre und erreichen damit eine Größenordnung, die die Existenzgrundlagen der Menschheit insgesamt betrifft.

Diese globale selbstreferentielle Situation, die ein Ausweichen unmöglich macht, hat zu einem Umdenken gezwungen und an die Stelle der bisherigen anthropozentrischen Ethik eine neue biozentrische Ethik auf den Plan gerufen. Im Unterschied zur ersteren verzichtet die letztere auf den Primat des Menschen – nicht zuletzt aufgrund der Einsicht Darwins in die Deszendenz des Menschen aus dem Tierreich und somit seiner Zugehörigkeit zu diesem – und betrachtet alle Teile der Natur, organische wie anorganische, prinzipiell als gleichwertig. Dabei geht sie von der Idee des Ganzen, der einen Welt, aus, in der alle zusammenleben und existieren müssen, was die prinzipielle Anerkennung des Existenzrechts und Eigenwertes eines jeden voraussetzt. Nicht mehr nur ein einzelner Teil, die Menschheit, gibt den ausschließlichen Orientierungspunkt ab, sondern das Ganze in seinen wechselseitigen Beziehungen. Da es sich um ein sinnvolles, geordnetes Gefüge handelt, in dem jeder Teil seinen angestammten Platz hat und sein entsprechendes Verhältnis zu anderen Teilen, muss die Veränderung oder gar Aufhebung eines Teils Rückwirkungen auf die Existenzbedingungen aller anderen haben, was gerade heute bei der Störung des ökologischen Gleichgewichts und den Rückwirkungen auf die Lebensbedingungen der Menschen sichtbar wird. Suspendierung des anthropozentrischen Standpunktes zum einen, Zu- oder Anerkennung von Eigenrechten der Natur zum anderen – darauf basiert das Projekt einer biozentrischen, ökologischen Ethik. Ursprünglich im Kontext der menschlichen Gesellschaft entwickelt, wird die Idee einer Rechtsgemeinschaft auf die Natur übertragen; ihr gemäß werden die Verhältnisse in der Natur einschließlich des Verhältnisses des Menschen zur

Natur interpretiert, so dass nicht mehr nur von Rechten und Ansprüchen des Menschen gegenüber der Natur die Rede ist, sondern auch von solchen der Natur gegenüber dem Menschen. Die Natur übernimmt hier die Rolle eines Rechtssubjekts und »Gerechtigkeitsdestinatars«.[54] »Rechtsgemeinschaft der Natur« ist inzwischen zu einem generell akzeptierten Begriff und sogar Stichwort im *Lexikon der Umweltethik*[55] geworden. Rechtsbegriffe, die sonst nur für die menschliche Gemeinschaft galten, bestimmen immer häufiger die Verhältnisse der Natur. Ohne dass Vollständigkeit in der Aufstellung beabsichtigt ist, die sich zudem als zeitgebunden und kontingent erweist, seien hier einige Rechte genannt, die gegenwärtig in der ökologischen Forschung diskutiert werden:[56]

1. Als ein Grundrecht wird das Recht auf Existenz betrachtet. Danach hat jedes natürlich Seiende – Organisches wie Anorganisches – einen primären Anspruch auf die Erhaltung seines Lebens bzw. Seins, was sich konkret in seiner Unantastbarkeit äußert. Das Verbot der Tötung hat hier seinen Ursprung.

2. In engem Zusammenhang mit diesem Recht steht das auf Unversehrtheit. Da Dasein stets als Sosein auftritt, hat jedes Seiende ein Anrecht auf Verwirklichung seiner Anlagen (Selbstverwirklichung) und auf Unversehrtheit seiner individuellen Eigenschaften. Niemandem steht es zu, beliebig in diese einzugreifen, sie zu beschädigen oder gar zu zerstören. Das Gebot des Artenschutzes, das Verbot der Genmanipulation usw. resultieren hieraus.

3. Darüber hinaus geht das Recht auf Schutz, Hege und Pflege, das nicht nur negative Eingriffe verbietet, sondern positive gebietet. Die Dinge, der Mensch eingeschlossen, sind auf Gedeih und Verderb miteinander verbunden und fordern daher einen pfleglichen, sorgsamen Umgang. Rücksichtnahme, Schonung, Schutz gehören nicht nur zum Umgang mit dem Mitmenschen, sondern auch zu dem mit der nichtmenschlichen Mitwelt.

4. Der Grundsatz der Gleichheit und, darauf basierend, der der Gleichbehandlung stellen ein elementares Kriterium jeder Rechts- und Gerechtigkeitstheorie dar. Er ist nicht nur auf Menschen anzuwenden, sondern auf alle Glieder der Natur; er schließt die einseitige Präferenz eines Gliedes vor den anderen aus.

5. Aus dem Gleichheits- und Gleichbehandlungsgrundsatz folgt das Recht auf Unparteilichkeit, z. B. auf objektive Stellungnahme, allseitige Berücksichtigung und umsichtiges Abwägen aller Argumente und Interessen im Falle von Interessenkonflikten.

6. Zur Disposition steht gegenwärtig das Recht auf Wiedergutmachung für erlittenen Schaden, das bei Eingriffen mit negativen Folgen einen Ausgleich bringen soll. Hiernach hätten Tiere, wenn ihre Ge-

sundheit in Tierversuchen beeinträchtigt wird, ein Recht auf Wiederherstellung ihres Wohlbefindens.

7. Denken lässt sich weiter ein Recht auf Notwehr (Widerstandsrecht), das nicht nur Menschen, sondern auch allen anderen Wesen und Dingen der Mitwelt zu konzedieren wäre. Da die Natur selbst nicht agieren kann wie der Mensch, sondern nur reagieren, indem sie sich beispielsweise bei zu großer Beeinträchtigung unserem Zugriff entzieht und untergeht, verlangt dieses Recht Stellvertreter für die Natur, z. B. Tierschutz-, Artenschutz-, Landschaftsschutzverbände, die sich der »Interessen ihrer Klientel« annehmen und mit entsprechenden Befugnissen ausgestattet werden.

Das Ideal vollkommener Gleichrangigkeit, demzufolge jedem natürlichen Seienden gleicher Wert zukommt, ist ein Extrem, das sich in dieser Radikalität nicht verwirklichen lässt, nicht nur aufgrund der Kollision verschiedener subjektiver Interessen, sondern bereits aufgrund des objektiven Tatbestandes, dass eine Existenz von der anderen lebt und ein Seiendes das andere aus seiner Stelle verdrängt. In *concreto* kommen Umweltethiker daher doch wieder zu einer abgestuften Rechtsordnung, die sich im Ausgang vom Menschen als dem uns Nächsten und Vertrautesten ergibt und die Abstufung nach Nähe oder Ferne zu diesem, nach Ähnlichkeit und Analogie vornimmt. So haben wir heute in der Ökologiedebatte meist keine rein biozentrische Ethik vor uns, sondern eine mit der anthropozentrischen Ethik vermischte. Je nach Abstufung resultiert eine anthropozentrische, pathozentrische, biozentrische und holistische Ethik.[57]

Eine breite Basis nimmt heute die Akzeptanz von Tierrechten und Tierschutz ein. Nicht in gleichem Maße fortgeschritten ist die Anerkennung von Pflanzenrechten, obwohl die Erhaltung der Artenvielheit angestrebt wird; und noch seltener ist von der Anerkennung von Rechten der Steine, Metalle und anorganischen Stoffe die Rede, wenngleich sich das Bewusstsein mehr und mehr durchsetzt, dass die klassischen Elemente Erde, Wasser, Luft und Feuer unser Lebenselixier bilden und daher rein zu halten seien. Auch die Bemühungen um Landschaftsschutz, die auf den Erhalt ökologisch zusammenhängender Areale zielen, gehören hierher. Gleichwohl kann nicht geleugnet werden, dass die Argumente zum Schutz der Umwelt nicht primär aus der Akzeptanz ihres Eigenwertes und ihrer Eigenrechte resultieren, sondern aus anthropozentrischer Sicht, nämlich aus dem Nutzen oder Schaden für den Menschen.

Insofern schmerzempfindliche, leidensfähige Tiere uns am ähnlichsten sind – gemeint sind vor allem Wirbeltiere[58] – und wir uns daher am leichtesten mit ihnen aufgrund unseres Gefühlslebens identifizieren können, sind wir am ehesten bereit, ihnen genau wie uns »Interessen« zu konzedieren,[59] z. B. das Interesse auf Integrität und Wohlbefinden, auf Erhalt des Individuums und der Art, das sich in bestimmten Strategien und Praktiken zur Vermeidung von Gefahren und der Suche nach Annehmlichkeiten bekundet. Aufgrund dieser Interessen billigen wir auch Tieren Rechte zu, die in Tierschutzverordnungen und -gesetzen der meisten europäischen Länder, der USA, Japans und etlicher anderer Länder ihren Niederschlag gefunden haben. Aus der Abwägung solcher Rechte gegen die Rechte des Menschen ergeben sich konkrete Anweisungen für das Verhalten ihnen gegenüber, insbesondere bei Tierversuchen. So sind z. B. Versuche verboten, die lediglich der Erprobung nicht lebensnotwendiger Stoffe und Produkte wie Kosmetika, Wasch- oder Genussmittel dienen, ebenso der Erprobung bereits auf dem Markt befindlicher, nur imitierender oder konkurrierender Mittel. Das Tierschutzgesetz Deutschlands verbietet fernerhin nach § 7, Absatz 4 Tierversuche »zur Entwicklung oder Erprobung von Waffen, Munition und dazugehörigen Geräten«.[60] Auch im Falle, dass sich die Mittel auf andere Weise erproben lassen, sind Tierversuche untersagt. Nur wenn es um lebensnotwendige Mittel und Methoden für den Menschen geht, sind sie gestattet. Hier, wo Menschenleben gegen Tierleben, schweres menschliches Leid gegen schweres tierisches Leiden steht, wird dem Menschen Vorrang eingeräumt. Doch schon taucht die Frage auf, wieweit das menschliche Recht auf Gesundheit, Wohlergehen und Glück, auf Gefahrenabwehr und Lebenssicherung auf Kosten von Tieren gehen darf.[61] Nicht jedes gesundheitsfördernde und heilbringende Mittel legitimiert auch schon Eingriffe in die Rechte der Tiere.

Wenn den Tieren Rechte konzediert werden aufgrund der Zubilligung von Empfindungen und Interessen, ist es nur konsequent, auch Pflanzen solche zuzugestehen, da auch sie »Empfindungen« und »Interessen« haben, die sich im Streben nach Integrität des eigenen Individuums, Wohlbefinden, Arterhaltung äußern. So verkümmern Pflanzen auf schlechtem Boden und bei saurem Regen, während sie bei genügender Nährstoff- und Lichtzufuhr prächtig gedeihen. Ist die Züchtung von Pflanzen sowie die Genmanipulation, die Veränderung ihres Erbgutes, überhaupt erlaubt?

Und schließlich bleibt zu erwägen, ob nicht auch scheinbar empfindungslose Steine »leiden«, wenn sie behauen und aus ihrer natürlichen Umgebung entfernt werden. Wer sagt uns denn, dass nicht auch sie empfinden und ein Bestreben haben, an ihren natürlichen Ort zurückzukehren. Vielleicht hat hier die phänomenologisch orientierte aristotelische Physik die Sachverhalte besser getroffen als die neuzeitliche newtonische. Wie in den meisten Ländern unter dem Einfluss ökologischer Argumente ein Wandel bezüglich der Akzeptanz von Tierrechten eingetreten ist, so bahnt sich ein entsprechender Bewusstseinswandel auch bezüglich der Rechte der übrigen Ökosphäre an. Die Diskussion um Rechte und Schutz von Pflanzen, Landschaften, sogar von Elementen und den übrigen Materialien ist kein Tabu mehr.

> »Wie kämen wir dazu, den Fisch in seinem Eigenwert zu respektieren, und ebenso die Wasserpflanzen, unter denen er lebt, nicht aber den Fluss, der beiderlei Leben umfasst? Flüsse sind eigentlich sogar immer schon in ihrem eigenen Charakter respektiert worden. Die Elbe und der Rhein z. B. haben von sich aus eine grundverschiedene Natur, und der Mississippi, die Wolga, der Jordan, der Nil und der Amazonas sind ja auch nicht nur Be- und Entwässerungssysteme. Flüsse haben ihre je eigene Persönlichkeit oder Seele, mehr noch als ‚Interessen'.«[62]

Angesichts der Tatsache, dass eine Ethik keine bloße Deskription und Analyse vorfindlicher Verhaltensweisen ist, welche zudem zeit- und kulturbedingt sind und von Gemeinschaft zu Gemeinschaft, von Religion zu Religion wechseln, sondern normative Setzungen und Direktiven zu deren Befolgung enthält, welche sich im Sollen aussprechen, und zwar nicht nur einem relativen Sollen, sondern einem absoluten, bedarf sie einer Legitimation, die verpflichtend wirkt. Nachdem im christlichen Abendland die Religion die Legitimationsrolle eingebüßt hat, ist hier ein Defizit entstanden, das nach einer neuen Fundierung verlangt. In richtiger Erkenntnis dieser Sachlage hat Hans Jonas eine neue Metaphysik gefordert, die zur Übernahme dieser Funktion imstande ist.

> »Denn die heutige Crux der Theorie«, sagt er, »ist ja die angebliche Kluft von Sein und Sollen, die nur durch ein, sei es göttliches, sei es menschliches, *fiat* überbrückt werden könne – beides höchst problematische Quellen der Gültigkeit, die eine wegen bestrittener Existenz bei hypothetisch zugestandener Autorität, die andere wegen fehlender Autorität bei faktisch vorliegender Existenz.«[63]

Die Religion besitzt zwar Autorität, hat aber nach dem Säkularisationsprozess keine reale Existenz mehr. Menschliche Dezision, die auf Überzeugung, Überredung oder Mehrheitsbeschluss basiert, ist zwar real, besitzt aber keine Autorität. Einen Ausweg bietet für Jonas nur eine rational argumentierende Metaphysik. Eine solche hat er in seinem Buch *Das Prinzip Verantwortung* entworfen, und zwar durch Rehabilitierung der schon verabschiedet geglaubten Naturteleologie. Sein

Ziel ist die Überwindung des Hiats zwischen Sein und Sollen, dadurch dass er der Natur Zwecke beilegt, die gesamte Natur als eine sinnvolle, zweckhafte Ordnung ansieht, innerhalb deren der Mensch ein Glied bildet. Nicht mehr wird die Natur wie im neuzeitlichen Weltbild wertneutral oder bloß instrumental aufgefasst, vielmehr inhärieren bestimmten Zuständen und Prozessen moralische Qualitäten, aus denen sich Rechte und Ansprüche auch gegenüber dem menschlichen Handeln ableiten. Die Teleologisierung der Natur läuft so auf eine Moralisierung der Natur hinaus.

Sein Ziel versucht Jonas mittels zweier Strategien zu erreichen: Im ersten Falle dient ihm das allgemein konzedierte Vorhandensein subjektiver Zwecke als Indiz für das Vorhandensein auch objektiver Zwecke in der Natur. Geht man von der Prämisse aus, *erstens* dass Subjektivität ein Evolutionsprodukt ist und *zweitens* dass es in der Evolution keine Sprünge, sondern nur graduelle Entwicklungsstufen gibt, dann folgt daraus, dass die subjektive Zwecksetzung ihre Wurzel in der vorsubjektiven Natur haben und folglich die gesamte Natur Zwecken unterstehen muss.

> »Wie die Subjektivität in gewissem Sinne eine Oberflächenerscheinung der Natur ist – die sichtbare Spitze eines viel größeren Eisbergs – spricht sie für das stumme Innere mit. Oder: die Frucht verrät etwas von Wurzel und Stamm, aus denen sie erwuchs. Da die Subjektivität wirkungsmächtigen Zweck zeigt, ja ganz und gar daraus lebt, muss das stumme Innere, das durch sie erst zu Wort kommt, der Stoff also, in nichtsubjektiver Form schon Zweck, oder ein Analogon davon, in sich bergen.«[64]

Im zweiten Falle glaubt Jonas durch ein einziges Beispiel, ein sozusagen »ontisches Paradigma«, den Zusammenfall von Sein und Sollen nachweisen zu können. Hierzu dient ihm das Faktum der Aufnahme des Säuglings durch die Umwelt bei seiner Geburt. Das bloße Atmen des Neugeborenen sei ein Sollen an die Umwelt, sich seiner anzunehmen.[65] Jonas legt Wert auf die Feststellung, dass es sich hier nicht nur um einen angeborenen naturhaften Trieb der Brutpflege handelt, auch nicht nur um ein psychologisches Faktum des Mitgefühls einem hilflosen Wesen gegenüber, sondern um ein metaphysisches Faktum:

> »Ich meine wirklich strikt, daß hier das Sein eines einfach ontisch Daseienden ein Sollen für Andere immanent und ersichtlich beinhaltet, und es auch dann täte, wenn nicht die Natur durch mächtige Instinkte und Ge-

fühle diesem Sollen zuhilfe käme, ja meist das Geschäft ganz abnähme.«[66]

Wird das Konzept einer Naturteleologie zur Begründung der ökologischen Ethik herangezogen, so sind Schwierigkeiten unvermeidbar, wie denn überhaupt eine ökologische Ethik nicht frei von Komplikationen ist. Diese sollen, nach Inhalt und Legitimationsbasis gesondert, im einzelnen durchgegangen werden.

1. Eine radikal holistische Ausrichtung der ökologischen Ethik auf der Basis einer totalen, durchgängigen Zweckmäßigkeit der Natur kollabiert am Selbstwiderspruch. Eine solche Ethik würde allem und jedem Seienden – Organischem wie Anorganischem – einen Zweck konzedieren, und zwar nicht nur einen Zweck für uns, sondern einen Zweck an sich. Jedes Seiende hätte in Bezug auf jedes andere Seiende einen Zweck und damit auch einen Wert und eine Würde, so dass diese auf alles gleichermaßen verteilt wären. Die Konsequenz einer solchen Konstruktion, die sich im moralischen Handeln widerzuspiegeln hätte, wäre die Akzeptanz des Eigenrechts jedes Seienden und seiner Unantastbarkeit, und es wäre nur ein kleiner Schritt zur Sakralisierung der gesamten Natur aufgrund einer Akzentverschiebung ins Religiöse. Wie in der anthropozentrischen Ethik der Mensch mit einer Aura von Heiligkeit umgeben wird, um ihn vor technischen und genetischen Eingriffen zu sichern, so in der holistisch-ökologischen Ethik das gesamte Seiende.

> »Es ist die Frage, ob wir ohne die Wiederherstellung der Kategorie des Heiligen, die am gründlichsten durch die wissenschaftliche Aufklärung zerstört wurde, eine Ethik haben können, die die extremen Kräfte zügeln kann, die wir heute besitzen und dauernd hinzuerwerben und auszuüben beinahe gezwungen sind.«[67]

Der Respekt vor der Heiligkeit, die Achtung der Tabus, die Anerkennung des Rechts und der Würde jedes anderen führt, wenn sie generalisiert und auf alles in gleicher Weise, auf Menschen, Tiere, Pflanzen, Stoffe, übertragen wird, zum theoretischen und existentiellen Selbstkollaps. Denn die Konstruktion von Zwecken macht nur Sinn, wenn gleichzeitig Mittel angenommen werden, für die die Zwecke Zwecke sind. Die Zweck-Mittel-Relation ist eine korrelative. Jedes Wesen ist bezüglich seiner Selbst- und Arterhaltung auf anderes Seiendes angewiesen, das es gebraucht und verbraucht, benutzt, verzehrt, kurzum, als Mittel verwendet: Der Mensch ernährt sich von Tieren und Pflanzen und schränkt den Lebensraum konkurrierender Wesen ein, Tiere leben und ernähren sich von anderen Tieren und Pflanzen. Pflanzen beziehen ihre Nahrung aus den Säften und Elementen des Bodens und der Luft. Erde, Wasser, Luft und Feuer sind, als Biosphäre verstanden, Assimilatoren und setzen fremde Elemente in Gleichartiges um, und selbst anorganische Stoffe beanspruchen ihren Platz, indem sie jedes andere vom Eindringen abhalten. Keine zwei Körper können denselben Raum einnehmen. Jedes Seiende ist so in Bezug auf jedes andere Seiende gleicherweise Zweck (Selbstzweck) wie Mittel. Eine Konzeption aber, die jegliches Seiende als Zweck und als Mittel betrachtet, tabuisiert und enttabuisiert, unterminiert eine Ethik, die gerade Leitlinien zum Handeln angeben, Aufforderung zu bestimmtem Tun und Lassen und Verhinderung von anderem Tun und Lassen sein soll und damit Präferenzen setzt. Das Projekt einer totalen Teleologisierung der Natur hebt sich durch die gleichzeitige Mittelfunktion auf.

Speziell in Bezug auf den Menschen resultiert hieraus das Dilemma, entweder die Natur über das Ich oder das Ich über die Natur zu stellen, was sich auf die Formel zuspitzen lässt: das Andere oder das Selbst. Im Konfliktfall ist zu entscheiden, ob die Heiligkeit der Natur als eine unüberschreitbare, absolute Grenze unseres Handelns respektiert werden soll und damit nicht allein die Mitmenschen, sondern auch die Schädlinge und Krankheitsbakterien geschont werden sollen, was gegebenenfalls zur Folge hätte, dass diese uns zugrunde richten, oder ob dem Trieb der Selbst- und Arterhaltung zu folgen ist, der uns im Kampf ums Überleben zwingt, das für uns Schädliche zu bekämpfen und das für uns Lebensnotwendige zu fördern.

Dieses Dilemma der Rechte- und Interessenkollision, zu dem Klaus Michael Meyer-Abichs Konzept einer »Rechtsgemeinschaft mit der Natur« oder Jonas' Prinzip der »Treuhänderschaft gegenüber der Natur« führen, wird an der Ethik Albert Schweitzers besonders eklatant, obwohl sich sein Heiligkeitsbegriff nicht einmal auf die ganze Natur erstreckt, sondern auf die belebte beschränkt. Sein Respekt vor allem Leben ist so groß, dass er sich selbst gegenüber lebens- und gesundheitsgefährdenden Bakterien im Falle ihrer Ausrottung als tausendfacher Mörder empfand und als Konsequenz daraus die vollkommene Sterilisierung seines Operationsraumes in Lambarene ablehnte.

> »Auf tausend Arten steht meine Existenz mit anderen in Konflikt. Die Notwendigkeit, Leben zu vernichten und Leben zu schädigen, ist mir auferlegt. Wenn ich auf einsamem Pfade wandle, bringt mein Fuß Vernichtung und Weh über die kleinen Lebewesen, die ihn bevölkern. Um mein Dasein zu erhalten, muss ich mich des Daseins, das es schädigt, erwehren. Ich werde zum Verfolger des

> Mäuschens, das in meinem Hause wohnt, zum Mörder des Insekts, das darin nisten will, zum Massenmörder der Bakterien, die mein Leben gefährden können. Meine Nahrung gewinne ich durch Vernichtung von Pflanzen und Tieren. Mein Glück erbaut sich aus der Schädigung der Nebenmenschen.«[68]

Diesem Dilemma können auch Rückzugsstrategien, wie sie manche asiatische Religionen fordern, Askese, Quietismus, Beschränkung auf das Notdürftigste, Verzicht auf Fleischnahrung (Vegetarismus) oder die heute in ökologischen Kreisen beliebte Simplifizierung der Lebensführung nicht entgehen, da Leben, wie eingeschränkt auch immer, sich nur auf Kosten anderen Lebens und Seins erhält. Aus der Erkenntnis dieser Situation heraus hat Albert Schweitzer von einer Schicksalsgemeinschaft zwischen Mensch und anderem Lebendigen gesprochen, die auf Leben und Tod abgestellt sei und das gegenseitige Zufügen von Leid und Tod einschließe. Dieses Faktum entlasse nicht aus Schuld. Es sei keine Rechtfertigung der Schuld, sondern lediglich Indiz der Endlichkeit des Menschen. Mit diesem Schuldbegriff, der jede kausale Urheberschaft zu einer moralisch anrechenbaren Schuld ausweitet, steht Albert Schweitzer in der Tradition der christlichen Auffassung der Erbsünde, derzufolge der Mensch als Mensch auch ohne individuelle Verschuldung in Sünde verstrickt ist. Auch die Nähe zum antiken Schicksalsbegriff, der gerade die unwissende und unwillentliche tragische Schuldverstrickung des Menschen hervorhebt, ist nicht zu übersehen. So sehr sich hierin eine Vertiefung des moralischen Bewusstseins und eine Sensibilisierung des Gewissens bekundet, so geht doch ein solcher Schuldbegriff, der Schuld mit bloßem Dasein gleichsetzt, über das gängige juristische Verständnis hinaus. Schuld im juristischen Sinne setzt absichtsvolles Handeln voraus.

2. Wenn eine streng holistisch konzipierte ökologische Ethik am Selbstwiderspruch scheitert und darüber belehrt, dass jede Ethik gewisse Präferenzen setzen und graduelle Abstufungen vornehmen muss, welchen Sinn kann eine holistisch-ökologische Ethik dann noch haben? Zwei Aufgaben sind denkbar, eine erkenntniskritische, bestehend in der Relativierung jeder einseitigen Ethik, und, daraus folgend, eine moralische, bestehend in der Selbstbeschränkung.

Zum einen könnte eine solche Ethik zum Bewusstsein bringen, dass, vom Ganzen her gesehen, nicht nur *eine*, nämlich auf den Menschen bezogene Ethik denkbar ist, sondern unzählig *viele*, jeweils auf Tiere, Pflanzen, Steine usw. bezogene. Indem jedes Seiende einen letzten Wert repräsentiert und insofern einen wertenden Vergleich mit anderem ausschließt, kann jedes Seiende als Bezugspunkt einer Ethikkonzeption fungieren. Wie die Logik der Anthropozentrik das Menschsein höher bewertet als das Sein anderer Dinge, z. B. einer Spinne, so würde die Logik der Spinne das Spinnesein höher bewerten als das Sein anderer Dinge einschließlich des Menschen.[69] Jedem Seienden ist sein eigenes Sein das höchste und angelegenste. Eine holistische Ökoethik würde die Relativität und Einseitigkeit einer ausschließlich auf den Menschen zugeschnittenen Ethik wie jeder anderen spezifischen Ethik einsichtig machen, indem sie die moralischen Rechte und die darauf basierenden moralischen Standpunkte auch der anderen Wesen verdeutlichte. Freilich brächte sich eine solche Ethik auch um ihr Eigenstes, nämlich die Absolutheit der Normativität und die schlechthinnige Verbindlichkeit. Sie hätte nurmehr eine erkenntniskritische Funktion, nämlich das Konzept absoluter Ethik in Frage zu stellen und Ethik auf menschliche Dezision, auf Konsens, Mehrheitsbeschluss, Überzeugung u. ä. zurückzubinden und als Weise bewusster und freiwilliger Lebensführung hinzustellen.

Aus dem erkenntniskritischen Bewusstsein der Relativität jeder Ethik, die sich aus der Endlichkeit des Standpunktes ergibt, folgt eine gewisse Selbstbegrenzung, ein Rückzug aus Maßlosigkeit und Hybris. In der Tat hat die ökologische Ethik ihr eigentliches Verdienst in der Polemik gegen eine übermächtig gewordene, autonomisierte, verabsolutierte anthropozentrische Ethik, wie sie im Gefolge des neuzeitlichen mechanistischen Weltbildes und seines grenzenlosen Opportunismus und Fortschrittsglaubens aufgetreten ist. Im Blick auf die beiden Grundtendenzen des Menschen: Selbstbehauptung und Selbstaufgabe, Eigennutz und Solidarität, Egoismus und Altruismus zielte die klassische Ethik auf Selbstverwirklichung unter Hintansetzung anderer Rechte, auf nicht selten leichtfertige, bedenkenlose Hinwegsetzung über die Rechte der Natur, während die ökologische Ethik es auf ein abgewogenes Verhältnis der Interessen anlegt, auf einen behutsamen, schonenden, pfleglichen Umgang mit dem Nichteigenen. Mittelmaß und Selbstbescheidung statt Ausmaß ist die Devise. Als Vorbild für den Umgang mit der Natur und für Eingriffe in diese gilt das Verhalten von Naturvölkern, die sich vor dem Baum, den sie fällen müssen, weil sie ihn zum Hüttenbau benötigen, entschuldigen, oder die vor und nach der Jagd, also der Tötung von Tieren, Entschuldigungs- und Reinigungsrituale durchführen. Eingriffe in die Natur erstrecken sich nur soweit, wie sie zum Überleben notwendig und dringlich sind. Hier wird das Ideal eines einfachen, nicht-luxurierenden, naturverbundenen Lebens verherrlicht und darauf das Lamento über den maßlosen Massenkonsum und das andere und sich selbst zerstörende Glücksstreben der modernen, auf Fortschritt und Expansion angelegten Gesellschaft gebaut.

Von hier versteht sich auch der Vorwurf der Ökologen, die moderne Gesellschaft sei generell zu einer Gesellschaft von Sammlern und Hortern verkommen. Die moderne Arbeitsteilung, die einem Einzelnen oder einer Gruppe bestimmte Arbeiten aufbürdet, während sie von anderen entlastet, welche bei Polypragmasie jedem zukämen, bringt eine Vermassung mit sich: eine Massenabholzung, Massenschlachtung, einen Massenkonsum usw. und damit zugleich eine Anonymisierung. Die Einmaligkeit und Individualität des Verhältnisses zur Natur, wie sie früher bei der Produktion von Gegenständen kennzeichnend war, weicht einer Entfremdung. Der einzelne Gegenstand wird zu einem unter anderen und hört auf, ein je besonderer zu sein, mit dem eine eigene Geschichte verbunden ist.

Zur ökologischen Ethik gehört im Unterschied zur traditionellen auch, dass sie auf die einseitige Verherrlichung der Rationalität, Opportunität und Utilität verzichtet und statt dessen ein gerütteltes Maß an Empfindung, Zärtlichkeit und Hingabe fordert, was sich in Mitgefühl, Mitleid, Sympathie, Solidarität mit anderen Lebewesen äußert. Beispiele hierfür ließen sich in großer Zahl anführen, etwa die aufopfernde Bereitschaft einzelner Menschen oder Gruppen, die sich zur Brutzeit im Aussterben befindlicher Vögel Tag und Nacht in der Beaufsichtigung der Nistplätze abwechseln, oder die Hilfe, die Menschen gestrandeten Walen angedeihen lassen, wenn diese aus unbekannten Ursachen den Weg zurück ins Meer nicht finden. In diesen Verhaltensweisen bekundet sich eine hingebungsvolle Einstellung gegenüber der Natur, die diese nicht als Objekt von Nutznießung und Vorteil betrachtet, sondern als Mitgeschöpfliches, dem Mitempfinden und Solidarität gilt.

Die von der ökologischen Ethik postulierte Abkehr von einer schrankenlosen Expansion auf Kosten der Natur, von einem ungehemmten Wachstum und Fortschritt betrifft auch Wissenschaft und Technik, die in den Bereich sozioökologischer Überlegungen mitgehören. Für den Fall, dass der Wissenschaft und Technik nicht eine totale Absage erteilt wird, gilt die Präferenz einer sogenannten »sanften« oder »mittleren« Technik gegenüber der »harten«. Anstelle hochkomplexer, komplizierter, unüberschaubarer Arbeitsverhältnisse, wie sie für die moderne Gesellschaft symptomatisch sind, werden einfache, überschaubare, zumindest einfachere, gefordert. *Small is Beautiful* lautet ein Buchtitel von E. F. Schumacher,[70] in dem diese Haltung ihren prägnanten Ausdruck gefunden hat. Simplizität, überschaubare Größe, geringe Spezialisierung, allgemeinverständliche Methoden, Umweltverträglichkeit, sogar lokaler Tauschhandel, Großfamilie und dörfliche Gemeinschaft werden gefordert und mit den herrschenden Verhältnissen konfrontiert. Der Mensch soll Vorrang haben vor der Maschine, der Bürger Vorrang vor der Regierung, die Praxis vor der Theorie.[71] Statt der »aggressiven« Ethik ihren Lauf zu lassen, wird eine Geschwindigkeitsbegrenzung, sogar Hemmung und Abbremsung, eine Selbstbindung der wissenschaftlich-technischen und technologischen Einstellung gefordert.[72]

Da die Intention dieser Forderung nicht in die Richtung einer Lösung vorhandener Probleme durch technisch-wissenschaftlichen Fortschritt geht, weil so nur neue Probleme evoziert würden, die wiederum wissenschaftlich-technisch gelöst werden müssten und den Wissenschafts- und Technikprozess nur anheizten, ist keine »progressive Technik« anvisiert, sondern der Rückgriff auf ältere Technikformen und mit ihnen verbundene Lebens- und Gesellschaftsformen. Die aufgestellte Forderung dekuvriert sich damit als Romantizismus, als Glorifizierung der guten alten Zeit, wobei vergessen wird, dass diese nicht immer ein humanes Antlitz trug, sondern mit Mühsal, Beschwernis und Entbehrung verbunden war. Die Ruhe, Beschaulichkeit und Geregeltheit früherer Arbeitsverhältnisse, die das Szenario »sanfter Technik« auszeichnen, waren erkauft um den Preis langer Arbeitszeiten und schwerer Körperarbeit, während die Verkürzung der Arbeitszeit und der Erleichterung der Arbeit in der Moderne erkauft sind um den Preis von Stress, Hast, Unruhe, ständiger Weiterbildung, Flexibilität.

Dass Technik und Fortschritt ihren Preis haben, ist nicht erst in der Moderne bekannt, sondern bereits solange, wie es Technik gibt. Das bezeugen die antiken Mythen, welche die großen Innovatoren der Technik, Prometheus, Hephaistos, Ikarus und andere, mit Fluch belegen. Prometheus, der den Menschen das Feuer brachte, wurde zur Strafe an einen Felsen gefesselt, Hephaistos, der Gott der Schmiede, war ein hinkender, unterirdisch arbeitender Gott, Ikarus, der das erste Fluggestell erfand, hatte übersehen, dass das dafür verwendete Wachs in der Sonne schmolz, fiel herab und ertrank im Meer. Technik ist stets als Hybris und Überschreitung menschlicher Möglichkeiten empfunden worden, die gleicherweise mit Segen wie Fluch verbunden war. Im Chorlied der *Antigone* von Sophokles findet sich eine der ersten Technikkritiken des Abendlandes. Schon hier wird die Ungeheuerlichkeit, die Hybris des Menschen angeklagt, der Meere bezwingt, den Acker pflügt, das Wild einfängt, Kälte und Sturm trotzt.

3. Betrafen die vorigen Überlegungen den Inhalt der ökologischen Ethik, so betrifft die folgende die Legitimationsbasis. Folgt man der Begründung von Jonas durch Wiedereinführung der schon verabschiedet geglaubten Naturteleologie, nach der die gesamte Natur ein sinnvoll geordnetes Ganzes in wechselseitiger Abhängigkeit von Mitteln und Zwecken darstellt, in dem eins in das andere greift und in allem eine bewunderungswürdige Weisheit am Werke zu sein scheint, dann darf man

nicht übersehen, dass diese Begründung das Bild einer konstanten, auf Bestand und Erhalt, auf Harmonie und Ausgleich angelegten Natur zugrunde legt. Es ist die Idee einer universellen »Homöostase der Natur«,[73] die als Leitmotiv und Legitimationsgrund fungiert. Konstanz, Stabilität und Harmonie geben seit den Griechen die Richtschnur für das teleologische Weltmodell ab, das hier reaktualisiert wird.

Bei kritischer Betrachtung aber erweist sich das statische Teleologiemodell als einseitig und realitätsfern, als einseitig deswegen, weil ihm theoretisch in den Konzepten dynamischer Systeme, handle es sich um gerichtete oder ungerichtete, um Entwicklung, Evolution oder Rhythmik, eine Vielzahl anderer Modelle gegenübersteht, als realitätsfern deswegen, weil die Naturgeschichte faktisch enorme Wandlungen durchgemacht hat, so dass von einer Konstanz und Stabilität im Ganzen nicht die Rede sein kann. Diese trifft allenfalls auf kurze Perioden zu. Die Paläontologie kennt während der bisherigen Erdgeschichte fünf Abschnitte mit je spezifischen Tier- und Pflanzenarten und, dazwischenliegend, Einschnitte massenhaften Absterbens biologischer Arten und Gattungen. Man hat errechnet, dass mehr als 99 % aller Tier- und Pflanzenarten, die je auf der Erde existiert haben, heute ausgestorben sind. Die Riesenwälder der Urzeit mit ihren Riesenfarnen und Riesenschachtelhalmen sind bis auf wenige Exemplare verschwunden, ebenso Großtiere wie Dinosaurier und Mammuts. Verantwortlich für die Ausrottung sind nicht Eingriffe des Menschen, wenngleich dieser am Aussterben etlicher Tier- und Pflanzenarten durch gnadenlose Jagd und Wilderei, durch Herbizide und Monokulturen nicht unbeteiligt ist –, verantwortlich hierfür ist die Natur selbst durch klimatische Veränderungen, durch das wiederholte Auftreten von Eiszeiten, durch Vulkanausbrüche, Überschwemmungen und andere Katastrophen. Ökologische Systeme sind relativ labil und können Umwelteinflüssen nur in beschränktem Maße widerstehen. Wenn sie sich nach solchen Einflüssen immer wieder restituieren oder neu konstituieren, so weist das auf eine Dynamik, auf ein Fließgleichgewicht, nicht auf einen konstanten Gleichgewichtszustand. Das System versucht, sich im Austausch mit seiner Umgebung entweder in seiner alten Form wiederherzustellen und zu stabilisieren oder eine neue, in Grenzen ebenfalls stabile Form anzunehmen, wobei nach darwinschen Gesetzen das bestangepasste sich durchsetzt. Nicht selten wird Überleben oder Untergang durch puren Zufall bestimmt, so dass nicht immer das Kräftigste, Flexibelste oder Intelligenteste die Naturkatastrophe übersteht, sondern auch das Schwächste, Schlechteste, so dass der eingeschlagene Entwicklungsprozess zurückgeworfen oder gar rückgängig gemacht wird und ein neuer Ausleseprozess beginnt, der eine andere Richtung einschlagen kann. Die These eines stabilen ökologischen Systems, das im harmonischen Zusammenwirken aller Kräfte besteht und selbst heterogene Kräfte in Balance hält, ist eine »globale Idylle«[74] – ein Ausdruck von Kurt Bayertz –, die zumindest über große Zeiträume der Wirklichkeit nicht entspricht, sondern allenfalls unserem Bedürfnis nach Bestand und Harmonie. Naturhistorisch betrachtet, haben wir es mit Prozessen der Mutation, also genetischer Fehler, der Selektion, der Verdrängung, Ausrottung, Durchsetzung zu tun, die gerichtet oder ungerichtet sein können, fortschreitend oder rückschreitend oder unbestimmt bleiben.

Wollte die ökologische Ethik den *Status quo* der Naturgeschichte festschreiben, so verhielte sie sich nicht naturkonform, da sie die Prozessualität der Natur verkennen und den jetzigen globalen Zustand als Endphase der Evolution statt als Durchgangsstadium betrachten würde. Im Bemühen um Festhalten des Gegenwärtigen, im Verzicht auf Fortschritt und Entwicklung und besonders im Versuch um Rückgängigmachung von Entwicklungstendenzen wiese sie konservative Züge auf. So sehr die ökologischen Vorstellungen und Forderungen emotional unserem Bedürfnis nach Selbstfindung in einer vertrauten Umwelt, nach Geborgenheit und innerer Zufriedenheit im Einklang mit der Natur entgegenkommen, so wenig sind sie rational im Blick auf das Ganze des Naturprozesses zu rechtfertigen. Der Rekurs auf diesen würde eine Ethik anderer Art fordern, eine, welche Entwicklung einschließlich der von Wissenschaft und Technik ein-, nicht ausschlösse und damit verdeutlichte, dass wissenschaftlich-technisches Denken und Naturbezogenheit nicht inkompatibel sein müssen. So wie es in uns einen Trend zur Bewahrung gibt, dem die ökologische Ethik entspricht, so finden wir in uns auch einen Hang zur Veränderung, Innovation und Modernität, dem eine offene, dynamische Ethik entsprechen würde.

4. *Ästhetischer Aspekt*

Mit der Idee des Ganzen, die für holistisches Denken ins Zentrum rückt, kommt eine Kategorie ins Spiel, die schon von Platon her bekannt ist und dort als Trias des Wahren, Guten und Schönen auftritt. Sie ist Indiz dafür, dass das Ganze nicht nur theoretisch auszulegen ist als System von Gesetzen, sondern auch praktisch als das Gute und schließlich ästhetisch als das Schöne. Die ökologische Bewegung, die jede Einseitigkeit vermeiden will, legt Wert darauf, dieses Ganze auch in der Kunst zur Geltung zu bringen und nicht nur intellektualistisch zu interpretieren. Die sinnlichen Vermögen, die Empfindungen des Menschen und seine Leiblichkeit, kurzum, der ganze Mensch, sollen einbezogen werden.

Während die ökologische Bewegung jedoch eine eigene Ethik hervorgebracht hat, wenngleich keine einheitliche, sondern eine abgestufte, ist es mit einer eigenen ausgearbeiteten ökologischen Ästhetik schlechter bestellt. Zwar existieren Ansätze, aber noch kein durchgeführtes Projekt. Das gilt auch für das Bändchen von Gernot Böhme *Für eine ökologische Naturästhetik*[75] das eine Sammlung von Vorträgen enthält, welche mehr programmatische Entwürfe als ein wirklich ausgearbeitetes Konzept beinhalten.

Die auf der Basis holistischen Denkens neu zu entwickelnde Ästhetik grenzt Böhme in zweierlei Hinsicht von traditionellen Ästhetikbegriffen ab, wobei beide Abgrenzungen dieselbe Tendenz aufweisen. Die eine Abgrenzung richtet sich gegen das Ästhetikverständnis, wie es in Kants *Kritik der reinen Vernunft* in der Lehre der Sinnlichkeit vorliegt und eine Theorie der Wahrnehmung (*aísthēsis*), sowohl äußerer wie innerer, bezeichnet. Hier wird Ästhetik als Erkenntnisleistung vereinnahmt, und zwar als Beschaffung und Bereitstellung von Sinnesdaten, die durch die Kategorien zu objektiven Erkenntnissen geformt werden.

Obwohl die neue Ästhetik an den Realitätsbezug dieser Ästhetikauffassung anknüpft, will sie deren Einseitigkeit vermeiden. Sie versteht daher die sinnliche Wahrnehmung nicht mehr bloß als Material kognitiver Leistungen, sondern verleiht ihr ein Gegengewicht zu diesen und integriert sie in den umfassenderen Kontext von Emotionen, Stimmungen und Affekten. Unter Verweis auf den Umstand, dass Wahrnehmungen wie Farben, Töne, Gerüche, Geschmäcke, Tastempfindungen stets – kantisch gesprochen – mit dem Gefühl von Lust oder Unlust verbunden sind, z. B. die Wahrnehmung eines hellen, leuchtenden Gelb mit Freude und Heiterkeit, dagegen die Wahrnehmung eines tristen Grau mit gedrückter Gemütsstimmung oder übler Geruch mit übler Befindlichkeit, geht es dieser Ästhetik um das emotionale Betroffensein, um die affektive Seite der Wahrnehmungen. Indem sie auf die sinnlich-emotionale Beschaffenheit des Wahrnehmenden abhebt, verfolgt sie seine Einbettung in eine allgemeine Anthropologie. Böhme kann sich hierzu auf Arbeiten von Rudolf zur Lippe[76] sowie auf Analysen der gesellschaftlichen Formierung von Wahrnehmungen von Dieter Hoffmann-Axthelm[77] berufen.

Die zweite Abgrenzung betrifft die klassische Ästhetikauffassung von Schiller bis Adorno, die unter Ästhetik die Theorie der schönen Künste, die Interpretation und Bewertung von Kunstwerken, die Ausbildung und Kritik der Urteilskraft, mithin des Geschmacksurteils, versteht. Diese sogenannte bürgerliche Ästhetik, die in den Mittelpunkt den Menschen als *animal rationale*, als Verstandes- und Vernunftwesen, stellt unter Ausklammerung seiner Leiblichkeit, welche als niedere Natur, ja als Bestialität verdrängt, zumindest kontrolliert wird, ist Spiegelbild des Rationalismus und der Aufklärung. Der Leib – »das Andere der Vernunft« – wird zur Natur gerechnet und wie alles Natürliche degradiert und entfremdet.[78] Dagegen rückt die neue ökologische Ästhetik den ganzen Menschen in seiner leiblich-seelisch-geistigen Einheit ins Zentrum unter Betonung auch und gerade seiner Leiblichkeit. Sie verkennt nicht länger das sinnenhaft leibliche Existieren, die Rührungen und Empfindungen. Für sie ist das, was »zu Herzen geht«, nicht länger mehr zu eliminierender Kitsch, sondern Symptom der menschlichen Befindlichkeit.[79] Die Einstellung dieser Ästhetik definiert sich daher ganz allgemein als ein »Sichbefinden in Umwelten«.[80] Entsprechend wird auch Schönheit neu definiert, nicht mehr wie in der kantischen oder rationalistischen Ästhetik als formales Kriterium für die Übereinstimmung der Natur mit der Vernunft und deren Zwecksetzungen, sondern als Nahrung für die Seele, für den ganzen Menschen.[81]

Doch nicht nur hinsichtlich der generellen Haltung unterscheidet sich die neue Ästhetik von der klassisch-bürgerlichen, sondern auch hinsichtlich des Gegenstandes. Konnte der Gegenstand der klassischen Ästhetik sowohl das Kunstwerk wie die Natur sein, so beschränkt und spezialisiert sich die ökologische Ästhetik aufgrund ihrer schon im Namen angekündigten Akzentuierung auf die natürliche Umwelt. Gerade diese aber ist zu überprüfen, wobei sich drei verschiedene Interpretationen anbieten.

1. Mit der Natur könnte die Natur an sich gemeint sein, so wie sie vorgefunden wird ohne menschliches Zutun. Natur wäre hier als Oppositum zu Kunst und Technik zu verstehen. Mit dieser Distinktion verbindet sich leicht eine Bewertung in dem Sinne, dass die Natur als das Reine, Unverdorbene, Unschuldige erscheint, Kunst, Technik und Zivilisation dagegen als das Zerstörende, Verderben und Leid Bringende und daher zu Fliehende. Natur eröffnet Fluchtperspektiven und ist der Ort unserer Sehnsucht.

Zwar gibt es diese menschenleere und von Menschenhand unberührte Natur noch, wenn auch weit draußen im arktischen Eismeer, im brasilianischen Urwald, auf den pazifischen Atollen oder in den Wüstenstrichen Afrikas, aber sie ist nicht die üblicherweise gemeinte Natur, in die wir flüchten, die wir genießen und als Ort unserer Selbstfindung betrachten. Zumindest dem größten Teil der Menschheit begegnet die Natur nicht mehr als unbearbeitete, unverbildete Natur: Jeder Wald ist ein von Menschenhand angelegter und besorgter Forst, dessen Bäume in Reih und Glied als Misch- oder Monokultur angepflanzt, gehegt und gepflegt werden, jedes Feld, jeder Acker ist ein abgestecktes, bearbeitetes, bestelltes Stück Boden, oft dem Meer, dem Moor oder der Heide abgerungen, jedes Stück Weideland ist ein eingezäuntes Geviert usw. Natur begegnet uns heute nicht als natürliche, sondern als kultivierte Natur.

Selbst die klassischen vier Elemente Erde, Wasser, Luft und Feuer sind nicht mehr rein und unverdorben. Der Boden ist mit Chemikalien versetzt, Seen, Flüsse und Meere sind durch Öl verschmutzt, die Luft ist in ihrer Qualität durch Abgase beeinträchtigt. Nirgends begegnet mehr wirklich reine Luft und reines Wasser, selbst wenn wir die frische Landluft, die reine Gebirgsluft oder das kristallklare Quellwasser loben.

Und auch die Naturreservate, handle es sich um die Nationalparks Afrikas oder die unter Naturschutz gestellten Waldgebiete, Auen- und Flusslandschaften, Gebirgsstriche europäischer Länder, sind alles andere als sich selbst überlassene Tier- und Pflanzenschutzgebiete, vielmehr sind sie eingegrenzt und sorgsam gepflegt und behütet von eigens dazu bestellten Wildhütern und Forstbeamten. Tiere werden umgesiedelt, aus ihren angestammten Lebensräumen in andere umquartiert oder rückintegriert usw.

2. Wenn nicht die natürliche Natur Gegenstand der ökologischen Ästhetik ist, kommt dann vielleicht die künstliche, technische, industrielle Welt in Betracht, eventuell sogar in der Perfektion, dass sie die natürliche Natur imitiert und substituiert? Ist die vollkommen artifizielle Natur, die Kunstnatur, gemeint? Reflektieren wir einen Augenblick auf die Welt, in der wir leben und arbeiten. Natürlich »hausen« wir nicht mehr wie die Urmenschen in Erdlöchern, Felsenhöhlen, in Stroh- oder Palmenhütten, sondern in künstlichen Häusern, die auch nicht mehr aus Rohmaterial wie Rohsteinen gebaut sind, sondern aus Kunststoffplatten, aus Stahl, Beton, Zement und mit Styropor und Plastik ausgekleidet sind. Das Wasser, das wir trinken, ist filtriert, die Luft, die wir atmen, sterilisiert, die Temperatur künstlich geregelt, bei Kälte erwärmt durch Heizung, bei Hitze gekühlt durch Aircondition-Anlagen, das Licht künstlich durch Glühbirnen oder Neonlampen erzeugt. Städte verwandeln sich bei Nacht durch ihre Leuchtreklame zu Tagstädten. Büroräume und Fabriken sind vollklimatisiert und automatisiert; computergesteuerte Roboter besorgen die anfallenden Arbeiten, setzen vorgeformte Fertigteile zusammen, schweißen, brennen, lackieren, etikettieren, steuern und regeln die Vorgänge, korrigieren selbst Fehler, übernehmen immer mehr Planungsaufgaben, kurzum, verrichten alle Tätigkeiten, die früher dem Menschen zukamen. Elektronische Schreibmaschinen und Computer ersetzen manuelle Schreibarbeit; die *eiserne Jungfrau* versorgt uns mit exakten Zeit- und Wetterangaben; Telefon, Telefax, Radio, Fernseher übernehmen die Nachrichtenübermittlung, für die früher Botengänge notwendig waren; Autos, Eisenbahnen, Flugzeuge besorgen den Transport von

Personen und Gütern, statt dass wir uns selbst auf den Weg machen und Lasten schleppen.

Die Nahrung, die wir aufnehmen, ist ebenfalls künstlich produziert, zumindest nicht frei von Künstlichkeit. Gemüse wird in Gewächshäusern gezüchtet, mit künstlichen Nährstoffen versorgt, mit Herbiziden bespritzt, mit Chemikalien präpariert und haltbar gemacht, Fleisch wird durch Hormone, die dem Vieh verabreicht werden, künstlich erzeugt; natürliche Milch für Säuglinge wird durch künstliche Milch- und Eiweißprodukte ersetzt. Selbst wenn wir heute noch vieles Natürliche wie Frischgemüse, Frischobst, Frischfleisch essen, so könnten doch weitgehend Vitamintabletten und Eiweißpräparate an ihre Stelle treten und uns am Leben erhalten.

Die Kleidung, die wir tragen, besteht selbstverständlich nicht mehr aus Naturfasern wie Bast-, Baumwoll- oder Seidenfäden, sondern aus Polyester, Acryl u. ä. und ist selbstverständlich nicht nach Bequemlichkeitsgesichtspunkten, sondern nach der neuesten Mode zugeschnitten und gestylt.

Selbst unsere Freizeitgestaltung ist kunstvoll geplant und bedient sich künstlicher Mittel und künstlicher Landschaften als Erholungsangebot. Entspannung suchen wir nicht in der Natur, sondern in Freizeitzentren mit künstlichen Teichen, Swimming- und Whirlpools samt künstlich erzeugten Wellen. Besonderer Beliebtheit erfreuen sich gegenwärtig die Freizeitparks mit imitierter Tropik, Palmen und Sonne unter Glasdach, die einen Urlaub in der Karibik vortäuschen und die dazugehörige Sonnenbräune durch UV-Bestrahlung verschaffen. Und nicht nur Kunststoffpalmen schmücken die Glashäuser dieser Ferienzentren, sondern auch Kunststoffblumen und -rasen und nicht zuletzt künstliche Berge zum Üben für Kletterer. Das Glaskastenexperiment aus der Wüste von Alabama, das unlängst durch die Presse ging, hat bewiesen, dass Menschen völlig isoliert von der Außenwelt über Jahre hinweg künstlich und durch Recycling leben können.

Angesichts dieses Szenarios kann man sich fragen, was an unserer Umwelt eigentlich noch natürlich und nicht künstlich ist. Die Natur an sich ist hier verdrängt und ersetzt durch eine artifizielle Natur.

Auch diese künstliche Welt erfüllt Schönheitskriterien und erzeugt Schönheitsempfindungen, was der ständig steigende Besucherstrom der oben beschriebenen Freizeitzentren und die immer neue Planung und Einrichtung solcher Zentren zeigt. Nicht allein Neugierde zieht die Besucher an, sondern auch Freude und Genuss und somit Wohlbefinden. Hierbei muss es sich nicht unbedingt um jene »süßliche« Schönheit handeln, die ein gereiftes Geschmacksurteil als Kitsch bezeichnet, vorstellbar ist auch eine »futuristische« Schönheit, wie sie auf Weltausstellungen für Hochtechnologie, bei modernem Design oder auf Kunstausstellungen begegnet. In der gegenwärtigen Ästhetikdiskussion wird Schönheit immer mehr auch auf Industrielandschaften angewendet.[82] Trotz möglicher Applikation des Schönheitsbegriffs auf eine künstlich-technische Welt dürfte gerade sie nicht das sein, was die ökologische Ästhetik sucht, sonst wäre die vehemente Gegenwehr der Umweltschützer nicht verständlich.[83]

3. Gegenstand der ökologischen Ästhetik ist weder die Natur an sich noch die zur Natur geronnene Kunst und Technik, sondern die kultivierte oder »sozial definierte und -konstituierte«[84] Natur. Diese Natur trägt anthropogene Züge, weil sie auf Eingriffen des Menschen beruht und von Menschenhand geformt ist. Um sie von der »vergewaltigten« Natur, die unter dem vorigen Punkt beschrieben wurde, unterscheiden und als einen Mittelweg, als eine Allianz von Natur und Technik, um mit Bloch zu sprechen, darstellen zu können, kommt es auf Art und Ausmaß der Eingriffe an. Ein Paradigma für diese Einheit von Natur und Kunst ist die Gartenkultivierung, und zwar eine spezifische.[85]

Der Garten ist ein uraltes Menschheitssymbol für ein bearbeitetes, kultiviertes Stück Natur und unterscheidet sich damit grundsätzlich von der sich selbst überlassenen, wilden Natur. Als solches fungiert schon der Garten Eden im *Alten Testament*, der ein von Gott besorgter und behüteter Lebensraum ist. Die Gartenarchitektur des 17. und 18. Jahrhunderts hat in Europa zwei Formen ausgeprägt, die symptomatisch sind für die Art und Weise der Eingriffe in die Natur durch den Menschen und für die Gestaltung derselben, den *französischen* Garten und die *englische* Parklandschaft.

Im französischen Gartentyp, der seine klassische Ausprägung im Schlosspark zu Versailles gefunden hat und in der zweiten Hälfte des 17. Jahrhunderts und während des gesamten 18. Jahrhunderts überall in Europa nachgeahmt wurde – eines der schönsten Exempel findet sich im Schlosspark zu Schwetzingen und auf der Isola Bella –, begegnet, was die Beziehung Mensch – Natur betrifft, die Form der gewaltsamen Aneignung, der Herrschaft des Menschen über die Natur. Ihr Ausdruck ist die Geometrisierung. Natur wird nicht sich selbst überlassen, Wildwuchs nicht gestattet, vielmehr wird alles bewusster und gewollter Planung, Formung und Gestaltung unterworfen: schnurgerade Wege, Alleen, Laubengänge, kunstvoll gezirkelte und symmetrisch angeordnete Rabatten, Planierung des Geländes, sternförmig, quadratisch, rechteckig angelegte Beete und Wege – das ist das Stilprinzip dieser Architektur. Bäume und Gewächse werden beschnitten, gelichtet, angebunden, dirigiert, nichts wird dem Zufall überlassen. Das ständig erforderliche Beschneiden der Bäume zu geometrischen Formen zeigt den ständigen Kampf des Menschen gegen die Natur. Verständlich wird dies aus der Herkunft dieser Gartenform. Sie geht auf die holländische Landgewinnung aus dem Wattenmeer mittels Drainage, Anlegung von Kanälen, Deichen, rechteckigen Feldern usw. zurück, die die Gewaltsamkeit dokumentieren, mit der der Mensch der Natur etwas abringen muss. Humanisierung der Natur bedeutet hier Beherrschung der Natur durch den Menschen, Unterwerfung.

Anders verhält es sich beim englischen Gartentyp, wie er in den weiten hügeligen Landschaften und Parks der englischen Schlösser gestaltet und von der zweiten Hälfte des 18. Jahrhunderts ab auf dem europäischen Kontinent imitiert wurde. Prägnante Beispiele sind die Gestaltung der Ilmenau bei Weimar durch Goethe und seinen Landesherrn oder der Landschaftspark des Gutes Muskau. Hier hat nicht die Architektur das Vorbild abgegeben wie beim französischen Typ, sondern die Landschafts- und Vedutenmalerei. Seine Gestalter waren denn auch nicht Architekten, sondern Maler. Gezeichnet wurde zwar nicht mit Farbe und Pinsel auf Leinwand, sondern mit realen Bäumen, Büschen und Gewässern. Mit ihrem kunstvollen Arrangement wurde die Landschaft dekoriert. Auf die enge Beziehung zwischen Malerei und Gartenkunst hat bereits Kant in der *Kritik der Urteilskraft* hingewiesen.[86]

Freilich ist auch der englische Gartentyp hochartifiziell. Keineswegs wird die Natur hier sich selber überlassen, sondern dramaturgisch angeordnet, indem Baumgruppen zusammengestellt, Durchblicke geschaffen, Bäche und Flüsse zu Teichen erweitert, Ruinen und klassische Tempel in die Landschaft hineingesetzt werden, aber es ist eine Kunst nicht gegen die Natur, sondern mit der Natur, eine Poetisierung der Natur. Geschaffen werden Szenerien, die unter Ausnutzung von Ebenen, Vertiefungen, Anhöhen, Wiesen, Gehölzen usw., unter Verwendung von Kontrasten, Ausblicken, Überraschungseffekten Stimmungen erzeugen: heitere, gelassene, sanft melancholische, romantische oder feierliche. In seiner *Theorie der Gartenkunst* schreibt Christian Cay Lorenz Hirschfeld:

> »Kunst bedeutet hier, dasjenige, was die Natur Angenehmes und Interessantes hat, auf eben die Art, durch eben die Mittel, deren sie sich bedient, vereinigen, und die Schönheiten, die sie in ihren Landschaften verstreuet, auf Einen Platz zu sammeln zu wissen; ein neues Ganzes, dem weder Harmonie noch Einheit fehlt, hervorzubringen; durch Verbindung und Anordnung zu schaffen, und doch nicht von der Natur abzuweichen; durch Bepflanzung, durch Ausbildung, durch Stellung, durch Contrast die Charaktere natürlicher Gegenden zu verstärken und die Wirkungen zu vervielfältigen; durch har-

> monische Vereinigung mit Gegenständen, die der Kunst gehören, die Eindrücke der Natur zu erhöhen.«[87]

Beschrieben wird aufs genaueste, welche Arrangements welche atmosphärischen Eindrücke und Stimmungen erzeugen:

> »Der Charakter der Gebirge ist Erhabenheit und feyerliche Majestät, wovon sie den Einfluß über die Landschaft, worin sie ruhen, nach ihrer Höhe und Ausdehnung verbreiten. Sie sind schon an sich so überaus wichtige Gegenstände der Landschaft, daß sie allein diese zu einer heroischen erheben können. Alles, was überhaupt in solchen großen, hohen und ausgebreiteten Massen Kühnes und Majestätisches seyn kann, bestimmt ihren Charakter. Selbst die Rauhigkeit und Wildniß, die auf ihnen zu herrschen pflegt, die Schneelasten auf den Spitzen, die gespaltenen Absätze, die drohenden Abstürze, die aufgerissenen weiten Zwischenräume mit ihren Klüften und Abgründen, helfen den Eindruck verstärken.«[88]
>
> »Das Wasser ist in der Landschaft, was die Spiegel in einem Gebäude sind, was das Auge an dem menschlichen Körper ist. Es ist so belebend, so erfrischend und fruchtbar an Einwirkungen, daß seine Gegenwart überall gefällt, und seine Abwesenheit auch in den schönsten Gegenden mit Bedauern empfunden wird.
>
> Die Klarheit des Wassers macht seine vorzügliche Schönheit aus, und theilet allen Gegenständen umher Munterkeit und Freude mit. Der Widerschein der Wolken, der Bäume, der Gesträuche, der Hügel und der Gebäude macht eine der lieblichsten Stellen im Gemälde der Landschaft aus. Die Dunkelheit hingegen, die auf Teichen und andern stillstehenden Gewässern ruhet, verbreitet Melancholie und Traurigkeit. Ein tiefes schweigendes, von Schilf und überhangendem Gesträuch verdunkeltes Wasser, das selbst das Licht der Sonne nicht erhellt, schickt sich sehr wohl für Sitze, die diesen Empfindungen gewidmet sind, für Einsiedeleyen für Urnen und Denkmäler, welche die Freundschaft abgeschiedenen Geistern heiligt.«[89]

Oder:

> »Ein Wald kann in der Landschaft ein sehr heroischer Gegenstand seyn, durch Breite und Länge, und besonders die Höhe, die er einnimmt. Besteht er dabey aus bejahrten an die Wolken ragenden Bäumen, und aus einem

dichten und sehr dunkeln Laubwerk, so wird sein Charakter Ernst und eine gewisse feyerliche Würde seyn, die eine Art von Ehrfurcht einflößt. Gefühle der Ruhe durchschauern die Seele, und lassen sie, ohne eine vorsetzliche Entschließung, in ein gelassenes Nachsinnen, in ein holdes Staunen dahinschweben ...

Lebhaftigkeit, Heiterkeit und Fröhlichkeit ist das Eigenthum des kleinern und dünnern Waldes oder des Hains, der edle, schlanke, nicht hoch aber zierlich gewachsene Bäume, ein frisches helles Laubwerk, durchsichtige Zwischenräume, einen ebenen von Unterholz und Gesträuch freyen Boden hat. Die Wallungen des Laubes, das der leichter durchstreifende Wind in Bewegung setzt, das auf den Blättern und auf dem Boden umherhüpfende Spiel des Lichts und des Schattens, die durchbrechende Vergoldung der aufgehenden und niedersinkenden Sonne, der sanft durch die Gipfel herabschleichende Schimmer des Monds sind die schönsten Zufälligkeiten zur Verzierung eines Hains.«[90]

Vom gewaltsamen Umgang mit der Natur im französischen Gartentyp unterscheidet sich der englische durch den sanfteren, »natürlicheren«, d. h. naturkonformeren Umgang mit den Gegebenheiten, durch die Akzeptanz der Selbstproduktion der Natur und durch die Minimierung der Reproduktionsarbeiten durch den Menschen.

Die unterschiedliche Garten- und Landschaftskultivierung hat in der ökologischen Diskussion paradigmatische Bedeutung für unseren Umgang mit der Natur überhaupt gewonnen, so beispielsweise, was unsere Lebensweise, unsere Wohnkultur, unseren Städtebau betrifft. Unser Lebensraum, die Stadt, das Haus stellen ein Stück angeeigneter und geformter, sozusagen sozialisierter Natur dar. Sie sind ein ökologisches Gefüge, das entweder im Machtkampf oder in Partnerschaft mit der Natur gestaltet wird.

Der französische Gartentyp spiegelt sich städtebaulich in den Reißbrettstädten des 17. und 18. Jahrhunderts wider. Als solche wurden vor allem Residenzstädte angelegt, Mannheim etwa und Karlsruhe. Sie sind streng geometrisch konzipiert, entweder schachbrettartig oder strahlenförmig, vom Schloss als Zentrum ausgehend. Als Produkte des Verstandes und Willens zumeist eines Herrschers sind sie der Natur aufoktroyiert, in die Landschaft hineingesetzt unter Ignorierung von deren Gegebenheiten, Höhen und Tiefen, Sümpfen, Flussläufen u. ä. Sie verdrängen die Natur aus ihrem Grundriss, lagern sie aus, machen sie zu etwas Externem, Fremdem.

Ähnliches gilt allerdings auch für viele gewachsene Städte, die aufgrund bestimmter Rationalitätskriterien wie Schutzbedürfnis, Verteidigung, Sicherung gegen Feinde, Marktinteressen usw. entstanden sind, oft im Schatten einer schützenden Burg, umgeben von Mauern und Wällen. Auch hier ist der naturgegebene Raum gänzlich von der Bebauung vereinnahmt, die Natur selbst aus den Mauern verdrängt nach draußen vor die Tore der Stadt, wie dies im Osterspaziergang in Goethes *Faust* plastisch geschildert wird, wo sich die Bürger vor den Toren der Stadt vergnügen. Aus der Dichotomie Stadt – Land, Zivilisation – unberührte Natur resultiert für den Städter die Sehnsucht, aus der Enge und Bedrückung ins Freie, in die Natur zu fliehen. Natur fungiert hier als Ziel der Sehnsucht. Aus dem zivilisatorischen Alltag verdrängt, bleibt sie gleichwohl als das Andere der Ratio dem Menschen zugehörig.

Moderne, ökologischen Anforderungen genügende Städteplanung versucht, die Externbeziehung zur Natur rückgängig zu machen und in eine Internbeziehung zu verwandeln, d. h. die Natur in die städtebauliche Planung mit einzubeziehen und auf diese Weise Zivilisation und Natur zu versöhnen und ein ökologisches Gleichgewicht zwischen beiden zu schaffen. Dies entspricht der Gestaltung im englischen Gartentyp. Die Devise lautet: »Bauen und pflanzen!« Was die Realisationsmöglichkeiten dieses Programms betrifft, so sind sie verschiedener Art und verschiedenen Grades.

1. Das Vorbild für die Einheit von Zivilisation und Natur hat in der Vergangenheit das Schloss mit Park abgegeben. Es bildet eine autarke Einheit. Der Park dient als erweiterter Wohnbezirk, insofern seine Alleen, Laubengänge und Rabatten die Zimmer und Gänge widerspiegeln und seine Teiche, Seen, Baumgruppen eine Atmosphäre der Erholung und des Wohlbefindens erzeugen. Durch Integration solcher Einheiten in expandierende Städte oder auch durch die künstliche Anlage großer Parks und Grünflächen, Golfplätze, Freibäder, Teiche und Seen wird Natur in die Stadt hereingeholt und zum erweiterten Lebens- und Erholungsraum. Es gibt ausgesprochen großzügig angelegte Park- und Gartenstädte, die häufig unter englischem Einfluss während der Kolonialzeit entstanden sind, etwa Singapur.

2. Eine ebenfalls autonome Einheit von Zivilisation und Natur bildet die Villa oder der Landsitz, ursprünglich das Landhaus außerhalb der Stadt, das nicht so sehr für den Feudalherrn, als vielmehr für reiche Stadtpatrizier gedacht war. Es gewährt die Vorteile naturnahen Lebens und Wohnens, ohne mit der Mühsal der dem Erwerb dienenden Landwirtschaft verbunden zu sein. Zur Villa bzw. zum Landsitz gehört der Ziergarten draußen oder der Patio drinnen, der Innenhof mit Wasserbassin, Brunnen, Hecken und Topfpflanzen. Selbst wenn Landwirtschaft, Weinbau u. ä. damit verbunden sind, stellen sie für den Besit-

zer eher ein Hobby als einen Broterwerb dar, zumal er für die schwere Arbeit Angestellte hat. Diese Lebensform hat eine lange Tradition, sie reicht von der Antike bis in die Gegenwart. Man denke an die griechischen und römischen Villen, insbesondere an die kaiserliche Villa auf Capri oder an Ciceros Tusculum, an die Renaissancevillen in der Toscana, an die Villen des Großbürgertums im 19. Jahrhundert oder an die englischen Landsitze. Heute finden sich Villen am Rande der Städte, dort, wo sich diese zur freien Natur hin öffnen und genügend Platz für Gärten bleibt. Moderne Städte werden von einem Gürtel von Villenquartieren und Villenvororten umgeben. Hier findet man auf mehr oder weniger großen Grundstücken, oft hinter Hecken versteckt, umgeben von Zierbäumen und -sträuchern, Häuser mit künstlich angelegtem Teich oder Swimmingpool, mit Blick oft aufs Meer, auf einen See oder ins Tal. Diese Form des Wohnens im Grünen realisiert die Einheit von Wohnen und Erholung.[91]

3. Die Integration der Natur nach ökologischen Maximen gestaltet sich um so schwieriger, je näher man dem Stadtkern in der Innenstadt rückt oder je höher die Bevölkerungsdichte und desto geringer der verfügbare Baugrund ist. Dies trifft für fast alle Großstädte der Welt zu, die die Probleme des Wohnens, des Arbeitens und des Transports nur noch durch den Bau von Hochhäusern, Untergrundbahnen, Über- und Unterführungen lösen können. Ökologische Städteplanung und ökologisches Wohnen lassen sich hier nur noch extrem reduziert realisieren, etwa dadurch, dass sich die Stadtbebauung der Landschaft anpasst, Hügel und Täler, Flussläufe, Küsten- und Seenlinien mit einbezieht, nicht gegen sie vorgeht, indem sie Flussläufe einfach zuschüttet und zubetoniert oder störende Erhebungen einfach planiert. Wenn Hochhäuser in ökologischer Absicht mit Grün drapiert, wenn nicht selten Dächer mit Gras bepflanzt werden, um den höher liegenden Wohnungen einen Blick ins Grüne zu gewähren, so ist dies meist ein Beispiel für eine misslungene Verbindung, da die Grünflächen im Verhältnis zur Menge und Größe der Hochhäuser zu klein, zu monoton sind und die Wolkenkratzer wie drapierte Kunstwerke oder Monumente erscheinen.

Wo nicht genügend Raum zur Einbeziehung der Natur bleibt, sind Balkon und Terrasse mit Topfpflanzen oder der immer beliebter werdende Wintergarten, das Glashaus im englischen Stil, der letzte Ausweg. Hier schafft man sich auf kleinstem Raum durch Konzentration von Blumen, Grünpflanzen und Bäumen mit Zwergwuchs ein Refugium, das die Illusion einer heilen Welt erzeugt. Über Jahrzehnte hinweg war beim modernen Wohnungsbau die Tendenz zu konstatieren, durch möglichst große Fenster und Öffnungen viel Natur hereinzulassen, die Landschaft, zumindest die Weite des Himmels, mit einzubeziehen, eine Tendenz, die durch die postmoderne Architektur mit ihren Glaskästen, Holzanbauten, Spielelementen eine Fortsetzung, wenngleich auf andere Weise, gefunden hat. In Ungarn findet man derzeit den sogenannten organischen Wohnungsbau, der in der Bauweise an die alten Jurten, die Nomadenzelte mit ihren Holzstäben, Gabeln, ausladenden Dächern anschließt und so schon in der Architektur die Einheit mit der Natur realisiert.

4. Eine erst in jüngster Zeit unter dem Einfluss der ökologischen Bewegung aufgekommene »Integrations«form ist die Tolerierung von Wildwuchs und Spontanvegetation in Städten, die bereits zu spezifischen Stadtökotopen oder Stadtbrachen geführt hat. Besonders die durch Kriegseinwirkung zerstörten Städte mit ihren Trümmerhaufen, aufgegebenen Militärübungsplätzen, verlassenen Fabriken, unbenutzten Bahnhöfen und Gleisen sind Beispiele für die Entstehung solcher Ökotope mit ihrer Artenvielfalt. Ob dies allerdings eine gelungene Form der Integration darstellt, bleibt eine Geschmackssache. Zugrunde liegt der Tolerierung von Wildwuchs die Einsicht, dass die Stadt in die Natur hineingesetzt ist, diese immer wieder zum Vorschein kommt, sei es drinnen wie draußen, an den Rändern wie in den Zwischenräumen der Bebauung. Hier drängt die zurückgedrängte Natur immer wieder hervor.

Für die ökologische Ästhetik ist das ökologische Bauen und Wohnen nur ein Beispiel unter anderen, das aber die eminente Bedeutung zeigt, die der Natur für den Menschen und die Zivilisation insgesamt auch in ästhetischer Hinsicht zukommt. Wie die Distinktion: Stadt – Land, Zivilisation – Natur nicht als Gegensatz, sondern als Symbiose zu verstehen ist, so ist auch das Verhältnis: Mensch – Natur überhaupt als Zusammenspiel zu gestalten, wenn es ökologischen ästhetischen Kriterien genügen soll.

Fünfter Teil

Dynamischer Holismus

1. Biologische Revolution

Das holistisch-organizistische Denken, wie es bisher beschrieben wurde, basiert auf einer bestimmten ontologischen Prämisse, nämlich der eines statischen, unveränderlichen, in sich ruhenden, harmonischen Ganzen. Damit soll keineswegs die interne Interaktion der Teile, ihre Bewegung und Veränderung, geleugnet, sondern nur zum Ausdruck gebracht werden, dass das organische Universum als ein stabiles, im Gleichgewichtszustand befindliches System unterstellt wird. Diese Vorstellung ist weder physikalisch noch chemisch noch biologisch haltbar. Seit Mitte des 19. Jahrhunderts hat sich das Bewusstsein von der Prozessualität des Ganzen und seiner Teile immer mehr durchgesetzt, das im physikalischen Bereich in Form des expandierenden Universums auftritt (als Kontrast hätte man sich ein restringierendes Universum vorzustellen), im chemischen Bereich in Form des irreversiblen thermodynamischen Entropieprozesses und im biologischen Bereich in Form der Evolution. An die Stelle des statischen Gleichgewichtszustands ist der Gedanke des Fließgleichgewichts des Systems getreten, der ständig sich regenerierende, reproduzierende und neugestaltende Homöostasen unterstellt, mithin durch den Fluss der Veränderung hindurch eine ständige Funktion und Neuproduktion des Systems annimmt. Auf biologischem Gebiet war es vor allem Darwin, der durch seine Beschreibung des phylogenetischen Prozesses und dessen Mechanismen: Mutation, Selektion und Anpassung dem Prozessgedanken zur Durchsetzung verhalf. Neuen Aufschwung erhielt diese Auffassung während der letzten Jahrzehnte durch die Entdeckung im molekularbiologischen Bereich, dass sich die evolutionären Prozesse mit Hilfe gentechnischer Methoden steuern lassen, wodurch der Mensch eine gottähnliche Stellung erlangt, die es ihm ermöglicht, künstlich in die Schöpfung einzugreifen und sie gemäß seinen Wünschen und Interessen zu bestimmen. Der biologische Prozess ist nicht länger sich selbst überlassen, sondern ist formbare Materie in der Hand des Menschen, die seiner Verfügungsgewalt untersteht. Da die technischen Eingriffsmöglichkeiten aufgrund der Tatsache, dass die Gene die letzten, alles steuernden Bauprinzipien der organischen Welt darstellen, analog den Atomen in der Physik, gravierend sind, hat man nicht zu Unrecht von einer »zweiten biologischen Revolution«[1] oder spezieller von einer »Gen-Revolution«[2] gesprochen. Die Biologie, bis ins

20. Jahrhundert hinein den exakten Wissenschaften – Physik und Chemie – aufgrund von deren Quantifikations- und Konstruktionsmethode subordiniert, avancierte in den letzten Jahrzehnten zu einer diesen Disziplinen gleichwertigen Wissenschaft, möglicherweise sogar zu einer Wissenschaft, die der Physik ihre traditionelle Leitfadenfunktion abgenommen hat und das moderne Paradigma der Natur- und Weltinterpretation liefert.

Die erste Aufwertung der Biologie und Revolutionierung unseres Weltbildes erfolgte im Rahmen der Substitution des mechanistischen Modells durch das holistisch-organizistische, die zweite mit der Substitution der analytisch-klassifikatorischen Methode innerhalb der Biologie durch die synthetisch-konstruktive, wodurch die Vorgehensweise der Physik auch innerhalb des biologischen Bereichs anwendbar wurde. Verfuhr die Biologie bislang weitgehend äußerlich beschreibend, klassifizierend und typisierend, indem sie die vorgegebenen pflanzlichen und tierischen Organismen nach ihren Merkmalen ordnete, so verfährt sie jetzt konstruktiv, indem sie in die biologischen Prozesse eingreift und neue Organismen aus dem genetischen Material erzeugt. Dies bedeutet zweifellos einen Anschluss an die Methode der Physik und Chemie und eine Gleichstellung mit diesen. In eins damit hat sich die Erkenntnisweise der Biologie wie auch das Verhältnis der Theorie zur Technik geändert. Denn biologische Erkenntnis ist nicht länger mehr ein rezeptiver Vorgang, der das zu Definierende schlicht konstatiert, sondern ein konstruktiver, der im operationalistischen Sinne durch Handlungsanweisung, durch Konstruktion, das zu Definierende allererst produziert. Entsprechend bedeutet Technik nicht mehr *Anwendung* theoretischer Erkenntnisse, sondern fällt mit diesen zusammen. Konkret bedeutet das, dass die Einsicht in die Gesetze der Natur mit technischen Eingriffen einhergeht, ja, dass diese Eingriffe überhaupt erst die Einsichten ermöglichen.

Was sind nun die wissenschaftlichen Fakten, auf die sich die aktuelle Diskussion stützt? Es erscheint sinnvoll, diese kurz zu resümieren.[3]

Mitte der vierziger Jahre gelang es dem amerikanischen Immunchemiker Oswald Avery, die chemische Substanz zu ermitteln, die Träger der Erbanlagen ist: das Molekül Desoxyribonucleinsäure, das im Angelsächsischen DNA und im Deutschen DNS genannt wird. Da dieses Molekül für den Aufbau aller Proteine verantwortlich ist, da es Anweisungen für Wachstum und Teilung der Zellen enthält und Informationen für die Differenzierung und Spezialisierung speichert, hat man es auch als »*das* Molekül des Lebens«[4] bezeichnet. Seit seiner Entdeckung steht dieses Molekül im Zentrum der Forschung. 1953 schlugen Francis Crick und James Watson zur Darstellung dieses Moleküls das

Modell einer Doppelhelix vor, die aus zwei parallelen Chromosomenfäden besteht, auf denen paarweise die chemischen Basen für die Erbanlagen bzw. Informationen angeordnet sind. Die Entschlüsselung des ersten Codewortes des genetischen Codes gelang 1961 Marshall Nierenberg und Heinrich Matthai vom *National Institute of Health* in den USA. Es folgte die weitere Entschlüsselung des genetischen Codes des Menschen, die 1966 durch Gobind Khorana und Ochoa abgeschlossen war und die man heute tabellarisch darzustellen pflegt.

Hielt sich diese Forschung noch im Rahmen der analytischen Aufklärung, so machten Stewart Linn und Werner Arber 1969 in Basel eine Entdeckung, die die Grundvoraussetzung für die synthetische Konstruktion und Rekonstruktion der DNS werden sollte: die Entdeckung der Restriktionsenzyme, mittels deren sich die DNS »zerschneiden« und wieder »zusammenkleben« lässt.

Janet Mertz und Ron Davis testeten 1972 an der Stanford-Universität erstmals diese Enzyme, indem sie zwei durch das Escherichia Coli-Enzym (*E. coli*) erzeugte DNS-Fragmente in anderer Folge zusammenfügten und damit die erste DNS-Rekombinante schufen.[5] 1973 gelang Herbert Boyer und Stanley Cohen und ihren Mitarbeitern in Stanford und an der Universität von Kalifornien in San Francisco die Kombination zweier unterschiedlicher DNS und damit die erste chimäre Zusammensetzung.[6] Damit war der Weg eröffnet für die Kombination heterogener DNS, sowohl für die völlige Neukombination von Genen wie auch für die Transplantation einzelner isolierter Gene oder Genabschnitte in andere. Letzeres interessiert insbesondere die Medizin: die Gentherapie, die Eugenik usw.; denn auf diese Weise ist es grundsätzlich möglich, defekte Gene, die für Erbkrankheiten verantwortlich sind, aus dem Genom herauszutrennen und durch andere zu ersetzen und so eine Genbereinigung vorzunehmen. Genetische Krankheiten, wie z. B. die autosomal-rezessiv vererbte *zystische Fibrose* – die häufigste angeborene Stoffwechselerkrankung –, das *Tay-Sachs-Syndrom* – ein autosomal-rezessiver Enzymdefekt, dessen Symptome Muskelhypotonie, reflektorische Schreckhaftigkeit und Krämpfe bis hin zum Zerfall des Zentralnervensystems mit Erblindung und Demenz sind –, die *Huntingtonsche Chorea*, die sich in Hypotonie der Muskulatur und arhythmischer Kontraktionen einzelner Muskeln oder Muskelgruppen äußert und zu ständiger motorischer Unruhe und Grimassieren führt, das *Lesch-Nyhan-Syndrom* – ein X-chromosomal rezessiver Enzymdefekt, dessen Folge unkontrollierte Bewegungen und die Tendenz zur Selbstverstümmelung sind – sowie viele andere Generkrankungen könnten auf diese Weise behoben werden.[7]

Auch zu Züchtungszwecken und Leistungssteigerungen lässt sich diese Methode verwenden, da durch Implantation von Wachstumshormonen das Wachstum von Masttieren oder durch Implantation eines Milchproduktionsgens die Milchproduktion von Kühen gesteigert werden kann. Das Forschungsresultat von Stanley Cohen und Annie Chang fand denn auch alsbald Anwendung im pflanzlichen und tierischen Bereich bei der Kombination wünschenswerter Eigenschaften von Kulturpflanzen und Nutztieren. So gelang im pflanzlichen Bereich durch gentechnische Manipulation die Aufzucht einer Hybride aus Kartoffel und Tomate, »Tomoffel« bzw. »Kamate« genannt. An der Züchtung einer Pflanze, die über Tage Tabakblätter treibt und unter Tage eine Mohrrübe wachsen lässt, wird gegenwärtig gearbeitet.[8] Im Unterschied zu konventionellen Züchtungsmethoden, die mit der Kreuzung von Arten durch natürliche Bestäubung der Blüten oder durch Okulieren und Oktroyieren, d. h. durch Anbringen eines Rindenstücks mit einer noch fest geschlossenen Knospe – dem sogenannten Auge – der höherwertigen Sorte in die zu veredelnde, operieren, wird hier am genetischen Material manipuliert. Dabei finden zwei Verfahren Anwendung, entweder die Fusion somatischer Zellen oder der DNS-Transfer. Entweder wird das fremde Gen direkt in den Vorkern gespritzt, oder ein eingeschleustes Virus, das als Genträger fungiert, infiziert die Zellen.

Abgesehen von den Versuchen völliger Neukombination zielt die Pflanzenzucht vor allem auf Leistungsverbesserung in bestimmten Hinsichten, z. B. auf Resistenz der Nutzpflanzen gegen Herbizide und Pestizide, auf Steigerung der Erträge, bessere Anpassung an Klima und Boden – so wird beispielsweise Frostresistenz dadurch erreicht, dass Kartoffelpflanzen mit einem Antifrostbakterium versehen werden –, oder auf die Herstellung bestimmter Fähigkeiten wie der zur Stickstoffverbindung. Insbesondere die Produktion neuer Bakterien ist ein ergiebiges Feld für die Forschung. Bakterien, die Humaninsulin erzeugen, sind hier ebenso zu nennen wie Bakterien, die Öl in Eiweiß verwandeln und so die durch ökologische Verschmutzung entstandenen Ölteppiche in Fischfutter umzuwandeln versprechen, oder umkonstruierte Mikroorganismen, die lästige Abfälle aus Schlachthöfen, aus der Nahrungsmittelindustrie usw. in nützliche Produkte wie Heizgas, Tierfutter usw. verwandeln könnten.[9]

Die Methoden der Genmanipulation im Tierreich sind durchweg dieselben wie im Pflanzenbereich, nur dass sie öffentlich ein größeres Echo finden, da sie einen Schritt auf dem Wege zur gentechnischen Manipulation des Menschen darstellen. 1984 gelang an der Universität von Kalifornien das spektakuläre Experiment der Züchtung einer Chimäre aus Schaf und Ziege, das »Zaf« oder die »Schiege«, indem die Embryonalzellen beider Tiere miteinander vermischt wurden. Zu diesem Zweck wurde die Membran der Schafseizelle entfernt und deren Inhalte durch einen kleinen Schnitt in die Eihülle des Ziegenembryos übertragen, so dass sich beide Zellhaufen verbinden und neu organisieren konnten.[10] Gab es in der Tierzüchtung bereits früher auf ganz natürliche Weise entstandene Kombinationen wie die aus Pferd und Esel, die zum Maultier führten, allerdings nur bei nahe verwandten Arten, so gelang mit dem obigen Experiment gentechnologisch die Verbindung heterogener Arten. Experimentiert wird gegenwärtig vor allem an transgenen Tieren, solchen, denen durch Gentransplantation Teile fremder Genome eingeführt werden, mit denen auch die Eigenschaften und Fähigkeiten der anderen Tiere übertragen werden. Gelangen diese Teile in die Keimbahn (Samen-, Ei- oder Embryonalzelle), so sind sie sogar vererbbar. Bekannt geworden ist die Riesenmaus, in deren Eizelle das Gen eines menschlichen Wachstumshormons eingeschleust wurde, oder die Superkuh, deren Milchproduktion durch Injektion von Hormonen gesteigert wurde.[11]

Die Genmanipulationen sind nicht auf den Pflanzen- und Tierbereich beschränkt, sondern gelten auch für den menschlichen Sektor. Selbst wenn die Entwicklung hier noch am Anfang steht, sind die Resultate doch so frappierend und der Fortschritt dieses Wissenschaftszweiges so rasant, dass gentechnische Eingriffe am Menschen in großem Umfang, sei es zu Zwecken der genetischen Therapie, der positiven oder negativen Eugenik, der Leistungsoptimierung usw., in naher Zukunft zu erwarten sind. Gegenwärtig freilich ist die Phantasie sensationshungriger Wissenschaftsjournalisten und Reporter, verängstigter Staatsbürger und theologischer Moralapostel mehr angeregt, als sich wissenschaftlich rechtfertigen lässt. Schon sieht man phantastische menschliche Monster mit Pferde-, Hunde-, Elefantenkopf umherlaufen. Dass dies allerdings nicht nur utopische Vorstellungen sind, sondern ernsthafte Erwägungen von Wissenschaftlern, lässt sich durch die Ausführungen John Scott Haldanes auf dem denkwürdigen *Cba*-Symposion in London von 1962 belegen, auf dem Spekulationen über einen gentechnisch hergestellten, der Raumfahrt optimal angepassten Menschen mit Greifarmen und -schwanz nach Art von Affen und einem zurückgebildeten, weil hinderlichen Becken angestellt wurden.

> »Außerirdische Lebensbedingungen weichen am eindeutigsten in der Schwerkraft, der Temperatur, dem Luftdruck, der Luftzusammensetzung und der Strahlung (einschließlich energiereicher Materieteilchen) von unseren ab. Ein Gibbon ist dem Leben in einem schwächeren Schwerefeld wie in einem Raumschiff, auf einem Asteroid oder vielleicht sogar auf dem Mond von vornherein offenbar besser angepasst als der Mensch. Noch mehr

gilt das für Affenarten mit Greifschwänzen. Durch Pfropfen von Genen könnten solche Eigenschaften auch der menschlichen Rasse angezüchtet werden. Menschen, die ihre Beine durch Unfall oder Mutation verloren haben, wären als Astronauten besonders geeignet, denn die Beine des Menschen und ein großer Teil des Beckens sind in diesem Fall nicht nötig. Wenn man ein Medikament entdeckte, ähnlich dem Thalidomid, aber nur auf die Beine und nicht auf die Arme wirkend, könnte man die Mannschaft des ersten Raumschiffes zum *Alpha Centauri* damit behandeln. Das Gewicht und der Bedarf an Nahrung und Sauerstoff würde dadurch vermindert. Besser noch wäre eine regressive Mutation zur Gestalt unserer Vorfahren im mittleren Pliozän mit Greiffüßen und einem affenähnlichen Becken. In nächster Zukunft wird der Mensch schwerlich hohen Gravitationsfeldern ausgesetzt sein, wie sie z. B. auf der festen oder flüssigen Oberfläche des Jupiter bestehen. Wahrscheinlich wäre es unter solchen Bedingungen gut, vier Beine oder wenigstens sehr kurze Beine zu haben. Ich würde auf dem Jupiter einen achondro-plastischen einem normalen Menschen vorziehen.«[12]

Eine grotesk anmutende Vision technischer und speziell gentechnologischer Entwicklung für die Zukunft hat Stanislaw Lem in seinem futuristischen Buch *Summa technologiae*[13] entworfen, in dem er den Fortschritt von der technischen Beherrschung einzelner Naturprozesse zur Beherrschung großer Teile der Natur und schließlich des Naturganzen projektiert:

Denkt man diesen Prozess weit genug vorangetrieben, so gelangt man zur »kosmogonischen Ingenieurkunst«[14] oder »Pantokreatik«,[15] die sich mit der Erschaffung neuer Welten, allerdings noch diesseitiger, nicht transzendenter, befasst. Die kosmogonische Ingenieurkunst konstruiert in der Natur mit der Natur unter Verwendung von natürlichen Materialien wie Raum und Zeit, Atomen, offenen oder geschlossenen Systemen, entfernt sich aber so weit von der gegenwärtigen Natur, dass sie diese nicht nur wiederholt, sondern sie in jeder Hinsicht ersetzt. Wenn der Schöpfer kleiner Welten mit den innerhalb unserer Welt verfügbaren Mitteln konstruiert, so nimmt der Steuermann der Großen Kosmogonie die Evolution des gesamten Weltalls in die Hand.[16]

Die kosmogonische Ingenieurkunst bezieht sich aber nicht nur auf die Konstruktion neuer Welten, sondern auch auf die Rekonstruktion des Menschen, indem sie ihn verschiedenen Stufen der Vervollkommnung unterwirft. Auf der ersten, der »konservierenden Ingenieurkunst«[17] geht es um die Erhaltung der durchschnittlichen Gesundheit, um Prophylaxe, Beseitigung von Krankheiten und Ersetzung ausgefallener Funktionen und defekter Organe durch technische Substitute, wie Ersatzherz, Ersatzniere usw., die durch Transplantation dem menschlichen Körper eingepflanzt werden. Voraussetzung dieser Reparaturmedizin ist die Akzeptanz des natürlichen Konstruktionsplans des Menschen, so dass die Grundzüge des Körperbaus, der Organe und ihrer Funktionen, des Baumaterials aus Protein einschließlich des Alterungsprozesses und des Todes unantastbar bleiben.[18]

Auf der zweiten Stufe, die man »genetische Ingenieurkunst«[19] nennen kann, werden Eingriffe in die Evolution des Menschen vorgenommen, indem die natürlichen Evolutionsgradienten durch zielgerichtete Steuerung ersetzt werden. Der biologischen Autoevolution des Menschen wird als Ziel die Realisierung des Maximalprogramms der Vervollkommnung vorgegeben, wie sie in der Optimierung von Fähigkeiten, der Vermeidung von Anfälligkeiten für Krankheiten, der Immunisierung, der Leistungssteigerung des Gehirns usw. besteht. Es ist der langfristige, auf Jahrhunderte, vielleicht Jahrtausende verteilte Plan, »das nächste Modell des *homo sapiens*«[20] zu schaffen, nicht in einem Sprung, sondern durch graduelle Veränderung.[21]

Mit der dritten Stufe schließlich beginnt der totale Umbau des Menschen, indem nicht nur einzelne Parameter verbessert und »ausgeflickt« werden, sondern der ganze Konstruktionsplan des Menschen geändert wird, z. B. statt der relativ bescheidenen biologischen Lebensdauer eine Beinahe-Unsterblichkeit festgelegt wird. Dies kann so geschehen, dass einzelne Körperteile und Organe schrittweise durch leistungsfähigere Prothesen und physikalische Apparate substituiert werden, so dass am Ende eine Kombination natürlicher Organe und technischer Apparate zustande kommt, wie der »Roboter mit einem perfekten kristallinen Gehirn«.[22] Auf die Verwendung widerstandsfähiger Metalle wie Kunststoffe, Edelstahl u.a., die Abnutzungs- und Verschleißerscheinungen widerstehen, ist ebenso zu achten wie auf die Speicherkapazität und Effizienz von Computern – dies alles in der Absicht, eine Quasi-Unsterblichkeit zu erreichen und damit dem Wunschtraum des Menschen näherzukommen.[23] Auch eine Entfernung von Organen, die sich für die Anpassung an den Kosmos als »ökologische Nische« wenig geeignet erweisen, ist denkbar, z. B. die Entfernung des Verdauungssystems mitsamt dem Kiefer, den Kiefermuskeln, den Zähnen und die Ersetzung durch osmotische Pumpen, die je nach Bedarf Nährstoffe, aktivierende Substanzen, Medikamente, Hormone zuführen. Ebenso wäre die Unabhängigkeit von der permanenten Sauerstoffzufuhr oder die Entbehrlichkeit des Mundes denkbar, wenn eine kosmische Verständigung durch Funkverbindung gelänge. Wissenschaftler haben dieses Programm unter dem Namen »Cyborg« (*Cybernetic organization*) diskutiert.[24] Und schließlich könnte man sich die bio-chemische Revolution fortgesetzt denken durch die Konstruktion gänzlich anderer Aggregatszustände und Organisationsformen des Lebens, etwa kristalliner oder gasförmiger anstelle der kolloiden. Während die Natur nur einige der möglichen Homöostasen zu realisieren vermag, könnte der Mensch aufgrund seiner Überlegenheit über die Natur alle konstruieren.[25]

Auch wenn dieses Buch der utopischen Literatur angehört und eine Vision des *homo sapiens* entwirft, deren Realisation erst in den nächsten Jahrhunderten, vielleicht sogar Jahrtausenden möglich ist, so lässt sich doch nicht leugnen, wie sehr bereits unser gegenwärtiges Zeitalter zumindest der zweiten Stufe entspricht. Man denke an künstliche Prothesen, wie Perücken, Arm- und Beinprothesen, Brillen, verstärkende Hörgeräte, Herzschrittmacher, an die Verwendung künstlicher Nieren und Atmungsgeräte, an die Benutzung von Rechenmaschinen und Computern. Wir bedienen uns dieser Apparate teils zur Lebenserhaltung, teils zur Lebensverlängerung, teils zur Steigerung der Lebensqualität. Wir sind so sehr auf sie angewiesen, dass man bereits von einer Synthese oder Symbiose von Organismus und Technik sprechen kann.

Das Neue dieser gentechnischen Revolution besteht nicht so sehr in der Quantität als vielmehr in der Qualität und Reichweite der Veränderungen, die nicht nur das Individuum, sondern die Art und Gattung betreffen, und zwar nicht nur in dieser Generation, sondern in allen folgenden aufgrund der Vererbbarkeit der Gene, und die damit irreversibel sind. Von der konventionellen Züchtung, die seit Jahrtausenden betrieben wird – spätestens seit der Eiszeit der Getreideanbau und die Domestizierung von Tieren –, zunächst mehr planlos als systematisch, seit dem 19. Jahrhundert nach Bekanntwerden der mendelschen Vererbungsgesetze methodisch, insgesamt aber auf dem Wege der natürlichen Fortpflanzung, unterscheidet sich die Gentechnik und Reproduktionsmedizin dadurch, dass sie künstlich in diesen Prozess eingreift und die Naturvorgänge imitiert. Zu diesem Zweck zerlegt sie den Fortpflanzungsprozess in einzelne Phasen, in die Samenspeicherung durch Tiefkühlung auf Samenbanken, die extrakorporale Insemination, die Invitrofertilisation, die Wiedereinpflanzung der befruchteten Eizelle in eine Leihmutter u. ä. Mit der Abtrennung werden die einzelnen Phasen verfügbar gemacht. Diese analytisch-konstruktive Methode eröffnet der Forschung ein ungeahntes Feld künstlicher Manipulation und Steuerung der biologischen Evolution. Der traditionelle Züchter wandelt sich damit zum Gentechniker und Bioingenieur. Da die neue

Wissenschaft und Technik für den Menschen eine ungeheure Steigerung der Machtfülle bedeutet, die ihm eine gottähnliche Stellung verschafft und ihn zum zweiten Schöpfer macht, ohne freilich gleichzeitig sein Wissen zur Allweisheit auszuweiten, musste diese Methode zwangsläufig in Konflikt mit der traditionellen Ethik und Moral geraten und eine Ethikdebatte auslösen, wie sie gegenwärtig in ungeahnter Schärfe und Bitterkeit zwischen Vertretern und Kritikern der Gentechnologie geführt wird.

2. Ethische Diskussion um die Gentechnologie: der fundamentalistische Standpunkt

Die Diskussion um die Gentechnik und ihre Folgen spaltet die an der Diskussion Beteiligten in zwei Lager: in die Befürworter und in die Gegner. Fasziniert von den sich hier auftuenden Möglichkeiten, fortschrittsgläubig, optimistisch, ganz im Banne des immanenten Zwangs dieser Wissenschaft, getrieben von Forscherdrang, bejahen, verteidigen und unterstützen die einen diese Forschungsrichtung, während die anderen, besorgt und beängstigt über die unabsehbaren, unbeherrschbaren Folgen, die radikalen Veränderungen im Denken und Handeln sowie den Ordnungsschwund, welche die Genkombination mit sich bringt, diesen Wissenschaftszweig kritisieren und zu verhindern suchen. Zwischen beiden Extrempositionen stehen die Vertreter einer moderaten Einstellung, die weder bedingungslos das Weitermachen begrüßen, noch es ablehnen, die vielmehr eine abgewogene und auf den Einzelfall abgestellte Genpolitik befürworten, sei es, dass sie die Genmanipulation auf einigen Gebieten wie der Pflanzen- und Tierzucht oder der Therapie des Menschen akzeptieren, auf anderen Gebieten hingegen, etwa zu eugenischen Zwecken oder für reine Experimente, ablehnen, oder sei es, dass sie auf eine Retardierung der Entwicklung drängen, um Zeit für die ethische Diskussion zu gewinnen, damit diese nicht ständig der Entwicklung hinterherhinke, sondern ihr gestaltend vorauslaufe. Eine »Geschwindigkeitsbegrenzung« der gentechnischen Entwicklung, die gerade angesichts der enorm verkürzten Veränderungszeiten in der Züchtung wie überhaupt spätmoderner »Beschleunigungseffekte«[26] als Kennzeichen der Gegenwartskultur und modernen Lebenswirklichkeit angezeigt erscheint, soll Spielraum schaffen für ethische Erwägungen und Entscheidungen.

In den beiden Extrempositionen, die hier allein zu interessieren brauchen, drücken sich die beiden gegensätzlichen Bestrebungen des Menschen aus: Bewahrung und Erneuerung. Entsprechend lassen sich die Kritiker und die Befürworter auch als Konservativisten und Modernisten klassifizieren. Hat für jene die Erhaltung des *status quo* die Präferenz vor der Veränderung, so für diese die Neuerung. »Bewahrung vor Veränderung« – »Veränderung vor Bewahrung«, diese Maximen stehen sich gegenüber.

Kurt Bayertz hat die beiden diametral entgegengesetzten Positionen auf die Begriffe »Substantialismus« und »Subjektivismus«[27] gebracht, wobei er unter der substantialistischen Haltung diejenige versteht, die vom Vorfindlichen ausgeht, vom *status quo*, sei es, theologisch gesprochen, von der gottgewollten Schöpfung, sei es, metaphysisch gesprochen, von der vorliegenden Seinsordnung, sei es, naturalistisch gesprochen, von der natürlichen Ordnung, die als Naturrecht betrachtet wird. Für den Menschen als Teil dieser Ordnung gilt, dass er eine vorgegebene, unantastbare und schutzbedürftige Substanz mitbringt, mag sie im Körper, im biologischen Substrat mit seinen charakteristischen physiologischen Eigenschaften bestehen oder in der Seele, im psychischen Substrat mit den entsprechenden psychischen Eigenschaften, oder in beiden, in der Einheit von Körper und Personalität. Diese Vorgegebenheiten einschließlich der vorgegebenen Grenzen gilt es zu respektieren und zu schützen. Von dem Eigenwert und der Würde des Menschen ist die Rede, ebenso von dem Eigenwert und der Heiligkeit der Natur. Ehrfurcht vor dem Leben, Unantastbarkeit der Naturordnung werden gefordert.[28] Konfrontiert ist dieser Position die subjektivistische, die auf das spezifisch anthropologische Merkmal der Freiheit, Autonomie und Selbstbestimmung abhebt, das seit der Aufklärung im neuzeitlichen philosophischen, ethischen und politischen Diskurs eine so große Rolle spielt und zur Hauptkategorie avanciert ist. Mit ihm ist der Weg der freien Entscheidung des Menschen über sich und die außermenschliche Natur eröffnet, der die gesamte Skala von Optimierung der Fähigkeiten und Kräfte bis hin zu Zerstörung und Selbstuntergang umfasst. Die Freiheit der Selbstbestimmung schließt die Selbstverantwortung als ureigenste Möglichkeit des Menschseins ein; die Realisierung dieser Fähigkeit gilt als Selbstverwirklichung des Menschen.

Da im Unterschied zur theoretischen Philosophie die praktische, und zwar sowohl die Moral als Inbegriff konkreter, materieller Vorschriften einer Gruppe von Menschen wie die Ethik als generelle kritische Reflexion auf die moralischen Normen, keine bloße Deskription und Analyse ist, sondern Verbindlichkeit beansprucht, wie sie im kategorischen Imperativ »du sollst« oder »du musst« zum Ausdruck kommt, bedarf es zur Sicherung des Geltungsanspruchs allgemeinverbindlicher, überindividueller Kriterien. Sittliche Gesetze und Vorschriften gelten ja nicht nur gelegentlich oder zwar für diesen, für jenen aber nicht, sondern sie beanspruchen universelle Gültigkeit für alle Menschen zu aller Zeit in allen Situationen. Ein solcher Anspruch lässt sich nur durch Rekurs auf das jeweils für verbindlich erachtete Welt- und Naturbild einlösen, von dem aus argumentiert wird und das als Hintergrundwissen in allen Argumentationen mitschwingt. Es war die zu Anfang des ersten Bandes aufgestellte These, dass Weltbild bzw. Naturverständnis und Ethik sich wechselseitig fordern, dass eine bestimmte Ethik sich ihren passenden anschaulichen Rahmen sucht und umgekehrt ein bestimmtes Welt- und Naturbild mit bestimmten ethischen Implikationen verbunden ist, die, wenn jenes sich ändert, ebenfalls wechseln. Die Welt der ausgewählten Fakten und die der Werte gehen Hand in Hand.

Für eine objektive universelle Begründung der Ethik, d. h. für eine substantialistische bzw. fundamentalistische Begründung bieten sich drei Kandidaten an: vom theologischen Standpunkt die göttliche Ordnung, wie sie in der Schöpfung manifest ist, vom metaphysischen Standpunkt die vorgegebene Seinsordnung und vom naturalistischen die natürliche Ordnung der Dinge. In allen drei Fällen sind Inhalt, Umfang und Grenzen festgelegt. Sie gelten als heilig und unantastbar. Auf die Botschaft Gottes oder der Natur zu hören und die Schöpfung zu bewahren, die anvertrauten Güter zu schützen, Sorgfalt gegenüber der Natur walten zu lassen, die abgesteckten Grenzen zu respektieren, eine »*Ethik der Askese*«,[29] d. h. des Verzichts und der Selbstbeschränkung zu üben – das sind Forderungen, die sich aus dem göttlichen Recht, der Metaphysik oder dem Naturrecht erklären. Was besagen diese Forderungen *in concreto* in Bezug auf die Gentechnologie?

Das jüdisch-christliche Welt- und Naturverständnis, an das mit dem Verweis auf Gott und die göttliche Ordnung appelliert wird, versteht die Natur als gottgewollte Schöpfung und den Menschen als Teil in ihr, allerdings so, dass dem Menschen eine Sonderrolle zukommt und er innerhalb der Hierarchie die Krone der Schöpfung bildet. Die übrige Natur ist ihm untertan, ist ihm zur Bearbeitung, Gestaltung, Verwertung und Nutzung gegeben. In dieser Konzeption wird allerdings ein Dilemma in Bezug auf die Gentechnologie sichtbar.

Könnte die Präferenz des Menschen vor der übrigen Natur, die sich besonders auf das alttestamentliche Bibelwort »Machet sie [die Erde] euch untertan!«[30] sowie auf die Imperfektibilität der Schöpfung stützt – die Natur gilt als gefallener und damit verbesserungsbedürftiger Engel –, geradezu als Aufforderung zu gentechnischen Eingriffen und zur Manipulation der Natur, zumindest der außermenschlichen, gelesen werden, sofern und soweit dies dem Wohlbefinden und Nutzen des Menschen dient, so verbietet auf der anderen Seite der Schöpfungsgedanke und der damit verbundene Gedanke des Eigenwertes der Natur solche Manipulation. Natur ist von Gott gewollt und so gewollt, wie sie ist, und daran hat der Mensch nichts zu ändern. Als Gottes Produkt ist die Schöpfung heilig und unversehrbar. »Die Würde der Schöpfung ist genetisch unantastbar.«[31] Ein solcher Satz ist ebenso zur Devise dieser Ethik geworden wie das »*Verbleiben in den Grenzen der Natur*«[32] und die Bewahrung der Schöpfung mit ihrer Artenvielheit, die nicht zugunsten gentechnisch hergestellter Monokulturen geopfert werden darf, oder die Bewahrung der vorgegebenen Klassifikation, die nicht zugunsten neuer, durch Chimärenbildung zustande gekommener Überschneidungen verwirrt werden darf, da dies einen Ordnungsschwund bedeutete.[33] Bewahrt werden soll der *status quo*. Die Natur in ihrem Dasein und Sosein gilt es zu erhalten und zu schützen.

Doch was bedeutet dies? Schließt der *status quo* jede Veränderung aus, oder impliziert er Veränderung und Evolution? Nicht selten geht die Meinung christlicher Moraltheologen in die erstere Richtung. Denn wie die meisten Religionen ist auch die christliche durch konservative Züge gekennzeichnet. Neuerungen gelten für suspekt, da sie mit Änderungen, Umbrüchen, eventuell sogar Revolutionen, kurzum, mit Auflösungserscheinungen verbunden sind. Das konsequente Zu-Ende-Denken dieser Haltung schlösse jedoch nicht nur die als künstlich empfundenen gentechnischen Eingriffe aus, sondern auch die »natürlichen« Methoden zur Domestizierung und Züchtung von Tieren, ebenso die Kultivierung von Pflanzen wie überhaupt jede Art künstlich-technischen Eingriffs einschließlich der Kultur; denn Technik ist ein Instrument der Kultivierung. Wird dagegen Evolution im *status quo* involviert gedacht, so stoßen gentechnische Eingriffe nicht von vornherein auf Ablehnung, sondern werden unter Umständen akzeptiert, eventuell sogar gefordert. So weist der Theologe Jürgen Hübner[34] die These vom unerlaubten Natureingriff zurück aufgrund des Arguments, dass der Mensch mit seinen technischen Fähigkeiten selbst zur Natur gehöre und insoweit eine mitgestaltende Kraft der Evolution sei, und Hans-Martin Sass[35] hält gemäß seiner Forderung nach einer offensiven Ethik die Erzeugung neuer Nutzpflanzen und Tierrassen nicht nur für ethisch akzeptabel, sondern geradezu für geboten. Als gentechnologisch anzustrebende Ziele formuliert er: *erstens* die Produktion von Mikroorganismen, welche Krankheiten bekämpfen, Medikamente herstellen, die Umwelt säubern oder den Boden düngen, *zweitens* die Produktion neuer Nutzpflanzen und Tierrassen, *drittens* die künstliche Erzeugung menschlichen Lebens, das nur auf diese Weise ins Leben kommt, *viertens* die gentechnische Diagnose und Früherkennung von Erbkrankheiten oder Krankheitsprädispositionen und *fünftens* schließlich die Therapie von schwersten angeborenen Geisteskrankheiten schon in der Keimbahn.

Auch der andere Bezugspunkt dieser Konzeption, die These vom Menschen als Krone der Schöpfung, ist nicht unproblematisch, da sich damit die Frage nicht nur nach dem Sinn und Zweck der Schöpfung, sondern nach dem Sinn und Zweck des Menschen als Krone der Schöpfung stellt. Gehören zum Sinn und Zweck des menschlichen Lebens vorrangig Freuden im hedonistischen Sinne: äußere, materielle Güter, Reichtum, Versorgung, Glück, gehören dazu leibliches Wohlergehen, Gesundheit, Kraft, Stärke, Schönheit, langes Leben, vielleicht sogar Unsterblichkeit – im *Alten Testament* gilt ein hohes Alter für ein wünschens- und erstrebenswertes Ideal –, oder gehört dazu nur seelisches Wohlbefinden: Ausgeglichenheit, innere Harmonie, Seelenfrieden, Glückseligkeit?

Um ein besonders krasses Beispiel heranzuziehen, sei auf die künstliche Erzeugung von permanenten oder exorbitanten Glückszuständen verwiesen. Die moderne Neuroendokrinologie hat herausgefunden, dass bei Tieren und Menschen als Reaktion auf bestimmte Verhaltensweisen körpereigene Opiate – Endorphine – im Zentralnervensystem ausgeschüttet werden und dort Gefühle des Glücks und der Befriedigung hervorrufen. Hier handelt es sich um natürliche biologische Vorgänge, die insbesondere bei Lern- und Sozialisationsprozessen eine Rolle spielen, etwa wenn ein Küken, das sich von der Mutter entfernt hat, sich ihr wieder annähert und dadurch Belohnung erfährt. Ebenso hat man experimentell herausgefunden, dass elektrische Reize eines bestimmten Gehirnbezirks bei Tieren wie Menschen überwältigende Glücksgefühle auslösen. Julian Huxley schreibt:

> »Es ist sogar möglich, die eine Hälfte des Körpers glücklich zu machen, während die andere im Normalzustand bleibt. Manchen Leuten mag das zu materialistisch erscheinen; aber elektrisches Glück bleibt schließlich immer noch Glück, und Glück ist sehr viel wichtiger als die physikalischen Vorgänge, mit denen es verbunden ist.«[36]

Angesichts dieser Einsichten und technischen Möglichkeiten stellt sich die Frage, ob es nicht gentechnisch gefordert sei, solche Zustände des Wohlbefindens permanent herzustellen und damit zur Maximierung von Lust und Vergnügen beizutragen. Es unterliegt jedoch keinem Zweifel, dass nicht alle Arten des Wohlbefindens zu den moralisch wertvollen und akzeptierten innerhalb des christlichen Weltbildes zählen, sondern nur gewisse.

Wie steht es überhaupt mit dem Leid, mit Krankheit, Melancholie, Tod? Als Ziel der Genforschung könnte man sich sehr wohl die Minimierung des Leides, sogar dessen völlige Aufhebung denken zugunsten einer quantitativen und qualitativen Steigerung des Glücks. Das könnte beginnen bei der Bekämpfung von Erbkrankheiten, die auf genetischen Defekten basieren, und bis zur beliebigen Verlängerung des

Lebens oder ewigen Jugend reichen über gentechnisch hergestellte lebenserhaltende und alterungshemmende Medikamente.

Religionen fordern dagegen unter Berufung auf die natürlichen äußeren und inneren Zustände die Akzeptanz des Leides und Übels in der Welt, die Akzeptanz der Unvollkommenheit, die Anreiz für die Perfektionierungsbestrebungen des Menschen, insbesondere für die Suche nach seinem Seelenheil, seien. Leid sei eine Grunderfahrung des Menschseins, die es hinzunehmen gelte. Leid steht im Zentrum aller Heils- und Erlösungsreligionen und wird als Strafe und Vergeltung für frühere Sünden oder als von Gott gewolltes Schicksal dem Menschen zur Prüfung auferlegt. Es zu eliminieren oder auch nur zu minimieren, widerspräche religiöser Ethik und käme einer Grenzüberschreitung und Hybris gleich; denn auch Krüppel und Missgestalten haben ebenso wie physisch und psychisch Kranke ein Lebensrecht. Christliche Ethik bietet zur Milderung des Leides die Tugenden des Mitleids, des Mitgefühls, der Barmherzigkeit, der Fürsorge auf. Auch wenn im Allgemeinen die medizinische Versorgung und Therapie zur Erhaltung oder Wiederherstellung der Gesundheit zum festen und anerkannten Pflichtenkanon christlicher Ethik gehört, gibt es eine Reihe von Sekten, die sich vehement gegen Operationen und medizinische Eingriffe wehren. Ebenso wird die Hinauszögerung des Todes durch modernste medizinische Apparaturen häufig abgelehnt mit dem Hinweis auf Gottes Willen oder auf die stoische *lex naturae*, dass das menschliche Leben ein natürliches Ende habe und dass die Stunde des Todes gekommen sei. Wenn jedoch die Erhaltung und Wiederherstellung der Gesundheit moralisch legitim ist, warum sollten dann nicht auch die zu therapeutischen oder eugenischen Zwecken vorgenommenen gentechnischen Eingriffe legitim sein?

Abstrahiert man auf der Suche nach moralischer Orientierung und Begründung von religiösen Motiven, so bleiben nur metaphysische übrig, die in der Seinsordnung gründen. Um von einer Seinsordnung sprechen zu können, bedarf es einer Teleologisierung und Moralisierung des Seins, einer Identifizierung von Seins- und Werteordnung, die normalerweise auseinanderfallen. Was berechtigt zur Auszeichnung dieser Seinsordnung vor jener, wenn nicht eine genuine Werteordnung des Seins? Eine solche hat Jonas in seinem Buch *Das Prinzip Verantwortung* zu legitimieren versucht, ohne jedoch, wie frühere Untersuchungen zeigten, zu überzeugen.

Als dritte Legitimationsinstanz einer fundamentalistischen Ethik gelten die Natur und ihre Ordnung, wie sie in der Gliederung und Klassifikation des natürlichen Seienden sowie in dessen Grenzen vorliegt und zur Begründung eines Naturrechts herangezogen wird. »Was natürlich ist, ist auch rechtens«, lautet der Grundsatz der naturalistischen Ethik. Doch so ambivalent, wie sich die christliche Ethik erwies, so ambivalent erweist sich auch die naturalistische. Die Berufung auf die vorgegebene Natur – die außermenschliche wie menschliche –, um gentechnische Eingriffe zu verbieten, übersieht *erstens*, dass schon die Natur selbst Abweichungen und Abnormitäten produziert, und zwar auf ganz natürliche Weise, z. B. heterogene Wesen, eineiige Zwillinge, siamesische Zwillinge usw., *zweitens*, dass schon die Natur selbst Chimären erzeugt, nämlich Maultiere, und damit grenzüberschreitend und klassifikationsaufhebend wirkt, und *drittens*, dass schon die Natur selbst nicht statisch, sondern evolutionär ist. So wie sich die Natur momentan zeigt, stellt sie lediglich einen Ausschnitt und ein Durchgangsstadium eines fortschreitenden evolutionären Prozesses dar. Wenn aber die Natur selbst nicht unveränderlich ist, wenn sie selbst Veränderungen, Mutationen und Umbrüche hervorbringt, kann auch eine darauf gegründete Ethik nicht unveränderlich sein.

Die naturalistische Position verfällt dem »naturalistischen Fehlschluss« (*naturalistic fallacy*). Der Terminus wurde erstmals 1903 von George Edward Moore in den *Principia Ethica*[37] geprägt und meint den unberechtigten Schluss von einem Sein auf ein Sollen, von einer rein deskriptiven Aussage auf eine normative. Ein solcher Schluss ist dann illegitim, wenn er zur Begründung von Absolutheit dienen soll. Denn was er unter Berufung auf eine Natur an sich und eine natürliche Ordnung zu legitimieren glaubt, ist weitgehend Interpretation des Menschen, die extrapoliert und in die Natur hineingelegt wird. Sagt man, dieses oder jenes sei die Natur des Menschen, der Frau oder des Mannes oder dieses oder jenes sei gegen die Natur usw., so handelt es sich zumeist um historisch, kulturell, ethnologisch oder sonst wie bedingte, zumindest mitbedingte Sichtweisen, die als angeblich objektive Wesensbestimmungen und natürliche Eigenschaften supponiert werden. Der Fundamentalismus hat die Tendenz, aus der Geschichte und Tradition bekannte kulturspezifische Merkmale zu essentiellen und generellen Merkmalen zu stilisieren und zu dogmatisieren. Indem er das, was in Wahrheit geistesgeschichtliches Produkt ist, verobjektiviert, erliegt er der Gefahr des Naturmystizismus.

Hinzu kommt bei allen fundamentalistischen Argumentationen, ob theologischer, metaphysischer oder naturalistischer Art, dass sie ihren Anspruch auf universelle Geltung nicht einzulösen vermögen. Das religiöse, das metaphysische und das naturalistische Weltbild haben Gültigkeit und Verbindlichkeit nur für eine bestimmte Glaubensgemeinschaft, Anhängerschaft oder philosophische Position. Andersgläubige: Mohammedaner, Buddhisten, Hinduisten usw., andere metaphysische Einstellungen und naturalistische Sichtweisen haben andere Weltbilder und Naturvorstellungen sowie andere Verbindlichkeiten. Die vermeintlich absolute Position erweist sich angesichts der Pluralität von Religionen, Metaphysiken und Betrachtungsweisen als eine relative. Da der Verweis auf eine überpersönliche, göttliche Instanz oder eine absolute Seinsordnung oder eine an sich seiende Natur zum Zwecke der Ausklammerung jedes Subjektivismus und Relativismus stets in einem historischen Kontext und von einer spezifischen gesellschaftsbedingten Warte aus erfolgt, stellt der angebliche Hinausgang einen Immanentismus dar. Die vermeintlich objektive Instanz mit objektiven Wesensbestimmungen erweist sich letztlich als eine subjektive, historisch zu verstehende Interpretation.

3. Der freiheitlich subjektivistische Standpunkt

Die Gegenposition zum gebundenen, fundamentalistischen Standpunkt nimmt in der Ethikdiskussion der Gentechnologie der freiheitlich subjektivistische Standpunkt ein, der sich als progressiv versteht und auf die Freiheit, Autonomie und Selbstbestimmung des Menschen beruft. Der Mensch erhält hier eine gottgleiche Stellung und Machtfülle, da er erstmals in der Geschichte massiv in den evolutionären Prozess einzugreifen, ihn zu dirigieren und zu manipulieren vermag. Konnte er in beschränkter Weise auch schon früher durch natürliche Züchtung eingreifen, so erweitern sich seine Möglichkeiten durch gentechnische Eingriffe ins Unermessliche, indem er nun gottgleich Geschöpfe seiner Phantasie und Willkür zu produzieren vermag. Selbst Resultat der Evolution, imitiert der Mensch in Bezug auf seine Artgenossen und die außermenschliche Natur den Evolutionsprozess und vollzieht auf artifizielle Weise, was die Natur auf natürliche Weise vollbringt, nur in wesentlich kürzeren Zeiträumen. Die Entscheidung, diese oder jene bestimmte Genmanipulation vorzunehmen, diese oder jene Richtung einzuschlagen, hängt jetzt allein von seiner Willkür ab, was ihm allerdings auch die Verantwortung für sich und seine Nachkommen sowie für die gesamte Natur aufbürdet, die um so schwerer wiegt, wie nicht gleichzeitig die Einsicht in das Ganze mitwächst und dem Menschen die Allwissenheit Gottes versagt bleibt. Wirkte bislang die Berufung auf eine vorgegebene göttliche Ordnung oder Seinsordnung oder Naturordnung als entscheidungs-, handlungs- und verantwortungsentlastend, so trägt er jetzt allein kraft freier Entscheidung die Verantwortung.

Man kann in dieser Situation die Realisierung des existenzialistischen Konzepts von Geworfenheit und Selbstentwurf erblicken, wie es von Heidegger und Sartre vertreten worden ist. Geworfen ins Dasein durch Geburt, Tradition, Erziehung, Sprache, Kultur, Religion usw., entwirft sich der Mensch ständig selbst, indem er Lebenssinne und

Deutungsentwürfe projektiert, die Gelingen wie Verfehlung einschließen.

> »Ich erwähle mich fortwährend und kann nie in der Eigenschaft eines Gewählt-worden-Seins sein, denn sonst würde ich in das schlechthinnige Vorhandensein des An-sich zurückfallen. Die Notwendigkeit, mich fortwährend zu wählen, ist eins mit der verfolgten Verfolgung, die ich bin. Also gerade weil es sich um eine *Wahl* handelt, weist diese Wahl in dem Maße, in dem sie vollzogen wird, ganz allgemein auf andere Wahlen als mögliche hin. Die Möglichkeit dieser anderen Wahlen wird weder explizit gemacht noch gesetzt, sondern sie wird in dem Gefühl erlebt, daß sie nicht gerechtfertigt werden kann, und wird durch die Tatsache der Absurdheit meiner Wahl und, infolgedessen, meines Seins ausgedrückt ... Unsere einzelnen Entwürfe, die die Verwirklichung eines einzelnen Zieles in der Welt betreffen, fügen sich in den umfassenden Entwurf ein, der wir sind. Aber eben weil wir ganz und gar Wählen und Handeln sind, werden diese Teilentwürfe nicht durch den umfassenden Entwurf determiniert: sie müssen selbst Erwählungen sein, und jedem von ihnen wird ein gewisser Spielraum an Kontingenz, Unberechenbarkeit und Absurdität gelassen, abgesehen davon, daß jeder Entwurf, insofern er entworfen wird, eine Spezifikation des umfassenden Entwurfs mit Rücksicht auf besondere Bestimmungsstücke der Situation ist und sich daher stets in bezug auf die Ganzheit meines In-der-Welt-Seins versteht.«[38]

Damit drängt sich die Frage auf, welchen Entwurf von genetischer Gestaltung der Natur sich der Mensch machen soll, vorausgesetzt, er entscheidet sich überhaupt *für* und nicht prinzipiell *gegen* die Gentechnologie, welches Ziel er anstreben, welche Kriterien er bei der Auswahl zugrunde legen soll. Zwei Möglichkeiten der Zweck- und Zielbestimmung sind denkbar: eine materiale und eine rein formale.

Eine Ethik, die von materialen Zwecken her argumentiert, stellt der Utilitarismus dar, der sich auch als Nützlichkeitserwägung, als Kosten-Nutzen-Kalkül versteht. Im utilitaristischen Vulgärverständnis gelten äußere Glücksgüter wie materieller Reichtum, ausreichende Ernährung, komfortables Wohnen, Schutz gegen Unbill, Gesundheits- und Altersversorgung u. ä. als erstrebenswerte Güter, ebenso körperliche Gesundheit, Tüchtigkeit, Stärke, langes Leben, ewige Jugend. An immateriellen Gütern werden Intelligenz, leichte Auffassungsgabe, gutes Gedächtnis, Flexibilität, Anpassungs- und Kommunikationsfähigkeit u. ä. genannt. Denn wer wollte nicht, wenn gentechnisch die Möglichkeit dazu bestünde, selbst die Fähigkeit eines Hochleistungssportlers oder den Intelligenzquotienten eines Nobelpreisträgers haben und seinen Nachkommen vererben? Wer wollte nicht zumindest für sich und seine Nachkommen erbbedingte Krankheiten ausschalten?

Da Grad und Umfang der angestrebten Genmanipulation von der Zielsetzung, von dem Menschen- und Naturbild abhängen, das sich der einzelne oder die Gesellschaft macht, könnten Vertreter dieser Position zur Realisierung ihres Projekts sich z. B. folgendes Stufenprogramm hypothetisch ausmalen: Auf einer ersten Stufe ließe sich unter Beibehaltung der menschlichen, tierischen und pflanzlichen Spezies eine Optimierung der physischen und intellektuellen Fähigkeiten und Leistungen vorstellen, wie dies seit langem in der natürlichen Pflanzen- und Tierzucht anerkanntes Ziel ist. Hier ginge es darum, besonders ertragreiche, klimatisch angepasste, herbizidresistente Getreide- und Gemüsesorten zu erzeugen, besonders fleischhaltige Masttiere und milchproduzierende Kühe oder, in Bezug auf den Menschen, besonders intelligente oder sportliche oder in einer sonstigen Weise ausgezeichnete Typen hervorzubringen. Die zweite Stufe ginge über die jeweilige Spezies hinaus und zielte durch Genkonstruktion auf die Erzeugung transgener Tier-Mensch-Hybriden. Vorstellungen vom Tiermenschen, dem die Kräfte eines Löwen, die Schnelligkeit einer Gazelle, der scharfe Blick eines Adlers zukommen, beflügeln seit jeher die Phantasie und haben ihren Niederschlag in Mythen und Religionen gefunden. Die altägyptische Mythologie verehrt die Tier-Mensch-Hybride als übermenschliches, göttliches Wesen: den Menschen mit Stierkopf, Falkenkopf, die Sphinx mit dem Leib eines Löwen und dem Kopf eines Menschen usw., die griechische Mythologie kennt Kentauern – Mischwesen aus Menschenkopf und Stierleib –, Pegasus – das geflügelte Pferd –, Nike – die geflügelte Siegesgöttin –, die indische Mythologie den vierarmigen und -beinigen tanzenden Shiva Nataraya. Keineswegs werden diese Geschöpfe nur als hässliche, furchterregende und abschreckende Ungeheuer und Monster empfunden,[39] sondern als Übermenschen mit übernatürlichen, göttlichen Fähigkeiten verehrt.[40] Zu dieser Kategorie würde auch der raumfahrttüchtige Astronautenmensch mit Greifarmen und -schwanz und verkürztem Unterleib zählen, den Haldane entworfen hat,[41] oder die Geschöpfe von Lern,[42] die kristalline oder gasoline Leiber und Computergehirne besitzen. Hier werden Wesen konzipiert, die die gewöhnlichen, vertrauten Klassifikationen überschreiten und neue Klassifikationen erfordern, wie dies schon seit langem aus der natürlichen Pflanzen- und Tierzucht bekannt ist, wo

Neuzüchtungen und Kreuzungen ständig neue Beschreibungen und Gliederungen notwendig machen.

Der Kombination sind keine gedanklichen Grenzen gesetzt, es sei denn solche der technischen Durchführung. So auffällig und anstößig diese Wesen auf den ersten Blick erscheinen mögen, auf den zweiten sind sie es oft schon nicht mehr. Wie wir uns im Pflanzenbereich an die Hybriden gewöhnt haben und z. B., was die Rosenhybriden betrifft, ihre Schönheit, Größe und Farbenprächtigkeit bewundern, wie wir den Anblick eines Maultieres für ganz natürlich halten, so könnten wir uns vielleicht auch an andere Formen der Kombination gewöhnen.

Das Problem materialer Ziel- und Zwecksetzung, das diese Interpretation letztlich ungeeignet macht für die Fixierung verbindlicher Normen, besteht jedoch darin, dass verschiedene Individuen und Gesellschaften verschiedene Idealvorstellungen haben. Auch pflegen diese sich schnell zu ändern, wie gerade unsere schnelllebige Zeit mit den sich überschlagenden Moderichtungen zeigt. Zwar ist nicht anzunehmen, dass die Artenvielfalt durch gentechnische Eingriffe zugunsten von Monokulturen schwinden könnte, da die Genkombination die vielfältigsten Kreuzungen gestattet und eher mehr als weniger Arten produziert, ebenso wenig ist damit zu rechnen, dass die Lebewesen allesamt in einer bestimmten Richtung manipuliert werden könnten, beispielsweise alle Menschen zu Hochleistungssportlern oder Einsteins, jedoch ist denkbar, dass man sich bestimmte Typen zu bestimmten Zwecken züchtet, etwa Hochleistungssportler zu seinem Vergnügen oder besonders qualifizierte, berufsangepasste Menschen für spezifische Aufgaben. Die dadurch entstehenden Probleme der Degradierung und Diskriminierung nicht zeit- und aufgabenkonformer Wesen sind allerdings schier unübersehbar.

Angesichts der Variabilität materialer Zwecksetzungen bei der gentechnischen Manipulation, der künstlichen Evolution und Autoevolution, legt sich die zweite Interpretationsmöglichkeit, die formale, nahe. Sie lässt das Ziel offen bzw. rekurriert auf den Umstand, dass das Ziel wechselnde Festlegungen erfahren kann, die in eine bestimmte Richtung gehen, aber auch richtungslos bleiben können. Der Prozess der gentechnischen Eingriffe wird dann als ein unendlicher gedacht: Ist ein Ziel erreicht, so stellt sich die Frage nach einem neuen und danach die Frage nach einem dritten und vierten usf., so dass sich eine Sequenz von Zielvorgaben und Zielverwirklichungen in unabschließbarer Folge ergibt. Der Prozess ist ohne definitives Ziel genau wie die natürliche Mutation, die auch nicht stracks auf ein Ziel zusteuert, sondern eher einem Basteln und Ausprobieren als einem planvollen Konstruieren gleicht. Der Mensch mit seinen Fähigkeiten, seiner Wissenschaft und Technik einschließlich der Gentechnologie, der selbst Produkt der Evolution ist, würde bewusst diesen Naturprozess imitieren.

Eine Ethik, die diesem Sachverhalt am ehesten Rechnung trüge, wäre eine konsensuelle nach Art der habermasschen Diskursethik. Hier bestimmen die Mitglieder einer Kommunikationsgemeinschaft, die als ideale Diskurspartner unterstellt werden, welche sich durch gleiche Voraussetzungen wie gleiche Bildung, gleiche Artikulationsfähigkeit, gleiche Freiheit usw. auszeichnen, in einer idealen Gesprächssituation, dem herrschaftsfreien Diskurs, durch Konsens die Ziele. Habermas' Meinung ist die, dass moralische Zwecke einschließlich Konfliktlösungen nicht wie bei Kant durch ein einziges transzendentales Subjekt, sondern nur kollektiv, durch kommunizierende und konsentierende Subjekte gefunden werden können.

> »Unparteilich ist allein der Standpunkt, von dem aus genau diejenigen Normen verallgemeinerungsfähig sind, die, weil sie erkennbar ein allen Betroffenen gemeinsames Interesse verkörpern, auf allgemeine Zustimmung rechnen dürfen – und insofern intersubjektive Anerkennung verdienen. Unparteiliche Urteilsbildung drückt sich mithin in einem Prinzip aus, das *jeden* im Kreise der Betroffenen zwingt, bei der Interessenabwägung die Perspektive aller anderen einzunehmen. Der Universalisierungsgrundsatz soll jenen *universellen Rollentausch* erzwingen, den Mead als ‚ideal role-taking' oder ‚universal discourse' beschrieben hat.«[43]

Habermas' Forderung nach Universalität im ausnahmslosen Konsens aller, wodurch subjektivitätstheoretisch die objektive Wahrheit oder Norm freigelegt werden soll, ist allerdings unerfüllbar. Denn realistischerweise ist niemals von einem Generalkonsens auszugehen, gerade nicht in Konfliktfällen, wie sie bei gentechnologischen Zielsetzungen auftreten, vielmehr wird es stets überzeugte Abweichler nach dieser oder jener Seite geben. Die These von der Deckungsgleichheit von objektiver Wahrheit (Norm) und kollektivem Konsens bzw. von der Offenbarung des einen durch das andere ist eine Idealvorstellung, die, wenn sie zuträfe, schon ein einziges Subjekt zur Offenbarung der objektiven Wahrheit bzw. Norm ausreichen ließe statt einer kollektiven Einheit. Es kann also immer nur darum gehen, größtmöglichen Konsens herzustellen; und auch dies ist schon viel angesichts der historischen Erfahrung von Bevormundung, Hegemonie, Repressalien und Zwang.

Bedenkt man den Sinn und Zweck von Moral, so steht sie niemals im herrschaftsfreien Raum, sondern hat stets eine gesellschaftskonstituierende Funktion. Sie legt eine Sozietät auf gewisse normative Gemeinsamkeiten fest, um deren Bestand und Überleben und leichteres Agieren zu ermöglichen, das Gute zu mehren und das Schlechte zu mindern. »Die Moral ist für den Menschen geschaffen, nicht der Mensch für die Moral«, lautet ein pointierter Ausspruch William K. Frankenas.[44] Können die dazu erforderlichen Verbindlichkeiten nicht mehr nach fundamentalistischer Ansicht durch Rekurs auf eine objektive Ordnung, eine göttliche, seinsmäßige oder natürliche, gewonnen werden, so bleibt nur übrig, sie nach freiheitlich-konsensueller Sicht durch Rekurs auf die Ratio, die Vernünftigkeit des Menschen und seine Fähigkeit zur Konsensbildung zu legitimieren. Mag ihre Verbindlichkeit auch weniger tief sein als die erste, so ist die damit einhergehende Verantwortung doch nicht geringer, da sie nicht wie jene die Entscheidung auf objektive Normen abwälzen kann, sondern dem Menschen die ganze Bürde der Entscheidung und Verantwortung auflastet.

Moralische Handlungsanweisungen, Gebote wie Verbote, schöpfen, auch wenn sie relativ sind, ihre Verbindlichkeit aus bestimmten Vorstellungen von der Welt und Natur, wie umgekehrt bestimmte theoretische Konzepte von der Welt und Natur bestimmte Verhaltensweisen fordern. Beides verhält sich reziprok. Ändern sich Welt- und Naturbild, so zieht dies eine Änderung der Ethik nach sich, ändert sich die Ethik, so verlangt diese nach einem neuen Welt- und Naturbild. Im Blick auf die Geschichte zeigt sich, dass kulturelle, geistige, ökonomische und so auch wissenschaftliche und technische Entwicklungen häufig Veränderungen der Moral nach sich gezogen haben. Jede Innovation sprengte alte Verbindlichkeiten und suchte neue. Jede Entdeckung, jede strukturelle Änderung will letztlich auch moralisch abgesichert sein. Der entwicklungsgeschichtliche Übergang von einer Menschheitsstufe zur anderen, von der Sammler- und Jägerkultur zu der von Pflanzen- und Viehzüchtern, vom Tauschhandel zum Kommerz usw., verlangte jeweils die Anpassung der Moral. Nicht zufällig gilt bezüglich der wissenschaftlichen und technischen Entwicklung das Wort, dass Wissenschaft und Technik unser Schicksal geworden seien. Die wissenschaftlich-technischen Möglichkeiten und Innovationen üben einen starken Druck auf unsere Moralvorstellungen aus. Zwar vermögen Moral und allgemeines Bewusstsein in bezug auf bestimmte Techniken und Richtungen hindernd und hemmend zu wirken, ob sie jedoch den Forscherdrang und die wissenschaftliche Neugierde auf lange Zeit oder gar für immer zu unterbinden vermögen, ist fraglich. Was wissenschaftlich entdeckt wird, wird über kurz oder lang zumeist auch technisch realisiert und sucht nach einem generellen moralischen Konsens. Zwar kann unmöglich alles erlaubt sein, was auch machbar ist, gilt es doch stets, den Erhalt und das Überleben des Einzelnen wie der Gesellschaft zu bedenken – hieraus erklären sich die vehementen, emotional geführten Debatten um die Gentechnologie und um andere Innovationen –, oft aber findet mit der Erweiterung und Vertiefung der Erkenntnisse, mit der Gewinnung größerer Überblicke, mit fortschreitender Einsicht in die möglichen Konsequenzen und Risiken sowie deren Beherrschung und Vermeidung und nicht zuletzt mit zunehmender Gewöhnung die neue Technik ihre moralische Akzeptanz.

Gegenwärtig erleben wir einen Wertekonflikt, bedingt durch einen Wandel der Kulturstufen von einer nicht gentechnischen zu einer gentechnischen. An der Schwelle eines neuen Zeitalters, am Beginn einer neuen Kulturstufe stehend, ist abzuwägen, ob der Gentechnik freier Lauf gelassen oder retardierend innegehalten werden soll. Die Freiheit des subjektivistischen Standpunktes, die eines Bezugs auf eine vorgegebene Ordnung entbehrt, entbindet gerade nicht, eine verantwortungsvolle Entscheidung für die Zukunft zu treffen.

ANHANG

Anmerkungen

Einleitung

1 K. Hübner: *Die Wahrheit des Mythos*, München 1985, S. 346.
2 Leonardo: *Tutti gli scritti* a cura di Au. Marinoni. *Scritti Letterari*, Mailand 1952, S. 181 f (Übersetzung von Verfasserin).
3 Vgl. F. Bacon: *Neues Organon*, hrsg. und mit einer Einleitung von W. Krohn, lateinisch-deutsch, Hamburg 1990, TeilBd. 1, S. 270/271 (Aphorismus 129): »Naturae enim non imperatur, nisi parendo.« / »Die Natur nämlich läßt sich nur durch Gehorsam besiegen.«

Erster Teil

Die naturmagische Auffassung der Renaissance

1 Vgl. Brunos berühmtes »hohes Lied der Liebe«: *Heroische Leidenschaften (Eroici furori [Zwiegespräche vom Helden und Schwärmer]*), in: G. Bruno: *Gesammelte Werke*, hrsg. von L. Kuhlenbeck, 6 Bde., Leipzig, Jena 1904–1909 [abgekürzt: Bruno: *Werke*], Bd. 5, das stark von Ficino beeinflusst ist. Vgl. J. Ch. Nelson: *Renaissance Theory of Love*. The Context of Giordano Bruno's *Eroici furori*, New York 1958, S. 67 ff; P. O. Kristeller: *Humanismus und Renaissance*, übersetzt aus dem Englischen von R. Schweyen-Ott, hrsg. von E. Keßler, 2 Bde., München 1974–1976, Bd. 2, S. 65 ff.
2 Allerdings blieben die Stufungen nicht auf Platon beschränkt. Auch Aristoteles hatte in seiner *Metaphysik*, 12. Buch, eine Seinsstufung entwickelt mit drei substantiellen Schichten, dem unbewegt Bewegenden, dem ewig Bewegten (den Planeten) und dem veränderlich und vergänglich Bewegten auf der Erde. Außerdem gab es bei ihm im 12. Buch, 8. Kapitel, noch eine subtilere Gliederung der Planeten und Gestirne, die später mit Engeln und Dämonen identifiziert wurden.
3 Die Hermetischen Texte sind gesammelt im *Corpus Hermeticum*, übersetzt von A.-J. Festugière, hrsg. von A. D. Nock, 4 Bde., Paris 1945–1954, 2. Aufl. 1960. Zum Neuplatonismus, Hermetismus und Okkultismus der Renaissance vgl. C. Kiesewetter: *Geschichte des Neueren Occultismus*. Geheimwissenschaftliche Systeme von Agrippa von Nettesheim bis zu Carl du Prel, Leipzig 1891; A.-J. Festugière: *La révélation d'Hermes Trismegiste*, 4 Bde. Paris 1950–1954; F. A. Yates: *The Hermetic Tradition in Renaissance Science*, in: *Art, Science, and History in the Renaissance*, ed. by Ch. S. Singleton, Baltimore (Maryland) 1967, S. 255–274; P. O. Kristeller: *Humanismus und Renaissance*, a. a. O.

4 Vgl. G. W. F. Hegel: *Vorlesungen über die Geschichte der Philosophie*, in: ders. *Sämtliche Werke*, Jubiläumsausgabe in 20 Bden., auf grund des von L. Boumann, F. Förster, E. Gans, K. Hegel, L. von Henning, H. G. Hotho, Ph. Marheineke, K. L. Michelet, K. Rosenkranz und J. Schulze besorgten Originaldruckes im Faksimileverfahren neu hrsg. von H. Glockner, Stuttgart 1927–1930, 4. Aufl. 1964–1968 [abgekürzt: Hegel: *Werke*], Bd. 19, S. 68 f; J. G. Buhle: *Lehrbuch der Geschichte der Philosophie und einer kritischen Literatur derselben*, 8 Teile, Göttingen 1796–1804, 4. Teil, S. 419 f.

5 Der Einfluss des Okkultismus zeigt sich noch bis zu Goethe.

6 Vgl. K. Gloy: *Aristoteles – ein Kritiker Platons?* In: Φιλοσφια [*Philosophia*], Athen, Bd. 15/16 (1985/1986), S. 266–285.

7 Herausgegeben als Beilage zur 2. Auflage der Schrift Jacobis: *Ueber die Lehre des Spinoza, in Briefen an den Herrn Moses Mendelssohn*, Breslau 1789.

8 Hegel: *Werke*, Bd. 19, S. 224–244.

9 Vgl. die Einleitung von W. Beierwaltes zu Brunos Schrift *Von der Ursache, dem Prinzip und dem Einen*, aus dem Italienischen übersetzt von A. Lasson, mit einer Einleitung von W. Beierwaltes, vervollständigt, mit Anmerkungen, Biographie, Bibliographie und Register versehen und hrsg. von P. R. Blum, Hamburg 1977, bes. S. XXVI f, ebenso die Einleitung von H. Blumenberg zu Giordano Bruno: *Das Aschermittwochsmahl*, übersetzt von F. Fellmann, mit einer Einleitung von H. Blumenberg, Frankfurt a. M. 1981, S. 31 f: »Der Gott, der im Begriffe stand, in der von ihm erschaffenen Welt aufzugehen, war eben doch noch nicht der in ihr aufgegangene, zu ihrer Substanz gewordene Gott. Bei Bruno war der letzte Schritt noch nicht getan; aber es ist sichtbar, wohin er führen würde.«

10 Vgl. G. Bruno: *Von der Ursache, dem Anfangsgrund und dem Einen*, in: *Werke*, Bd. 4, S. 112 (Dialog 4).

11 Vgl. a. a. O., S. 113: »Die Natur dagegen macht aus ihrer Materie alles im Wege der Scheidung, der Geburt, des Ausströmens ...« (Dialog 4).

12 Vgl. a. a. O., Bd. 4, S. 112, 114 f (Dialog 4).

13 E. Bloch: *Das Materialismusproblem, seine Geschichte und Substanz*, in: Gesamtausgabe in 16 Bden., Frankfurt a. M. 1977, Bd. 7, S. 164 (Kapitelüberschrift zum 2. Kursus, Kap. 25: »Materie als Größe und Ausdehnung; ganz anders: als organische Weltgöttin [Galilei, Hobbes, Descartes; Bruno]«); zu Bruno vgl. bes. S. 169–172.

14 Vgl. G. Bruno: *Von der Ursache, dem Anfangsgrund und dem Einen*, in: *Werke*, Bd. 4, S. 82 f (Dialog 3), 89 f (Dialog 3), 113 f (Dialog 4); *Das Aschermittwochsmahl*, a. a. O., Bd. 1, S. 130 f (Dialog 5).

15 G. Bruno: *Das Aschermittwochsmahl*, a. a. O., Bd. 1, S. 54 (Dialog 1).

16 Vgl. A. Koyré: *Von der geschlossenen Welt zum unendlichen Universum* (Titel der amerikanischen Originalausgabe: *From the Closed World to the Infinite Universe*, Baltimore 1957), übersetzt von R. Dornbacher, Frankfurt a. M. 1969, S. 36–62.

17 F. Th. Campanella: *De sensu rerum et magia, libri quatuor*, Frankfurt 1620, S. 36 (lib. 1, cap. 9) (Übersetzung von Verfasserin), vgl. auch S. 43 (lib. 1, cap. 13). Vgl. G. Bruno: *Zwiegespräche vom unendlichen All und den Welten*, in: *Werke*, Bd. 3, S. 101 f: »Wenn also die Erde und die anderen Weltkörper nicht minder Lebewesen sind, als die von uns gewöhnlich dafür anerkannten, so sind sie jedenfalls Lebewesen von weit größerer und vollkommener Vernunft.« Ebenfalls S. 103 f.

18 A. a. O., S. 370 (Epilogus) (Übersetzung von Verfasserin).

19 F. Th. Campanella: *Univers[ali]s philosophiae, seu Metaphysicarum rerum iuxta propria dogmata*, partes tres, libri 18, Paris 1638, lib. 2, cap. 1,2 (Übersetzung von Verfasserin).

20 J. B. Porta: *Magia naturalis, oder Haus-, Kunst- und Wunder-Buch* (Titel der Originalausgabe: *Magiae naturalis, sive de miraculis rerum naturalium* libri IIII, Neapel 1558). Zuerst von demselben Lateinisch geschrieben; hernach von Ihm selbst vermehret ..., Nürnberg 1680, S. 102 (Buch 1, Kap. 9, Abschn. 4).

21 Vgl. H. Cardanus: *De subtilitate libri XXI*, Basel 1582, lib. 5, S. 271: »... metallica vivere etiam hoc argumento deprehenditur, quod in montibus non secus ac plantae nascuntur, patulis siquidem ramis, radicibus, truncis, ac veluti floribus, ac fructibus, ut non aliud sit metallum, aut metallica substantia quàm planta sepulta ...« (»... man begreift, daß Metalle leben, durch das folgende Argument, nämlich weil im Gestein [die Metalle] gleichsam wie Blumen und Früchte entstehen, und zwar nicht anders als Pflanzen mit weit ausgebreiteten Zweigen, Wurzeln, Stämmen, so daß das Metall oder die metallische Substanz nichts anderes als eine verborgene Pflanze ist ...« (Übersetzung von Verfasserin).

22 Vgl. F. Th. Campanella: *De sensu rerum et magia*, a. a. O., S. 21 ff (lib. 1, cap. 7).

23 Vgl. a. a. O., S. 1–47 (lib. 1).

24 A. a. O., S. 370 (Epilogus) (Übersetzung von Verfasserin).

25 A. Cellarius: *Harmonia Macrocosmica*, Amsterdam 1661.

26 J. W. von Goethe: *Urworte. Orphisch*, in: *Werke*, Hamburger Ausgabe in 14 Bden., Hamburg 1948 ff [abgekürzt: Goethe: Hamburger-Ausg.], Bd. 1, S. 359.

27 J. B. Porta: *Magia naturalis, oder Haus-, Kunst- und Wunder-Buch*, a. a. O., Bd. 1, S. 47 ff (Buch 1, Kap. 6, Abschn. 7).

28 H. C. Agrippa von Nettesheim: *De occulta philosophia libri tres*, Antwerpen 1531, deutsche Ausgabe: *Geheime Philosophie oder Magie*, in: H. C. Agrippa von Nettesheim: *Magische Werke* sammt den geheimnisvollen Schriften des Petrus von Abano, Pictorius von Villingen, Gerhard von Cremona, Abt Tritheim von Spanheim, dem Buche Arbatel, der sogenannten Heil. Geist-Kunst und verschiedenen anderen, zum ersten Male vollständig ins Deutsche übersetzt, vollständig in 5 Teilen, Stuttgart 1855–1856 (Nachdruck Meisenheim a. Glan [1975]), Bd. 1–3, Bd. 2, S. 198.

29 J. W. von Goethe: *Faust II*, V. 447–455, in: Hamburger-Ausg., Bd. 3, S. 22.

30 Vgl. B. Telesius: *De rerum natura iuxta propria principia libri IX*, con una introduzione a cura di C. Vasoli, Hildesheim, New York 1971 (reprografischer Nachdruck der Ausgabe Neapel 1586), S. 2–9 (lib. 1, cap. 1–5); S. 35 ff (lib. 1, cap. 24 f); S. 66 ff (lib. 2, cap. 21 ff).

31 Vgl. a. a. O., S. 34 ff (lib. 1, cap. 13 ff), 40 ff (lib. 1, cap. 18 f).

32 Vgl. M. Foucault: *Die Ordnung der Dinge*. Eine Archäologie der Humanwissenschaften (Titel der französischen Originalausgabe: *Les mots et les choses*, 1966), übersetzt von U. Koppen, Frankfurt a. M. 1974, 10. Aufl. 1991, S. 46–56.

33 Vgl. G. Bruno: *De l'infinito, universo e mondi*, in: ders.: *Opere Italiane*, Dialoghi Metafisici, con note di G. Gentile, 3 Bde., Bari 1925, Bd. 1, S. 315 ff (Dialog 2).

34 H. C. Agrippa von Nettesheim: *Geheime Philosophie oder Magie*, a. a. O., Bd. 1, S. 133 f.

35 A. a. O., S. 139–141.

36 A. a. O., S. 107.

37 Goethe: Hamburger-Ausg., Bd. 1, S. 367.

38 R. Coppin: *Devine Teachings*, 3 Teile, London 1649.

39 *Eroici furori (Zwiegespräche vom Helden und Schwärmer)*, in: Bruno: *Werke*, Bd. 5, S. 186 (Teil 2, Dialog 2).

40 Zur Mikro-Makrokosmos-Lehre bei Paracelsus vgl.: *Mikrokosmos und Makrokosmos*. Okkulte Schriften von Paracelsus, hrsg. mit einer Einführung von H. Werner, München 1989.

41 Theophrast von Hohenheim, genannt Paracelsus: *Sämtliche Werke* [abgekürzt: Paracelsus: *Werke*], 1. Abteilung: *Medizinische, naturwissenschaftliche und philosophische Schriften*, hrsg. von K. Sudhoff, 14 Bde., München, Berlin 1922–1933, Registerbd. von M. Müller (Nova Acta Paracelsica, Supplementum), Einsiedeln 1960, 2. Abteilung: *Theologische und religionsphilosophische Schriften*, hrsg. von K. Goldammer, 7 Bde. ff, Wiesbaden 1955 ff, Registerbd. zu den Bden. 1–3 in Vorbereitung, Registerbd. zu den Bden. 4–7 unter Mitwirkung von R. Mohr, K.-H. Weimann u. a. hrsg. von K. Goldammer, Stuttgart 1995, Abt. 1, Bd. 8, S. 164 (Das Buch *Paragranum*, tract. 2).

Literatur zu Paracelsus' Naturauffassung: K. Goldammer: *Paracelsus*. Natur und Offenbarung, Hannover, Kirchrode 1953; ders.: *Paracelsus in neuen Horizonten*. Gesammelte Aufsätze, Wien 1986; ders.: *Der göttliche Magier und die Magierin Natur*. Religion, Naturmagie und die Anfänge der Naturwissenschaft vom Spätmittelalter bis zur Renaissance. Mit Beiträgen zum Magie-Verständnis des Paracelsus, Stuttgart 1991; K.-H. Weimann: *Die Paracelsus-Literatur seit Kriegsende*. Ein Forschungsbericht, in: *Deutsche Vierteljahrsschrift für Literaturwissenschaft und Geistesgeschichte*, Bd. 34 (1960), S. 290–305; ders.: *Paracelsus-Bibliographie 1932–1960*. Mit einem Verzeichnis neu entdeckter Paracelus-Handschriften (1900–1960), Wiesbaden 1963; H. Schipperges: *Welt und*

Mensch bei Paracelsus, in: *Antaios* (Sonderheft Paracelsus), Bd. 11 (1969), S. 293–320; ders.: *Die Idee der Ganzheit in der Anthropologie des Paracelsus*, in: *Deutsche Apotheker*, Bd. 26 (1974), S. 490–500; ders.: *Magia et Scientia bei Paracelsus*, in: *Sudhoffs Archiv*, Bd. 60 (1976), S. 76–92; ders.: *Vom Licht der Natur im Weltbild des Paracelsus*, in: *Scheidewege*, Bd. 6 (1976), S. 30–48; ders.: *Kosmos Anthropos*. Entwürfe zu einer Philosophie des Leibes, Stuttgart 1981; ders.: *Paracelsus (1493–1541), in: Klassiker der Naturphilosophie*. Von den Vorsokratikern bis zur Kopenhagener Schule, hrsg. von G. Böhme, München 1989, S. 99–116; E. W. Kämmerer: *Das Leib-Seele-Geist-Problem bei Paracelsus und einigen Autoren des 17. Jahrhunderts*, Wijesbaden 1971 (*Kosmosophie*, hrsg. von K. Goldammer, Bd. 3); *Epochen der Naturmystik*. Hermetische Tradition im wissenschaftlichen Fortschritt, hrsg. von A. Faivre und Ch. Zimmermann, Berlin 1979; W. F. Daems: *»Sal – Merkur – Sulphur« bei Paracelsus und das »Buch der Heiligen Dreifaltigkeit«*, in: *Nova Acta Paracelsica 1982*, S. 189–207; Ch. Webster: *From Paracelsus to Newton*. Magic and the Making of Modern Science, Cambridge, London, New York usw. 1982.

42 A. a. O.

43 Vgl. a. a. O., Bd. 1, S. 202 ff (*Von den fünf Entien*, genannt *Volumen medicinae Paramirum de medíca industria*, lib. 3, cap. l ff).

44 A. a. O., Bd. 13, S. 390 (*Philosophia ad Athenienses*, Buch 1, Text 1).

45 Vgl. a. a. O., S. 404 (*Philosophia ad Athenienses*, Buch 3, Text 3); vgl. S. 10 (*Philosophia de generationibus et fructibus quatuor elementorum* [Philosophie über die Entstehung und den Nutzen der vier Elemente], lib. 1, Abschn. 3).

46 A. a. O., S. 398 (*Philosophia ad Athenienses*, Buch 1, Text 19).

47 Vgl. a. a. O., S. 394–399 (*Philosophia ad Athenienses*, Buch 1, Text 11–20).

48 H. Diels: *Die Fragmente der Vorsokratiker*, griechisch und deutsch, hrsg. von W. Kranz, Bd. 2, 17. Aufl. Zürich, Hildesheim 1989, S. 32.

49 A. a. O., S. 37.

50 A. a. O., S. 39.

51 Platon: *Timaios* 32 c ff.

52 A. a. O. 32 c: ἕν ηλον ηκαστον (*hén hólon hékaston*).

53 A. a. O. 32 d: ζῷον τέλεον ἐκ τελέων τῶν μερῶν (*zōon téleon ek teléōn tōn merōn*).

54 A. a. O. 33 a: ἕν ηλον ὁλῶν ἐξ ἁπάντων τέλεον καὶ ἀγήρων καὶ ἄνοσον (*hen hólon holōn ex hapántōn téleon kai agérōn kai ánoson*).

55 Vgl. G. Bruno: Zwiegespräche vom unendlichen All und den Welten, in: Werke, Bd. 3, S. 100 ff (Dialog 3); *Von der Ursache, dem Anfangsgrund und dem Einen*, a. a. O., Bd. 4, S. 122 ff (Dialog 5); *Das Aschermittwochsmahl*, a. a. O., Bd. 1, S. 100 ff (Dialog 3).

56 Vgl. U. Aldrovandus: *Monstrorum historia*. Cum paralipomenis historiae omnium animalium, Bologna 1642, S. 3.

57 Paracelsus: *Werke*, 1. Abt., Bd. 1, S. 267 f (*Das buch von der geberung der empfintlichen dingen in der Vernunft*, tract. 3, cap. 2).

58 H. Böhme: *Ciordano Bruno* (1548–1600), in: *Klassiker der Naturphilosophie.* Von den Vorsokratikern bis zur Kopenhagener Schule, hrsg. von G. Böhme, München 1989, S. 117–135, bes. S. 129 f.

59 Vgl. H. C. Agrippa von Nettesheim: *Geheime Philosophie oder Magie,* a. a. O., Bd. 1, S. 58, 100; J. B. Porta: *Magia naturalis, oder Haus-, Kunst- und Wunder-Buch,* a. a. O., S. 38 (Buch 1, Kap. 3, Abschn. 6); G. Bruno: *Von der Ursache, dem Anfangsgrund und dem Einen,* in: Bruno: *Werke,* Bd. 1, S. 113 (Dialog 4).

60 Vgl. »Intus fabricatrix« bei M. Ficino: *Platonica Theologia de immortalite animorum ad laurentium medicem virum magnanimum,* lib. 4, cap. 1, in: M. Ficin: *Theologie Platonicienne de l'immortalité des ames,* Tome 1, Livres 1–8. Texte critique établi et traduit par R. Marcel, Paris 1964, S. 145; vgl. Bruno: *Von der Ursache, dem Anfangsgrund und dem Einen,* in: Bruno: *Werke,* Bd. 4, S. 114: »Da die Materie demnach entfaltet, was sie unentfaltet schon enthält, muß man sie als göttliche und beste Mutter, Erzeugerin und Gebärerin der natürlichen Dinge, ja als die ganze Natur dem Wesen nach anerkennen.«

61 Paracelsus: *Werke,* 1. Abt., Bd. 1, S. 243 (*Das buch von der geberung der empfintlichen dingen in der Vernunft,* Vorrede 1).

62 A. a. O., S. 151 (*Vom fallend*).

63 A. a. O., S. 243 (*Das buch von der geberung der empfintlichen dingen in der Vernunft,* Vorrede 1).

64 A. a. O., S. 151, 243, 354; Bd. 9, S. 252 f, Bd. 14, S. 499 u. ö.

65 A. a. O., Bd. 9, S. 567 f (*De peste libri tres*).

66 A. a. O., S. 253 (*De causis morborum invisibilium*).

67 A. a. O.

68 A. a. O., Bd. 1, S. 354 (*Von den podagrischen Krankheiten …*).

69 I. Kant: *Kritik der reinen Vernunft* A 277 B 333, in: *Gesammelte Schriften,* hrsg. von der Königlich Preußischen Akademie der Wissenschaften, Bd. 1 ff, Berlin 1902 ff [abgekürzt: Akad.-Ausg.], Bd. 3, S. 224.

70 A. a. O.

71 Vgl. den Kupferstich von Johann Theodor de Bry aus *Atalanta Fugiens, Hoc Est, Emblemata Nova de Secretis Chymica* (1618), in: C. Merchant: *Der Tod der Natur.* Ökologie, Frauen und neuzeitliche Naturwissenschaft (Titel der amerikanischen Originalausgabe: *The Death of Nature.* Woman, Ecology and the Scientific Revolution, 1980), München 1987, S. 125.

Zweiter Teil

Rationale Konzeption der organizistischen Naturauffassung: Leibniz' Monadologie

1 J. Estermann: *Individualität und Kontingenz.* Studie zur Individualitätsproblematik bei Gottfried Wilhelm Leibniz, Bern, Frankfurt a. M., New York, Paris 1990, S. 218.

2 Z. B. J. G. Buhle: *Lehrbuch der Geschichte der Philosophie und einer kritischen Literatur derselben*, a. a. O., 6. Teil, 1. Hälfte, S. 890: »Sie [Leibniz' Philosophie] ist nicht sowohl ein Product einer freyen selbstständigen originalen Speculation, wie bey seinen Zeitgenossen, dem *Descartes, Spinoza, Hobbes, Locke u. a.*, als vielmehr ein Resultat verglichener und geprüfter älterer Systeme, ein Eklekticismus, deßen Mängeln er auf eine eigene Art abzuhelfen suchte, wodurch er das Ansehn eines originalen Systems erhielt.« Vgl. G. W. F. Hegel: *Vorlesungen über die Geschichte der Philosophie*, in: Hegel: *Werke*, Bd. 19, S. 453.

3 Vgl. *Eclaircissement des difficultés que Monsieur Bayle a trouvées dans le Systeme nouveau de l'union, de l'ame et du corps*, in: G. W. Leibniz: Die *Philosophischen Schriften*, hrsg. von C. I. Gerhardt, 7 Bde., Hildesheim, New York 1978 (Nachdruck der Ausgabe Berlin 1875–1890) [abgekürzt: Leibniz: *Werke*], Bd. 4, S. 517–524, bes. S. 523 f.

4 A. a. O., Bd. 3, S. 605–608, bes. S. 606 f (Übersetzung von Verfasserin).

5 *Vorlesungen über die Geschichte der Philosophie*, in: Hegel: *Werke*, Bd. 19, S. 453.

6 A. a. O., Bd. 19, S. 454.

7 Vgl. a. a. O.: »Gedanken, die übrigens ohne Konsequenz des Begriffs im Ganzen erzählungsweise vorgetragen werden.«

8 *Wissenschaft der Logik*, in: Hegel: *Werke*, Bd. 4, S. 70 (»Womit muß der Anfang der Wissenschaft gemacht werden?«).

9 *Vorlesungen über die Geschichte der Philosophie*, a. a. O., Bd. 19, S. 472.

10 A. a. O., S. 454.

11 Wie dies auch im Titel einer Arbeit von J. Ch. Horn zum Ausdruck kommt: *Monade und Begriff.* Der Weg von Leibniz zu Hegel, 2. Auflage Wuppertal, Kastellaun 1970.

12 Vgl. *Systeme nouveau de la nature et de la communication des substances, aussi bien que de l'union qu'il y a entre l'ame et le corps*, in: Leibniz: *Werke*, Bd. 4, S. 477–487, bes. S. 486.

13 Vgl. *Vorlesungen über die Geschichte der Philosophie*, in: Hegel: *Werke*, Bd. 19, S. 454: »Seine [Leibniz'] Behauptungen erscheinen als willkürliche Vorstellungen, ein metaphysischer Roman; man lernt sie erst schätzen, wenn man sieht, was er dadurch hat vermeiden wollen.«

14 W. E. Bodenmann: *Der Briefwechsel des Gottfried Wilhelm Leibniz* in der Königlichen öffentlichen Bibliothek zu Hannover. Mit Ergänzungen und Register von G. Krönert und H. Lackmann sowie einem Vorwort von K.- H. Weimann, Hildesheim 1966, S. 56.

15 Leibniz: *Werke*, Bd. 4, S. 504–516, bes. S. 510 f.

16 »*Monas* est un mot Grec, qui signifie l'unité ou ce qui est un.« *Principes de la Nature et de la Grace fondés en Raison. Monadologie / Vernunftprinzipien der Natur und der Gnade. Monadologie.* Auf Grund der kritischen Ausgabe von A. Robinet (1954) und der Übersetzung von A. Buchenau mit Einführung und Anmerkungen hrsg. von H. Herring [abgekürzt: Leibniz: *Monadologie*], Hamburg 1956, S. 2/3.

17 Vgl. Parmenides: Fragment 8, 5 f und 22, in: H. Diels: *Die Fragmente der Vorsokratiker*, griechisch und deutsch, hrsg. von W. Kranz, Bd. 1, 18. Aufl. Zürich, Hildesheim 1989, S. 235, 237.

18 Zur Begriffsgeschichte von »Monade« vgl. H. Heimsoeth: *Atom, Seele, Monade.* Historische Ursprünge und Hintergründe von Kants Antinomie der Teilung, in: Akademie der Wissenschaften und der Literatur, Abhandlungen der Geistes- und Sozialwissenschaftlichen Klasse, Jg. 1960, Nr. 3, Mainz 1960, S. 257–398, bes. S. 333–339.

19 »La *Monade* dont nous parlerons ici, n'est autre chose, qu'une substance simple, qui entre dans les composés; simple, c'est à dire, sans parties.« In: Leibniz: *Monadologie*, S. 26/27.

20 *Vorlesungen über die Geschichte der Philosophie*, in: Hegel: *Werke*, Bd. 19, S.455.

21 Brief an Nicolas Remond vom Juli 1714, Beilage, in: Leibniz: *Werke*, Bd. 3, S. 621–624, bes. S. 623 (Übersetzung von Verfasserin).

22 Spinoza: *Ethica*, Pars 1, Definitio III: »*... id, quod in se est, et per se concipitur: hoc est id, cujus conceptus non indiget conceptu alterius rei, à quo formari debeat.*« / »... das, was in sich ist und aus sich begriffen wird; das heisst das, dessen Begriff nicht des Begriffes eines andern Dinges bedarf, um daraus gebildet werden zu müssen.«

23 Vgl. Leibniz: *Monadologie*, § 83, S. 64/65: »*Chaque Esprit étant comme une petite divinité dans son departement.*« / »Denn jeder Geist ist in seinem Bereiche gleichsam eine kleine Gottheit.« Vgl. auch *Essais de Theodicée*, in: Leibniz: *Werke*, Bd. 6, S. 21–375, bes. S. 197: »L'Homme y est donc comme un petit Dieu dans son propre monde, ou *Microcosme*, qu'il gouverne à sa mode.« (»Der Mensch ist also wie ein kleiner Gott in seiner eigenen Welt bzw. Mikrokosmos, welchen er nach seiner Weise regiert.«) (Übersetzung von Verfasserin). Nach Leibniz verhindert nur der Mangel an Deutlichkeit der endlichen Monaden, daß diese nicht Gott selbst sind, vgl. *Monadologie*, § 60, S. 52/53 f.

24 Vgl. A. Heinekamp: *Gottfried Wilhelm Leibniz*, in: *Klassiker des philosophischen Denkens*, hrsg. von N. Horster, 2 Bde., München 1982, Bd. 1, S. 274–320, bes. S. 295 f; W. Röd: *Die Philosophie der Neuzeit* 2: Von Newton bis Rousseau (*Geschichte der Philosophie*, hrsg. von W. Röd, Bd. 8), München 1984, S. 67–110, bes. S. 78.

25 Vgl. W. Bartuschat: *Zum Problem der Auslegung bei Leibniz*, in: *Hermeneutik und Dialektik.* Hans-Georg Gadamer zum 70. Geburtstag, hrsg. von R. Bubner, K. Cramer und R. Wiehl, Bd. 2, Tübingen 1970, S. 219-241, bes. S. 229 ff; J. Estermann: *Individualität und Kontingenz*, a. a. O., S. 114, der sich auf Leibniz' Kritik an Spinoza beruft, nach der es mancherlei Inhalte gibt, die zwar an sich selbst Bestand haben, aber nicht durch sich allein begriffen werden können (vgl. Leibniz: *Werke*, Bd. 1, S. 139 [*Ad Ethicam B. d. Sp.*]).

26 G.W. Leibniz: *Sämtliche Schriften und Briefe*, hrsg. von der Preußischen Akademie der Wissenschaften zu Berlin, Bd. 1 ff, Darmstadt 1923 ff, Reihe 6, Bd. 1, S. 508.

27 Aristoteles: *Kategorienschrift* 2 a: Οὐσία δέ ὲστιν ἡ κυριώτατά τε καὶ πρώτως καὶ μάλιστα λεγομένη, ἥ μήτε καθ' ὑποκειμένου τινὸς λέγεται μήτε ὲν ὑποκειμένῳ τινι ἐστιν (»Ousía de estin he kuriṓtatá te kai prṓtōs kai málista legoméne, he mḗte kat' hypokeiménou tinós légetai mḗte en hypokeiménō tini estin«) (Übersetzung von der Verfasserin).

28 »... et ultimum subjectum semper est substantia. Et omne accidens est abstractum quoddam sola vero substantia est concretum ...«, Brief an Bartholomäus des Bosses vom 20. September 1712, in: Leibniz: *Werke*, Bd. 2, S. 456–461, bes. S. 457 f (Übersetzung von Verfasserin).

29 Vgl. Leibniz: *Monadologie*, § 8, S. 28/29.

30 A. a. O., § 13, S. 30/31.

31 »Substance individuelle« vgl. *Discours de metaphysique*, in: Leibniz: *Werke*, Bd. 4, S. 427–463, bes. S. 432 f; Brief an Anton Arnauld vom Juni 1686, a. a. O., Bd. 2, S. 47–59, bes. S. 49.

32 Vgl. Leibniz: *Monadologie*, §§ 15, 17, S. 32/33.

33 Vgl. *De primae philosophiae Emendatione, et de Notione Substantiae*, in: Leibniz: *Werke*, Bd. 4, S. 468–470, bes. S. 469 f.

34 Leibniz: *Monadologie*, § 15, S. 32/33.

35 A. a. O., § 21, S. 34/35.

36 Vgl. *Principes de la Nature et de la Grace*, § 13, a. a. O., S. 18/19, *Discours de metaphysique*, in: Leibniz: *Werke*, Bd. 4, S. 427–463, bes. S. 459; *Nouveaux Essais sur l'entendement*, a. a. O., Bd. 5, S. 39–509, bes. S. 47–50.

37 Vgl. Leibniz: *Monadologie*, § 21, S. 35: »Hieraus folgt indes nicht, daß die einfache Substanz ohne jede Perzeption wäre.«

38 Vgl. Ohne Überschrift, in Betreff der Seele der Thiere, in: Leibniz: *Werke*, Bd. 7, S. 328–332, bes. S. 330: »Sensio enim est perceptio, quae aliquid distincti involvit, et cum attentione et memoria conjuncta est.« (»Der Sinn nämlich ist eine Perzeption, welche etwas Unterschiedenes enthält und mit Aufmerksamkeit und Erinnerung verbunden ist«) (Übersetzung von Verfasserin). Vgl. auch Leibniz: *Monadologie*, § 19, S. 34/35.

39 Vgl. a. a. O., § 14, S. 31: »Diese [die Perzeption] muß, wie sich in der Folge zeigen wird, von der Apperzeption oder dem Bewusstsein unterschieden werden.« Oder § 19, S. 35: »Die Empfindung (le sentiment) [ist] etwas mehr ... als die einfache Perzeption ...«

40 Vgl. a. a. O., § 19, S. 35: »Wollen wir alles, was in dem von mir oben erklärten allgemeinen Sinne *Perzeptionen und Strebungen* hat, ‚Seele' nennen, dann könnten alle einfachen Substanzen oder geschaffenen Monaden Seelen genannt werden.«

41 A. a. O., § 19, S.35.

42 Vgl. a. a. O., § 56, S. 50: »un miroir vivant perpetuelde l'univers«.

43 Vgl. dazu *Nouveaux Essais sur l'entendement*, in: Leibniz: *Werke*, Bd. 5, S. 39–509, bes. S. 99: »l'ame est un petit monde« (»die Seele ist eine kleine Welt«).

44 Vgl. Leibniz: *Monadologie*, § 7, S. 29: »Die Monaden haben keine Fenster, durch die etwas in sie herein- oder aus ihnen hinaustreten kann.«

45 *Vorlesungen über die Geschichte der Philosophie*, in: Hegel: *Werke*, Bd. 19, S. 467; vgl. S. 456.

46 K. E. Kaehler: *Leibniz – der monadische Zwiespalt der Metaphysik der Substanz*, Hamburg 1979, S. 111.

47 Vgl. J. Estermann: *Individualität und Kontingenz*, a. a. O., S. 171 ff.

48 Vgl. *Streitschriften zwischen Leibniz und Clarke*, 4. Schreiben an Clarke, Nr. 4, in: Leibniz: *Werke*, Bd. 7, S. 345–440, bes. S. 372.

49 Ob Bewusstseinsgrad und Perspektive verschieden sind (die These von J. Estermann: *Individualität und Kontingenz*, a. a. O., S. 181 f) oder identisch (die These von W. Röd: *Gottfried Wilhelm Leibniz*, in: *Geschichte der Philosophie*, a. a. O., S. 83) ist in der Forschung strittig. Auf die Probleme, die aus der letzteren Auslegung resultieren, hat R. B. Brandom: *Leibniz and Degrees of Perception*, in: *Journal of the History of Philosophy*, Bd. 19 (1981), S. 447–479, bes. S. 451 ff, aufmerksam gemacht. Die Schwierigkeit besteht darin, dass für jede Monade nur eine Perspektive, nicht aber nur ein einziger bestimmter Bewusstseinsgrad gedacht werden kann. Die Entwicklungsläufe von Monaden können sich überlagern, insbesondere die der nackten Monaden, welche die Welt dunkel, verschwommen und unterschiedslos repräsentieren.

50 Vgl. J. Estermann: *Individualität und Kontingenz*, a. a. O., S. 184 f.

51 H. Heimsoeth: *Die Methode der Erkenntnis bei Descartes und Leibniz*, Gießen 1912–1914 (Philosophische Arbeiten, hrsg. von H. Cohen und P. Natorp, Bd. 6), S. 280 Anm. Vgl. auch H. Lotze: *Geschichte der Aesthetik in Deutschland*, München 1868, S. 13 f; E. Cassirer: *Leibniz' System in seinen wissenschaftlichen Grundlagen*, Marburg 1902, S. 465 f; H. V. B. J. Lectures: *The Philosophy of Leibniz*, Oxford 1949, S. 158; M. R. Levin: *Leibniz's Concept of Point of View*, in: *Studia Leibnitiana*, Bd. 12 (1980), S. 221–228; J. Estermann: *Individualität und Kontingenz*, a. a. O., S. 183–185.

52 Vgl. Brief an Burch de Volder vom 21.1.1704, in: Leibniz: *Werke*, Bd. 2, S. 261–265, bes. S. 264.

53 Vgl. Leibniz: *Monadologie*, § 22, S. 36/37; *Principes de la Nature et de la Grace*, § 13, a. a. O., S. 18/19.

54 Zur prästabilierten Harmonie vgl. Leibniz: *Monadologie*, § 78 ff, S. 62 ff/63 ff; *Essais de Theodicée* §§ 59 ff, 66, in: Leibniz: *Werke*, Bd. 7, S. 135 ff, 138 f.

55 A. a. O., Bd. 4, S. 500–503, bes. S. 500 f (Übersetzung nach G. W. Leibniz: *Hauptschriften zur Grundlegung der Philosophie*, übersetzt von A. Buchenau, durchgesehen und mit Einleitungen und Erläuterungen hrsg. von E. Cassirer, 2 Bde. 1904–1906, 3. Aufl. Hamburg 1966, Bd. 2, S. 272 ff).

56 *Vorlesungen über die Geschichte der Philosophie*, in: Hegel: *Werke*, Bd. 19, S. 468.

57 Vgl. Leibniz: *Monadologie*, § 69, S. 58/59.

58 Vgl. a. a. O., § 70, S. 58/59.

59 Vgl. a. a. O., § 63 ff, S. 56 f/57 f.

60 A. a. O., § 67, S. 59.
61 A. a. O., § 68, S. 59.
62 Vgl. a. a. O., § 69, S. 58/59.
63 Vgl. *Unicum opticae, catopticae et dioptricae principium*, in: *Gothofredi Guillelmi Leibnitii Opera Omnia.* Nunc primum collecta, in Classes distributa, praefationibus & indicibus exornata, studio Ludovici Dutens, 6 Bde., Genf 1768, Bd. 3, S. 145–150, bes. S. 145: »lumen à puncto radiante ad punctum illustrandum pervenit viâ omnium facillimâ«.
64 Vgl. *Principes de la Nature et de la Grace*, in: Leibniz: *Monadologie*, § 10, S. 16/17.
65 Vgl. Leibniz: *Dialogus*, August 1677, in: Leibniz: *Werke*, Bd. 7, S. 190–193, bes. S. 191: »Cum *Deus* calculat et cogitationem exercet, fit mundus.« (»Wenn Gott überlegt und seine Gedanken ausführt, entsteht die Welt«) (Übersetzung von Verfasserin). Vgl. *Principes de la Nature et de la Grace*, § 10, in: Leibniz: *Monadologie*, S. 16/17.
66 Zum Thema »beste aller möglichen Welten« vgl. H. Poser: *Gottfried Wilhelm Leibniz* (1646–1710), in: *Klassiker der Philosophie*, hrsg. von O. Höffe, München 1981, S. 378–404, bes. S. 400–402; H. Scholz: *Leibniz*, in: *Mathesís Universalis*. Abhandlungen zur Philosophie strenger Wissenschaft, hrsg. von H. Hermes, F. Kambartel, J. Ritter, Basel, Stuttgart 1961, S. 128–151, bes. S. 137 ff, der die beste aller möglichen Welten diejenige nennt, die für unseren Verstand die durchsichtigste ist (S. 137); N. Rescher: *Leibniz*. An Introduction to his Philosophy, Oxford 1979, S. 39 ff, der unter Perfektion die größte Zahl wünschenswerter Konsequenzen versteht (S. 39).
67 Bruchstücke, die *Scientia generalis* betreffend, in: Leibniz: *Werke*, Bd. 7, S. 66–123, bes. S. 89.
68 Leibniz: *De modo perveniendi ad veram Corporum Analysin et rerum naturalium causas*, a. a. O., Bd. 7, S. 265–269, bes. S. 265 (Übersetzung von Verfasserin).
69 A. a. O. (Übersetzung von Verfasserin).
70 Vgl. H. Breger: *Gottfried Wilhelm Leibniz* (1646–1716), in: *Klassiker der Naturphilosophie*. Von den Vorsokratikern bis zur Kopenhagener Schule, hrsg. von G. Böhme, München 1989, S. 187–202, bes. S. 194.
71 *Principes de la Nature et de la Grace*, § 3, in: Leibniz: *Monadologie*, S. 5.
72 Da die einzelnen Perzeptionen Integrale aus Differential darstellen, für diese aber dasselbe gilt, wiederum Integral aus Differentialen zu sein und so beliebig fort, löst sich die von Leibniz mit der Annahme individueller Substanzen behauptete Einheit und Einfachheit im Grunde in ein totales Relationssystem auf. Geschlossene Einfachheit und offene, unendliche Relationalität sind in Leibniz' System zwei Seiten ein- und derselben Sache.
73 Vgl. *Systeme nouveau de la nature et de la communication des substances* ..., in: Leibniz: *Werke*, Bd. 4, S. 477–487, bes. S. 486: »plus qu'une Hypothese«.

Dritter Teil

Spekulativer, emotionaler, ästhetischer Organizismus: Naturphilosophie im Idealismus und in der Romantik

1 Vgl. *Die Wissenschaftslehre. Vorgetragen im Jahre 1804*, in: *Fichtes Werke*, hrsg. von I. H. Fichte (fotomechanischer Nachdruck von *J. G. Fichtes sämmtliche Werke*, hrsg. von I. H. Fichte, 8 Bde., Berlin 1845/46 und *J. G. Fichtes nachgelassene Werke*, hrsg. von I. H. Fichte, 3 Bde., Bonn 1834/35) [abgekürzt: Fichte: *Werke*], 11 Bde., Berlin 1971, Bd. 10, S. 93, 99, 115 f u. ö.; Brief an Schelling vom 15.1.1802, in: J. G. Fichte: *Briefwechsel.* Kritische Gesamtausgabe hrsg. von H. Schulz, 2 Bde., Leipzig 1925, Bd. 2, S. 345–352, bes. S. 351; Brief an Appia vom 23.6.1804, a. a. O., S. 386–390, bes. S. 389.

2 Hegel: *Werke*, Bd. 9, S. 49.

3 E. Bloch: *Das Prinzip Hoffnung*, in: ders.: *Gesamtausgabe in 16 Bden.*, a. a. O., Bd. 5, S. 805 (Kap. 37).

4 A. a. O., S. 807.

5 Vgl. C. Warnke: *Systemdenken und Dialektik in Schellings Naturphilosophie*, in: *Dialektik und Systemdenken.* Historische Aspekte, Nikolaus von Kues, Französische Aufklärung, Schelling, hrsg. von H. Bergmann, U. Hedtke, P. Ruben, C. Warnke, Berlin 1977, S. 99–146; R. Heckmann: *Natur – Geist – Identität*, in: *Natur und Subjektivität.* Zur Auseinandersetzung mit der Naturphilosophie des jungen Schelling, hrsg. von R. Heckmann, H. Krings, R. W. Meyer, Stuttgart-Bad Cannstatt 1985, S. 291–344; M.-L. Heuser-Keßler: *Die Produktivität der Natur.* Schellings Naturphilosophie und das neue Paradigma der Selbstorganisation in den Naturwissenschaften, Berlin 1986; dies.: *Schellings Organismusbegriff und seine Kritik des Mechanismus und Vitalismus*, in: *Allgemeine Zeitschrift für Philosophie*, Bd. 14 (1989), Heft 2, S. 17–36; B.-O. Küppers: *Natur als Organismus.* Schellings frühe Naturphilosophie und ihre Bedeutung für die moderne Biologie, Frankfurt a. M. 1992, bes. S. 14 f, 113 ff; C. Warnke: *»Der stete und feste Gang der Natur zur Organisation«*, in: *Die Naturphilosophie im Deutschen Idealismus*, hrsg. von K. Gloy und P. Burger, Stuttgart – Bad Cannstatt 1993, S. 116–148.

6 Vgl. C. Warnke: *»Der stete und feste Gang der Natur zur Organisation«*, a. a. O., S. 145.

7 *Allgemeine Deduktion des dynamischen Prozesses*, in: F. W. J. von Schelling: *Sämmtliche Werke*, hrsg. von K. F. A. Schelling [abgekürzt: Schelling: *Werke*], Erste Abtheilung, 10 Bde., Stuttgart, Augsburg 1856–1861, Bd. 4, S. 25.

8 W. Ostwald: *Moderne Naturphilosophie.* I: Die Ordnungswissenschaften, Leipzig 1914, S. 1–3.

9 I. Prigogine und I. Stengers: *Dialog mit der Natur.* Neue Wege naturwissenschaftlichen Denkens (Übersetzung nach dem englischen und französischen Manuskript von F. Griese), 1981, 5. erweit. Auflage München, Zürich 1986, S. 96.

10 Vgl. den Ausdruck »spekulative Physik« in Schellings *Ideen zu einer Philosophie der Natur*, in: Schelling: *Werke*, Bd. 2, S. 163 u. ö.

11 Vgl. N. Hartmann: *Die Philosophie des Deutschen Idealismus*, 1. Teil: Fichte, Schelling und die Romantik (1923), 2. Teil: Hegel (1929), 3. Aufl. Berlin, New York 1974, S. 113 f; H. Holz: *Perspektive Natur*, in: *Schelling*. Einführung in seine Philosophie, hrsg. von H. M. Baumgartner, Freiburg, München 1975, S. 58–74, bes. S. 71 ff.

12 Die letzteren Schriften sind aus der Rückbesinnung auf die frühere Entwicklung geschrieben.

13 Vertreter dieser Auffassung sind insbesondere W. Metzger: *Die Epochen der Schellingschen Philosophie von 1795 bis 1802*. Ein problemgeschichtlicher Versuch, Heidelberg 1911, H. Leese, H. Fuhrmans; Gegner H. Holz: *Spekulation und Faktizität*. Zum Freiheitsbegriff des mittleren und späten Schelling, Bonn 1970, S. 17–35.

14 Schelling selbst gebraucht diesen Terminus in der *Einleitung zu dem Entwurf eines Systems der Naturphilosophie*, in: Schelling: *Werke*, Band 3, S. 273 (§ 2).

15 A. a. O., Bd. 6, S. 491.

16 A. a. O., Bd. 3, S. 198.

17 *System der gesamten Philosophie und der Naturphilosophie insbesondere*, a. a. O., Bd. 6, S. 380.

18 Vgl. *Einleitung zu dem Entwurf eines Systems der Naturphilosophie*, a. a. O., Bd. 3, S. 289.

19 A. a. O., S. 288 f.

20 »Die *Natur* als bloßes *Produkt* (natura naturata) nennen wir Natur als *Objekt* (auf diese allein geht alle Empirie). Die *Natur als Produktivität* (natura naturans) nennen wir *Natur als Subjekt* (auf diese allein geht alle Theorie).« A. a. O., S. 284.

21 *Erster Entwurf eines Systems der Naturphilosophie*, a. a. O., Bd. 3, S. 12.

22 *Einleitung zu dem Entwurf eines Systems der Naturphilosophie*, a. a. O., Bd. 3, S. 287.

23 A. a. O., S. 288.

24 I. Kant: *Kritik der reinen Vernunft* A 832 B 860 (Akad.-Ausg., Bd. 3, S. 538 f).

25 Z. B. *Timaios* 35 b–37 c in Einleitung zu den *Ideen zu einer Philosophie der Natur*, in: Schelling: *Werke*, Bd. 2, S. 64 f.

26 Vgl. J. Monod: *Zufall und Notwendigkeit*. Philosophische Fragen zur modernen Biologie (Titel der französischen Originalausgabe: *Le hasard et la nécessité*, Paris 1970), übersetzt von F. Griese, 2. Aufl. München 1971, S. 22 f.

27 F. W. J. Schelling: *Erster Entwurf eines Systems der Naturphilosophie*, in: Schelling: *Werke*, Bd. 3, S. 60.

28 Je nachdem, ob der Akzent auf der Gegenstrebigkeit und Polarität oder auf der Einheit der Gegensätze liegt, fungiert das Beispiel sowohl bei Schelling wie bei Hegel zur Demonstration entweder des Widerspruchs oder der dialektischen triadischen Einheit.

29 In: *Magazin zur Vervollkommnung der theoretischen und praktischen Heilkunde*, hrsg. von A. Röschlaub, Frankfurt a. M., Bd. 2 (1799), 3. Stück, S. 327 ff.

30 Eine solche Konstruktion ist nur möglich beim Ausgang von der selbstreferentiellen Vernunft, die als Erkenntnisvermögen sich in sich selbst spaltet in die Relata von Subjekt und Objekt, welche gleichwohl eines sind, und die über ihre Objektivationen zum Bewusstsein von sich gelangt. Der Selbstexplikationsprozess, der über unbewusste Stufen zum Bewusstsein schreitet, endet in der Selbstbewusstwerdung.

31 Zur Konstruktion dieser Stufen vgl. insbesondere *System der gesamten Philosophie und der Naturphilosophie insbesondere*, in: Schelling: *Werke*, Bd. 6, S. 131 ff.

32 *Allgemeine Deduktion des dynamischen Prozesses*, a. a. O., Bd. 4, S. 45 f.

33 Vgl. *Zur Geschichte der neueren Philosophie*, a. a. O., Bd. 10, S. 110.

34 F. W. J. Schelling: *Darlegung des wahren Verhältnisses der Naturphilosophie zu der verbesserten Fichteschen Lehre*, a. a. O., Bd. 7, S. 27.

35 A. a. O., S. 112.

36 Einleitung zu den *Ideen zu einer Philosophie der Natur*, a. a. O., Bd. 2, S. 41.

37 A. a. O., S.47.

38 A. a. O., S. 56.

39 R. Blesch: *Zur Stellung der Naturphilosophie im Identitätssystem F. W. J. Schellings*, in: *Il cannocchiale*, rivista di studi filosofici, n. 1/2-agosto 1984, S. 95–116, bes. S. 115.

40 F. W. J. Schelling: *Philosophie der Offenbarung* 1841/42 [Paulus-Nachschrift], hrsg. und eingeleitet von M. Frank, Frankfurt a. M. 1977, S. 128.

41 *Philosophische Briefe über Dogmatismus und Kritizismus*, in: Schelling: *Werke*, Bd. 1, S. 305.

42 *Über den wahren Begriff der Naturphilosophie*, a. a. O., Bd. 4, S. 85.

43 Vgl. Brief an Fichte vom 19.11.1800, in: J. G. Fichte: *Briefwechsel*, a. a. O., Bd. 2, S. 294–300, bes. S. 295, oder in: F. W. J. Schelling: *Briefe und Dokumente*, hrsg. von H. Fuhrmans, 3 Bde., Bonn 1962–1975, Bd. 2, S. 294–300, bes. S. 296.

44 Schelling: *Werke*, Bd. 2, S. 47.

45 Vgl. M.-L. Heuser-Keßler: *Die Produktivität der Natur*, a. a. O.

46 J. G. Fichte: *Briefwechsel*, a. a. O., Bd. 2, S. 322–329, bes. S. 323, vgl. auch Briefentwurf vom 22.12.1800, a. a. O., S. 305 f, bes. S. 305.

47 Schelling: *Werke*, Bd. 2, S. 69.

48 A. a. O.

49 I. Kant: *Kritik der Urteilskraft*, § 64 f (Akad.-Ausg., Bd. 5, S. 370–374).

50 Vgl. hierzu die Ausführungen von C. Warnke: »*Der stete und feste Gang der Natur zur Organisation*«, a. a. O., S. 145 ff, bes. S. 147.

51 J. G. Fichte: *Briefwechsel*, a. a. O., Bd. 2, S. 341–343, bes. S. 342.

52 A. a. O., S. 318–322, bes. S. 320.

53 Schelling: *Werke*, Bd. 4, S. 137.

54 Vgl. a. a. O., S. 133 ff u. ö.

55 A. a. O., Bd. 2, S. 65.

56 Z. B. G. Fricke: *Geschichte der deutschen Dichtung*, 6. Aufl. Lübeck, Hamburg 1958, S. 217–246.

57 Wie W. Linden: *Umwertung der deutschen Romantik*, in: *Begriffsbestimmung der Romantik*, hrsg. von H. Prang, Darmstadt 1972, S. 243–275, bes. S. 249 f.

58 Vgl. Werther-Phase.

59 *Wunder der Liebe*, in: *L. Tieck's sämmtliche Werke*, 28 Bde., Wien 1817–1822, Bd. 28, S. 396.

60 Vgl. A. O. Lovejoy: *On the Discrimination of Romanticisms*, in: *Publications of the Modern Language Association of America*, Bd. 39, Nr. 2 (1924), S. 229–253; N. Hartmann: *Die Philosophie des deutschen Idealismus*, a. a. O., S. 160; J. Petersen: *Die Wesensbestimmung der deutschen Romantik*. Eine Einführung in die moderne Literaturwissenschaft, Leipzig 1926 (unveränderter reprografischer Nachdruck Darmstadt 1968), S. 101, 177 f, 181. – Insbesondere Lovejoy hat durch seine Behauptung, dass das Wort »Romantik« in so vielen Bedeutungsvarianten gebraucht werde, dass sich ein Allgemeinbegriff nicht finden lasse, in Amerika dazu beigetragen, Skepsis gegenüber einer Theorie der Romantik zu erzeugen.

61 M. Peckham: *Toward a Theory of Romanticism*, in: *Publications of the Modern Language Association of America*, Bd. 66, Nr. 2 (1951), S. 5–23, deutsch: *Beitrag zu einer Theorie der Romantik*, in: *Begriffsbestimmung der Romantik*, a. a. O., S. 349–376, bes. S. 359, vgl. 355, 357.

62 A. O. Lovejoy: *The Meaning of Romanticism for the Historian of Ideas, in: Journal of the History of Ideas*, Bd. 2, Nr. 3 (1941), S. 257–278.

63 R. Wellek: *The Concept of »Romanticism« in Literary History*. I. The Term »Romantic« and Its Derivatives, in: *Comparative Literature*, Bd. 1, Nr. 1 (1949), S. 1–23.

64 M. Peckham: *Beitrag zu einer Theorie der Romantik*, a. a. O., bes. S. 353.

65 Vgl. M. Ewers: *Philosophie des Organismus in teleologischer und dialektischer Sicht*. Ein ideengeschichtlicher Grundriss, Münster 1986; D. Kuhn: *Uhrwerk oder Organismus*. Karl Friedrich Kielmeyers System der organischen Kräfte, in: *Nova acta Leopoldina*, Neue Folge, Bd. 36, Nr. 198 (1970), S. 157–167.

66 M. Wundt: *Fichte-Forschungen*, Faksimile-Neudruck der Ausgabe Stuttgart 1929, Stuttgart-Bad Cannstatt 1976, S. 165.

67 In dieselbe Richtung weist das »Immer-nach-Hause-Gehen«, das als Motto über den *Heinrich von Ofterdingen* gesetzt werden könnte und das der Pilger der Pilgrim zur Antwort auf ihre Frage gibt »Wo gehn wir denn hin?« (Novalis: *Werke*, hrsg. und kommentiert von G. Schulz, München 1969, 3. Aufl. 1987 auf der Grundlage der zweiten, neu bearbeiteten Aufl. 1981 [abgekürzt: Novalis: *Werke*], S. 267, vgl. auch S. 141, 15; 259, 9–12). Das »immer nach Hause« bezeichnet den Ursprungsort aller auseinanderlaufenden Wege, freilich einen Ort, der für das irdische Leben in unendlicher, unerreichbarer Ferne liegt.

68 F. E. D. Schleiermacher: *Über die Religion*, in: *Werke*. Auswahl in 4 Bden. Mit Geleitwort von Au. Dorner, hrsg. und eingeleitet von O. Braun und J. Bauer, Aalen 1967 (Neudruck der 2. Aufl. Leipzig 1927–1928), Bd. 4, S. 310, vgl. 249.

69 A. a. O., S. 249, vgl. 361.

70 A. a. O., S. 310.

71 In L. Tieck: *Werke in 4 Bden.*, nach dem Text der *Schriften* von 1828–1854, unter Berücksichtigung der Erstdrucke, hrsg. sowie mit Nachworten und Anmerkungen versehen von M. Thalmann, München [1963–1966], Bd. 2: *Die Märchen aus dem Phantasus. Dramen*, S. 407.

72 *Heinrich von Ofterdingen*, in: Novalis: *Werke*, S. 273 f.

73 A. a. O., S. 260.

74 A. a. O., S. 245.

75 H.-J. Mähl: *Die Idee des goldenen Zeitalters im Werk des Novalis*. Studien zur Wesensbestimmung der frühromantischen Utopie und zu ihren ideengeschichtlichen Voraussetzungen, Heidelberg 1965, S. 412 f, Anm. 15 deutet sie als Bezug auf van Helmont Schrift *Aufgang der Arztney-Kunst*, Sultzbach 1683, S. 1077.

76 Das »Denken« gilt der Romantik nur als »ein erstorbenes Fühlen, ein blaßgraues, schwaches Leben« (Novalis: *Die Lehrlinge zu Sais*, in: Novalis: *Werke*, S. 113).

77 Vgl. J. S. de Murillo: *Der Geist der deutschen Romantik*. Der Übergang vom logischen zum dichterischen Denken und der Hervorgang der Tiefenphänomenologie, München 1986, S. 52 Anm. 8.

78 Vgl. I. Kant: *Kritik der reinen Vernunft* A 278 B 334 (Akad.-Ausg., Bd. 3, S. 225).

79 Vgl. Novalis: *Die Lehrlinge zu Sais*, in: Novalis: *Werke*, S. 121 f, vgl. auch S. 101 f.

80 Zur Literatur: P. Kluckhohn: *Die Auffassung der Liebe in der Literatur im 18. Jahrhundert und in der deutschen Romantik*, 2. Aufl. Halle (Saale) 1931; K. Friedemann: *Das Wesen der Liebe im Weltbilde der Romantik*, in: *Philosophisches Jahrbuch*, Bd. 48 (1935), S. 342–355.

81 Hegel: *Werke*, Bd. 2, S. 145 f. – Drastisch heißt es sogar bezüglich der Tiere, dass sie »nicht vor den sinnlichen Dingen als an sich seyenden stehen [bleiben], sondern verzweifelnd an dieser Realität in der völligen Gewissheit ihrer Nichtigkeit … ohne weiteres zu[langen], und [sie auf]zehren« (a. a. O., S. 91).

82 Novalis: *Werke*, S. 34.

83 A. a. O., S. 118.

84 A. a. O., S. 119.

85 A. a. O., S. 117 f.

86 Die Idee der Sympathie und des Parallelismus gilt auch für Anorganisches, z. B. für Planeten und Metalle (vgl. a. a. O., S. 554), womit Novalis auf astrologische Vorstellungen anspielt.

87 A. a. O., S. 147.

88 Vgl. *Die Lehrlinge zu Sais*, in: Novalis: *Werke*, S. 120: »Wenn der Denker … mit Recht als Künstler den tätigen Weg betritt, und durch eine geschickte Anwendung seiner geistigen Bewegungen das Weltall auf eine einfache, rätselhaft scheinende Figur zu reduzieren sucht, ja man möchte sagen die Natur tanzt, und mit Worten die Linien der Bewegungen nachschreibt, so muss der Liebhaber der Natur dieses kühne Unternehmen bewundern, und sich auch über das Gedeihen dieser menschlichen Anlage freuen.«

89 A. a. O., S. 115 f.

90 J. von Eichendorff: *Werke*, Bd. 1: *Gedichte. Versepen. Dramen. Autobiographisches.* Nach den Ausgaben letzter Hand unter Heranziehung der Erstdrucke. Verantwortlich für die Textredaktion: J. Perfahl. Mit einer Einführung, einer Zeittafel und Anm. von A. Hillach, München 1979, S. 132.

91 Aus dem *Allgemeinen Brouillon*, 1798–1799, in: Novalis: *Werke*, S. 456.

92 Vgl. Badelied, in: Novalis: *Werke*, S. 11; *Heinrich von Ofterdingen*, a. a. O., S. 132,10 ff; 243,2 ff; *Hymnen an die Nacht*, a. a. O., S. 51,17 ff; *Das Lied der Toten*, a. a. O., S. 87 f.

93 Novalis: *Werke*, S. 122 f. Zum Symbol des Wassers bei Novalis vgl. K. J. Obenauer: *Hölderlin / Novalis.* Gesammelte Studien, Jena 1925, S. 112 ff; K. P. Clark: *Das Bild des Wassers bei Novalis im Spiegel seiner naturwissenschaftlichen und philosophischen Fragmente*, Dissertation Universität Cincinnati 1975. – Novalis' Vorstellungen vom Wasser sind historisch weitgehend beeinflusst von Abraham Gottlob Werners Theorie des Neptunismus.

94 Novalis: *Werke*, S. 122.

95 A. a. O., S. 435, 5 f; vgl. Anm. S. 777 f zu S. 434, 22.

96 A. a. O., S. 492, 9 f; vgl. Anm. S. 685 zu S. 122, 9.

97 A. a. O., S. 421; vgl. S. 376, 472.

98 Vgl. a. a. O., S. 452.

99 A. a. O., S. 124 (*Die Lehrlinge zu Sais*).

100 Zur Literatur vgl. B. Hoppe: *Polarität, Stufung und Metamorphose in der spekulativen Biologie der Romantik, in: Naturwissenschaftliche Rundschau*, Jg. 20 (1967), S. 380–383; P. Kapitza: *Die frühromantische Theorie der Mischung.* Über den Zusammenhang von romantischer Dichtungstheorie und zeitgenössischer Chemie, München 1968.

101 Vgl. Novalis: *Werke*, S. 539 »Tierischer Magnetism« (*Fragmente und Studien 1799–1800*). – Novalis spielt auf Franz Anton Mesmers (1734–1815) Theorie des »animalischen Magnetismus« an, die auf der Annahme eines universellen, mittels Magneten manipulierbaren Fluidums beruht.

102 A. a. O., S. 283.

103 A. a. O., S. 286.

104 A. a. O., S. 289 f. Die Fragmente differieren: Im einen (a. a. O., S. 289 f) pflückt Heinrich zunächst die blaue Blume, Ziel seiner Sehnsucht, und inkarniert sich dann, im anderen (a. a. O., S. 284) muss er für das Pflü-

cken der blauen Blume und die Enträtselung des Lebenssinnes erst empfänglich gemacht und vorbereitet werden durch die Verwandlungen. Beides läuft aber auf dasselbe hinaus: Das Pflücken der blauen Blume und das Erraten des Lebenssinnes ist die Fähigkeit zur Inkarnation in alles Geschöpfliche und zur Einheit mit allem.

105 A. a. O., S. 289.

106 A. a. O., S. 260 f.

107 A. a. O., S. 85. – Das Gedicht gehört zur Fortsetzung des *Heinrich von Ofterdingen* und steht in den »Berliner Papieren«. Es wurde auch von Tieck in dem von ihm verfassten Fortsetzungsbericht zum *Ofterdingen* abgedruckt.

108 Vgl. a. a. O., S. 103, 113 (*Die Lehrlinge zu Sais*); S. 316 f, 346, 437, 478, 492 f, 512 f (Theoretische Schriften).

109 A. a. O., S. 112 f.

110 Vgl. dazu auch obiges Gedicht, a. a. O., S. 85, und als weitere Stelle a. a. O., S. 47, 25 f (*Hymnen an die Nacht*).

111 A. a. O., S. 117.

112 A. a. O.

113 Vgl. *Die Lehrlinge zu Sais*, in: Novalis: *Werke*, a. a. O., S. 125: »Ein Verkündiger der Natur zu sein, ist ein schönes und heiliges Amt ...«

114 Vgl. a. a. O., S. 118.

115 A. a. O., S. 548 (*Fragmente und Studien 1799–1800*).

116 Vgl. a. a. O., S. 448, 450.

117 A. a. O., S. 103.

118 Vgl. a. a. O., S. 147.

119 A. a. O., S. 449 (Aus dem *Allgemeinen Brouillon 1798–1799*).

120 A. a. O., S. 448.

121 A. a. O., S. 450 (Aus dem *Allgemeinen Brouillon 1798–1799*); vgl. auch *Fragmente und Studien l799–1798*, a. a. O., S. 413: »Natur soll Kunst und Kunst zweite Natur werden.«

122 A. a. O., S. 102 f.

123 Vgl. H. U. von Balthasar: *Prometheus* . Studien zur Geschichte des deutschen Idealismus, Heidelberg 1947, S. 255 ff: »Novalis: ‚Das Reich des Kindes'« und S. 293 ff: »Hölderlin: ‚Das Reich des Jünglings'« (Kapitelüberschriften und Kapitel).

124 H. P. Jäger: *Hölderlin – Novalis.* Grenzen der Sprache, Zürich 1949, S. 100. Zum Gegensatz beider Dichter vgl. S. 59 ff, 95 ff.

125 Zum Vergleich beider Dichter: Eu. C. Mason: *Hölderlin und Novalis.* Einige Überlegungen, in: *Hölderlin-Jahrbuch*, Bd. 11 (1958–1960), S. 72–119.

126 Zu den ersteren zählen W. Rehm: *Orpheus. Der Dichter und die Toten.* Selbstdeutung und Totenkult bei Novalis – Hölderlin – Rilke, Düsseldorf 1950, 2. Aufl. Darmstadt 1972 (reprografischer Nachdruck); zu den letzteren N. Hartmann: *Die Philosophie des deutschen Idealismus*, a. a. O., S. 184–188.

127 Vgl. *Hölderlins Hymnen »Germanien« und »Der Rhein«*, Freiburger Vorlesung Wintersemester 1934/35, hrsg. von S. Ziegler, in: M. Heidegger:

Gesamtausgabe, Bd. 1 ff, Frankfurt a. M. 1975 ff, Bd. 39; *Hölderlins Hymne »Andenken«*, Freiburger Vorlesung Wintersemester 1941/42, hrsg. von C. Ochwadt, in: M. Heidegger: *Gesamtausgabe*, a. a. O., Bd. 52; M. Heidegger: *Erläuterungen zu Hölderlins Dichtung*, Frankfurt a. M. 1944.

128 Vgl. D. Henrich: *Hölderlin über Urteil und Sein*. Eine Studie zur Entstehungsgeschichte des Idealismus, in: *Hölderlin-Jahrbuch*, Bd. 14 (1965/1966), S. 73–96; ders.: *Hegel und Hölderlin*, in: ders.: *Hegel im Kontext*, Frankfurt a. M. 1967, 2. Aufl. 1975, S. 9–40; G. Kurz: *Mittelbarkeit und Vereinigung*. Zum Verhältnis von Poesie, Reflexion und Revolution bei Hölderlin, Stuttgart 1975, S. 61 ff; P. Kondylis: *Die Entstehung der Dialektik*. Eine Analyse der geistigen Entwicklung von Hölderlin, Schelling und Hegel bis 1802, Stuttgart 1979, bes. S. 283 ff; Ch. Jamme: *»Ein ungelehrtes Buch«*. Die philosophische Gemeinschaft zwischen Hölderlin und Hegel in Frankfurt 1797–1800, Bonn 1983, 2. Aufl. 1988, S. 80 ff; ders.: *Hegel und Hölderlin*, in: *duitse kroniek*, Jg. 39 (1989), Nr. 1: *Friedrich Hölderlin: Zwischen Klassik und Moderne*, S. 22–40.

129 Vgl. F. Beißners Anmerkung zu *Unheil und Seyn*, in: Hölderlin: *Sämtliche Werke*, Stuttgarter Hölderlin-Ausgabe im Auftrag des Württembergischen Kultministeriums und der Deutschen Akademie in München hrsg. von F. Beißner [große Stuttgarter-Ausgabe], 8 Bde., Stuttgart 1943 ff [abgekürzt: Hölderlin: *Werke*], Bd. 4,1, S. 402 f.

130 Hölderlin: *Werke*, Bd. 6, 1, S. 311.

131 Der Grund für den Verlust der Einheit bleibt ein Rätsel, wie Hölderlin dies in seiner Friedensode zum Ausdruck bringt:
»Wer hub es an? wer brachte den Fluch? von heut
Ists nicht und nicht von gestern, und die zuerst
Das Maas verloren, unsre Väter
Wußten es nicht, und es trieb ihr Geist sie.« (Hölderlin: *Werke*, Bd. 2, S. 7).

132 Das Fragment selbst ist ohne Titel. Beißner, der es auf einer Auktion von Liepmannssohn entdeckte, gab ihm diese Überschrift, indem er die Hauptbegriffe der Schrift aufnahm. In jüngster Zeit wird auch der Titel *Seyn Urtheil Möglichkeit* gebraucht (vgl. F. Hölderlin: *Sämtliche Werke*. »Frankfurter Ausgabe«. Historisch-kritische Ausgabe, hrsg. von D. E. Sattler, Bd. 1 ff, Frankfurt a. M. 1975 ff, Bd. 17, S. 149 ff), je nach der Stellung, die man dem Sein und dem Urteil einräumt. Vgl. D. Henrich: *Hölderlin über Urteil und Sein*, a. a. O.; M. Franz: *Hölderlins Urteilslehre*. Zu Hölderlins philosophischem Programm »Seyn Urtheil Möglichkeit«, in: *duitse kroniek*, Jg. 39 (1989), Nr. 1, S. 3–21, bes. S. 21 Anm. 1.

133 Vgl. *Die Wissenschaftslehre*, vorgetragen im Jahre 1804, in: Fichte: *Werke*, Bd. 10, S. 215 f (16. Vortrag).

134 Vgl. Hegel: *Werke*, Bd. 4, S. 89 (»C. Werden«); vgl. »hervorbrechen«, S. 104 Anm. 3).

135 Vgl. a. a. O., S. 101 (Anm. 2).

136 Hölderlin: *Werke*, Bd. 3, S. 160.

137 Thalia-Fragment, in: Hölderlin: *Werke*, Bd. 3, S. 182.

138 Vgl. *Enzyklopädie der philosophischen Wissenschaften im Grundrisse* (1830), §§ 452 ff, in: Hegel: *Werke*, Bd. 10, S. 330 ff; vgl. *Jenenser Realphilosophie*, Bd. 2: *Die Vorlesungen von 1805/06*, hrsg. von J. Hoffmeister, Leipzig 1931, S. 182.

139 W. Rehm: *Orpheus. Der Dichter und die Toten*, a. a. O., S. 197.

140 F. Rosenzweig: *Das älteste Systemprogramm des deutschen Idealismus.* Ein handschriftlicher Fund (Sitzungsberichte der Heidelberger Akademie der Wissenschaften, Philosophisch-historische Klasse, Bd. 8, Jg. 1917), Heidelberg 1917, S. 3–50. – Zur Literatur vgl. *Das älteste Systemprogramm.* Studien zur Frühgeschichte des deutschen Idealismus, hrsg. von R. Bubner, Bonn 1973, 2. Aufl. 1982 (*Hegel-Studien*, Beiheft 9); *Mythologie der Vernunft.* Hegels »ältestes Systemprogramm des deutschen Idealismus«, hrsg. von Ch. Jamme und H. Schneider, Frankfurt a. M. 1984 (kritische Ausgabe mit einer Übersicht der Ausgaben); B. Dinkel: *Neuere Diskussionen um das sog. ‚Älteste Systemprogramm des deutschen Idealismus'*, in: *Philosophisches Jahrbuch*, Bd. 94 (1987), S. 342–361; Ch. Jamme: *Ideen und Mythos.* Replik zu B. Dinkel: Neuere Diskussionen um das sog. ‚Älteste Systemprogramm des deutschen Idealismus', in: *Philosophisches Jahrbuch*, Bd. 95 (1988), S. 371–375; M. Oesch: *Neues über das Systemprogramm?* In: *Perspektiven der Philosophie*, Bd. 14 (1988), S. 141–164, F.-P. Hansen: *»Das älteste Systemprogramm des deutschen Idealismus«.* Rezeptionsgeschichte und Interpretation, Berlin, New York 1989; H.-J. Gawoll: *Das Verschwinden des Originals* – Apropos neuerer Forschungen zum sogenannten ‚ältesten Systemprogramm' des deutschen Idealismus, in: *Zeitschrift für philosophische Forschung*, Bd. 46 (1992), S. 413–428.

141 E. Cassirer: *Idee und Gestalt.* Goethe, Schiller, Hölderlin, Kleist. Fünf Aufsätze, Berlin 1921, S. 130 ff. – Anders O. Pöggeler: *Hegel, der Verfasser des ältesten Systemprogramms des deutschen Idealismus*, in: *Hegel-Tage Urbino 1965.* Vorträge, hrsg. von H.-G. Gadamer, Bonn 1969 (*Hegel-Studien*, Beiheft 4), S. 17–32, der die Schrift Hegel zuspricht. – Zur Darstellung des Streits um die Verfasserschaft vgl. *Mythologie der Vernunft*, hrsg. von Ch. Jamme und H. Schneider, a. a. O., S. 63 ff.

142 *Mythologie der Vernunft*, hrsg. von Ch. Jamme und H. Schneider, a. a. O., S. 11.

143 A. a. O.

144 A. a. O., S. 13.

145 Die These von der Absetzung bzw. Abdankung der Philosophie als Reflexionsphilosophie zugunsten einer Seinsoffenbarung geht von Hölderlin über Jacobi zu Heidegger.

146 Vgl. B. Dedner: *Topos, Ideal und Realitätspostulat.* Studien zur Darstellung des Landlebens im Roman des 18. Jahrhunderts, Tübingen 1969, bes. S. 163.

147 Zu Hölderlins Naturbegriff vgl. P. Böckmann: *Hölderlins Naturglaube*, in: *Hölderlin*. Beiträge zu seinem Verständnis in unserm Jahrhundert, hrsg. von H. Kelletat, Tübingen 1961, S. 248–262; J. Rosteutscher: *Hölderlin*. Der Künder der großen Natur, Bern, München 1962; H.-G. Pott: *Natur als Ideal*. Anmerkungen zu einem Zitat aus dem »Hyperion«, in: *Hölderlin-Jahrbuch*, Bd. 22 (1980/1981), S. 143–157; St. Büttner: *Natur – Ein Grundwort Hölderlins*, in: *Hölderlin-Jahrbuch*, Bd. 26 (1988/1989), S. 224–247.

148 J. J. Winckelmann: *Gedancken über die Nachahmung der Griechischen Wercke in der Mahlerey und Bildhauer-Kunst*, in: *Kleine Schriften*. Vorreden, Entwürfe, hrsg. von W. Rehm mit einer Einleitung von H. Sichtermann, Berlin 1968, S. 27–59, bes. S. 43, 45 u. ö.

149 Hölderlin: *Werke*, Bd. 1, S. 198. Vgl. *An die Natur*, a. a. O., S. 193: »Da der Jugend goldne Träume starben«.

150 A. a. O., Bd. 3, S. 157 f (II, 2).

151 A. a. O., S. 9 (I, 1).

152 Goethe: *Werke*, Bd. 1, S. 368.

153 Hölderlin: *Werke*, Bd. 3, S. 148.

154 A. a. O., S. 122.

155 *Philipper* 4, 7.

156 Hölderlin: *Werke*, Bd. 2, S. 127.

157 A. a. O., S. 56.

158 A. a. O., S. 110. – Dieselbe Funktion nehmen Luft und Flut wahr: »... umathmen erwünschte
Lüfte dir die beruhigte Fluth ...« (S. 103)
sowie Mond, Sonne und Sterne:
»Wenn von Asiens Bergen herein das heilige Mondlicht
Kömmt und die Sterne sich in deiner Wooge begegnen,
Leuchtest du von himmlischem Glanz ...
Wenn die allverklärende dann, die Sonne des Tages,
Sie, des Orients Kind, die Wunderthätige, da ist,
Dann die Lebenden all' im goldenen Traume beginnen ...« (S. 104).

159 A. a. O., Bd. 3, S. 184; vgl. auch S. 177: »Mir ist es heilig, dieses Wasser und diß Gestade!«

160 Die therapeutische Wirkung der Natur ist seit Georg Philipp Harsdörffer ein Moment der Naturauffassung in der deutschen Literatur, insbesondere der *Empfindsamkeit* und des *Sturm und Drang*.

161 Hölderlin: *Werke*, Bd. 3, S. 21.

162 A. a. O., Bd. 2, S. 108.

163 A. a. O., Bd. 4, 1, S. 155 (*Grund zum Empedokles*).

164 A. a. O., Bd. 6, 1, S. 328 (Nr. 179); vgl. im selben Brief (a. a. O.): »Das Leben zu fördern, den ewigen Vollendungsgang der Natur zu beschleunigen, – zu vervollkommnen, was er vor sich findet, zu idealisiren, das ist überall der eigentümlichste unterscheidendste Trieb des Menschen, und alle seine Künste und Geschäffte, und Fehler und Leiden gehen aus jenem hervor. Warum haben wir Gärten und Felder?

Weil der Mensch es besser haben wollte, als er es vorfand. Warum haben wir Handel, Schifffahrt, Städte, Staaten, mit allem ihrem Getümmel, und Gutem und Schlimmen? Weil der Mensch es besser haben wollte, als er es vorfand. Warum haben wir Wissenschaft, Kunst, Religion? Weil der Mensch es besser haben wollte, als er es vorfand.«

165 A. a. O., S. 329.

166 Vgl. a. a. O.

167 A. a. O., Bd. 2, S. 193 (*Mnemosyne*).

168 A. a. O., S. 110 (*Der Archipelagus*).

169 A. a. O., S. 104 (*Der Archipelagus*).

170 A. a. O., S. 37 f. – Interpretationen zu der Ode vgl. W. Rehm: *Orpheus. Der Dichter und die Toten*, a. a. O., S. 186–198; H. Frey: *Dichtung, Denken und Sprache bei Hölderlin* (Diss. Zürich), Pfäffikon, Zürich 1951, S. 61–91; E. Staiger: *Hölderlins Ode Natur und Kunst oder Saturn und Jupiter*, in: *Über Hölderlin*, hrsg.von J. Schmidt, Frankfurt a. M. 1970, S. 33–44; G. Buhr: *Hölderlins Mythenbegriff.* Eine Untersuchung zu den Fragmenten »Über Religion« und »Das Werden im Vergehen«, Frankfurt a. M. 1972, S. 464–483; St. Büttner: *Natur – Ein Grundwort Hölderlins*, a. a. O., S. 237 f.

171 Der Gegensatz von Natur und Kunst lässt sich auch durch die Begriffe fassen: aorgisch, unbegreiflich, unfühlbar, unbildlich, unbegrenzt, unbewusst, sprachlos, Liebe, Element – organisch, Selbsttätigkeit, Reflexion, bilden, kultivieren, unterscheiden, denken, vergleichen, Sprache (vgl. E. Staiger: *Hölderlins Ode Natur und Kunst oder Saturn und Jupiter*, a. a. O., S. 35).

172 Hölderlin: *Werke*, Bd. 6, 1, S. 329 (Brief vom 4. Juni 1799 an den Bruder, Nr. 179).

173 *Über den Unterschied der Dichtarten*, a. a. O., Bd. 4,1, S. 269.

174 A. a. O., Bd. 3, S. 63.

175 A. a. O., Bd. 4, 1, S. 152 (*Grund zum Empedokles*).

176 A. a. O., Bd. 2, S. 105.

177 A. a. O.

178 A. a. O.

179 A. a. O., S. 106.

Vierter Teil

Vitalismus, Holismus, New Age, Ökologie

1 H. von Helmholtz: *Über das Ziel und die Fortschritte der Naturwissenschaft.* Eröffnungsrede für die Naturforscherversammlung zu Innsbruck (1869), in: ders.: *Populäre wissenschaftliche Vorträge*, 2. Heft, 2. neu durchgearbeitete Aufl. Braunschweig 1876, S. 181–211, bes. S. 193.

2 E. Haeckel: *Generelle Morphologie der Organismen.* Allgemeine Grundzüge der organischen Formen-Wissenschaft, mechanisch begründet

durch die von Charles Darwin reformirte Descendenz-Theorie, Bd. 2: *Allgemeine Entwicklungsgeschichte der Organismen.* Kritische Grundzüge der mechanistischen Wissenschaft von den entstehenden Formen der Organismen, begründet durch die Descendenz-Theorie, Berlin 1866, S. 447. – Vgl. »Wenn jeder Körper im luftleeren Raume in der ersten Secunde 15 Fuss fällt, wenn jedesmal drei Atome Sauerstoff mit einem Atom Schwefel sich zu Schwefelsäure verbinden, wenn der Winkel, den eine Säulenfläche des Bergkrystalls mit der benachbarten macht, stets 120° beträgt, so sind diese Erscheinungen ebenso die unmittelbaren Wirkungen Gottes, wie es die Blüthen der Pflanzen, die Bewegungen der Thiere, der Gedanken der Menschen sind ... Gott ist *allmächtig*; er ist der einzige Urheber, die Ursache aller Dinge, d. h. mit andern Worten: *Gott ist das allgemeine Causalgesetz.*« (S. 451).

3 Griechisch *iatrós* = Arzt.

4 Vgl. H. Driesch: *Philosophie des Organischen*, 2 Bde., Leipzig 1909, Bd. 1, S. 58 ff.

5 A. a. O., S. 145 f.

6 London 1926, deutsch: *Die holistische Welt*, Berlin 1938.

7 J. S. Haidane: *Mechanism, Life and Personality*. An Examination of the Mechanistic Theory of Life and Mind, London 1913, reprint der 2. Aufl. 1923 Westport (Connecticut) 1973; ders.: *Die philosophischen Grundlagen der Biologie*, ins Deutsche übersetzt und mit Anmerkungen und einer Einleitung versehen von A. Meyer, Berlin 1932.

8 A. Meyer: *Ideen und Ideale der biologischen ErkenntniS.* Beiträge zur Theorie und Geschichte der biologischen Ideologien, Leipzig 1934; ders.: *Krisenepochen und Wendepunkte des biologischen Denkens*, Jena 1935; ders.: *Naturphilosophie auf neuen Wegen*, Stuttgart 1948; *Biologie der Goethezeit.* Klassische Abhandlungen über die Grundlagen und Hauptprobleme der Biologie von Goethe und den großen Naturforschern seiner Zeit: Georg Forster, Alexander v. Humboldt, Lorenz Oken, Carl Gustav Carus, Karl Ernst v. Baer und Johannes Müller, hrsg. von A. Meyer-Abich, Stuttgart 1949; ders.: *Zur Logik der Unbestimmtheitsbeziehungen.* Die Unbestimmtheitsbeziehungen der Klassischen Logik, in: *Die Ganzheit in Philosophie und Wissenschaft.* Othmar Spann zum 70. Geburtstag, hrsg. von W. Heinrich, Wien 1950, S. 47–76. 9 V. von Weizsäcker: *Der Gestaltkreis.* Theorie und Einheit von Wahrnehmen und Bewegen, Leipzig 1940.

10 A. Meyer: *Ideen und Ideale der biologischen Erkenntnis*, a. a. O., S. 35.

11 Die Materialiensammlung zu den nachfolgenden ganzheitlichen Theorien des 20. Jahrhunderts verdanke ich meinem Assistenten lic. phil. Manuel Bachmann.

12 N. Hartmann: *Philosophie der Natur.* Abriß der speziellen Kategorienlehre, Berlin 1950, 2., unveränderte Aufl. Berlin, New York 1980.

13 A. a. O., S. 28 f.

14 Vgl. hierzu N. Hartmann: *Der Aufbau der realen Welt.* Grundriß der allgemeinen Kategorienlehre, 3. Aufl. Berlin 1964, S. 375 ff.

15 Bis 1912 nennt Steiner seine Theorie »Theosophie«. Nach seinem Ausschluss aus der Theosophischen Gesellschaft 1913, in deren Kreis er seit 1900 Vorträge hielt und als Generalsekretär der deutschen Sektion tätig war, benennt er sie um.,

16 R. Steiner: *Grenzen der Naturerkenntnis*, in: *Rudolf Steiner Gesamtausgabe*, Bd. 322, 5. Aufl. 1981, S. 125 f.

17 R. Steiner: *Grundlinien einer Erkenntnistheorie der Goetheschen Weltanschauung*, in: *Rudolf Steiner Gesamtausgabe*, Bd. 2, 7. Aufl. Dornach 1979, S. 110.

18 Vgl. a. a. O., S. 91 ff.

19 Vgl. F. Capra: *Wendezeit.* Bausteine für ein neues Weltbild, Übersetzung aus dem Amerikanischen von E. Schuhmacher, Bern, München 1988, S. 312 ff.

20 Vgl. G. Trevelyan: *Eine Vision des Wassermann-Zeitalters.* Gesetze und Hintergründe des »New Age«, mit einem Vorwort zur deutschen Ausgabe von E. Hanefeld, Freiburg i. Br. 1980, S. 18, 25.

21 F. Capra: *Wendezeit*, a. a. O., S. 438 ff.

22 Programmatisch der Buchtitel F. Capra: *Wendezeit*, a. a. O.

23 Der Begriff »Transformation« ist ein *terminus technicus* des New Age; die anvisierte Wandlung meint weder eine Reformation des herrschenden Systems noch eine gewaltsame Revolution desselben. Vgl. den Titel des New Age-Klassikers von M. Ferguson: *Die sanfte Verschwörung.* Persönliche und gesellschaftliche Transformation im Zeitalter des Wassermanns, 2. Aufl. Basel 1982.

24 Der der traditionellen Astrologie zugrundeliegende tropische Tierkreis von Hipparchos (2. Jh. v. Chr.) stimmt heute nicht mehr mit dem astronomischen überein. Astronomisch korrekt datieren siderische Rechnungssysteme der babylonisch-ptolemäischen Astrologie den Eintritt des Wassermannzeitalters erst auf das 4. Jahrtausend.

25 Eine wissenschaftliche Gesamtdarstellung gibt Ch. Schorf: *Die New Age-Bewegung.* Utopie und Mythos der Neuen Zeit. Eine kritische Auseinandersetzung, Gütersloh 1988.

26 H. Pietschmann: *Das Ende des naturwissenschaftlichen Zeitalters*, Wien, Hamburg 1980, S. 326.

27 Vgl. *Das holographische Weltbild.* Wissenschaft und Forschung auf dem Weg zu einem ganzheitlichen Weltverständnis – Erkenntnisse der Avantgarde der Naturwissenschaften (Titel der Originalausgabe: *The Holographic Paradigm and other Paradoxes*), mit Beiträgen von J. R. Battista, D. Bohm, F. Capra, K. Dychtwald, M. Ferguson, K. H. Pribram, B. Samples, R. Weber, J. Welwood, K. Wilber, hrsg. von K. Wilber, Übersetzung aus dem Amerikanischen von E. Schuhmacher, Bern, München, Wien 1986.

28 F. Capra: *Wendezeit*, a. a. O., S. 102.

29 Zu der von dem Psychiater Stanislav Grof und dem Psychologen Ken Wilber entwickelten »transpersonalen« Psychologie vgl. St. Grof: *Vorstoß ins Unbewußte*, in: *Psychologie in der Wende.* Grundlagen, Methoden

und Ziele der Transpersonalen Psychologie – Eine Einführung in die Psychologie des Neuen Bewusstseins (Titel der Originalausgabe: *Beyond Ego*), mit Beiträgen von J. Bugental, F. Capra, R. Dass u. a., hrsg. von R. N. Walsh und F. Vaughan, Bern, München, Wien 1985, S. 100–116, bes. S. 110 f; K. Wilber: *Halbzeit der Evolution*. Der Mensch auf dem Weg vom animalischen zum kosmischen Bewußsein. Eine interdisziplinäre Darstellung der Entwicklung des menschlichen Geistes (Titel der Originalausgabe: *Up From Eden*), Übersetzung aus dem Amerikanischen von E. Schuhmacher, Bern, München, Wien 1987.

30 *Ich propagiere die Kommunion mit dem Kosmos*. Spiegel-Gespräch mit F. Capra, in: *Der Spiegel*, Nr. 10, 1984, S. 187–203.

31 J. E. Lovelock: *Unsere Erde wird überleben*. GAIA – Eine optimistische Ökologie (Titel der Originalausgabe: *Gaia – A New Look at Life on Earth*), aus dem Englischen von C. Ifantis-Hemm, München, Zürich 1982, S. 24.

32 A. a. O., S. 26 f.

33 E. Haeckel: *Allgemeine Entwicklungsgeschichte der Organismen*, a. a. O., S. 286.

34 Vgl. A. Gurwitsch: *Phänomenologie der Thematik und des reinen Ich*. Studien über Beziehungen von Gestalttheorie und Phänomenologie, in: *Psychologische Forschung*, Bd. 12 (1929), S. 279–381, bes. S. 291 f, 294, 312, 339.

35 Vgl. K. M. Meyer-Abich: *Wissenschaft für die Zukunft*. Holistisches Denken in ökologischer und gesellschaftlicher Verantwortung, München 1988, S. 64 u. ö.

36 A. a. O., S. 66.

37 Vgl. a. a. O., S. 67 z. B.: »Begriffe sind Handlungsformen, und die Wahrheit der Wissenschaft ist eine Handlungswahrheit.«

38 *Theaitet* 203 a ff.

39 A. Meyer-Abich: *Naturphilosophie auf neuen Wegen*, a. a. O., S. 237.

40 Vgl. a. a. O., S. 356 f.

41 N. Hartmann: *Philosophie der Natur*, a. a. O., S. 31.

42 A. a. O., S. 708.

43 Vgl. D. Bohm: *Die implizite Ordnung*. Grundlagen eines dynamischen Holismus (Titel der Originalausgabe: *Wholeness and the Implicate Order*), aus dem Englischen übertragen von K.-U. Möhring, München 1985; D. Bohm und F. D. Peat: *Das neue Weltbild*. Naturwissenschaft, Ordnung und Kreativität (Titel der Originalausgabe: *Science, Order and Creativity*), aus dem Amerikanischen übertragen von U. Möhring, München 1990. Vgl. auch *Das holographische Weltbild*, hrsg. von K. Wilber, a. a. O.

44 Vgl. D. Bohm: *Die implizite Ordnung*, a. a. O., S. 200.

45 Vgl. a. a. O., S. 225 ff.

46 Vgl. R. Sheldrake: *Das schöpferische Universum*. Die Theorie des morphogenetischen Feldes (Titel der Originalausgabe: *A New Science of Life*), aus dem Englischen von W. Landmann und K. Wessel, Mün-

chen 1983; ders.: *Das Gedächtnis der Natur.* Das Geheimnis der Entstehung der Formen in der Natur (Titel der Originalausgabe: *The Presence of the Fast*), Übersetzung aus dem Englischen von J. Eggen, Bern, München, Wien 1990.

47 »Frieden mit der Natur« ist ein von Klaus Michael Meyer-Abich bevorzugter Terminus, der sich auch im Titel seiner Schrift *Wege zum Frieden mit der Natur.* Praktische Naturphilosophie für die Umweltpolitik, München, Wien 1984 findet.

48 Vgl. C. F. von Weizsäcker: *Die Tragweite der Wissenschaft*, Bd. 1: *Schöpfung und Weltentstehung.* Die Geschichte zweier Begriffe, Stuttgart 1964, S. 196.

49 Vgl. A. Burkhardt: *Kant, Wittgenstein und das Verhältnis der relativen Ethik zur absoluten: Zur Begründung einer ökologischen Ethik*, in: *Zeitschrift für Evangelische Ethik*, Jg. 27 (1983), S. 391–431, bes. S. 418; K. M. Meyer-Abich: *Wege zum Frieden mit der Natur*, a. a. O., S.48 f; B. Sitter: *Über das Recht der Natur im Naturrecht der Gegenwart*, in: *Vom normativen Wandel des Politischen.* Rechts- und staatsphilosophisches Kolloquium aus Anlass des 70. Geburtstags von H. Ryffel, hrsg. von E. V Heyen, Berlin 1984, S. 145–172, bes. S. 165; ders.: *Wie läßt sich ökologische Gerechtigkeit denken?* In: *Zeitschrift für Evangelische Ethik*, Jg. 31 (1987), Heft 3, S. 271–295, S. bes. 277, 290.

50 Z. B. versucht Alfons Auer in seinem Buch *Umweltethik.* Ein theologischer Beitrag zur ökologischen Diskussion, Düsseldorf 1984, 2. Aufl. 1985, S. 62 f, eine Verantwortung des Menschen gegenüber der Natur aus dem Personbegriff abzuleiten.

51 Sogar als »Ausbeutermoral« wurde sie bezeichnet. Vgl. G. M. Teutsch: *Lexikon der Umweltethik*, Göttingen, Düsseldorf 1985, S. 11 f, wo der Ausdruck »Ausbeutermoral« ein eigenes Stichwort bildet.

52 D. und D. Meadows, E. Zahn, P. Milling: *Die Grenzen des Wachstums.* Bericht des Club of Rome zur Lage der Menschheit (Titel der amerikanischen Originalausgabe: *The Limits to Growth*, New York 1972), aus dem Amerikanischen übersetzt von H.-D. Heck, Stuttgart 1972.

53 Vgl. weiter die Arbeit von J. W. Forrester: *Der teuflische Regelkreis.* Das Globalmodell der Menschheitskrise (Titel der amerikanischen Originalausgabe: *World Dynamics*, Cambridge [Mass.] 1971), aus dem Amerikanischen übersetzt von H.-D. Heck, Stuttgart 1972, sowie die Arbeit von M. Mesarovic und E. Pestel: *Menschheit am Wendepunkt.* 2. Bericht an den Club of Rome zur Weltlage, aus dem Amerikanischen übertragen von H. D. Heck und W. Stegemann, Stuttgart 1974.

54 Mit diesem Ausdruck bezeichnet I. Tammelo: *Theorie der Gerechtigkeit*, Freiburg, München 1977, S. 19, denjenigen, dem »gegenüber die Gerechtigkeit ausgeübt wird«. – Vgl. auch B. Sitter: *Wie läßt sich ökologische Gerechtigkeit denken?* A. a. O., S. 272 u. ö.

55 G. M. Teutsch: *Lexikon der Umweltethik*, a. a. O., S. 90 ff.

56 Vgl. B. Sitter: *Wie läßt sich ökologische Gerechtigkeit denken?* A. a. O., S. 276 ff; ders.: *Gerechtigkeit für Mensch und Tier*, in: *Sind Tierversuche ver-*

tretbar? Beiträge zum Verantwortungsbewusstsein in den biomedizinischen Wissenschaften, hrsg. von Ch. A. Reinhardt, Zürcher Hochschulforum, Bd. 16 (1990), S. 171–198, bes. S. 181 f.

57 Vgl. D. Birnbacher: *Oekologische Ethik.* Ein Überblick, in: *Information Philosophie*, Jg. 15 (1987), Heft 1, S. 18–30, bes. S. 20–24. Vertreter der anthropozentrischen, d. h. am Menschen orientierten Richtung findet man in der Tradition in Descartes, Kant usw., die pathozentrische, d. h. an der Leidensfähigkeit ausgerichtete Ethik geht auf Jeremy Bentham und den englischen Utilitarismus zurück, die biozentrische, d. h. am Lebendigen ausgerichtete Ethik wird von Albert Schweitzer, Günter Altner, Hans Jonas, Robin Attfield vertreten, die holistische, d. h. am Ganzen, nicht nur am Lebendigen orientierte von Klaus Michael Meyer-Abich.

58 Vgl. B. Sitter: *Gerechtigkeit für Mensch und Tier*, a. a. O., S. 194 Anm. 10. Doch auf welcher Organisationsstufe des Nervensystems beginnt die Leidensfähigkeit und wo endet sie? Wo liegt die Grenze zwischen der Amöbe auf der einen Seite und den Vögeln auf der anderen?

59 Vgl. B. Sitter, a. a. O., S. 180; vgl. auch P. Singer: *Praktische Ethik* (Titel der englischen Originalausgabe: *Practical ethics*, Cambridge 1979), aus dem Englischen übersetzt von J.-E. Wolf, Stuttgart 1984; ders.: *Animal Liberation or Animal Rights*? In: *The Monist*, Bd. 70 (1987), Nr. 1, S. 3–14, sowie die Referate von U. Meile: *Tiere in der Ethik.* Die Frage nach der Grenze der moralischen Gemeinschaft, in: *Zeitschrift für philosophische Forschung*, Bd. 42 (1988), S. 247–273, und H. Ruh: *Tierrechte – neue Fragen zur Tierethik*, in: *Schweizer Archiv für Tierheilkunde*, Bd. 131 (1989), Heft 1, S. 5–11 (ebenfalls in: *Zeitschrift für Evangelische Ethik*, Jg. 33 (1989), Heft 1, S. 59–71 mit Literaturbericht).

60 Zit. nach B. Sitter: *Gerechtigkeit für Mensch und Tier*, a. a. O., S. 186.

61 Vgl. B. Sitter: *Gerechtigkeit für Tier und Mensch*, a. a. O., S. l84 f und 195 Anm. 22.

62 K. M. Meyer-Abich: *Wege zum Frieden mit der Natur*, a. a. O. S. 188.

63 H. Jonas: *Das Prinzip Verantwortung.* Versuch einer Ethik für die technologische Zivilisation, Frankfurt a. M. 1979, S. 234.

64 A. a. O., S. 139.

65 Vgl. a. a. O., S. 235.

66 A. a. O. – Zur Darstellung vgl. K. Bayertz: *GenEthik.* Probleme der Technisierung menschlicher Fortpflanzung, Reinbek b. Hamburg 1987, S. 145 f.

67 H. Jonas: *Das Prinzip Verantwortung*, a. a. O., S. 57.

68 A. Schweitzer: *Kultur und Ethik*, in: *Gesammelte Werke in 5 Bden.*, Zürich 1973, Bd. 2, S. 95–420, bes. S. 387.

69 Vgl. P. W. Taylor: *The Ethics of Respect for Nature*, in: *Ethics and Environment*, ed. by Scherer and Th. Attig, Englewoodcliffs (New Jersey), Bd. 3 (1981), S. 197–218, S. 201, 206 f; W. H. Murdy: *Anthropocentrism: A Modern Version*, in: *Ethics and Environment*, a. a. O., 1983, S. 12–21, bes. S. 13.

70 E. F. Schumacher: *Small is Beautiful.* A Study of Economics as if People Mattered, London 1973 (deutsche Übersetzung von K. A. Kiewer: *Die Rückkehr zum menschlichen Maß.* Alternativen für Wirtschaft und Technik »Small is Beautiful«, Reinbek b. Hamburg 1977, wiederholte Aufl. 1979).

71 Vgl. hierzu H. Sachsse: *Ökologische Philosophie.* Natur – Technik – Gesellschaft, Darmstadt 1984, S. 46–77, bes. S. 48 f.

72 Vgl. R. Hohlfeld: *Die zweite Schöpfung des Menschen – eine Kritik der Idee der biochemischen und genetischen Verbesserung des Menschen*, in: *Der codierte Leib.* Zur Zukunft der genetischen Vergangenheit, hrsg. von A. Schuller und N. Heim, Zürich, München 1989, S. 228–248, bes. S. 247 f; U. Eibach: Einführungsreferat in den Arbeitskreis *Ethische, moralische und theologische Aspekte der Gentechnologie*, in: *Biotechnik und Gentechnologie – Freiheitsrisiko oder Zukunftschance*? Dokumentation eines Fachkongresses am 7. und 8.1.1985, hrsg. von der Friedrich-Naumann-Stiftung (*Gentechnologie.* Chancen und Risiken, Bd. 15), München 1985, S. 65–91, bes. S. 82 f, 90.

73 E. Chargaff: *Das Feuer des Heraklit.* Skizzen aus einem Leben vor der Natur (Titel der amerikanischen Originalausgabe: *Heraclitean Fire: Sketches from a Life before Nature*, New York 1978), Stuttgart 1979, 3. Aufl. 1981, S. 257; vgl. K. Bayertz: *GenEthik*, a. a. O., S. 148, vgl. S. 148–151.

74 K. Bayertz: *GenEthik*, a. a. O., S. 149.

75 Frankfurt a. M. 1989.

76 R. zur Lippe: *Sinnenbewußtsein.* Grundlegung einer anthropologischen Ästhetik, Reinbek b. Hamburg 1987.

77 D. Hoffmann-Axthelm: *Sinnesarbeit, Nachdenken über Wahrnehmung*, Frankfurt a. M. 1984.

78 Vgl. G. Böhme: *Für eine ökologische Naturästhetik*, a. a. O., S. 32.

79 Vgl. a. a. O., S. 46.

80 A. a. O., S. 9.

81 Vgl. Kapitelüberschrift und Kapitel »Schönheit als Nahrung«, a. a. O., S. 46 ff.

82 So lautet bezeichnenderweise ein Vortragstitel von Rainer Gruenter auf dem internationalen Kongress »Die Aktualität des Ästhetischen/The Actuality of Aesthetics« in Hannover vom 2.–5. September 1992: *Die Poesie der Gestelle – Industrie als Landschaft.*

83 Auch die Diskussion um Original oder Kopie bei Kunstwerken, Gemälden usw. zeigt, dass, obzwar diese schon Kunstprodukte sind, zwischen Ursprünglichem und Imitiertem fundamentale Differenzen bestehen, zumindest, wenn um die Reproduktion gewusst wird oder die Täuschung auffliegt.

84 G. Böhme: *Für eine ökologische Naturästhetik*, a. a. O., S. 51, vgl. S. 73.

85 Literatur zur Gartenarchitektur: C. C. L. Hirschfeld: *Theorie der Gartenkunst*, 5 Bde., Leipzig 1779–1785; F. Hallbaum: *Der Landschaftsgarten.* Sein Entstehen und seine Einführung in Deutschland durch Friedrich Ludwig von Sckell 1750–1823, München 1927; D. Hennebo und

A. Hoffmann: *Geschichte der deutschen Gartenbaukunst*, 3 Bde. Hamburg 1962–1965 (reprint 1981); G. Böhme: *Die Bedeutung des englischen Gartens und seiner Theorie für die Entwicklung einer ökologischen Naturästhetik*, in: ders.: *Für eine ökologische Naturästhetik*, a. a. O., S. 79–95

86 Vgl. I. Kant: *Kritik der Urteilskraft* A 208 f (Akad.-Ausg., Bd. 5, S. 322 f): »Die *Malerkunst*, als die zweite Art bildender Künste, welche den *Sinnenschein* künstlich mit Ideen verbunden darstellt, würde ich in die der schönen *Schilderung der Natur* und in die der schönen *Zusammenstellung ihrer Producte* eintheilen. Die erste wäre die *eigentliche Malerei*, die zweite die *Lustgärtnerei*.«

87 C. C. L. Hirschfeld: *Theorie der Gartenkunst*, a. a. O., Bd. 1, S. 145.

88 A. a. O., S. 194.

89 A. a. O., S. 200 f.

90 A. a. O., S. 198 f.

91 Eine Abart, wenngleich aus verständlichen Gründen nicht so gelungen, ist die Schrebergartenkultur. Man findet sie dort, wo die Häuser zu eng aufeinander stehen, als dass sie von Gärten umgeben werden könnten. Hier werden die Gärten vom Haus getrennt und aus der Stadt hinausverlegt. Zugleich dienen Schrebergärten nicht allein der Erholung, sondern auch der Nutzung.

Fünfter Teil

Dynamischer Holismus

1 O. Höffe: *Sittlich-politische Diskurse*. Philosophische Grundlagen. Politische Ethik. Biomedizinische Ethik, Frankfurt a. M. 1981, S. 193.

2 Ch. Grefe: *Kein Brot für die Welt*. Die Gentechnik taugt wenig zum Kampf gegen Hunger und Leid in der Dritten Welt, in: *Die Welt nach Maß*. Gentechnik – Geschichte, Chancen und Risiken, hrsg. von R. Klingholz, Braunschweig 1988, S. 52–67, bes. S. 55.

3 Zum folgenden vgl. St. Falk: *Die Geschichte der Molekularbiologie im Spannungsfeld zwischen reiner und angewandter Forschung*, Diss. Marburg, Frankfurt a. M., Bern, New York, Nancy 1984; J. D. Watson, J. Tooze und D. T. Kurtz: *Rekombinierte DNA*. Eine Einführung, Heidelberg 1985, S. 205 f: »Zeittafel der DNA-Rekombination«; H. Brenner: *Gentechnologie und Praktische Philosophie*, Pfaffenweiler 1990, S. 17 ff.

4 J. D. Watson, J. Tooze und D. T. Kurtz: *Rekombinierte DNA*, a. a. O., S. 1.

5 Vgl. a. a. O., S. 54.

6 Vgl. a. a. O., S. 56 f; S. Falk: *Die Geschichte der Molekularbiologie im Spannungsfeld zwischen reiner und angewandter Forschung*, a. a. O., S. 19.

7 Vgl. hierzu K. Bayertz: *GenEthik*, a. a. O., S. 208 f.

8 Vgl. J. D. Watson, J. Tooze und D. T. Kurtz: *Rekombinierte DNA*, a. a. O., S. 140; W. Klingmüller: *Genmanipulation und Gentherapie*, Berlin, Heidelberg, New York, 1976, S. 244.

9 Vgl. J. Herbig: *Die Gen-Ingenieure.* Durch Revolutionierung der Natur zum Neuen Menschen? München, Wien 1978, S. 20 f.

10 Vgl. H.-G. Gassen, A. Martin und G. Sachse: *Der Stoff aus dem die Gene sind.* Bilder und Erklärungen zur Gentechnik, 3. Aufl. Frankfurt a. M., New York 1990, S. 81; Ch. Kerner: *Menschen – Klone – Sensationen.* Die neuen Techniken der Fortpflanzungsmedizin: erste Schritte auf dem Weg zum Menschen nach Maß, in: *Die Zeit* vom 22. April 1988, Nr. 17, S. 41–43, bes. S. 42.

11 Zu diesen und weiteren Beispielen vgl. A. Brenner: *Gentechnologie und Praktische Philosophie*, a. a. O., S. 22; J. Newell: *Natur nach Wunsch?* Gentechnologie heute (Titel der Originalausgabe: *The Gene Shiftres*, 1989), Übersetzung ins Deutsche von S. U. Ganter, Freiburg, Basel, Wien 1990, S. 164 f, 167 f, 176.

12 J. B. S. Haidane: *Biologische Möglichkeiten für die menschliche Rasse in den nächsten zehntausend Jahren*, in: *Das umstrittene Experiment: Der Mensch.* Siebenundzwanzig Wissenschaftler diskutieren die Elemente einer biologischen Revolution (Titel der englischen Originalausgabe: *Man and Future*, London 1963), aus dem Englischen übertragen von K. Prost, München, Wien, Basel 1966 (Sonderausgabe aus der Sammlung *Modelle für eine neue Welt*, hrsg. von R. Jungk und H. J. Mundt), S. 367–391, bes. S. 384.

13 St. Lern: *Summa technologiae* (Titel der polnischen Originalausgabe: *Summa technologiae*, Krakau 1964), aus dem Polnischen übersetzt von F. Griese, Frankfurt a. M. 1981.

14 A. a. O., S. 481.

15 A. a. O.

16 Vgl. a. a. O., S. 485.

17 A. a. O., S. 579.

18 Vgl. a. a. O., S. 502, 579 ff.

19 A. a. O., S. 586.

20 A. a. O., S. 503.

21 Vgl. a. a. O., S. 502 f, 586 ff.

22 A. a. O., S. 507.

23 Vgl. a. a. O., S. 503.

24 Vgl. a. a. O., S. 583 ff.

25 Vgl. a. a. O., S. 533.

26 P. Sloterdijk: *Eurotaoismus.* Zur Kritik der politischen Kinetik, Frankfurt a. M. 1989, S. 66.

27 K. Bayertz: *GenEthik*, a. a. O., S. 120 f, 205 f.

28 Von »Ehrfurcht vor dem Leben« spricht nicht nur A. Schweitzer: *Das Problem des Ethischen in der Entwicklung des menschlichen Lebens*, in: *Die Ehrfurcht vor dem Leben.* Grundtexte aus fünf Jahrzehnten, hrsg. von H. W. Bähr, München 1966, 5. Aufl. 1988, S. 111 f, auch G. Altner: *Die Scheu vor dem Heiligen.* Theologische und sozialethische Kriterien für die Beurteilung der Gentechnologie, in: *Die Herstellung der Natur.* Chancen und Risiken der Gentechnologie, hrsg. von U. Steger, Bonn

1985, S. 107–120, bes. S. 113, verwendet den Begriff der »Ehrfurcht vor dem Gesamt der Schöpfungswelt« sowie den der »Heiligkeit des Lebens« als Teil einer Kapitelüberschrift in: *Leben auf Bestellung?* Das gefährliche Dilemma der Gentechnologie, Freiburg, Bonn, Wien 1988, bes. S. 97–116; ebenso fordert H. Jonas: *Das Prinzip Verantwortung*, a. a. O., S. 29, »Schonung [der] Integrität« der Natur und gebraucht den Ausdruck der Treuhänderrolle des Menschen. Diese Autoren vertreten den Eigenwert der Schöpfung und begründen daraus eine Sorgfaltspflicht und Verantwortung des Menschen gegenüber der Schöpfung. Vgl. weiter J. Gründel, der eine ausgesprochene Verantwortungsethik vertritt: *Ethik und Humangenetik*, in: *Möglichkeiten und Grenzen der Humangenetik.* Mit Beiträgen aus Medizin, Biologie, Theologie, Rechtswissenschaft, Politik, hrsg. von W. Schloot, Frankfurt a. M., New York 1984, S. 219–242; ders.: *Ethische, moralische und theologische Aspekte der Gentechnologie*, in: *Biotechnik und Gentechnologie – Freiheitsrisiko oder Zukunftschance?* A. a. O., S. 24–46, bes. S. 30.

29 J. Reiter: Ehik und Gentechnologie, in: Genforschung – Fluch oder Segen? Interdisziplinäre Stellungnahmen, hrsg. von R. Flöhl (Gentechnologie. Chancen und Risiken, Bd. 3), München 1985, S. 198–204, bes. S. 204.

30 Genesis 1, 28.

31 So lautet ein Satz von H. Markl: Genetik und Ethik. Rede zur Verleihung des Arthur-Burkhardt-Preises 1989, Stuttgart 26.4.89 (Ms), S. 42, den er allerdings für unhaltbar hält und als Naturmystizismus dekuvriert.

32 U. Eibach: Einführungsreferat in den Arbeitskreis: Ethische, moralische und theologische Aspekte der Gentechnologie, a. a. O., S. 65–91, bes. S. 78.

33 Vgl. K. Bayertz: GenEthik, a. a. O., S. 100 ff. Von einem »Ordnungsschwund als Grund zum Zweifel an einer auf den Menschen beziehbaren Struktur der Wirklichkeit« und als »Voraussetzung für die generelle Konzeption menschlichen Handelns, die in den Gegebenheiten nichts mehr von der Verbindlichkeit des antiken und mittelalterlichen Kosmos wahrnimmt und sie deshalb prinzipiell für verfügbar hält«, spricht H. Blumenberg: Säkularisation und Selbstbehauptung, erweiterte und überarbeitete Neuausgabe von Die Legitimität der Neuzeit, erster und zweiter Teil, Frankfurt a. M. 1974, S. 158.

34 J. Hübner: *Biochemie als Lebenschance und Lebensrisiko*, in: *Risiken der Genetik*, hrsg. von J. Harms (Arnoldshainer Texte, Bd. 55), Frankfurt a. M. 1988, S. 87–103, bes. S. 96 f.

35 H.-M. Sass: *Methoden ethischer Güterabwägung in der Biotechnologie*, in: *Ethische und rechtliche Fragen der Gentechnologie und der Reproduktionsmedizin.* Dokumentation eines Symposiums der Landesregierung Baden-Württemberg und des Stifterverbandes für die Deutsche Wissenschaft in Verbindung mit der Universität Tübingen vom 1.–4. September 1986 in Tübingen, hrsg. von V. Braun, D. Mieth, K. Steigleder (*Gen-*

technologie. Chancen und Risiken, Bd. 13), München 1987, S. 89–110, bes. S. 92.

36 J. Huxley: *Die Zukunft des Menschen – Aspekte der Evolution*, in: *Das umstrittene Experiment: Der Mensch*, a. a. O., S. 31–52, bes. S. 42.

37 G. E. Moore: *Principia Ethica* (Titel der Originalausgabe: *Principia Ethica*, Cambridge 1903), aus dem Englischen übersetzt und hrsg. von B. Wisser, Stuttgart 1970, S. 44, 50, 75 u. ö.: »naturalistic fallacy«.

38 J.-P Sartre: *Das Sein und das Nichts*. Versuch einer phänomenologischen Ontologie (Titel der Originalausgabe: *L'être et le néant*, Paris 1943), Übersetzung aus dem Französischen von J. Streller, Hamburg, 1962, S. 608 f.

39 Wie K. Bayertz: *GenEthik*, a. a. O., S. 114 f, meint.

40 Im Kentaur setzt sich der antike Stierkult des mediterranen Raumes fort, im Vogelmenschen, fassbar noch in der christlichen Engelsgestalt oder in der griechischen Ikarussage, drückt sich die Bewunderung und der Traum von der Schnelligkeit aus.

41 Vgl. Anm. 13.

42 Vgl. Anm. 14.

43 J. Habermas: *Diskursethik – Notizen zu einem Begründungsprogramm*, in: ders: *Moralbewußtsein und kommunikatives Handeln*, Frankfurt a. M. 1983, S. 53–125, bes. S. 75.

44 W. K. Frankena: *Analytische Ethik*. Eine Einführung (Titel der Originalausgabe: *Ethics*, Englewood Cliffs [New Jersey], 1963), hrsg. und übersetzt von N. Hoerster, München 1972, S. 64.

Literaturverzeichnis

Agrippa von Nettesheim, H. C.: De occulta philosophia libri tres, Antwerpen 1531, deutsche Ausgabe: Geheime Philosophie oder Magie, in: H. C. Agrippa von Nettesheim: Magische Werke sammt den geheimnißvollen Schriften des Petrus von Abano, Pictorius von Villingen, Gerhard von Cremona, Abt Tritheim von Spanheim, dem Buche Arbatel, der sogenannten Heil. Geist-Kunst und verschiedenen anderen, zum ersten Male vollständig in's Deutsche übersetzt, vollständig in 5 Theilen, Stuttgart 1855–1856 (Nachdruck Meisenheim a. Glan [1975]), Bd. 1–3

Aldrovandus, U.: Monstrorum historia. Cum paralipomenis historiae omnium animalium, Bologna 1642

Altner, G.: Die Scheu vor dem Heiligen. Theologische und sozialethische Kriterien für die Beurteilung der Gentechnologie, in: Die Herstellung der Natur. Chancen und Risiken der Gentechnologie, hrsg. von U. Steger, Bonn 1985, S. 107–120

Altner, G.: Leben auf Bestellung? Das gefährliche Dilemma der Gentechnologie, Freiburg, Bonn, Wien 1988

Aristoteles Graece ex recensione I. Bekkeri, edidit Academia regia Borussica, 2 Bde., Berlin 1831

Aristoteles: Metaphysik, in der Übersetzung von H. Bonitz, neu bearbeitet, mit Einleitung und Kommentar hrsg. von H. Seidl, griechisch-deutsch, 2 Halbbde., Hamburg 1978–1980

Auer, A.: Umweltethik. Ein theologischer Beitrag zur ökologischen Diskussion, Düsseldorf 1984, 2. Aufl. 1985

Bacon, F.: Neues Organon, hrsg. und mit einer Einleitung von W. Krohn, lateinisch-deutsch, Hamburg 1990

Balthasar, H. U. von: PrometheuS. Studien zur Geschichte des deutschen Idealismus, Heidelberg 1947

Bartuschat, W.: Zum Problem der Auslegung bei Leibniz, in: Hermeneutik und Dialektik. Hans-Georg Gadamer zum 70. Geburtstag, hrsg. von R. Bubner, K. Cramer und R. Wiehl, Bd. 2, Tübingen 1970, S. 219–241

Bayertz, K.: GenEthik. Probleme der Technisierung menschlicher Fortpflanzung, Reinbek b. Hamburg 1987

Birnbacher, D.: Oekologische Ethik. Ein Überblick, in: Information Philosophie, Jg. 15 (1987), Heft 1, S. 18–30

Blesch, R.: Zur Stellung der Naturphilosophie im Identitätssystem F. W. J. Schellings, in: Il cannocchiale, rivista di studi filosofici, n. 1/2-agosto 1984, S. 95–116

Bloch, E.: Gesamtausgabe in 16 Bden., Frankfurt a. M. 1977

Blumenberg, H.: Säkularisation und Selbstbehauptung, erweiterte und überarbeitete Neuausgabe von Die Legitimität der Neuzeit, erster und zweiter Teil, Frankfurt a. M. 1974

Böckmann, P.: Hölderlins Naturglaube, in: Hölderlin. Beiträge zu seinem

Verständnis in unserm Jahrhundert, hrsg. von H. Kelletat, Tübingen 1961, S. 248–262

Bodenmann, W. E.: Der Briefwechsel des Gottfried Wilhelm Leibniz in der Königlichen öffentlichen Bibliothek zu Hannover. Mit Ergänzungen und Register von G. Krönert und H. Lackmann, sowie einem Vorwort von K.-H. Weimann, Hildesheim 1966

Bohm, D.: Die implizite Ordnung. Grundlagen eines dynamischen Holismus (Titel der Originalausgabe: Wholeness and the Implicate Order), aus dem Englischen übertragen von K.-U. Möhring, München 1985

Bohm, D. und Peat, F. D.: Das neue Weltbild. Naturwissenschaft, Ordnung und Kreativität, aus dem Amerikanischen übertragen von U. Möhring, München 1990

Böhme, G.: Für eine ökologische Naturästhetik, Frankfurt a. M. 1989

Böhme, H.: Giordano Bruno (1548–1600), in: Klassiker der Naturphilosophie. Von den Vorsokratikern bis zur Kopenhagener Schule, hrsg. von G. Böhme, München 1989, S. 117–135

Brandom, R. B.: Leibniz and Degrees of Perception, in: Journal of the History of Philosophy, Bd. 19 (1981), S. 447–479

Breger, H.: Gottfried Wilhelm Leibniz (1646–1716), in: Klassiker der Naturphilosophie. Von den Vorsokratikern bis zur Kopenhagener Schule, hrsg. von G. Böhme, München 1989, S. 187–202

Brenner, H.: Gentechnologie und Praktische Philosophie, Pfaffenweiler 1990

Bruno, G.: Das Aschermittwochsmahl, übersetzt von F. Fellmann, mit einer Einleitung von H. Blumenberg, Frankfurt a. M. 1981

Bruno, G.: De l'infinito, universo e mondi, in: ders.: Opere Italiane, Dialoghi Metafisici, con note di G. Gentile, 3 Bde., Bari 1925

Bruno, G.: Gesammelte Werke, hrsg. von L. Kuhlenbeck, 6 Bde., Leipzig, Jena 1904–1909

Bruno, G.: Von der Ursache, dem Prinzip und dem Einen, aus dem Italienischen übersetzt von A. Lasson, mit einer Einleitung von W. Beierwaltes, vervollständigt, mit Anmerkungen, Biographie, Bibliographie und Register versehen und hrsg. von P. R. Blum, Hamburg 1977

Bubner, R. (Hrsg.): Das älteste Systemprogramm. Studien zur Frühgeschichte des deutschen Idealismus, Bonn 1973, 2. Aufl. 1982 (Hegel-Studien, Beiheft 9)

Buhle, J. G.: Lehrbuch der Geschichte der Philosophie und einer kritischen Literatur derselben, 8 Teile, Göttingen 1796–1804

Buhr, G.: Hölderlins Mythenbegriff. Eine Untersuchung zu den Fragmenten »Über Religion« und »Das Werden im Vergehen«, Frankfurt a. M. 1972

Burkhardt, A.: Kant, Wittgenstein und das Verhältnis der relativen Ethik zur absoluten: Zur Begründung einer ökologischen Ethik, in: Zeitschrift für Evangelische Ethik, Jg. 27 (1983), S. 391–431

Büttner, St.: Natur – Ein Grundwort Hölderlins, in: Hölderlin-Jahrbuch, Bd. 26 (1988/1989), S. 224–247

Campanella, F. Th.: De sensu rerum et magia, libri quatuor, Frankfurt 1620
Campanella, F. Th.: Univers[ali]s philosophiae, seu Metaphysicarum rerum iuxta propria dogmata, partes tres, libri 18, Paris 1638
Capra, F.: Ich propagiere die Kommunion mit dem KosmoS. Spiegel-Gespräch mit F. Capra, in: Der Spiegel, Nr. 10, 1984, S. 187–203
Capra, F.: Wendezeit. Bausteine für ein neues Weltbild, Übersetzung aus dem Amerikanischen von E. Schuhmacher, Bern, München 1988
Cardanus, H.: De subtilitate libri XXI, Basel 1582
Cassirer, E.: Leibniz' System in seinen wissenschaftlichen Grundlagen, Marburg 1902
Cassirer, E.: Idee und Gestalt. Goethe, Schiller, Hölderlin, Kleist. Fünf Aufsätze, Berlin 1921
Cellarius, A.: Harmonia Macrocosmica, Amsterdam 1661
Chargaff, E.: Das Feuer des Heraklit. Skizzen aus einem Leben vor der Natur (Titel der amerikanischen Originalausgabe: Heraclitean Fire: Sketches from a Life before Nature, New York 1978), Stuttgart 1979, 3. Aufl. 1981
Clark, K. P.: Das Bild des Wassers bei Novalis im Spiegel seiner naturwissenschaftlichen und philosophischen Fragmente, Dissertation Universität Cincinnati 1975
Coppin, R.: Devine Teachings, 3 Teile, London 1649
Corpus Hermeticum, übersetzt von A.-J. Festugière, hrsg. von A. D. Nock, 4 Bde., Paris 1945–1954, 2. Aufl. 1960
Daems, W. F.: »Sal – Merkur – Sulphur« bei Paracelsus und das »Buch der Heiligen Dreifaltigkeit«, in: Nova Acta Paracelsica 1982, S. 189–207
Dedner, B.: Topos, Ideal und Realitätspostulat. Studien zur Darstellung des Landlebens im Roman des 18. Jahrhunderts, Tübingen 1969
Diels, H.: Die Fragmente der Vorsokratiker, griechisch und deutsch, hrsg. von W. Kranz, Bd. 1, 18. Auflage Zürich, Hildesheim 1989, Bd. 2, 17. Aufl. Zürich, Hildesheim 1989
Dinkel, B.: Neuere Diskussionen um das sog. ‚Älteste Systemprogramm des deutschen Idealismus', in: Philosophisches Jahrbuch, Bd. 94 (1987), S. 342–361
Driesch, H.: Philosophie des Organischen, 2 Bde., Leipzig 1909
Eibach, U.: Einführungsreferat in den Arbeitskreis: Ethische, moralische und theologische Aspekte der Gentechnologie, in: Biotechnik und Gentechnologie – Freiheitsrisiko oder Zukunftschance? Dokumentation eines Fachkongresses am 7. und 8.1.1985, hrsg. von der Friedrich-Naumann-Stiftung (Gentechnologie. Chancen und Risiken, Bd. 15), München 1985, S. 65–91
Eichendorff, J. von: Werke, Bd. 1: Gedichte. Versepen. Dramen. AutobiographischeS. Nach den Ausgaben letzter Hand unter Heranziehung der Erstdrucke. Verantwortlich für die Textredaktion: J. Perfahl. Mit einer Einführung, einer Zeittafel und Anm. von A. Hillach, München 1979
Eschenmayer, A. C. Au.: Dedukzion des lebenden Organism, in: Magazin zur Vervollkommnung der theoretischen und praktischen Heilkunde, hrsg. von A. Röschlaub, Frankfurt a. M., Bd. 2 (1799)

Estermann, J.: Individualität und Kontingenz. Studie zur Individualitätsproblematik bei Gottfried Wilhelm Leibniz, Bern, Frankfurt a. M., New York, Paris 1990
Ewers, M.: Philosophie des Organismus in teleologischer und dialektischer Sicht. Ein ideengeschichtlicher Grundriss, Münster 1986
Faivre, A. und Zimmermann, Ch. (Hrsg.): Epochen der Naturmystik. Hermetische Tradition im wissenschaftlichen Fortschritt, Berlin 1979
Falk, St.: Die Geschichte der Molekularbiologie im Spannungsfeld zwischen reiner und angewandter Forschung, Diss. Marburg, Frankfurt a. M., Bern, New York, Nancy 1984
Fallico, A. B. und Shapiro, H.: Renaissance Philosophy, Bd. 1, 1967
Ferguson, M.: Die sanfte Verschwörung. Persönliche und gesellschaftliche Transformation im Zeitalter des Wassermanns, 2. Aufl. Basel 1982
Festugière, A.-J.: La révélation d'Hermes Trismegiste, 4 Bde., Paris 1950–1954
Fichte, J. G.: Briefwechsel. Kritische Gesamtausgabe hrsg. von H. Schulz, 2 Bde., Leipzig 1925
Fichte, J. G.: Fichtes Werke, hrsg. von I. H. Fichte (fotomechanischer Nachdruck von: J. G. Fichtes sämtliche Werke, hrsg. von I. H. Fichte, 8 Bde., Berlin 1845/ 46, und: J. G. Fichtes nachgelassene Werke, hrsg. von I. H. Fichte, 3 Bde., Bonn 1834/35), 11 Bde., Berlin 1971
Ficin, M.: Theologie Platonicienne de l'immortalité des ames, texte critique établi et traduit par R. Marcel, 3 Bde., Paris 1964–1970
Forrester, J. W.: Der teuflische Regelkreis. Das Globalmodell der Menschheitskrise (Titel der amerikanischen Originalausgabe: World Dynamics, Cambridge [Mass.] 1971), aus dem Amerikanischen übersetzt von H.-D. Heck, Stuttgart 1972
Foucault, M.: Die Ordnung der Dinge. Eine Archäologie der Humanwissenschaften (Titel der französischen Originalausgabe: Les mots et les choses, 1966), übersetzt von U. Köppen, Frankfurt a. M. 1974, 10. Aufl. 1991
Frankena, W. K.: Analytische Ethik. Eine Einführung (Titel der Originalausgabe: Ethics, Englewood Cliffs [New Jersey], 1963), hrsg. und übersetzt von N. Hoerster, München 1972
Franz, M.: Hölderlins Urteilslehre. Zu Hölderlins philosophischem Programm »Seyn Urtheil Möglichkeit«, in: duitse kroniek, Jg. 39 (1989), Nr. 1, S. 3–21
Frey, H.: Dichtung, Denken und Sprache bei Hölderlin (Diss. Zürich), Pfäffikon, Zürich 1951
Fricke, G.: Geschichte der deutschen Dichtung, 6. Aufl. Lübeck, Hamburg 1958
Friedemann, K.: Das Wesen der Liebe im Weltbilde der Romantik, in: Philosophisches Jahrbuch, Bd. 48 (1935), S. 342–355
Gassen, H. G., Martin, A. und Sachse, G.: Der Stoff aus dem die Gene sind. Bilder und Erklärungen zur Gentechnik, 3. Auflage Frankfurt am Main, New York 1990
Gawoll, H.-J.: Das Verschwinden des Originals – Apropos neuerer Forschungen zum sogenannten ‚ältesten Systemprogramm' des deutschen

Idealismus, in: Zeitschrift für philosophische Forschung, Bd. 46 (1992), S. 413–428
Gloy, K.: Aristoteles – ein Kritiker Platons? In: Φιλοσοφία [Philosophia], Athen, Bd. 15/16 (1985/1986), S. 266–285
Goethe, J. W. von: Werke, Hamburger Ausgabe in 14 Bden., Hamburg 1948 ff
Goldammer, K.: Der göttliche Magier und die Magierin Natur. Religion, Naturmagie und die Anfänge der Naturwissenschaft vom Spätmittelalter bis zur Renaissance. Mit Beiträgen zum Magie-Verständnis des Paracelsus, Stuttgart 1991
Goldammer, K.: Paracelsus in neuen Horizonten. Gesammelte Aufsätze, Wien 1986
Goldammer, K.: Paracelsus. Natur und Offenbarung, Hannover, Kirchrode 1953
Grefe, Ch.: Kein Brot für die Welt. Die Gentechnik taugt wenig zum Kampf gegen Hunger und Leid in der Dritten Welt, in: Die Welt nach Maß. Gentechnik – Geschichte, Chancen und Risiken, hrsg. von R. Klingholz, Braunschweig 1988, S. 52–67
Grof, St.: Vorstoß ins Unbewusste, in: Psychologie in der Wende. Grundlagen, Methoden und Ziele der Transpersonalen Psychologie – Eine Einführung in die Psychologie des Neuen Bewusstseins (Titel der Originalausgabe: Beyond Ego), mit Beiträgen von J. Bugental, F. Capra, R. Dass u. a., hrsg. von R. N. Walsh und F. Vaughan, Bern, München, Wien 1985, S. 100–116
Gründel, J.: Ethik und Humangenetik, in: Möglichkeiten und Grenzen der Humangenetik. Mit Beiträgen aus Medizin, Biologie, Theologie, Rechtswissenschaft, Politik, hrsg. von W. Schloot, Frankfurt a. M., New York 1984, S. 219–242
Gründel, J.: Ethische, moralische und theologische Aspekte der Gentechnologie, in: Biotechnik und Gentechnologie – Freiheitsrisiko oder Zukunftschance? Dokumentation eines Fachkongresses am 7. und 8.1.1985, hrsg. von der Friedrich-Naumann-Stiftung (Gentechnologie. Chancen und Risiken, Bd. 15), München 1985, S. 24–46
Gurwitsch, A.: Phänomenologie der Thematik und des reinen Ich. Studien über Beziehungen von Gestalttheorie und Phänomenologie, in: Psychologische Forschung, Bd. 12 (1929), S. 279–381
Habermas, J.: Diskursethik – Notizen zu einem Begründungsprogramm, in: ders: Moralbewusstsein und kommunikatives Handeln, Frankfurt a. M. 1983, S.53–125
Haeckel, E.: Generelle Morphologie der Organismen. Allgemeine Grundzüge der organischen Formen-Wissenschaft, mechanisch begründet durch die von Charles Darwin reformierte Descendenz-Theorie, Bd. 2: Allgemeine Entwicklungsgeschichte der Organismen. Kritische Grundzüge der mechanistischen Wissenschaft von den entstehenden Formen der Organismen, begründet durch die Descendenz-Theorie, Berlin 1866

Haidane, J. B. S.: Biologische Möglichkeiten für die menschliche Rasse in den nächsten zehntausend Jahren, in: Das umstrittene Experiment: Der Mensch. Siebenundzwanzig Wissenschaftler diskutieren die Elemente einer biologischen Revolution (Titel der englischen Originalausgabe: Man and Future, London 1963), aus dem Englischen übertragen von K. Prost, München, Wien, Basel 1966 (Sonderausgabe aus der Sammlung Modelle für eine neue Welt, hrsg. von R. Jungk und H. J. Mundt), S. 367–391

Haidane, J. S.: Die philosophischen Grundlagen der Biologie, ins Deutsche übersetzt und mit Anmerkungen und einer Einleitung versehen von A. Meyer, Berlin 1932

Haidane, J. S.: Mechanism, Life and Personality. An Examination of the Mechanistic Theory of Life and Mind, London 1913, reprint der 2. Aufl. 1923 Westport (Connecticut) 1973

Hallbaum, F.: Der Landschaftsgarten. Sein Entstehen und seine Einführung in Deutschland durch Friedrich Ludwig von Sckell 1750–1823, München 1927

Hansen, F.-P.: »Das älteste Systemprogramm des deutschen Idealismus«. Rezeptionsgeschichte und Interpretation, Berlin, New York 1989

Hartmann, N.: Die Philosophie des deutschen Idealismus, 1. Teil: Fichte, Schelling und die Romantik (1923), 2. Teil: Hegel (1929), 3. Auflage Berlin, New York 1974

Hartmann, N.: Der Aufbau der realen Welt. Grundriss der allgemeinen Kategorienlehre, 3. Aufl. Berlin 1964

Hartmann, N.: Philosophie der Natur. Abriss der speziellen Kategorienlehre, Berlin 1950, 2., unveränderte Aufl. Berlin, New York 1980

Heckmann, R.: Natur – Geist – Identität, in: Natur und Subjektivität. Zur Auseinandersetzung mit der Naturphilosophie des jungen Schelling, hrsg. von R. Heckmann, H. Krings, R. W. Meyer, Stuttgart-Bad Cannstatt 1985, S. 291–344

Hegel, G. W. F.: Jenenser Realphilosophie, Bd. 2: Die Vorlesungen von 1805/06, hrsg. von J. Hoffmeister, Leipzig 1931

Hegel, G. W. F.: Sämtliche Werke, Jubiläumsausgabe in 20 Bden. auf Grund des von L. Boumann, F. Förster, E. Gans, K. Hegel, L. von Henning, H. G. Hotho, Ph. Marheineke, K. L. Michelet, K. Rosenkranz und J. Schulze besorgten Originaldruckes im Faksimileverfahren neu hrsg. von H. Glockner, Stuttgart 1927–30, 4. Aufl. 1964–68

Heidegger, M.: Erläuterungen zu Hölderlins Dichtung, Frankfurt a. M. 1944

Heidegger, M.: Gesamtausgabe, Bd. 1 ff, Frankfurt a. M. 1975 ff

Heimsoeth, H.: Atom, Seele, Monade. Historische Ursprünge und Hintergründe von Kants Antinomie der Teilung, in: Akademie der Wissenschaften und der Literatur, Abhandlungen der Geistes- und Sozialwissenschaftlichen Klasse, Jg. 1960, Nr. 3, Mainz 1960, S. 257–398

Heimsoeth, H.: Die Methode der Erkenntnis bei Descartes und Leibniz, Gießen 1912–1914 (Philosophische Arbeiten, hrsg. von H. Cohen und P. Natorp, Bd. 6)

Heinekamp, A.: Gottfried Wilhelm Leibniz, in: Klassiker des philosophischen Denkens, hrsg. von N. Horster, 2 Bde., München 1982, Bd. 1, S. 274–320
Helmholtz, H. von: Über das Ziel und die Fortschritte der Naturwissenschaft. Eröffnungsrede für die Naturforscherversammlung zu Innsbruck (1869), in: ders.: Populäre wissenschaftliche Vorträge, 2. Heft, 2. neu durchgearbeitete Aufl. Braunschweig 1876, S. 181–211
Helmont, J. B. van: Aufgang der Arztney-Kunst, Sultzbach 1683
Hennebo, D. und Hoffmann, A.: Geschichte der deutschen Gartenbaukunst, 3 Bde. Hamburg 1962–1965 (reprint 1981)
Henrich, D.: Hegel im Kontext, Frankfurt a. M. 1967, 2. Aufl. 1975
Henrich, D.: Hölderlin über Urteil und Sein. Eine Studie zur Entstehungsgeschichte des Idealismus, in: Hölderlin-Jahrbuch, Bd. 14 (1965/1966), S. 73–96
Herbig, J.: Die Gen-Ingenieure. Durch Revolutionierung der Natur zum Neuen Menschen? München, Wien 1978
Heuser-Keßler, M.-L.: Die Produktivität der Natur. Schellings Naturphilosophie und das neue Paradigma der Selbstorganisation in den Naturwissenschaften, Berlin 1986
Heuser-Keßler, M.-L.: Schellings Organismusbegriff und seine Kritik des Mechanismus und Vitalismus, in: Allgemeine Zeitschrift für Philosophie, Bd. 14 (1989), Heft 2, S. 17–36
Hirschfeld, C. C. L.: Theorie der Gartenkunst, 5 Bde., Leipzig 1779–1785
Hoffe, O.: Sittlich-politische Diskurse. Philosophische Grundlagen. Politische Ethik. Biomedizinische Ethik, Frankfurt a. M. 1981
Hoffmann-Axthelm, D.: Sinnesarbeit, Nachdenken über Wahrnehmung, Frankfurt a. M. 1984
Hohlfeld, R.: Die zweite Schöpfung des Menschen – eine Kritik der Idee der biochemischen und genetischen Verbesserung des Menschen, in: Der codierte Leib. Zur Zukunft der genetischen Vergangenheit, hrsg. von A. Schuller und N. Heim, Zürich, München 1989, S. 228–248
Hölderlin, F.: Sämtliche Werke, Stuttgarter Hölderlin-Ausgabe im Auftrag des Württembergischen Kultministeriums und der Deutschen Akademie in München hrsg. von F. Beißner [große Stuttgarter-Ausgabe], 8 Bde., Stuttgart 1943 ff
Hölderlin, F.: Sämtliche Werke. »Frankfurter Ausgabe«. Historisch-kritische Ausgabe, hrsg. von D. E. Sattler, Bd. 1 ff, Frankfurt a. M. 1975 ff
Holz, H.: Spekulation und Faktizität. Zum Freiheitsbegriff des mittleren und späten Schelling, Bonn 1970
Holz, H.: Perspektive Natur, in: Schelling. Einführung in seine Philosophie, hrsg. von H. M. Baumgartner, Freiburg, München 1975, S. 58–74
Hoppe, B.: Polarität, Stufung und Metamorphose in der spekulativen Biologie der Romantik, in: Naturwissenschaftliche Rundschau, Jg. 20 (1967), S. 380–383

Horn, J. Ch.: Monade und Begriff. Der Weg von Leibniz zu Hegel, 2. Auflage Wuppertal, Kastellaun 1970
Hübner, J.: Biochemie als Lebenschance und Lebensrisiko, in: Risiken der Genetik, hrsg. von J. Harms (Arnoldshainer Texte, Bd. 55), Frankfurt a. M. 1988, S. 87–103
Hübner, K.: Die Wahrheit des Mythos, München 1985
Huxley, J.: Die Zukunft des Menschen – Aspekte der Evolution, in: Das umstrittene Experiment: Der Mensch. Siebenundzwanzig Wissenschaftler diskutieren die Elemente einer biologischen Revolution (Titel der englischen Originalausgabe: Man and Future, London 1963), aus dem Englischen übertragen von K. Prost, München, Wien, Basel 1966 (Sonderausgabe aus der Sammlung Modelle für eine neue Welt, hrsg. von R. Jungk und H. J. Mundt), S. 31–52
Jacobi, F. H.: Ueber die Lehre des Spinoza, in Briefen an den Herrn Moses Mendelssohn, Breslau 1789
Jäger, H. P.: Hölderlin – NovaliS. Grenzen der Sprache, Zürich 1949
Jamme, Ch.: »Ein ungelehrtes Buch«. Die philosophische Gemeinschaft zwischen Hölderlin und Hegel in Frankfurt 1797–1800, Bonn 1983, 2. Aufl. 1988, S. 80 ff
Jamme, Ch.: Hegel und Hölderlin, in: duitse kroniek, Jg. 39 (1989), Nr. 1: Friedrich Hölderlin: Zwischen Klassik und Moderne, S. 22–40
Jamme, Ch.: Ideen und MythoS. Replik zu B. Dinkel: Neuere Diskussionen um das sog. ‚Älteste Systemprogramm des deutschen Idealismus', in: Philosophisches Jahrbuch, Bd. 95 (1988), S. 371–375
Jamme, Ch. und Schneider, H. (Hrsg.): Mythologie der Vernunft. Hegels »ältestes Systemprogramm des deutschen Idealismus«, Frankfurt a. M. 1984
Jonas, H.: Das Prinzip Verantwortung. Versuch einer Ethik für die technologische Zivilisation, Frankfurt a. M. 1979
Kaehler, K. E.: Leibniz – der monadische Zwiespalt der Metaphysik der Substanz, Hamburg 1979
Kämmerer, E. W.: Das Leib-Seele-Geist-Problem bei Paracelsus und einigen Autoren des 17. Jahrhunderts, Wiesbaden 1971 (Kosmosophie, hrsg. von K. Goldammer, Bd. 3)
Kant, I.: Gesammelte Schriften, hrsg. von der Königlich Preußischen Akademie der Wissenschaften, Bd. l ff, Berlin 1902 ff
Kapitza, P.: Die frühromantische Theorie der Mischung. Über den Zusammenhang von romantischer Dichtungstheorie und zeitgenössischer Chemie, München 1968
Kerner, Ch.: Menschen – Klone – Sensationen. Die neuen Techniken der Fortpflanzungsmedizin: erste Schritte auf dem Weg zum Menschen nach Maß, in: Die Zeit vom 22. April 1988, Nr. 17, S. 41–43
Kiesewetter, C.: Geschichte des Neueren Occultismus. Geheimwissenschaftliche Systeme von Agrippa von Nettesheim bis zu Carl du Prel, Leipzig 1891
Klingmüller, W.: Genmanipulation und Gentherapie, Berlin, Heidelberg, New York 1976

Kluckhohn, P.: Die Auffassung der Liebe in der Literatur im 18. Jahrhundert und in der deutschen Romantik, 2. Aufl. Halle (Saale) 1931
Kondylis, P.: Die Entstehung der Dialektik. Eine Analyse der geistigen Entwicklung von Hölderlin, Schelling und Hegel bis 1802, Stuttgart 1979
Koyré, A.: Von der geschlossenen Welt zum unendlichen Universum (Titel der amerikanischen Originalausgabe: From the Closed World to the Infinite Universe, Baltimore 1957), übersetzt von R. Dornbacher, Frankfurt a. M. 1969, S. 36–62
Kristeller, P. O.: Humanismus und Renaissance, übersetzt aus dem Englischen von R. Schweyen-Ott, hrsg. von E. Keßler, 2 Bde., München 1974–1976
Kuhn, D.: Uhrwerk oder OrganismuS. Karl Friedrich Kielmeyers System der organischen Kräfte, in: Nova acta Leopoldina, Neue Folge, Bd. 36, Nr. 198 (1970), S. 157–167
Küppers, B.- O.: Natur als OrganismuS. Schellings frühe Naturphilosophie und ihre Bedeutung für die moderne Biologie, Frankfurt a. M. 1992
Kurz, G.: Mittelbarkeit und Vereinigung. Zum Verhältnis von Poesie, Reflexion und Revolution bei Hölderlin, Stuttgart 1975
Lectures, H. V. B. J.: The Philosophy of Leibniz, Oxford 1949
Leibniz, G. W.: Die Philosophischen Schriften, hrsg. von C. I. Gerhardt, 7 Bde., Hildesheim, New York 1978 (Nachdruck der Ausgabe Berlin 1875–1890)
Leibniz, G. W.: Gothofredi Guillelmi Leibnitii Opera Omnia. Nunc primum collecta, in Classes distributa, praefationibus & indicibus exornata, studio Ludovici Dutens, 6 Bde., Genf 1768
Leibniz, G. W.: Hauptschriften zur Grundlegung der Philosophie, übersetzt von A. Buchenau, durchgesehen und mit Einleitungen und Erläuterungen hrsg. von E. Cassirer, 2 Bde. 1904–1906, 3. Aufl. Hamburg 1966
Leibniz, G. W.: Principes de la Nature et de la Grace fondés en Raison. Monadologie / Vernunftprinzipien der Natur und der Gnade. Monadologie. Auf Grund der kritischen Ausgabe von A. Robinet (1954) und der Übersetzung von A. Buchenau mit Einführung und Anmerkungen hrsg. von H. Herring, Hamburg 1956
Leibniz, G. W.: Sämtliche Schriften und Briefe, hrsg. von der Preußischen Akademie der Wissenschaften zu Berlin, Bd. 1 ff, Darmstadt 1923 ff
Lern, St.: Summa technologiae (Titel der polnischen Originalausgabe: Summa technologiae, Krakau 1964), aus dem Polnischen übersetzt von F. Griese, Frankfurt a. M. 1981
Levin, M. R.: Leibniz's Concept of Point of View, in: Studia Leibnitiana, Bd. 12 (1980), S. 221–228
Linden, W.: Umwertung der deutschen Romantik, in: Begriffsbestimmung der Romantik, hrsg. von H. Prang, Darmstadt 1972, S. 243–275
Lippe, R. zur: Sinnenbewusstsein. Grundlegung einer anthropologischen Ästhetik, Reinbek b. Hamburg 1987
Lotze, H.: Geschichte der Aesthetik in Deutschland, München 1868

Lovejoy, A. O.: On the Discrimination of Romanticisms, in: Publications of the Modern Language Association of America, Bd. 39, Nr. 2 (1924), S. 229–253
Lovejoy, A. O.: The Meaning of Romanticism for the Historian of Ideas, in: Journal of the History of Ideas, Bd. 2, Nr. 3 (1941), S. 257–278
Lovelock, J. E.: Unsere Erde wird überleben. GAIA – Eine optimistische Ökologie (Titel der Originalausgabe: Gaia – A new look at life on Earth), aus dem Englischen von C. Ifantis-Hemm, München, Zürich 1982
Mähl, H.-J.: Die Idee des goldenen Zeitalters im Werk des Novalis. Studien zur Wesensbestimmung der frühromantischen Utopie und zu ihren ideengeschichtlichen Voraussetzungen, Heidelberg 1965
Markl, H.: Genetik und Ethik. Rede zur Verleihung des Arthur-Burkhardt-Preises 1989, Stuttgart 26.4.89 (Ms)
Mason, Eu. C.: Hölderlin und Novalis. Einige Überlegungen, in: Hölderlin-Jahrbuch, Bd. 11 (1958–1960), S. 72–119
Meadows, D. und D., Zahn, E., Milling, P.: Die Grenzen des Wachstums. Bericht des Club of Rome zur Lage der Menschheit (Titel der amerikanischen Originalausgabe: The Limits to Growth, New York 1972), aus dem Amerikanischen übersetzt von H. D. Heck, Stuttgart 1972
Meile, U.: Tiere in der Ethik. Die Frage nach der Grenze der moralischen Gemeinschaft, in: Zeitschrift für philosophische Forschung, Bd. 42 (1988), S. 247–273
Merchant, C.: Der Tod der Natur. Ökologie, Frauen und neuzeitliche Naturwissenschaft (Titel der amerikanischen Originalausgabe: The Death of Nature. Woman, Ecology and the Scientific Revolution, 1980), München 1987
Mesarovic, M. und Pestel, E.: Menschheit am Wendepunkt. 2. Bericht an den Club of Rome zur Weltlage, aus dem Amerikanischen übertragen von H. D. Heck und W. Stegemann, Stuttgart 1974
Metzger, W.: Die Epochen der Schellingschen Philosophie von 1795 bis 1802. Ein problemgeschichtlicher Versuch, Heidelberg 1911
Meyer[-Abich], A.: Ideen und Ideale der biologischen Erkenntnis. Beiträge zur Theorie und Geschichte der biologischen Ideologien, Leipzig 1934
Meyer[-Abich], A.: Krisenepochen und Wendepunkte des biologischen Denkens, Jena 1935
Meyer[-Abich], A.: Naturphilosophie auf neuen Wegen, Stuttgart 1948
Meyer-Abich, A. (Hrsg.): Biologie der Goethezeit. Klassische Abhandlungen über die Grundlagen und Hauptprobleme der Biologie von Goethe und den großen Naturforschern seiner Zeit: Georg Forster, Alexander v. Humboldt, Lorenz Oken, Carl Gustav Carus, Karl Ernst v. Baer und Johannes Müller, Stuttgart 1949
Meyer-Abich, A.: Zur Logik der Unbestimmtheitsbeziehungen. Die Unbestimmtheitsbeziehungen der Klassischen Logik, in: Die Ganzheit in Philosophie und Wissenschaft. Othmar Spann zum 70. Geburtstag, hrsg. von W. Heinrich, Wien 1950, S. 47–76

Meyer-Abich, K. M.: Wege zum Frieden mit der Natur. Praktische Naturphilosophie für die Umweltpolitik, München, Wien 1984

Meyer-Abich, K. M.: Wissenschaft für die Zukunft. Holistisches Denken in ökologischer und gesellschaftlicher Verantwortung, München 1988

Monod, J.: Zufall und Notwendigkeit. Philosophische Fragen zur modernen Biologie (Titel der französischen Originalausgabe: Le hasard et la nécessité, Paris 1970), übersetzt von F. Griese, 2. Aufl. München 1971

Moore, G. E.: Principia Ethica (Titel der Originalausgabe: Principia Ethica, Cambridge 1903), aus dem Englischen übersetzt und hrsg. von B. Wisser, Stuttgart 1970

Murdy, W. H.: Anthropocentrism: A Modern Version, in: Ethics and Environment, ed. by Scherer and Th. Attig, Englewoodcliffs (New Jersey), 1983, S. 12–21

Murillo, J. S. de: Der Geist der deutschen Romantik. Der Übergang vom logischen zum dichterischen Denken und der Hervorgang der Tiefenphänomenologie, München 1986

Nelson, J. Ch.: Renaissance Theory of Love. The Context of Giordano Bruno's Eroici furori, New York 1958

Newell, J.: Natur nach Wunsch? Gentechnologie heute (Titel der Originalausgabe: The Gene Shifters, 1989), Übersetzung ins Deutsche von S. U. Ganter, Freiburg, Basel, Wien 1990

Novalis: Werke, hrsg. und kommentiert von G. Schulz, München 1969, 3. Aufl. 1987 auf der Grundlage der zweiten, neu bearbeiteten Aufl. 1981

Obenauer, K. J.: Hölderlin / NovaliS. Gesammelte Studien, Jena 1925

Oesch, M.: Neues über das Systemprogramm? In: Perspektiven der Philosophie, Bd. 14 (1988), S. 141–164

Ostwald, W.: Moderne Naturphilosophie. I: Die Ordnungswissenschaften, Leipzig 1914

Paracelsus: Mikrokosmos und Makrokosmos. Okkulte Schriften von Paracelsus, hrsg. mit einer Einführung von H. Werner, München 1989

Paracelsus: Theophrast von Hohenheim, genannt Paracelsus: Sämtliche Werke, 1. Abteilung: Medizinische, naturwissenschaftliche und philosophische Schriften, hrsg. von K. Sudhoff, 14 Bde., München, Berlin 1922–1933, RegisterBd. von M. Müller (Nova Acta Paracelsica, Supplementum), Einsiedeln 1960, 2. Abteilung: Theologische und religionsphilosophische Schriften, hrsg. von K. Goldammer, 7 Bde. ff, Wiesbaden 1955 ff, RegisterBd. zu den Bden. 1–3 in Vorbereitung, RegisterBd. zu den Bden. 4–7 unter Mitwirkung von R. Mohr, K.-H. Weimann u. a. hrsg. von K. Goldammer, Stuttgart 1995

Peckham, M.: Toward a Theory of Romanticism, in: Publications of the Modern Language Association of America, Bd. 66, Nr. 2 (1951), S. 5–23, deutsch: Beitrag zu einer Theorie der Romantik, in: Begriffsbestimmung der Romantik, hrsg. von H. Prang, Darmstadt 1972, S. 349–376

Petersen, J.: Die Wesensbestimmung der deutschen Romantik. Eine Einführung in die moderne Literaturwissenschaft, Leipzig 1926 (unveränderter reprografischer Nachdruck Darmstadt 1968)

Pietschmann, H.: Das Ende des naturwissenschaftlichen Zeitalters, Wien, Hamburg 1980

Platon: Sämtliche Werke, hrsg. von W. F. Otto, E. Grassi und G. Plamböck, Reinbek b. Hamburg 1961

Platonis Opera, recognovit brevique adnotatione critica instruxit I. Burnet, 5 Bde., Oxford 1900–1907 (repr. 1958–1962 u. ö.)

Pöggeler, O.: Hegel, der Verfasser des ältesten Systemprogramms des deutschen Idealismus, in: Hegel-Tage Urbino 1965. Vorträge, hrsg. von H.-G. Gadamer, Bonn 1969 (Hegel-Studien, Beiheft 4), S. 17–32

Porta, J. B.: Magia naturalis, oder Haus-, Kunst- und Wunder-Buch (Titel der Originalausgabe: Magiae naturalis, sive de miraculis rerum naturalium libri IIII, Neapel 1558). Zuerst von demselben Lateinisch geschrieben; hernach von Ihm selbst vermehret ..., Nürnberg 1680

Poser, H.: Gottfried Wilhelm Leibniz (1646–1710), in: Klassiker der Philosophie, hrsg. von O. Hoffe, München 1981, S. 378–404

Pott, H.-G.: Natur als Ideal. Anmerkungen zu einem Zitat aus dem »Hyperion«, in: Hölderlin-Jahrbuch, Bd. 22 (1980/1981), S. 143–157

Prigogine, I. und Stengers, I.: Dialog mit der Natur. Neue Wege naturwissenschaftlichen Denkens (Übersetzung nach dem englischen und französischen Manuskript von F. Griese), 1981, 5. erw. Aufl. München, Zürich 1986

Rehm, W.: OrpheuS. Der Dichter und die Toten. Selbstdeutung und Totenkult bei Novalis – Hölderlin – Rilke, Düsseldorf 1950, 2. Aufl. Darmstadt 1972 (reprografischer Nachdruck)

Reiter, J.: Ethik und Gentechnologie, in: Genforschung – Fluch oder Segen? Interdisziplinäre Stellungnahmen, hrsg. von R. Flöhl (Gentechnologie. Chancen und Risiken, Bd. 3), München 1985, S. 198–204

Rescher, N.: Leibniz. An Introduction to his Philosophy, Oxford 1979

Röd, W.: Die Philosophie der Neuzeit 2: Von Newton bis Rousseau (Geschichte der Philosophie, hrsg. von W. Röd, Bd. 8), München 1984, S. 67–110

Rosenzweig, E: Das älteste Systemprogramm des deutschen Idealismus. Ein handschriftlicher Fund (Sitzungsberichte der Heidelberger Akademie der Wissenschaften, Philosophisch-historische Klasse, Bd. 8, Jg. 1917), Heidelberg 1917, S. 3–50.

Rosteutscher, J.: Höderlin. Der Künder der großen Natur, Bern, München 1962

Ruh, H.: Tierrechte – neue Fragen zur Tierethik, in: Schweizer Archiv für Tierheilkunde, Bd. 131 (1989), Heft 1, S. 5–11 (ebenfalls in: Zeitschrift für Evangelische Ethik, Jg. 33 (1989), Heft 1, S. 59–71

Sachsse, H.: Ökologische Philosophie. Natur – Technik – Gesellschaft, Darmstadt 1984

Sartre, J.-P.: Das Sein und das Nichts. Versuch einer phänomenologischen Ontologie (Titel der Originalausgabe: L'être et le néant, Paris 1943), Übersetzung aus dem Französischen von J. Streller, Hamburg 1962

Sass, H.-M.: Methoden ethischer Güterabwägung in der Biotechnologie, in: Ethische und rechtliche Fragen der Gentechnologie und der Reproduktionsmedizin. Dokumentation eines Symposiums der Landesregierung Baden-Württemberg und des Stifterverbandes für die Deutsche Wissenschaft in Verbindung mit der Universität Tübingen vom 1.–4. September 1986 in Tübingen, hrsg. von V. Braun, D. Mieth, K. Steigleder (Gentechnologie. Chancen und Risiken, Bd. 13), München 1987, S. 89–110
Schelling, F. W. J.: Sämmtliche Werke, hrsg. von K. F. A. Schelling, Erste Abtheilung, 10 Bde., Stuttgart, Augsburg 1856–1861
Schelling, F. W. J.: Briefe und Dokumente, hrsg. von H. Fuhrmans, 3 Bde., Bonn 1962–1975
Schelling, F. W. J.: Philosophie der Offenbarung 1841/42 [Paulus-Nachschrift], hrsg. und eingeleitet von M. Frank, Frankfurt a. M. 1977
Schipperges, H.: Die Idee der Ganzheit in der Anthropologie des Paracelsus, in: Deutsche Apotheker, Bd. 26 (1974), S. 490–500
Schipperges, H.: Kosmos Anthropos. Entwürfe zu einer Philosophie des Leibes, Stuttgart 1981
Schipperges, H.: Magia et Scientia bei Paracelsus, in: Sudhoffs Archiv, Bd. 60 (1976), S. 76–92
Schipperges, H.: Paracelsus (1493–1541), in: Klassiker der Naturphilosophie. Von den Vorsokratikern bis zur Kopenhagener Schule, hrsg. von G. Böhme, München 1989, S. 99–116
Schipperges, H.: Vom Licht der Natur im Weltbild des Paracelsus, in: Scheidewege, Bd. 6 (1976), S. 30–48
Schipperges, H.: Welt und Mensch bei Paracelsus, in: Antaios (Sonderheft Paracelsus), Bd. 11 (1969), S. 293–320
Schleiermacher, F. E. D.: Werke. Auswahl in 4 Bden. Mit Geleitwort von Au. Dorner, hrsg. und eingeleitet von O. Braun und J. Bauer, Aalen 1967 (Neudruck der 2. Aufl. Leipzig 1927–1928)
Scholz, H.: Leibniz, in: Mathesis Universalis. Abhandlungen zur Philosophie strenger Wissenschaft, hrsg. von H. Hermes, F. Kambartel, J. Ritter, Basel, Stuttgart 1961, S. 128–151
Schorf, Ch.: Die New Age-Bewegung. Utopie und Mythos der Neuen Zeit. Eine kritische Auseinandersetzung, Gütersloh 1988
Schumacher, E. F.: Small is Beautiful. A Study of Economics as if People Mattered, London 1973 (deutsche Übersetzung von K. A. Kiewer: Die Rückkehr zum menschlichen Maß. Alternativen für Wirtschaft und Technik »Small is Beautiful«, Reinbek b. Hamburg 1977, wiederholte Aufl. 1979
Schweitzer, A.: Das Problem des Ethischen in der Entwicklung des menschlichen Lebens, in: Die Ehrfurcht vor dem Leben. Grundtexte aus fünf Jahrzehnten, hrsg. von H. W. Bähr, München 1966, 5. Aufl. 1988
Schweitzer, A.: Gesammelte Werke in 5 Bden., Zürich 1973
Sheldrake, R.: Das schöpferische Universum. Die Theorie des morphogenetischen Feldes (Titel der Originalausgabe: A New Science of Life), aus dem Englischen von W. Landmann und K. Wessel, München 1983

Sheldrake, R.: Das Gedächtnis der Natur. Das Geheimnis der Entstehung der Formen in der Natur (Titel der Originalausgabe: The Presence of the Past), Übersetzung aus dem Englischen von J. Eggert, Bern, München, Wien 1990

Singer, P.: Animal Liberation or Animal Rights? In: The Monist, Bd. 70 (1987), Nr. 1, S. 3–14

Singer, P.: Praktische Ethik (Titel der englischen Originalausgabe: Practical ethics, Cambridge 1979), aus dem Englischen übersetzt von J.-E. Wolf, Stuttgart 1984

Sitter[-Liver], B.: Über das Recht der Natur im Naturrecht der Gegenwart, in: Vom normativen Wandel des Politischen. Rechts- und staatsphilosophisches Kolloquium aus Anlass des 70. Geburtstags von H. Ryffel, hrsg. von E. V. Heyen, Berlin 1984, S. 145–172

Sitter[-Liver], B.: Gerechtigkeit für Mensch und Tier, in: Sind Tierversuche vertretbar? Beiträge zum Verantwortungsbewusstsein in den biomedizinischen Wissenschaften, hrsg. von Ch. A. Reinhardt, Zürcher Hochschulforum, Bd. 16 (1990), S. 171–198

Sitter[-Liver], B.: Wie läßt sich ökologische Gerechtigkeit denken? In: Zeitschrift für Evangelische Ethik, Jg. 31 (1987), Heft 3, S. 271–295

Sloterdijk, P.: Eurotaoismus. Zur Kritik der politischen Kinetik, Frankfurt a. M. 1989

Smuts, J. Ch.: Holism and Evolution, London 1926, deutsch: Die holistische Welt, Berlin 1938

Spinoza, B.: Ethica, in: ders.: Opera. Werke, lateinisch und deutsch, 2 Bde., Darmstadt 1979–1980, Bd. 2

Staiger, E.: Hölderlins Ode Natur und Kunst oder Saturn und Jupiter, in: Über Hölderlin, hrsg. von J. Schmidt, Frankfurt a. M. 1970, S. 33–44

Steiner, R.: Rudolf Steiner Gesamtausgabe, Bd. 1 ff, Dornach 1955 ff; [wiederholte Auflagen]

Tammelo, I.: Theorie der Gerechtigkeit, Freiburg, München 1977

Taylor, P. W.: The Ethics of Respect for Nature, in: Ethics and Environment, ed. by Scherer and Th. Attig, Englewoodcliffs (New Jersey), Bd. 3 (1981), S. 197–218

Telesius, B.: De rerum natura iuxta propria prineipia libri IX, con una introduzione a cura di C. Vasoli, Hildesheim, New York 1971 (reprografischer Nachdruck der Ausgabe Neapel 1586)

Teutsch, G. M.: Lexikon der Umweltethik, Göttingen, Düsseldorf 1985

Tieck, L.: Sämmtliche Werke, 28 Bde., Wien 1817–1822

Tieck, L.: Werke in 4 Bden., nach dem Text der Schriften von 1828–1854, unter Berücksichtigung der Erstdrucke, hrsg. sowie mit Nachworten und Anmerkungen versehen von M. Thalmann, München [1963–1966]

Trevelyan, G.: Eine Vision des Wassermann-ZeitalterS. Gesetze und Hintergründe des »New Age«, mit einem Vorwort zur deutschen Ausgabe von E. Hanefeld, Freiburg i. Br. 1980

Vinci, L. da: Tutti gli scritti a cura di Au. Marinoni. Scritti letterari, Mailand 1952

Warnke, C.: Systemdenken und Dialektik in Schellings Naturphilosophie, in: Dialektik und Systemdenken. Historische Aspekte, Nikolaus von Kues, Französische Aufklärung, Schelling, hrsg. von H. Bergmann, U. Hedtke, P. Ruben, C. Warnke, Berlin 1977, S. 99–146

Warnke, C.: »Der stete und feste Gang der Natur zur Organisation«, in: Die Naturphilosophie im Deutschen Idealismus, hrsg. von K. Gloy und P. Burger, Stuttgart – Bad Cannstatt 1993, S. 116–148

Watson, J. D., Tooze, J. und Kurtz, D. T.: Rekombinierte DNA. Eine Einführung, Heidelberg 1985

Webster, Ch.: From Paracelsus to Newton. Magic and the Making of Modern Science, Cambridge usw. 1982

Weimann, K.-H.: Die Paracelsus-Literatur seit Kriegsende. Ein Forschungsbericht, in: Deutsche Vierteljahrsschrift für Literaturwissenschaft und Geistesgeschichte, Bd. 34 (1960), S. 290–305

Weimann, K.-H.: Paracelsus-Bibliographie 1932–1960. Mit einem Verzeichnis neu entdeckter Paracelus-Handschriften (1900–1960), Wiesbaden 1963

Weizsäcker, C. F. von: Die Tragweite der Wissenschaft, Bd. 1: Schöpfung und Weltentstehung. Die Geschichte zweier Begriffe, Stuttgart 1964

Weizsäcker, V. von: Der Gestaltkreis. Theorie und Einheit von Wahrnehmen und Bewegen, Leipzig 1940

Wellek, R.: The Concept of »Romanticism« in Literary History. I. The Term »Ro-mantic« and Its Derivatives, in: Comparative Literature, Bd. 1, Nr. 1 (1949), S. 1–23

Wilber, K. (Hrsg.): Das holographische Weltbild. Wissenschaft und Forschung auf dem Weg zu einem ganzheitlichen Weltverständnis – Erkenntnisse der Avantgarde der Naturwissenschaften (Titel der Originalausgabe: The Holographic Paradigm and other paradoxes), mit Beiträgen von J. R. Battista, D. Bohm, F. Capra, K. Dychtwald, M. Ferguson, K. H. Pribram, B. Samples, R. Weber, J. Welwood, K. Wilber, Übersetzung aus dem Amerikanischen von E. Schuhmacher, Bern, München, Wien 1986

Wilber, K.: Halbzeit der Evolution. Der Mensch auf dem Weg vom animalischen zum kosmischen Bewusstsein. Eine interdisziplinäre Darstellung der Entwicklung des menschlichen Geistes (Titel der Originalausgabe: Up From Eden), Übersetzung aus dem Amerikanischen von E. Schuhmacher, Bern, München, Wien 1987

Winckelmann, J. J.: Gedancken über die Nachahmung der Griechischen Wercke in der Mahlerey und Bildhauer-Kunst, in: Kleine Schriften. Vorreden, Entwürfe, hrsg. von W. Rehm mit einer Einleitung von H. Sichtermann, Berlin 1968, S. 27–59

Wundt, M.: Fichte-Forschungen, Faksimile-Neudruck der Ausgabe Stuttgart 1929, Stuttgart-Bad Cannstatt 1976

Yates, F. A.: The Hermetic Tradition in Renaissance Science, in: Art, Science, and History in the Renaissance, ed. by Ch. S. Singleton, Baltimore (Maryland) 1967

Sachregister

Absolutes 76 ff, 92, 95 f, 101 f, 104 ff, 108 ff, 117, 139, 143 f, 150, 225
aemulatio 24, 33 f, 39
Ähnlichkeit 26, 60
Aktualität 101, 108
Alchimie 9, 38, 124, 169
All 34, 46, 55, ff, 59, 61
All-Einheit 43 f, 59, 61, 63, 68, 77, 90, 107, 116, 118, 126, 131, 151 ff, 155, 172
Allianz 204
Analogie (analogia) 24, 26 ff, 34, 39, 82, 117, 125, 132
Anschauung 147, 160
Anthroposophie 169 f, 172
Anthropozentrismus 73, 170, 180 ff, 186, 188, 192, 195, 259
Antike 7, 11 ff, 16, 32, 39, 116 f, 119, 150 f, 154, 177, 183, 209
Antipathie (antipathia) 24 ff, 34, 39
Ästhetik 70, 78, 83, 85, 146, 148, 162, 168, 200 ff, 204, 210
Astronomie 9, 38
Äther 33, 154 f
Atom 45, 164, 175, 211
Atomismus 45, 93, 175
Attraktion 24, 93
Automatentheorie 68, 71 f, 164

Bewegung 8, 14, 17 f, 20, 45, 63, 69 f, 86, 92, 116, 121, 124 ff, 128, 164, 211, 233, 249
Bewusstsein 48, 54 f, 59, 61, 71 f, 78, 81, 86, 89 f, 95, 99, 101 ff, 117, 143, 159, 172, 174, 180, 194 f, 231, 241, 246
Biologie 40, 76, 79, 82, 89 f, 164 ff, 174, 177 f, 211 f, 212, 223
Biosphäre 172 f, 186, 193

Chaos 32, 66, 70, 161, 165
Chemie 9, 38, 82, 128, 164, 184, 212
convenientia 24, 33, 34, 39
Determinismus 159, 164, 168, 179
Diajlektik 91, 109, 121
Differential(rechnung) 72 f, 243
Differenz 7, 23 f, 44 f, 53, 59, 61, 85, 89 ff, 105 f, 108, 116, 124, 126, 129, 142 f, 145, 148, 150
Dualismus 48, 63, 67, 77, 172
Dynamik 23, 93, 114, 198
Dynamismus 53, 113

Eine (das) 29, 34, 45, 59, 150
Einheit 15, 19, 23, 30 f, 44, 60, 85, 93, 109, 112, 120 f, 125 f, 128 f, 135 f, 140, 142 ff, 154 ff, 158 f, 165, 181, 201, 208 f, 243, 245, 251
–, absolut 106
–, der Gegensätze 91, 130, 245
–, der Natur 75, 77, 95, 97, 99, 101 ff, 124, 150, 158, 161 f
–, der Substanz 52
Einheit - Vielheit 7, 25, 34, 43, 48, 51–59, 63, 129, 159, 166
Elektrizität83, 94, 223
Elemente12, 16, 30 ff, 46 ff, 92, 112, 128, 154 f, 188, 193, 202
Emanation 13, 15, 23, 109
Empirie 36, 79, 99, 245
Empirismus 41
Energie 184
Entelechie 39, 53, 62, 166
Erfahrung 9, 148
Erkenntnis 7 f, 29 f, 34 ff, 39 f, 56, 62, 66, 72 f, 96, 99, 103, 105 f, 109, 118 f, 144, 164, 170 f, 177, 190, 212, 246
- a priori 99
–, mechanistische 8, 72 f, 175
–, organizistische 8, 72
Ethik 49, 168, 180 ff, 185 ff, 192 ff, 219ff, 224 ff, 230 f, 257
Evolution80, 82, 85, 114, 166, 170, 173, 191, 198 f, 211, 216 ff, 222, 226, 229 f
Experiment 9, 37, 166, 177 f, 214 f
Extremalprinzip 67 ff

Finalismus 33, 69
Fixstern 15, 21
Form17 ff, 117, 191
–, ursache 18
Freiheit 112, 146, 158 ff, 170, 182, 220, 230

Ganzes 8, 21, 25, 32, 45 f., 49, 58, 86, 88, 90, 97 f., 109, 116, 118, 175, 177, 211
Ganzheitlichkeit 149
–, der Natur 72 f., 79, 81, 118, 149, 158, 164 ff., 180

Gegensatz 91, 146, 149, 159
Geist 21, 30, 36, 55, 68, 75, 77, 80, 84, 94, 97, 99, 102 f., 139, 142, 146, 147, 156, 160-163, 169, 180
- philosophie 76 f., 84, 95, 102, 105, 168
Gen(e) 211-217, 219
- manipulation 189, 214 f., 219, 226, 228
- technologie 211, 213, 216, 218, 220-227, 229, 232
Geschichtlichkeit 112, 115
Gleichgewicht 69, 91, 107, 117, 121, 184, 198, 208, 211
Gott 7, 13 f., 17 f., 21, 29, 33, 37, 57 f., 61, 64, 69 f., 73, 108, 118, 135 f., 154, 158, 159, 172, 181 f., 204, 221 f., 224, 226, 234, 240, 243, 255
Göttliches 17, 116, 145, 161 f.

Harmonie 31, 41, 117, 121, 126 f., 136 f., 146, 149, 151, 162, 163, 181, 198
Hermetische Tradition 11, 13 f., 22
Hermetismus 169
Himmel 21 ff., 27, 30 f., 34 f., 117, 158, 165
Holismus 73 f., 83, 165-169, 171 ff., 175-180, 192 f., 199, 211, 259
Holobiose 178
Hyle 14, 18
Hylozoismus 169

Iatromechanik 165
Ich 49, 95-100, 103, 105 f., 109, 112, 121 f., 130 f., 142 f., 147, 193
Idealismus 8, 75, 78, 83 f., 99, 102 ff., 138, 141 ff., 147, 164
Idee 11-14, 60, 70, 77, 98, 116, 148
Identität 7, 24, 29, 45, 59, 77, 83 f, 87, 91 ff, 96, 99, 102, 104 ff, 109, 115, 124, 130, 143, 145
Imagination 78, 119, 130, 170
Individualität 43 f, 45, 52 f, 58, 73 f, 94, 112 ff, 171 ff
Infinitesimalrechnung 40, 47, 51, 59, 68, 73
Integral (rechnung) 72, 243
Intellekt 12 f, 17, 21, 33, 67 f
Intelligenz 21, 80, 84, 95, 99 f., 101 f., 147
Intuition 119, 130, 170

Jungfrau 202

Kabbala 15, 117, 128
Kategorie 50, 84, 120, 165, 192, 199 f., 220
Kausalität 68, 73, 165 f., 179
Klassik 75, 116, 139 f., 150, 164
Kontinuität 54, 59
Kontinuum 45, 47
Korrespondenz 66, 118
Kosmologie 169
Kosmos 7, 12 f., 19, 21, 24 ff., 34 f., 70, 72, 86, 103, 112 f., 125, 172, 178, 217
Kraft 14 f., 16 f., 23 ff., 29, 31 ff., 40, 46, 50 f., 59, 62, 69, 86 ff., 100, 112, 120, 184, 200, 215, 222 f.
Krankheit 193, 213, 222 f., 228
Kreisbewegung 106, 131
Kunst 9, 65, 93, 97, 125, 129, 132 ff., 146 ff., 157 ff., 175, 199 ff.
Kybernetik 173

Leere 145, 201
Leib 20, 30, 201, 228
Leib-Seele 63, 66 f.
Licht 29, 34 ff., 69 f., 83, 86, 93 ff., 130, 137, 152 ff., 180, 202, 206 f.
Liebe 20, 25 f., 120 ff., 132 ff., 139 f., 150 ff.
Logik 61, 76 f., 92, 95, 144 f., 168, 195
logos spermatikos 34

Magia Naturalis 19, 38
Magie 7 ff., 16, 37 f., 125, 132, 169 f.
Magnetismus 83, 91, 94, 130
Makrokosmos-Mikrokosmos 21, 28, 38, 73, 117
Maschine 7, 70 f., 113 f., 164, 166, 175, 196
Materie 13 f., 17-20, 23 ff., 35, 37, 55, 59, 66, 79 f., 80 f., 92 f., 169 180, 211
Matriarchat 19, 35
Mechanik 44, 67, 162, 164, 178
Mechanismus 40, 73, 123, 134, 166 f.
Metaphysik 19, 41, 167, 170, 190, 221
Mittelalter 7, 11 ff., 17
Molekül 212 f.
Monade 29, 40, 44–47, 50–63, 66–68, 73, 90 f., 108, 118
Monadologie 8, 29, 31 f., 39, 44, 45 f., 50 ff., 63, 66, 77, 118 f.
Monismus 14, 48, 67, 77, 88, 141
Mutter 141, 158, 218
Mystik 78, 119, 130, 169, 172
Mythos 29, 119, 133, 148 f., 159 ff., 171, 228

Natur 7, 9 f., 13 f., 17 ff., 23 f., 29 ff., 36 f., 38, 44, 55, 67 ff., 70 ff., 78 ff., 90 ff., 105 ff., 120, 124–126, 130 ff., 141 ff., 152 ff., 155–166, 179–188, 199 ff., 212, 228–231
–, als Künstlerin 9, 18, 132
Natur-Auffassung, -Verständnis 7 f., 11, 19, 35, 87, 110, 113 f., 119
–, anthropozentrische 7
–, holistische 7 f.
–, magisch-mythische 8, 11, 119, 128, 160
–, mathematisch-wissenschaftliche 40, 42, 120, 139
–, mechanistische 16
–, organologische 34 f., 40, 44 f., 73, 76
–, organizistische 7 ff., 37 ff., 72, 74, 110, 172, 211 f.
–, technische 8, 162
–, teleologische 68, 190
–, vitalistische 8
Natur
-begriff 85, 139, 157, 169 f.
-beherrschung 10, 182, 205, 216
-deformation 10, 174
-erfahrung 119
-erkenntnis 25, 110, 171
-gefühl 119, 140
-geschichte 90, 115, 199
-gesetz 100
-Ordnung 220
-philosophie 8, 34, 37, 75 ff., 78 ff., 96 ff., 102, 119, 126, 141, 148, 164
-Wissenschaft 7, 9, 78, 93, 129, 164 ff.
-Zerstörung 182
natura naturans 14, 87, 93
natura naturata 87
Neuzeit 7, 36, 48, 52, 79, 96, 143, 164, 174, 191, 220
New-Age-Bewegung 78, 164 f., 171 f.
Notwendigkeit 160, 227
Nous 12 f., 32, 72, 88 f., 95

Objekt 8, 24, 38, 79, 88, 94, 102 ff., 121 f., 133, 143, 172, 177, 183, 196
Objektivität 107
Ökologie 8, 18, 109, 164 f., 173 f., 180 f., 188 ff., 202–206, 217
Ontologie 168
Ordnung 22, 28, 64, 68 ff., 118, 125, 135 f., 180, 191, 219 ff.
Organismus 8, 18 f., 35, 66, 71 ff., 80–89, 113 ff., 125, 164 ff., 173 f., 218
-begriff 115, 179
Organizismus 38, 73, 113
Organizität 52, 71, 86, 113
Ort 177, 201

Pantheismus 18, 29, 116, 122, 140, 145, 151 f.
Patriarchat 18, 35
Personalität 220
Perzeption 54, 55 f., 61 f., 67
Phänomenologie 49, 58, 76, 121, 189
Philosophie 8, 13–19, 36 ff., 39–45 58, 61, 73, 75–86, 95 ff., 129, 140 ff., 225
Physik 11, 25, 79, 83 f., 89, 120, 148, 164, 167, 172, 189 f., 212, 221
Planeten 12, 14 f., 21, 30 f., 117, 171
Pluralität 43 f., 56, 66, 73, 158, 226
Potentialität 91, 101, 108
Potenz 80, 91 ff., 106 ff.
prästabilierte Harmonie 40, 44, 63
Prinzip 17, 19 f., 23 ff., 30 f., 44 f., 55, 65, 68 ff., 80, 90 ff., 125 f., 182, 224, 230
– der extremalen Wirkung 69
– der kleinsten Wirkung 69
Produktion 7, 83, 93, 196, 214, 222
Produktivität 86 ff., 103
Psyche 12 f.
Psychologie 164 f., 172, 191

Qualität 21, 34, 37, 50 f., 59, 65, 179, 202
Quantenphysik 172, 177
-theorie 177
Quantität 109

Rationalismus 39, 58, 104, 119, 201
Raum 33 f., 47 f., 59, 92 ff., 118, 129, 151, 193, 208 f., 230
Realismus 76, 84, 99, 111
Realität 85, 98, 132, 183, 200
Renaissance 7 ff., 11 f., 14–21, 26, 33 ff., 73, 86, 120, 209
res cogitans – res extensa 48 ff., 63 f., 67, 77, 143
Romantik 8, 75 f., 82 f., 104, 110–126, 138 ff., 164 f.

Schönheit 29, 70, 136, 139, 146 ff., 161 ff., 201, 229
Schöpfung 9, 13, 19, 30, 37, 65, 118, 181 f., 211–223
Scholastik 11, 14, 39
Seele 12–15, 17, 19 ff., 31, 50, 55, 59, 71, 117, 127, 157, 170, 181, 220

Sein 13, 21, 24, 29, 34, 44 ff., 53, 87, 107 f., 136, 143 ff., 168, 190 f., 220–224
Selbstbewusstsein 43, 46, 49 f., 92, 95, 99, 106, 121, 143
Selbstorganisation 79 f., 98, 101, 165
Soziologie 164 f., 167, 178
Spekulation 36, 77 f., 82, 100, 148, 215
Spiritualismus 165, 169, 171
Stoff 18, 20, 82, 155, 188 ff.
Subjekt 7 f., 24, 49 f., 73, 79 f., 88, 94, 102 ff., 122, 143, 157, 172, 191, 220
Subjektivität 53, 96, 107, 143, 191
Substantialität 43, 45, 48 f., 55 f., 220
Substanz 18, 27 ff., 44, 46–54, 62 f., 143, 212, 217
-philosophie 14
Sympathetik 112
Sympathie (sympathia) 24 ff., 34, 39, 71, 122 ff., 134, 196
System 65 ff., 80, 82 ff., 106 ff., 114, 140 f., 198, 211

Taoismus 172
Technik 9, 35, 79, 158, 162 f., 168, 174, 181 ff., 196 f., 201, 212, 218 f., 231
Teleologie 67–69, 82, 190, 197 f.
Theorie 87, 146, 212
Transzendentalphilosophie 77, 83 ff., 96, 103, 106
Totalität 43, 49, 55, 61, 73, 92, 105 ff.

Umwelt 8, 114, 173 f., 185, 188, 196, 198, 203, 222
-deformation 38, 174, 180, 184
-krise 79
Unendliches 49, 51, 60, 87, 109, 115 ff., 146, 183
Unendlichkeit 39, 109, 11, 116
Universum 7, 16, 20 f., 29 f., 43, 52, 55 f., 67, 108, 125, 164, 175, 211
Ureines 12–15, 23, 25, 151, 154, 159
Ursache 7, 21, 25, 33, 41, 53, 100, 196
Utopie 138, 162

Veränderung 20, 48, 122, 154, 186, 198, 211, 217 ff.
Vernunft 21, 36, 65, 78, 88, 98, 106, 130, 148, 200 f.
Verstand 71, 78, 91, 97, 103, 120, 151, 200
Vielheit 7, 15, 43 ff., 58, 63, 90, 104, 129, 159, 188
vis derivata 40, 53
vis primitiva 40, 53
Vitalismus 16 f., 164–167, 178
Vollkommenheit 73, 108, 150

Wachstum 26, 31, 34, 39, 114, 180, 185, 196, 212 ff.
Wahrheit 57, 103, 123, 136, 148, 225, 230
Wahrnehmung 48, 72, 170, 176 f., 200
Wandel 154, 189
Wechsel 145
-beziehung 78, 114, 145, 173
-Wirkung 68, 80, 94
Welt 7 f., 13–16, 18 f., 21, 29 ff., 35, 46 f., 56, 64, 72, 80, 99, 112 ff., 132, 144, 148, 178, 209, 216, 223, 231
-all 124, 216
-alter 171
-auffassung 11, 113, 181, 183, 211
–, holistische 212
–, mechanistische 8, 35, 134, 141
–, organizistische 37 f., 212
–, technologische 139
–, teleologische 8, 198
-bild, ptolemäisches 21
-seele 13, 15, 17, 20, 75, 89, 95, 127
Werden 87, 102
Wesen 24, 37, 51, 65, 93, 103, 109, 123 ff., 131 ff., 145, 169, 182
Wirklichkeit 68, 91, 115 f., 140, 162, 199
Wirkung 7, 21, 33, 53, 69, 78, 81, 100 f.
-szusammenhang 26
Wirkursache 41
Wissen 15, 24, 35, 54, 81, 93, 96, 106, 147, 177
Wissenschaft 9, 11, 35, 76, 98, 110, 129, 164, 183, 212, 231
-sdisziplin 84
-slehre 75, 98, 130, 142

Zeichen 73
Zeit 33 f., 47, 52
Zeitalter 133, 149, 151, 171, 218, 232
Zelle 179, 212, 214
Zweck 18, 38, 80, 99 f., 112, 182 f., 191 ff., 201, 214 f., 226
Zweiheit 124

Personenregister

Adorno, Theodor W. 144, 200
Agrippa von Nettesheim, Heinrich Cornelius 16, 22, 26, 28
Aktäon 29
Alfarabi 14
Algazel 14
Altner, Günter 259, 262
Ammonios Sakkas 17
Anaxagoras 32
Anschauung 147, 160
Antigone 197
Antiochus von Askalon 17
Apollo 29
Arber, Werner 213
Archipelagus 154, 158, 160, 163
Aristoteles 11, 12, 13, 14, 17, 36, 45, 50, 87, 89, 91, 166, 233
Arnauld, Anton 52, 241
Arnim, Achim von 110
Attfield, Robin 259
Auer, Alfons 258
Averroes 14
Avery, Oswald 212
Avicebron 14
Avicenna 14, 36

Baader, Franz von 116
Bachmann, Manuel 255
Bacon, Francis 38
Bayertz, Kurt 199, 220
Bayle, Pierre 40
Beierwaltes, W. 234
Beißner, Friedrich 143, 251
Benivieni, Girolamo 12
Bentham, Jeremy 259
Bloch, Ernst 18, 79, 204
Blumenberg, H. 234
Boethius 17
Bohm, David 179, 180
Böhme, Gernot 200
Böhme, Hartmut 34
Bosses, Bartholomäus des 241
Boyer, Herbart 213
Brandom, R. B. 242
Brentano, Clemens 110
Bruni, Leonardo 11
Bruno, Giordano 18, 19, 29, 33, 35, 43, 45, 85, 233
Bry, Johann Theodor de 238
Buhle, Johann Gottlieb 42
Burch de Volder 242
Burdach, Karl Friedrich 83

Calderón de la Barca, Pedro 112
Campanella, Tommaso 19, 20
Capra, Fritjof 172
Cardano, Girolamo 235
Carus, Carl Gustav 83
Cassirer, Ernst 148
Cavalcanti, Guido 12
Cellarius, Andreas 21
Chalcidius 7
Chang, Annie 214
Chiron 154
Chrysoloras, Manuel 11
Cicero 12, 17, 209
Cohen, Stanley 213, 214
Coppin, Richard 29
Cornelius, Peter von 110
Crick, Francis 212
Cusanus (Nikolaus von Kues) 19, 32

Damaskios 12
Dante Alighieri 12, 112
Darwin, Charles 186, 198, 211, 255, 269
Davis, Ron 213
Descartes, René 48, 49, 63, 64, 65, 96, 164, 234, 259
Diana 29
Digges, Thomas 19
Diotima 153, 154
Driesch, Hans 165, 166, 255
Dualismus 48, 63, 67, 77, 172
Duten, Ludovicus 42, 243, 273

Ehrenfels, Christian von 175
Eichendorff, Joseph von 110, 113, 126, 138, 249
Einstein, Albert 229
Eschenmayer, Adam Carl August 91
Estermann, J. 238, 240, 242
Eugen von Savoyen 41
Evola, Julius 169

Fardella, M. A. 44
Faust 23, 208, 236
Fermat, Pierre de 69
Fichte, Johann Gottlieb 75, 76, 77, 78, 83, 84, 91, 96, 98, 99, 103, 104, 105, 110, 115, 130, 141, 142, 143, 144, 148, 244, 245, 246, 247, 251
Ficino, Marsilio 12, 13, 14, 16, 21, 233, 238
Fludd, Robert 16
Foucault, Michel 24, 236
Frankena, William K. 231, 264
Friedrich, Caspar David 110, 111, 113
Fuhrmann, Ernst 169
Fuhrmans, H. 245, 246

Gabor, Dennis 179
Galenus 36
Galilei, Galileo 44, 234
Gerhardt, Carl Immanuel 42, 239
Geßner, Salomon 150
Geulincx, Arnold 64
Goethe, Johann Wolfgang von 21, 23, 24, 28, 75, 77, 138, 140, 150, 153, 165, 169, 170, 208, 234, 235, 236, 252, 253, 255
Görres, Joseph 116
Gottsched, Johann Christoph 150
Grof, Stanislav 256
Gruenter, Rainer 260
Guénon, René 169
Gurdijeff, G. I. 169
Gurwitsch, Aron 175, 257

Habermas, Jürgen 177, 230, 264
Haeckel, Ernst 164, 173, 254, 257
Haidane, John Scott 167, 228, 255, 262
Haller, Albrecht von 89
Harsdörffer, Georg Philipp 253
Hartmann, Nicolai 165, 168, 179, 245, 247, 250, 255, 257
Harvey, William 164
Hegel, Georg Wilhelm Friedrich 18, 42, 43, 44, 46, 49, 57, 58, 61, 65, 75, 76, 77, 83, 91, 96, 101, 104, 105, 106, 108, 109, 119, 121, 141, 144, 145, 146, 147, 148, 150, 165, 170, 234, 239, 240, 242, 244, 245, 248, 251, 252
Heidegger, Martin 120, 140, 148, 226, 250, 251, 252
Heinrich von Ofterdingen 111, 115, 118, 124, 130, 131, 138, 247, 248, 249, 250
Helmholtz, Hermann Ludwig Ferdinand von 164, 254
Helmont, Franciscus Mercurius van 16, 45
Helmont, Johannes Baptista van 16, 118, 248
Hemsterhuis, Franz 120
Hephaistos 197
Heraklit 260
Herbart, Johann Friedrich 165
Hermes Trismegistos 14, 233
Hipparchos 256
Hirschfeld, Christian Cay Lorenz 205, 260, 261
Hobbes, Thomas 234, 239
Hoffmann, Ernst Theodor Amadeus 135
Hoffmann-Axthelm, Dieter 200, 260
Hölderlin, Friedrich 76, 78, 104, 116, 139, 140, 141, 142, 143, 144, 145, 146, 147, 148, 150, 154, 156, 157, 158, 159, 160, 161, 162, 163, 249, 250, 251, 252, 253, 254

Holz, H. 245
Homer 22
Hübner, Jürgen 222, 263
Hume, David 50
Husserl, Edmund 175
Huxley, Julian 223, 264
Huygens (Huyghens), Christian 69
Hyperion 145, 146, 150, 151, 152, 153, 154, 155, 156, 160, 253

Iamblichos 12
Ikarus 197, 264

Jacobi, Friedrich Heinrich 18, 234, 252
Jäger, Hans Peter 140, 250
Johannes Palaiologos 11
Jonas, Hans 190, 191, 193, 197, 224, 259, 263
Jung, C. G. 172
Jupiter 15, 21, 160, 216, 254

Kaehler, Klaus Erich 57, 242
Kafka, Franz 144
Kant, Immanuel 25, 37, 47, 48, 50, 58, 82, 88, 89, 91, 93, 98, 99, 100, 120, 130, 142, 144, 157, 200, 201, 205, 230, 238, 240, 245, 246, 248, 258, 259, 261
Kielmeyer, Carl Friedrich 82, 247

Leese, H. 245
Leeuwenhoek, Antoni van 40, 66
Leibniz, Gottfried Wilhelm 8, 29, 31, 39, 40, 41, 42, 43, 44, 45, 46, 47, 48, 49, 50, 51, 52, 53, 54, 55, 57, 58, 59, 60, 61, 63, 64, 65, 66, 67, 68, 69, 70, 71, 72, 73, 74, 77, 86, 89, 90, 108, 117, 118, 119, 120, 131, 136, 238, 239, 240, 241, 242, 243
Leonardo da Vinci 9, 233
Lern, Stanislaw 216, 228, 262
Liebig, Justus von 81
Liepmannssohn 251
Linn, Stuart M. 213
Lippe, Rudolf zur 200, 260
Locke, John 41, 239
Lovejoy, Arthur O. 113, 247
Lovelock, James 172, 257

Malebranche, Nicolas 64
Maler Müller (Müller, Friedrich) 150
Margulis, Lynn 172
Markl, H. 263
Mars 15, 21, 26
Matthai, Heinrich 213
Mead, George Herbert 230
Meadows, Dennis L. 185, 258
Medici, Cosimo d. Ä. 12
Medici, Lorenzo Magnifico 12
Meinong, Alexius von 175
Mendel, Gregor 218
Mendelssohn, Moses 50, 234
Menon 11
Merkur 15, 31, 237
Mertz, Janet 213
Mesmer, Franz Anton 249
Metzger, W. 245
Meyer-Abich, Adolf 83, 167, 255, 257
Meyer-Abich, Klaus Michael 177, 178, 193, 257, 258, 259
Monod, Jacques 89, 245
Moore, George Edward 225, 264
Morus, H. M. 41

Newton, Isaac 16, 25, 33, 40, 237, 240
Nierenberg, Marshall 213
Nike 228
Nostradamus 23
Novalis (Hardenberg, Friedrich von) 76, 78, 110, 111, 115, 116, 118, 119, 120, 122, 125, 126, 127, 128, 129, 130, 133, 135, 136, 137, 138, 139, 140, 158, 161, 162, 247, 248, 249, 250

Ochoa 213
Ockham, Wilhelm von 58

Oken, Lorenz 83, 255
Orsted, Hans-Christian 83
Ostwald, Wilhelm 81, 164, 244

Paracelsus (Theophrastus Bombastus von Hohenheim) 16, 30, 31, 34, 35, 36, 236, 237, 238
Parmenides 12, 13, 45, 60, 240
Pauly, August 166
Peckham, Morse 113, 247
Perikles 163
Petrarca, Francesco 11, 112
Phaidon 11
Philebos 12
Pico della Mirandola, Giovanni 12, 16, 17
Platon 7, 9, 11, 12, 13, 14, 16, 17, 21, 22, 32, 39, 40, 41, 45, 59, 60, 73, 74, 86, 88, 89, 95, 120, 136, 146, 155, 177, 178, 199, 233, 234, 237
Plethon, Georgios Gemistos 11, 12
Plotini 14
Pomponazzi, Pietro 14, 16
Porphyrios 12
Porta, Giovanni Battista della (Porta, Johann Baptist) 19, 22, 38, 235, 238
Prigogine, Ilya 81, 244
Proklos 12
Prometheus 197, 250
Ptolemaios 21, 256
Pythagoras 45, 126

Quine, Willard van Orman 167

Rehm, Walther 147, 250, 252, 253, 254
Reinhold, Karl Leonhard 75
Reinke, Johannes 166
Remond, Nicolas 40, 240
Ritter, Joachim Wilhelm 83, 243
Röd, W. 240, 242
Rosenzweig, Franz 147, 252
Roux, Wilhelm 165, 166
Runge, Philipp Otto 110

Sander, Friedrich 175
Sartre, Jean-Paul 226, 264
Sass, Hans-Martin 222, 263
Saturn 15, 21, 28, 160, 254
Schelling, Caroline (Schlegel) 76
Schelling, Friedrich Wilhelm oseph 43, 75, 76, 77, 78, 79, 80, 81, 82, 83, 84, 85, 86, 87, 88, 89, 90, 91, 93, 94, 96, 97, 98, 99, 100, 101, 102, 103, 104, 105, 106, 107, 108, 109, 110, 116, 133, 141, 148, 165, 170, 244, 245, 246, 251
Schellings, Friedrich Wilhelm Joseph 148
Schiller, Friedrich 77, 140, 200, 252
Schlegel, August Wilhelm 76, 110
Schlegel, Friedrich 76, 110, 116
Schleiermacher, Friedrich 76, 116, 248
Schubert, Franz 110
Schumacher, Ernst Friedrich 196, 260
Schweitzer, Albert 193, 194, 259, 262
Shakespeare, William 112
Sheldrake, Rupert 180, 257
Shiva Nataraya 228
Sinclair, Isaac von 141
Smuts, Jan Christiaan 166
Sophie Charlotte von Preußen 41
Sophokles 197
Spinoza, Baruch de 43, 48, 49, 77, 120, 143, 234, 239, 240
Steffens, Henrik 76, 83
Steiner, Rudolf 169, 170, 171, 256
Strozzi, Palla 11
Sylvester, James Joseph 118
Synesios von Kyrene 20

Tammelo, I. 258
Teilhard de Chardin, Marie-Joseph Pierre 169
Telesio, Bernadino 14, 16, 23, 35
Theaitet 177, 257
Thomas von Aquin 120

Tieck, Ludwig 110, 112, 117, 135, 247, 248, 250
Timaios 9, 11, 13, 14, 19, 32, 72, 86, 88, 178, 237, 245

Uexküll, Jakob Johann von 166

Venus 15, 21
Volkelt, Hans 175
Voß, Johann Heinrich 150

Wackenroder, Wilhelm Heinrich 110
Wagner, Rudolf 166
Watson, James 212, 261
Weber, Carl Maria von 110
Weizsäcker, Carl Friedrich von 181, 258
Weizsäcker, Viktor von 83, 167, 255
Wellek, René 113, 247
Werner, Abraham Gottlob 249
Werther 150, 247
Wilber, Ken 256, 257
Winckelmann, Johann Joachim 150, 253
Wundt, Max 175, 247

Zabarella, Giacomo 44
Zwilling, Jacob 141